Peter Kafka / Heinz Maier-Leibnitz

Kernergie – Ja oder Nein?

SERIE PIPER
Band 739

Zu diesem Buch

Im Jahr 1979 schlug der Physiker Heinz Maier-Leibnitz – ein engagierter Befürworter der friedlichen Nutzung der Kernenergie – seinem jüngeren Physiker-Kollegen Peter Kafka – einem engagierten Gegner der Kernenergie – einen Gedankenaustausch in Briefen vor. Bis Mai 1982 diskutierten beide Wissenschaftler u. a. über folgende Themen: Freiheit der Wissenschaft und Verantwortung der Wissenschaftler – die Risiken kerntechnischer Anlagen – Großtechnik und Großforschung oder Dezentralisierung – Nutzung der Energie und Energieverschwendung – Atomenergie und Alternativen – Sinn und Unsinn detaillierter Zukunftsentwürfe. In ihrem 1982 als »Streitbriefe über Kernenergie« veröffentlichten Buch zeigten die Kontrahenten, daß eine sachliche Diskussion dieser Fragen möglich ist.

Nach dem Reaktorunglück von Tschernobyl führten die Autoren ihre Auseinandersetzung fort. Beide bedachten die Folgen dieses Ereignisses vom Frühjahr 1986 für ihre Position. Die Neuausgabe der »Streitbriefe« enthält die unveränderten Texte der Erstausgabe von 1982 sowie fünf Texte, die nach Tschernobyl entstanden sind.

Auch wenn am Ende keiner den anderen überzeugt hat, sind Fülle und Vielseitigkeit der Argumente doch geeignet, dem Leser zu einer eigenen, unabhängigen Meinung zu verhelfen.

Peter Kafka, geboren 1933 in Berlin, Studium der Physik in Erlangen, Berlin und München. Seit 1965 wiss. Mitarbeiter am Max-Planck-Institut für Physik und Astrophysik in München. Beschäftigung mit Fragen der Kosmologie, der Neutronensterne, der Schwarzen Löcher und Gravitationswellen. Zahlreiche Aufsätze und Vorträge sowie öffentliche Kontroversen mit Wissenschaftlern zu Fragen dieses Buches.

Heinz Maier-Leibnitz, geboren 1911 in Esslingen. Studium der Physik in Stuttgart und Göttingen, 1935 Promotion. 1935–1952 am Kaiser-Wilhelm(Max-Planck)-Institut für Medizinische Forschung in Heidelberg, seit 1952 o. Prof. für technische Physik an der TU München. Gründung des Forschungsreaktors in Garching. 1974–1979 Präsident der Deutschen Forschungsgemeinschaft. Zahlreiche Fachveröffentlichungen, außerdem (im Piper Verlag): Kochbuch für Füchse (1980), Mikrowellen-Kochkurs für Füchse (mit Traude Cless-Bernert) (1986).

Peter Kafka / Heinz Maier-Leibnitz

Kernenergie – Ja oder Nein?

Eine Auseinandersetzung zwischen zwei Physikern

Vorwort von Hubert Markl

Erweiterte Neuausgabe der
»Streitbriefe über Kernenergie«

Piper
München Zürich

Von Heinz Maier-Leibnitz liegt in der Serie Piper
außerdem vor:
Kochbuch für Füchse (468)

ISBN 3-492-10739-1
Erweiterte Neuausgabe 1987
von »Streitbriefe über Kernenergie«
2. Auflage, 6.–13. Tausend, Juni 1987
(1. Auflage, 1.–8. Tausend dieser Ausgabe)

Umschlag: Federico Luci,
unter Verwendung eines Fotos der dpa
Foto Umschlagrückseite: Ibab Kunkel, München
(Heinz Maier-Leibnitz)
Gesamtherstellung: Clausen & Bosse, Leck
Printed in Germany

Inhalt

Vorbemerkung der Autoren

Auf S. 65 dieses Buches beginnt unser Briefwechsel, der sich mit einigen Pausen über zweieinhalb Jahre erstreckte. Er ist authentisch, die Briefe sind ohne Kürzungen oder redaktionelle Bearbeitung abgedruckt. Wir sind uns persönlich nicht bekannt und hatten außerhalb dieser »Streitbriefe« keinen Kontakt miteinander. Der Leser kann daher unsere »Begegnung« vollständig nachvollziehen.

Den Briefen sind drei Vortragstexte gleichsam als Einführung in die Thematik des Briefwechsels vorangestellt. Die Lektüre dieser Texte ist zum Verständnis der Briefe nicht erforderlich, aber hilfreich. Der erste Vortrag soll die Situation im Jahre 1956 beleuchten, als in der Bundesrepublik noch keine Uneinigkeit über die friedliche Nutzung der Kernenergie sichtbar war. Die anderen Texte aus den Jahren 1978 und 1979 reflektieren den seither entstandenen Dissens, wobei Kafkas »Erwekkungspredigt« zur Abkehr von aller Großforschung und Großtechnik aufruft, während Maier-Leibnitz zwar die Kritik aus der »Anti-Atom-Bewegung« in seine Überlegungen mit einbezieht, an seiner grundsätzlichen Befürwortung der friedlichen Nutzung der Kernenergie jedoch festhält. Die beiden letzten Vorträge waren der Ausgangspunkt für den Briefwechsel.

Vorbemerkung des Verlages zur Neuausgabe

Nach dem Reaktorunglück von Tschernobyl (26. 4. 1986) haben sich die beiden Autoren und der Verlag darüber verständigt, die »Streitbriefe über Kernenergie« in einer erweiterten Taschenbuchausgabe neu herauszubringen. Deshalb haben die Autoren ihre Auseinandersetzung fortgeführt und dabei die Folgen von Tschernobyl berücksichtigt. Die neuen Texte wurden in der Reihenfolge ihres Entstehens abgedruckt, wobei Peter Kafka einen ursprünglich für die »Süddeutsche Zeitung« verfaßten Aufsatz und zwei Briefe beitrug. Heinz Maier-Leibnitz schrieb seine Texte gezielt für die Neuausgabe, verzichtete dabei auf die Briefform. Sämtliche Texte der Erstausgabe wurden unverändert übernommen.

Vorwort zur Neuausgabe

Daß Dritte sich freuen können, wenn zwei sich streiten, gilt zu Unrecht ausschließlich als sprichwörtlicher Ausdruck schäbiger Schadenfreude. Es gibt Arten des Streits, bei dem alle, die ihn verfolgen, gewinnen. Um solche Art von streitiger Auseinandersetzung handelt es sich bei diesem Buch. Der Streit ist hart und ohne falsche Schonung von Empfindlichkeiten. Er wird auch nicht mit akademisch-entschärften Waffen ausgefochten. Da gibt es treffende Argumente, scharfe Entgegnungen, zupackende Polemik – gemildert allenfalls von der Eleganz der Formulierung. Es fehlt auch durchaus nicht an verletzenden Fest- und Unterstellungen. Fairneß herrscht dennoch, weil sich zwei ebenbürtige Gegner streiten, ausgewiesene Sachkenner, Physiker beide. Was der eine an unmittelbarer Erfahrung im Kernenergiebereich voraus hat, macht der andere durch die radikale Konsequenz seines Engagements wett, auch durch brillante Eloquenz, die sich allerdings im Feuereifer mitunter soweit hinreißen läßt, daß sie mehr unterhält als überzeugt.

Diese Streitbriefe boten schon in der ersten Auflage eine hervorragende Möglichkeit, sich mit dem Für und Wider der großtechnischen Kernenergiegewinnung auseinanderzusetzen. Sie haben durch die neu hinzugefügten – aus schockierendem Anlaß geschriebenen – Beiträge noch an Wert gewonnen. So ehrlich und gründlich und überdies so lesbar findet man beide Seiten des uns alle bewegenden Meinungsstreits kaum noch einmal zugleich zusammengefaßt und gegeneinandergestellt. Freilich, der Schlagabtausch ist härter geworden, die Diktion um einiges kälter. Nicht ohne Bewegung verfolgt man, wie sich die Streitenden nicht »zusammenraufen«, wie vielmehr die Bereitschaft, des anderen Argumente noch einmal ernst zu nehmen, geringer wird. Dennoch mindert selbst der Abbruch des Meinungsstreits – da es eben zu keiner Übereinstimmung kommen kann – den Wert des Buches für uns Dritte nicht. Die Fragen, an denen ein Ausgleich scheitern muß, sind eben nicht von der Art, die sich durch weitere Tatsachenanalyse klären lassen. Es geht dabei um wertende Entschlüsse: welchen Weg einer einzuschlagen bereit ist und was es ihm wert ist, die eine oder andere Alternative zu wählen. Alle Tatsachenerörterungen können diese Wertentscheidungen nur vorbereiten. Ist die Entscheidung einmal getroffen, so trennen sich die Wege.

Ist die reichliche Versorgung einer Multimilliardenmenschheit mit über viele Generationen hinaus zuverlässig verfügbarer Kernenergie die damit verbundenen unvermeidlichen Risiken wert, die z.B. zwar vielleicht geringe, aber durchaus nicht wegzudisputierende Steigerungen von Erkrankungs- und Sterberaten zur Folge haben? Kann man, weil man diese Risiken nicht hinzunehmen bereit ist, die ebenfalls nicht harmlosen Folgen gesteigerter Verbrennung von Kohlenstoff und/oder ständig geringerer Verfügbarkeit von Energie für die meisten Menschen akzeptieren?

Die Entscheidung für eine der beiden Positionen ist eine Wertentscheidung, die nun einmal durch keine noch so genaue Kalkulation der bei beiden Handlungspfaden zu erwartenden Vor- oder Nachteile zu ersetzen ist. Sie läßt sich auch nicht auf die törichte rhetorische Frage reduzieren, ob »der Ausstieg möglich ist«, ob man also auf die Kernenergie verzichten kann. Selbstverständlich kann man – wenn man die Folgen zu tragen bereit ist. Außerdem darf man vielleicht gerade jenen, die diesen moralischen Trivialsatz ständig im Munde führen, in Erinnerung rufen, daß man schließlich nicht alles tun soll oder gar darf, was man tun kann. So einfach ist die Entscheidung eben nicht zu treffen.

Der Streit muß darum gehen, wie hoch wir die Risiken für uns und unsere Nachkommen veranschlagen, welche davon wir einzugehen bereit sind und welche wir für unzumutbar halten. Unter anständigen Menschen sollte es jedenfalls keinen Zweifel daran geben, daß wir kommenden Generationen nicht, um uns heute Vorteile zu verschaffen, unabwendbar gesteigerte Schadensrisiken aufladen dürfen, die wir in der Gegenwart nicht auch selbst zu tragen bereit sind. Dies gilt ganz unabhängig davon, ob man sich für oder gegen den Kernenergieeinsatz entscheidet. Was freilich die Abwägung der Schadensrisiken unterschiedlicher »Energiezukünfte« angeht, so muß die Tatsachen erforschende Wissenschaft dem Bürger die Entscheidungsgrundlage liefern, so gut sie es weiß, so klar, offen und verständlich formuliert, wie ihr dies möglich ist. Dabei dürfen wohl auch nicht allein die »Energiephysiker« zu Wort kommen. Viele der Risiken sind ja biologischer, zumal strahlenbiologischer und strahlenmedizinischer Art. Man hat den Eindruck, daß die Diskussion dieser Risiken – auch im Vergleich mit anderen lebensüblichen Gefährdungen – weithin und auch in einem Teil der vorliegenden Streitbriefe nicht mit den gleichen Maßstäben vernünftigen Abwägens geführt wird, wie wir sie von der Betrachtung technisch-physikalischer Prozesse her gewohnt sind. Das mag verständlich sein, sehr hilfreich ist es nicht.

Der Bürger ist letztlich allein berechtigt und verpflichtet, darüber zu entscheiden, unter welchen Daseinsbedingungen er mit seinen Nachkommen zu existieren wünscht und welche Nachteile ihm dabei durch welche Vorteile aufgewogen erscheinen. Kein Sachverständiger kann ihm diese Entscheidung abnehmen. Der Gewinn, den der Bürger aus seiner Anteilnahme am Streit der Experten zieht, ist die Befähigung, seine Entscheidung in möglichst genauer Kenntnis aller relevanten Tatsachenfeststellungen und zu berücksichtigender Bewertungsmöglichkeiten zu treffen. Wenn zwei sich streiten, wird der Dritte mündig, könnte daher die Schlußfolgerung sein, allerdings nur, wenn sie so streiten, wie es hier Peter Kafka und Heinz Maier-Leibnitz tun. Dann nämlich können wir uns als keineswegs lachende, sondern höchst besorgte Dritte wenigstens darüber freuen, daß sie uns dazu verhelfen, verantwortlich zu entscheiden, was jeder von uns selbst entscheiden muß.

Bonn, im Februar 1987 Hubert Markl

Heinz Maier-Leibnitz

Die Rolle der Wissenschaft bei den Anfängen der Kerntechnik *

Hohe Festversammlung!

Die Bayerische Akademie der Wissenschaften strebt die Förderung von Wissenschaft und Technik an. Sie tut das, indem sie vor allem die Wissenschaft fördert. Daß damit auch der Technik genutzt wird, ist eine Behauptung, die durch die jüngste Entwicklung auf dem Gebiet unseres heutigen Themas in einem ganz unerwarteten Maß bestätigt worden ist. Berühmte Wissenschaftler sind zugleich Träger großer technischer Entwicklungen geworden. Der Beruf des Physikers hat sich dahin gehend ausgeweitet, daß er außer der Forschung auch alle diejenigen technischen Gebiete mit einschließt, bei denen den Ingenieuren noch nicht geläufige Erkenntnisse verwendet werden.

Die Technik hat sich zunächst aus ihren eigenen Gesetzen heraus entwickelt. Bei der Herstellung von Maschinen, Brücken, Autos ist die Konstruktion primär aus solchen Erfahrungen entstanden, die aus dem täglichen Leben stammen. Die Wissenschaft ist höchstens ein Hilfsmittel zur Verbesserung der Konstruktion: eine mit Hilfe der Mathematik und auf Grund von Werkstoffuntersuchungen gebaute Brücke ist leichter und billiger als eine andere; eine Maschine, bei deren Herstellung genaue Meßmethoden, wie wir sie aus der Wissenschaft kennen, verwendet wurden, arbeitet besser und hat eine längere Lebensdauer.

Der erste sehr große Einbruch der Wissenschaft in das Gebiet der Technik hat wohl bei der Chemie stattgefunden: Namen wie Wöhler und Liebig stehen unsichtbar über den größten Werken der chemischen Industrie. Bei der Physik hat dieser Einbruch mit den unsichtbaren Erscheinungen begonnen. Von der Entdeckung des elektrischen Stromes durch Galvani, des Induktionsgesetzes durch Faraday, der elektrischen Wellen durch Hertz, des Elektrons durch J. J. Thomson führt ein gerader, wenngleich langer Weg zu den modernen Kraftwerken und Rundfunkstationen.

* Festrede, gehalten in der öffentlichen Sitzung der Bayerischen Akademie der Wissenschaften in München am 1. 12. 1956

Im ersten Teil dieses Jahrhunderts sind wissenschaftliche Erkenntnisse der Physik mehr und mehr und immer schneller in die Technik eingebaut worden. Unser heutiges Thema, die Entwicklung von der Entdeckung des Atomkerns bis zur technischen Atomkernenergie, ist dafür nur ein Beispiel, wenngleich das gewaltigste, und zwar gleicherweise für die reine Wissenschaft wie für die Anwendung.

Man ist versucht, die Geschichte der Atomforschung mit der Entdekkung der Röntgenstrahlung zu beginnen. Das ist zwar nicht ganz richtig, denn Röntgens Entdeckung bezog sich nicht auf Atomkerne, sie zeigte nur die Existenz und einige Eigenschaften von Licht besonders kurzer Wellenlängen auf. Aber es ist wahrscheinlich gerecht, mit Röntgen zu beginnen, denn Röntgens zufällige Beobachtung des Aufleuchtens einiger Kristalle nahe einer Entladungsröhre hat ganz unerwartet das Tor zu einem neuen Feld der Erkenntnis aufgestoßen. Sie hat deshalb bei der Fachwelt ebensoviel Aufsehen erregt wie beim Publikum, das durch das Durchdringen von Körpern durch diese Strahlen beeindruckt war. Die Entdeckung von Becquerel ist sicher in einem gewissen Zusammenhang mit der von Röntgen entstanden und zunächst auch so aufgefaßt worden. Becquerel fand, daß von gewissen Uransalzen Strahlen ausgehen, die ähnlich durchdringend sind wie die Röntgenstrahlen. Zum Beweis machte er die erste, wie wir heute sagen würden, radiographische Aufnahme einer Münze. Diese Entdeckung hat eine viel größere Tragweite als die Röntgensche; denn es erhob sich sofort die Frage nach der Energiequelle für diese Strahlen. Ein Uransalz, in Blei eingeschlossen und völlig allen Einflüssen seiner Umgebung entzogen, soll dieselben Strahlen erzeugen wie eine für die damalige Zeit gewaltige Röntgenanlage. Die Atomkernenergie tritt als ein großes neues Rätsel in die Welt, und nach einer zweijährigen ungläubigen Pause wird seine Lösung zur Aufgabe eines großen neuen Forschungsgebietes.

Man kann nicht sagen, daß die Natur die Lösung dieses Rätsels leicht gemacht hätte. Die Erscheinungen erwiesen sich als überaus kompliziert, und es bedurfte unendlicher Kleinarbeit, bis schließlich die verschiedenen strahlenden Elemente, zum Beispiel das Radium, und die Natur der Strahlenarten, der α-, β-, γ-Strahlen, erkannt waren. Als Ergebnis zeigte sich: Die radioaktiven Elemente verwandeln sich beim Zerfall in neue, und zwar erhöht sich bei der Aussendung der β-Strahlen die chemische Ordnungszahl um eins, bei der Aussendung der α-Strahlen erniedrigt sie sich um zwei. Die Umwandlung der Elemente, das alte Ziel der Alchimisten, geht also bei den radioaktiven Elementen von selbst vor sich, ganz unbeeinflußt von äußeren Maßnahmen. Und bei dieser Umwandlung wird beträchtliche Energie in Form von radioaktiven Strahlen frei.

In diese Zeit fällt auch die Entdeckung des Atomkerns durch Rutherford. Die Beobachtung von Umwandlungsteilchen beim radioaktiven Zerfall hatte auch die letzten Zweifler von der Existenz der Atome als kleinster Einheiten der Elemente überzeugt. Seit Lenards Versuchen mit seinen Kathodenstrahlen wußte man ferner, daß der von Materie erfüllte Raum sehr weitgehend leer ist. Bei der Untersuchung des Durchgangs der α-Strahlen durch Materie fand Rutherford, daß diese Strahlen, die meistens fast geradlinig durch alle Substanzen gehen, manchmal plötzliche Richtungsänderungen um große Winkel erfahren, also von irgendwelchen Zentren gestreut werden. Quantitativ ergab sich, daß sich die Zentren bei schweren Atomen wie Punktladungen verhielten, deren Ladung proportional der Ordnungszahl war mit einer Masse etwa gleich der ganzen Atommasse. Damit war der Atomkern entdeckt, und es war auch gleich offenbar, daß die Erscheinungen des radioaktiven Zerfalls von ihm ausgehen mußten, daß er also die Quelle der geheimnisvollen Energie war.

Der Erforschung des Atomkerns hat sich vor allem Rutherford gleich mit ungeheurer Tatkraft verschrieben, und die α-Strahlen waren dabei das wichtigste Hilfsmittel. Bald zeigte sich, daß bei leichten Elementen die α-Strahlen dem Kern schon so nahe kamen, daß er keine Punktladung mehr war, und daraus ergab sich eine Angabe über den Kernradius, der etwa 10000mal kleiner ist als der des Atoms. Und schließlich fand Rutherford wieder etwas grundlegend Neues: Aus mit α-Strahlen beschossenem Stickstoff traten Strahlen aus, die sicher keine α-Strahlen, sondern Wasserstoffkerne waren. Aus dem Stickstoff mußte dabei ein anderes Element geworden sein. Die künstliche Umwandlung der Elemente war entdeckt. Bei der künstlichen Umwandlung zeigte sich wieder, daß mehr Energie frei wurde, als die α-Strahlen vorher hatten. Kernumwandlungen waren also als Energiequelle schon von Anfang an erkannt, aber die Treffwahrscheinlichkeit der α-Strahlen war viel zu klein, um sie auszunützen. Die nächsten Jahre vergingen mit der Verfeinerung der gewonnenen Erkenntnisse, und mit der inzwischen entwickelten Quantentheorie ergaben sich mehr und mehr nachprüfbare Vorhersagen der

Theoretiker. Der nächste Schritt in Neuland kam 1929: Aus einer zunächst ganz rätselhaften Beobachtung von Bothe und Becker ergab sich schließlich, daß der Atomkern auch ungeladene Teilchen, Neutronen, aussenden kann. Die Entdeckung des Neutrons selbst machte Chadwick bei Rutherford. Daß die Entdeckung in Rutherfords Laboratorium geschah, war wohl kein Zufall, denn die mögliche Existenz ungeladener Elementarteilchen war eine alte Lieblingsidee von Rutherford; er hatte schon 10 Jahre vorher nach ihnen gesucht.

Die Neutronen, deren Eigenschaften wenig später Fermi untersuchte, haben eine einzigartige Eigenschaft: Sie führen am Ende ihres Lebens immer zu einer Kernumwandlung; im Gegensatz zu geladenen Teilchen können sie, auch wenn sie ganz langsam sind, in jeden Kern eindringen. Sie wurden deshalb bald zur Umwandlung der schweren Elemente benützt, die auch in den seit Cockcroft und Walton und Lawrence verwendeten Anlagen mit künstlich beschleunigten geladenen Teilchen nicht umgewandelt werden konnten.

Nach der Entdeckung der Neutronen gelang Heisenberg und seinen Schülern eine Beschreibung des Kernaufbaus unter der Annahme, daß der Kern aus Wasserstoffkernen und Neutronen besteht. Viele quantitative Erkenntnisse, vor allem die genauen Massenwerte und damit Energieinhalte der Atomkerne, wurden bei dieser Beschreibung verwendet. Die Kernumwandlungen wurden systematisch untersucht, und es entstand allmählich das, was man in Anlehnung an die Atomhüllenphysik als Kernspektroskopie bezeichnet: die Kenntnis von den Energiezuständen der Atomkerne und der Übergänge zwischen solchen. Der α- und β-Zerfall zum Beispiel sind Übergänge weniger stabiler Kerne in stabile. Energiegewinn oder Energieverlust bei vielen Umwandlungen konnten jetzt schon vorhergesagt werden. In einem Buch von v. Weizsäcker stand der Satz, daß sehr viel Energie frei werden muß, wenn ein ganz schwerer Kern in zwei leichtere geteilt wird. Doch dachte niemand daran, daß das möglich wäre.

Die Entdeckung der Spaltung verdankt man dem Streben, die Grenzen des bekannten periodischen Systems der Elemente zu erweitern. Elemente jenseits von Uran können mit Hilfe von Neutroneneinfang hergestellt werden. Eine Anzahl solcher Transurane wurde in verschiedenen Laboratorien beschrieben; aber es gab experimentell noch Unklarheiten und Widersprüche. Bei dem Versuch einer Aufklärung fanden Hahn und Straßmann als Umwandlungsprodukt des Urans ein mittelschweres Element, das Barium. Meitner und Frisch, gleichzeitig mit anderen, erklärten diesen Befund im Sinne Weizsäckers und zeigten, daß die Spaltbruchstücke mit großer Energie auseinanderflogen. Ein Prozeß war entdeckt, bei dem etwa 50mal mehr Energie frei wurde als bei den gewöhnlichen Kernumwandlungen. Und der Prozeß wurde mit Neutronen eingeleitet, von denen jedes einer Umwandlung fähig ist.

Die entscheidende letzte Entdeckung kam sehr schnell (Joliot und gleichzeitig Szilard): bei der Spaltung werden auch Neutronen frei, und zwar im Mittel mehr als eines. Es kann also ein Neutron im Uran spalten, weitere Neutronen freimachen, die wieder spalten und mehr und mehr Neutronen erzeugen und mehr und mehr Energie frei machen: plötzlich wird ein Weg sichtbar, Atomenergie praktisch zu gewinnen. Innerhalb allerkürzester Zeit ist die Kernphysik aus einer reinen Wissenschaft ein Gebiet der Anwendung geworden.

Wir wollen hier nicht von der entsetzlichen Kriegsanwendung sprechen, die die neue Energiequelle gefunden hat, sondern nur von der Verwirklichung des Ziels, eine kontrollierte Freigabe von Energie im Kernreaktor zu erreichen. Dieses Ziel war im Krieg ein Schritt auf dem Weg zur Bombe, aber heute bauen wir darauf die Hoffnung auf eine dringend notwendige Ergänzung der Energiequellen unserer Erde.

Die beispiellos schnelle Entwicklung der Atomenergie im Kriege ist bekannt. Neben dem nur in solchen Zeiten möglichen Einsatz größter Mittel war dabei wohl die Tatsache entscheidend, daß dieselben Wissenschaftler, die bisher für die Fortschritte der reinen Forschung verantwortlich waren, jetzt bei der Anwendung ebenso verantwortlich mitarbeiteten. Diese Entwicklung hat sich bis heute fortgesetzt. Es gibt offenbar reine Physiker bis hinauf zu Nobelpreisträgern, denen die Beschäftigung mit technischen Problemen Freude macht und die zum Teil die wichtigsten Beiträge zu einer technischen Entwicklung geleistet haben. Es wäre eine dogmatische Engstirnigkeit, wollte man dem nicht dadurch Rechnung tragen, daß man die Berufsbezeichnung »Physiker« erweitert auf solche, die den Ingenieuren noch nicht geläufige physikalische Erkenntnisse in die Technik umsetzen. Man darf dabei nur nicht den Fehler machen, eine neue Klasse schaffen zu wollen, die man als angewandte Physik abstempelt; denn gerade die Beiträge der in der reinen Forschung groß gewordenen Physiker sind in vielen Fällen besonders wichtig gewesen. Diese Entwicklung gibt auch eine Begründung dafür, daß jetzt sehr viel mehr Physiker ausgebildet werden als früher. Der Physiker wird an vielen Stellen neben den Ingenieur treten. Andererseits werden die Ingenieure laufend Gebiete, die sie beherrschen gelernt haben, den Physikern wieder abnehmen.

Bei Kriegsbeginn war auf dem Weg zum Reaktor noch eine Anzahl von physikalischen Fragen offen, die das Gelingen des Vorhabens noch lange in Frage stellten.

Als einfachste Lösung hätte sich angeboten, einen großen Klotz von reinem Uran zu bauen, bei dem fast jedes erzeugte Neutron wieder im Uran zur Wirkung kommen sollte. Aber es zeigte sich bald, daß das nicht ging: Die Neutronen verlieren im Uran Energie, indem sie Strahlung anregen, und dann sind sie nicht mehr fähig, den häufigsten Bestandteil des Urans, das Isotop 238, zu spalten. Es ist dann notwendig, die Neutronen erst ganz langsam zu machen, indem man sie mehrmals mit sehr leichten Kernen, etwa Wasserstoff oder Kohlenstoff, stoßen läßt. Dann können die meisten von ihnen das seltenere Isotop 235 spalten.

Aber es ist wiederum nicht möglich, das Uran und die verlangsamende Substanz, den Moderator, einfach zu mischen. Denn bei der allmählichen Verlangsamung durchlaufen die Neutronen einen Energiebereich, das sogenannte Resonanzgebiet, in dem sie besonders stark in dem häufigen Uranisotop 238 eingefangen werden, ohne Spaltung zu erzeugen. Die Zahl der Spaltungen im Uran 235 ist dann zu gering, um die Kettenreaktion aufrechtzuerhalten.

Erst eine Aufteilung des Reaktors in Zellen mit separaten Uran- und Moderatorelementen erlaubt es, den Resonanzeinfang auf ein erträgliches Maß zu reduzieren. Und auch dann noch scheidet der an sich wirksamste und billigste Moderator, nämlich Wasser, aus, weil gewöhnlicher Wasserstoff etwas zu häufig Neutronen einfängt. Nur schweres Wasser oder reiner Graphit sind verwendbar. Mit ersterem wurde in Deutschland der Bau des Reaktors versucht, mit letzterem gelang er in den USA schon 1942. Das ist eine ungeheure Leistung, wenn man bedenkt, daß nicht nur die oben skizzierten Überlegungen und dazugehörigen Versuche, sondern auch fast alle notwendigen physikalischen Grunddaten erst erarbeitet werden mußten.

Wir dürfen nun einen Sprung in die Gegenwart machen und festzustellen versuchen, wo wir heute stehen. Neben den zahllosen Anwendungen der radioaktiven Isotope und Strahlungen, neben einer enormen Ausdehnung der kernphysikalischen Forschung hat sich das Interesse in der ganzen Welt vor allem der Energiegewinnung aus Atomkernen zugewandt. Von allen drei Arbeitsrichtungen dürfen wir viel, aber doch keine Wunder erwarten. Die Anwendung unserer Arbeitsmethoden in anderen Zweigen der Wissenschaft und Technik wird, wie wir hoffen, an vielen Stellen befruchtend und anregend wirken und der so dringend nötigen Förderung aller Wissenschaftszweige neuen Auftrieb geben. Der Fortschritt wird dabei stets aus den Wissenschaftsgebieten selbst kommen; das Atom ist hier immer nur als ein Hilfsmittel, der Kernphysiker als ein Helfer zu betrachten. – In der reinen Kernphysik ist, wenigstens bei nicht zu hohen Energien, die Zeit der grundlegenden Fortschritte der Art, wie wir sie heute besprochen haben, vorbei. Die Forschung dient jetzt der Verbreiterung und Vertiefung unserer Kenntnisse; mit Hilfe eines großen Erfahrungsmaterials dürfen wir hoffen, die sehr komplizierten Erscheinungen, die durch die Zusammensetzung der Atomkerne aus vielen Einzelteilchen bedingt sind, besser und besser zu verstehen. Bei den Arbeiten mit sehr hoch beschleunigten Teilchen, wie sie etwa in Genf durchgeführt werden sollen, betreten wir allerdings wieder Neuland und dürfen grundlegende Fortschritte erwarten.

Die Sammlung von Erfahrungsmaterial in der Kernphysik dient heute bereits weitgehend der Vorbereitung von Anwendungen. Bei vielen Kernphysikern ist eine Aufspaltung ihrer Interessen nach der Forschung und nach der Anwendung hin zu beobachten. Auch die Hinwendung zu Nachbargebieten, etwa zur Festkörperphysik, ist häufig.

Der Frage der Energieversorgung wollen wir uns nun etwas ausführlicher zuwenden. Auf Grund der Kriegsentwicklungen stand etwa folgendes als Basis zur Verfügung:

1. Die Möglichkeit des Reaktorbaues mit natürlichem Uran war bewiesen. Große Reaktoren dieses Typs waren gebaut worden, allerdings nicht, um Energie zu gewinnen, sondern um das leicht spaltbare Plutonium zu produzieren.

2. Die mit großem Aufwand errichteten Isotopentrennanlagen in den USA liefern heute regelmäßig bedeutende Mengen des spaltbaren Uran 235 in jeder gewünschten Konzentration.

3. Das als Moderator nützliche schwere Wasser wird, vor allem

wieder in USA, in genügender Menge hergestellt, um auch für große Reaktoren in Betracht gezogen zu werden.

4. Für die Aufbereitung des in Reaktoren verwendeten Urans sind Verfahren entwickelt worden, die die Gefahren der ungeheuer starken Radioaktivität der Spaltprodukte vermeiden. Sie erlauben, sowohl das Uran zurückzugewinnen als das spaltbare Plutonium in reiner Form abzutrennen. Dieses kann im Prinzip ähnlich wie Uran 235 verwendet werden, muß aber vorsichtiger gehandhabt werden, weil es selbst radioaktiv ist.

5. Vielleicht als wichtigste Folge der Kriegsentwicklung war eine große Zahl von Fachkräften mit speziellen Kenntnissen auf dem neuen Gebiet herangewachsen. Ihr Vorhandensein allein war einer der stärksten Antriebe, die bisher gemachten großen Anstrengungen nunmehr für die Energiegewinnung einzusetzen.

Gegenüber den vorhandenen, schon sehr großen Reaktoren für Plutoniumgewinnung stellt die Entwicklung von Kraftwerksreaktoren eine Anzahl neuer Probleme. Die im Reaktor in Form von Wärme erzeugte Energie soll bei möglichst hoher Temperatur des Kühlmittels abgeführt werden, um Wärmekraftmaschinen rationell betreiben zu können. Dies bedeutet eine zusätzliche Beanspruchung aller Reaktormaterialien, bei Wasserkühlung außerdem die Notwendigkeit hoher Drucke im Reaktor. Ferner tritt jetzt ein neuer Gesichtspunkt als entscheidend wichtig auf: Kraftwerksreaktoren sollen ökonomisch arbeiten, das heißt, der mit ihnen erzeugte Strom soll nicht wesentlich teurer sein als der am gleichen Standort mit Kohle erzeugte. Das Problem des ökonomischen Reaktors für einigermaßen normale Bedingungen ist bis heute noch nicht gelöst. Es gibt bisher nur große Versuchsanlagen, die relativ teuer arbeiten. Die Frage nach dem besten Reaktor ist heute mindestens so offen wie im Jahre 1942.

Die Möglichkeiten des Reaktorbaues sind, seit angereichertes Uran oder Plutonium zur Verfügung steht, unendlich mannigfaltig geworden. Bei den Reaktorentwicklungen in der Welt zeichnen sich folgende Wege ab:

Reaktoren, die nur natürliches Uran verwenden, sind nach wie vor attraktiv in Ländern, die keine großen Isotopentrennanlagen besitzen. Sie können entweder mit Graphit als Moderator gebaut werden und werden dann meist mit Gas unter hohem Druck gekühlt. Ferner kann schweres Wasser als Moderator und Kühlmittel verwendet werden. Möglicherweise hat letzteres Verfahren für Reaktoren hoher Leistung trotz des hohen Preises des schweren Wassers Vorteile. Bei allen Natururanreaktoren ist wegen des geringen Neutronenüberschusses im Spaltungskreislauf sehr wenig Spielraum für Variationen; insbesondere muß sorgfältig vermieden werden, neutronenabsorbierende Werkstoffe im Reaktor zu verwenden; das bedingt eine große Beschränkung in der Wahl der Werkstoffe und ihrer Dimensionierung.

Mit angereichertem Brennstoff fallen fast alle Beschränkungen, die für Natururan gelten. Es ist zum Beispiel nicht mehr notwendig, Uran und Moderator zu trennen; es kann ein homogener Reaktor gebaut werden. Ferner kommt normales Wasser als Moderator und Kühlmittel in Frage. Die Kühlung kann auch mit flüssigen Metallen, wie Natrium, erfolgen. Bei den konventionellen Reaktorkonstruktionen können bessere Werkstoffe verwendet werden, auch wenn sie einen Teil der Neutronen absorbieren. Die Wärmeabfuhr und damit die Leistung eines Reaktors gegebener Größe kann sehr erhöht werden, indem man statt der bisher üblichen stabförmigen Brennstoffelemente, bei denen das Verhältnis der kühlbaren Oberfläche zum Volumen besonders ungünstig ist, solche mit größerer Oberfläche verwendet. Sehr wichtig kann werden, daß man nun an Stelle des wenig temperaturbeständigen Uranmetalls Uranoxyd oder Urankarbid verwenden kann und hoffen darf, so höhere Kühlmitteltemperaturen zu erreichen.

Einen ganz prinzipiellen Fortschritt hat die Entwicklung des Brutreaktors gebracht. Während beim normalen Reaktor nur das sogenannte spaltbare Material (Uran 235 oder Plutonium) und daneben ein kleiner Teil des Haupturanisotops 238 verbrannt wird, bringt der Brutreaktor folgendes zustande: Die bei einem einzelnen Spaltprozeß erzeugten Neutronen (im Mittel etwa 2,5 pro Spaltung) werden so rationell ausgenutzt, daß eines eine weitere Spaltung erzeugt, also die Reaktion aufrechterhält, und mehr als ein weiteres im Uran 238 eingefangen wird und neues spaltbares Material erzeugt. Die Menge des spaltbaren Materials im Brutreaktor erhöht sich also während des Betriebs, anstatt sich zu vermindern, das spaltbare Material wird ausgebrütet. Mit solchen Reaktoren ist es im Prinzip möglich, das ganze Uran 238 spaltbar zu machen und damit die ganze in ihm enthaltene Energie auszunützen. Bei den konventionellen Reaktoren dagegen kann nur etwa ein Fünfzigstel dieser Energie gewonnen werden. Mit

Brutreaktoren kann auch Thorium ausgenützt werden, indem durch Anlagerung von Neutronen das spaltbare Uranisotop 233 gewonnen wird. Damit erhöhen sich die verwendbaren Vorräte an Atomenergie beträchtlich. Uran 233 ist zudem zum Betrieb von Brutreaktoren ganz besonders gut geeignet. Es ist durchaus möglich, daß im Endstadium einer längeren Entwicklung der größte Teil der Atomenergie aus Thoriumbrütern gewonnen werden wird.

In Brutreaktoren wird allerdings immer relativ hoch angereichertes Material verwendet werden müssen. Mit Ausnahme möglicherweise des Thoriumbrüters werden sie solche Reaktoren sein, bei denen auf die Anwendung eines Moderators überhaupt verzichtet wird. In solchen sogenannten schnellen Reaktoren werden die Neutronen nur wenig verlangsamt. Die Entwicklung dieses Typs ist noch nicht abgeschlossen; die vorhandenen Versuchsreaktoren erlauben jedoch eine optimistische Prognose. Wenn in fernerer Zukunft die Energieerzeugung im wesentlichen mit solchen Reaktoren erfolgen sollte, dann werden die bisherigen Reaktortypen nur als eine Vorstufe für die Brutreaktoren verwendet werden. Natürliches Uran wird zur Ausnützung des in ihm vorhandenen Urans 235 in diesen Reaktoren verwendet werden, ehe es in die Brutreaktoren zur Ausnützung des Hauptisotops 238 kommt. Die Leistung der konventionellen Reaktoren insgesamt müßte dann etwa 50mal kleiner sein als die Leistung der Brutreaktoren.

Abgesehen von der Entwicklung von Reaktoren zum Ziel der Wärmeerzeugung zeigen sich Bestrebungen, mehr als nur die Wärme dieser Reaktoren auszunützen. Die Energie der Spaltung wird zunächst in einer, wenn man so sagen darf, hochwertigen Form frei, nämlich als sehr große kinetische Energie einzelner Teilchen. Die Wärme entsteht schließlich durch die Verteilung dieser Energie auf die Umgebung. Es ist aber möglich, auch andere als nur Wärmewirkungen hervorzubringen. Zum Beispiel können die Spaltprodukte Wasser zersetzen oder chemische Reaktionen bewirken. Es ist möglich, daß man in Reaktoren zusätzlich zur Wärmeerzeugung auch chemische Verbindungen wird produzieren können und daß man so zu ökonomischeren Reaktortypen kommen kann.

Über die mit Reaktoren erschließbaren Möglichkeiten der Energiegewinnung hinaus kann im Prinzip Energie auch durch Zusammenfügen leichter Kerne, durch Fusion, hergestellt werden. In mehreren Ländern sind wissenschaftliche Vorarbeiten zu praktischen Lösungen dieses Problems im Gange. Zur Zeit behindern Geheimhaltungsbestimmungen noch den Austausch der Erfahrungen. Wahrscheinlich wird noch eine lange Entwicklung bis zum Ergebnis notwendig sein. An solchen Vorarbeiten kann sich die Wissenschaft und später die Technik auch bei uns beteiligen. Dabei gewonnene Ergebnisse werden sicher auch für andere technische Entwicklungen von Bedeutung sein. Auch die Atomenergieentwicklung mit Reaktoren hat keineswegs nur für diese eine Bedeutung. Jede wissenschaftliche oder technische Erkenntnis kann sich auf den verschiedensten Gebieten oft ganz unerwartet auswirken.

Seit etwa einem Jahr ist auch in Deutschland die Frage der Entwicklung von Atomenergieanlagen lebhaft in Gang gekommen. Die Situation bei uns ist ähnlich der der meisten europäischen Länder. Das Auftreten einer Energielücke, zu deren Schließung die Atomenergie dringend benötigt wird, braucht bei uns nicht vor mindestens 10 Jahren erwartet zu werden. Ein Atomenergieprogramm kann also ohne Überstürzung vorbereitet werden. Das bedeutet allerdings nicht, daß es nicht sehr notwendig ist, schon heute Schritte zu unternehmen. Der Vorsprung anderer Länder an praktischen Erfahrungen und an ausgebildeten Fachleuten aller benötigten Richtungen ist sehr groß. Er kann nicht durch Ausbildung einzelner Fachleute im Ausland aufgeholt werden, sondern nur dadurch, daß an Projekten bei uns gearbeitet wird und dabei Erfahrungen gesammelt werden und Fachkräfte entstehen.

Das größte Problem stellt heute das Programm dar, nach dem eine Atomenergie-Entwicklung bei uns ausgerichtet werden soll. Es ist zur Zeit noch nirgends entschieden, welche Reaktortypen sich als besonders ökonomisch und zuverlässig durchsetzen werden. Insbesondere kann die entscheidende Frage noch nicht eindeutig beantwortet werden, ob es besser ist, zunächst Natururanreaktoren zu bauen oder eine große Isotopentrennanlage zu errichten und Reaktoren mit angereichertem Material zu entwickeln. Diese Entscheidung hat auch viele politische Hintergründe. Vor allem wird sich ein Land nicht leicht darauf einlassen, Atomenergieanlagen zu bauen, die auf die Dauer auf im Ausland gekauftes Uran 235 oder angereichertes Material angewiesen sind. Einer der Vorschläge, die zur Zeit bei uns und in anderen europäischen Ländern diskutiert werden, läßt sich etwa folgendermaßen beschreiben:

Ein mit Natururan betriebener Reaktor ist erwünscht, weil das benötigte Uran aus verschiedenen Quellen, nötigenfalls auch in Deutschland, beschafft werden kann. Es ist aber sehr wahrscheinlich, daß die durch den geringen Gehalt an spaltbarem Material bedingten Einschränkungen die Entwicklung so behindern werden, daß dieser Reaktortyp nicht sehr ökonomisch sein wird. Es ist möglich, daß eine ganz geringe Erhöhung des Gehalts an spaltbarem Material diese Einschränkung so vermindern wird, daß sehr viel bessere Reaktoren gebaut werden können. Die Verwendung so geringer zusätzlicher Anreicherung hat einen entscheidenden Vorteil: Die anfänglich zugegebene Anreicherungsmenge ist kleiner als die Menge des während des Betriebs gebildeten Plutoniums. Nach Erschöpfung der Brennstoffstäbe kann deshalb folgendes Verfahren zur Erneuerung der Brennstoffladung verwendet werden: Die alten Stäbe werden chemisch aufgearbeitet, und das entstandene Plutonium wird abgetrennt. Ein Teil dieses Plutoniums wird dann zusammen mit neuen Stäben aus natürlichem Uran wieder im Reaktor verwendet. Damit braucht dieser Reaktor nur bei seiner ersten Inbetriebnahme fremdes angereichertes Material. Dieses Material kann aus Natururanreaktoren stammen oder vom Ausland bezogen werden. Die nach Herstellung der zweiten Brennstoffladung überschüssige Plutoniummenge kann zur Anfangsanreicherung weiterer neu zu bauender Reaktoren verwendet werden. Man kann ein Programm ausrechnen, bei dem mit diesem Verfahren unter nur einmaliger Verwendung angereicherten Materials in zum Beispiel 15 Jahren eine Verzehnfachung der installierten Reaktorleistung möglich ist. Nach etwa dieser Zeit ist dann genügend überschüssiges Plutonium vorhanden, um zum Betrieb von Brutreaktoren überzugehen.

Ein solches Programm kann heute nur einer von verschiedenen möglichen Vorschlägen sein. Es muß gegen andere Vorschläge abgewogen werden, insbesondere gegen solche, die längere Zeit mit Natururanreaktoren arbeiten wollen oder bei denen als erstes die Errichtung einer Isotopentrennanlage vorgesehen wird. Für die Beurteilung werden dabei am Ende ökonomische Gesichtspunkte ausschlaggebend sein. Vorher aber wird eine ausführliche technische Diskussion stattfinden müssen. An dieser Diskussion werden auch die Wissenschaftler sich beteiligen. Da diese Probleme vielen Ländern gemeinsam sind, wird es außerordentlich nützlich sein, auch solche Diskussionen zum Teil gemeinsam durchzuführen. Dies geschieht schon in sehr erfreulicher Weise im Rahmen der Europäischen Kernenergie-Gesellschaft, die viele Fachleute verschiedener Länder zusammenzubringen bemüht ist.

Bei den gemeinsam zu diskutierenden Problemen wird auch eine Frage sehr im Vordergrund stehen, auf die wir heute nicht eingegangen sind, nämlich die der Sicherheit. Ich darf hier der Überzeugung Ausdruck geben, daß die Atomenergieentwicklung zu keiner irgendwie gearteten Strahlengefährdung der Menschheit zu führen braucht. Im Gegensatz zu den Atombombenversuchen, bei denen die gesamten entstandenen Spaltprodukte in der Atomsphäre frei werden und irgendwann und irgendwo auf die Erde zurückkommen, braucht bei einem Atomkraftwerk von diesen Spaltprodukten nichts in die Atmosphäre zu gelangen. Wir dürfen glauben, daß alle Anstrengungen gemacht werden, um diesen wünschenswerten Zustand auch wirklich zu erreichen. Es stehen keinerlei unüberwindliche technische Schwierigkeiten dagegen. Die Wissenschaft von den Strahlenwirkungen besteht schon seit den ersten Anwendungen der Röntgen- und Radiumstrahlen. Seit der Entdeckung der künstlich radioaktiven Isotope wird auch ihr Verhalten im menschlichen und tierischen Körper sowie in Pflanzen sehr ausführlich untersucht. Es gibt noch eine Anzahl von wissenschaftlichen Problemen, die geklärt werden müssen. Bis dahin wird es aber möglich sein, durch verschärfte Vorschriften des Strahlenschutzes möglichen Gefahren zu begegnen.

Wir erleben zur Zeit bei uns eine sehr verstärkte Förderung der Wissenschaft im Hinblick auf die Entwicklung von Atomenergieanlagen und im Hinblick auf die Anwendung der radioaktiven Strahlungen in vielen Gebieten. Wir nehmen diese Förderung dankbar an, weil wir hoffen, daß sie nicht umsonst sein wird. Die zahllosen jungen Wissenschaftler und Techniker, die sich auf Grund dieser Förderung jetzt den neuen Gebieten zuwenden, werden zweifellos dafür sorgen, daß wir nicht nur auf dem engeren Gebiet der Kernenergie, sondern in der Wissenschaft und ihrer Anwendung überhaupt weiterkommen werden. Die Anstrengung, die wir alle unternehmen, ist von uns aus freiwillig. Sie ist deshalb freiwillig, und wir haben deshalb die Verantwortung dafür übernommen, viele junge Menschen von anderen Gebieten in das der Atomenergie zu ziehen, weil wir hoffen dürfen, daß in unserem Land diese ganze Entwicklung nur unter friedlichen Aspekten betrieben werden wird. Eine Umlenkung der Entwicklung etwa in der Richtung auf eine Atomwaffenherstellung müßten wir persönlich als einen Mißbrauch des Vertrauens betrachten, mit dem wir an der Ausweitung unseres Gebietes mitarbeiten. Die Verantwortung des Wissenschaftlers für die Anwendung der von ihm mitgewonnenen Erkenntnisse ist eine schwere Last. Sie kann und darf ihm nicht ganz von anderen abgenommen werden. Wir sind glücklich, glauben zu dürfen, daß unsere Regierungen ebenso wie wir nur eine friedliche Entwicklung der Atomenergie fördern wollen.

Peter Kafka

Einfalt und Vielfalt

Über das Wesen der Energie- und Wachstumskrise *

Meine Damen und Herren,
Sie sollen demnächst über die Betriebsgenehmigung für das erste österreichische Kernkraftwerk in Zwentendorf abstimmen, und ich bin deshalb zu Ihnen gekommen, um Emotionen gegen Kraftwerke zu wecken oder zu schüren. Die von einem Wissenschaftler erwartete »wertfreie« Betrachtung kann ich Ihnen nicht bieten, aber an Wertlosem herrscht ja ohnehin kein Mangel. Ich möchte vor allem versuchen, Ihr Bewußtsein dafür zu schärfen, daß wir nicht so sehr in eine Energiekrise im Sinne eines Energiemangels geraten sind, als vielmehr in eine Krise der Evolution des Lebens und des menschlichen Geistes, die durch zu rasche Steigerung des Energieangebotes ausgelöst wurde.

Ist Ihnen aufgefallen, daß ich »Bewußtsein schärfen« und »Emotionen wecken« fast in einem Atem sage? Ich meine, unsere Emotionen sind bei der Beurteilung komplexer Sachverhalte den möglichen Berechnungen weit überlegen. Sie sind noch immer das empfindlichste Sinnesorgan unseres Bewußtseins. Was wir in Zahlen fassen können, ist kaum der Rede wert. Mathematisierung ist erfolgreich in so simplen Dingen wie Physik; wenn wir aber über Menschen und ihre Gesellschaft sprechen, sind nur die allerunwesentlichsten Dinge Be-

* Dieser Vortrag wurde seit 1978 in leicht wechselnden Fassungen und unter verschiedenen Titeln an etwa zwanzig verschiedenen Stellen gehalten oder abgedruckt. Der hier aufgenommene Text ist ein Kompromiß zwischen der Erstfassung (vorgetragen am 13. Oktober 1978 vor der Industrie- und Handelskammer in Graz, erstmals abgedruckt im Februar 1979 in Heft 37 der »Vorgänge-Zeitschrift für Gesellschaftspolitik«) und einer erweiterten Fassung (vorgetragen zur Eröffnung des VII. Symposiums der Schweizerischen Vereinigung für Sonnenenergie am 28. März 1980 in der Eidgenössischen Technischen Hochschule in Zürich, abgedruckt in dem Buch »Wie gestalten wir unsere Energiezukunft?«, herausgegeben von Pierre Fornallaz, Zürich 1980).
Die Herrn Maier-Leibnitz anfangs vorliegende Fassung war etwas kürzer als die letztere und beruhte auf einem im Herbst 1979 zweimal in der Schweiz gesendeten Rundfunkvortrag. (Titel der damaligen Sendung: »Vom Urknall zum Endknall – Eine Standpauke für Energiepolitiker«.)

rechnungen zugänglich. Die Behauptung, wir seien in den Wissenschaften erwachsen geworden, emotional aber Kinder geblieben, stellt die Wahrheit auf den Kopf. Der modische Trend zur Mathematisierung und Computerherrschaft ist ein Zeichen von Infantilismus: Sie haben vielleicht auch einmal beobachtet, daß Kinder, wenn sie die Idee der Zahl entdecken, vom Zählen wie besessen sind und einander immer noch darin übertrumpfen wollen. In einem verwandten Zustand befinden sich anscheinend die meisten Ökonomen und Politiker. Leider auch viele Wissenschaftler. Deren Kindlichkeit äußert sich ja nicht nur in Zündelexperimenten, sondern sehr deutlich auch in der Haltung gegenüber komplexen Phänomenen. »Komplexität« bedeutet »Verflechtung«. Wegen der ungeheuren Zahl von Parametern sind komplexe Systeme den Wissenschaftlern nicht als Ganzes zugänglich. Will man etwas Quantitatives aussagen, so muß man das System (d. h. das Zusammengesetzte) analysieren (d. h. auflösen), also aus fast unendlich vielen Dimensionen wenige auswählen; zum Beispiel zwei: Dann hat man eine Ebene, in der man Kurven malen kann. Das Resultat heißt deshalb in der Sprache der modernen Wissenschaft »explanation«, das ist »Plattmachung«, »Verflachung«. Noch einsichtiger sind natürlich die eindimensionalen Probleme. Deshalb fragen Kinder und Wissenschaftler immer: »Warum, warum, warum ...?« Sie wünschen sich »Kausalketten« statt hochdimensionaler, undurchschaubarer Vernetzungen.

Als nun auch noch die Politiker, Wirtschaftler, Psychologen, Pädagogen usw. anfangen wollten, quantitativ zu denken, da zeigte sich, daß selbst *eine* Dimension noch zu viel ist. *Ihnen* genügt meist die *halbe* Zahlengerade als Wertmaßstab. Denken Sie nur an Intelligenzquotienten, Abiturdurchschnitt, Bruttosozialprodukt und so weiter.

Jeder Gymnasiast weiß, daß schon einer sogenannten »komplexen Zahl« nur ein Wert zugeordnet werden kann, wenn man z. B. verabredet, daß ihre beiden Komponenten auf gleiche Weise gewichtet werden. Unsere Anführer aber dürfen, ohne durchzufallen, den Erfolg eines Landes oder der Menschheit mit einer einzigen positiven Zahl, dem Bruttosozialprodukt, bewerten.

Noch immer wird Ihnen von den Wachstumsbesessenen eingetrichtert: »Wenn das reale Bruttosozialprodukt nicht wächst, so geht es uns schlechter.« Überlegen Sie einmal, was das heißt: Das reale Bruttosozialprodukt soll ja ein zusammenfassendes Maß aller unserer Tätigkeiten sein; wenn es gleichbliebe, sollte es uns also mindestens gleich gut gehen; jedenfalls, wenn unsere Tätigkeiten wirklich darauf gerichtet wären, daß es uns besser geht. Geht es uns aber bei gleichbleibendem Sozialprodukt schlechter, so beweist dies, daß unsere Tätigkeiten im Durchschnitt unserem Wohlergehen mehr schaden als nutzen. Warum sollten wir dann noch *mehr* vom Gleichen tun? – Angesichts der stets behaupteten Beziehung zwischen wachsendem Bruttosozialprodukt und steigendem Energieverbrauch weckt dies den Verdacht, daß wohl auch der Energieverbrauch sinken muß, damit es uns besser geht. Worüber lachen Sie? Das ist keine polemische Pointe, sondern Logik. Lachen Sie doch bitte endlich über die Wirtschaftsminister, die Ihnen noch immer das Bruttosozialprodukt als Wertmaßstab präsentieren und sein Wachstum um soundso viele Prozent als Jahresziel verordnen.

Fragen wir also: Können wir überhaupt Werte beurteilen? An welchen Maßstäben messen wir? Und wie wägen wir verschiedene Werte gegeneinander ab? Wird es genügen, wenigstens ein *bißchen* mehr Komplexität in unsere Berechnungen mit aufzunehmen und unsere Computer »Systemanalysen« mit zehn oder hundert Parametern ausspucken zu lassen? Das ist ja schon besser als einfach alle bezahlten Leistungen aufzuaddieren und das Ergebnis die »Wertschöpfung« zu nennen. Aber das Problem des Abwägens bleibt doch. Oder sollen wir angesichts der Schwierigkeit von Werturteilen einfach auf sie verzichten und darauf vertrauen, daß der liebe Gott oder Mutter Natur oder die freie Marktwirtschaft schon alles recht machen werden? Schließlich sind sich ja fast alle darüber einig, daß wir es ziemlich weit gebracht haben. Und offenbar ist es doch im Durchschnitt während der letzten Jahrhunderte, ja auch Jahrtausende und Jahrmillionen, stets aufwärts oder vorwärts gegangen. Und dabei scheinen Betrachtungen über Werte kaum eine Rolle gespielt zu haben. Was im Kampf ums Dasein siegte, ist eben wertvoll. Können wir also einfach alles weiterlaufen lassen?

Bevor wir hierauf antworten, sollten wir aber einen etwas schärferen Blick auf die Vergangenheit werfen. Vielleicht läßt sich doch etwas mehr aus ihr lernen. Und weil ich mich beruflich mit Kosmologie befasse, kann ich es mir nicht verkneifen, mit dem Anfang der Welt zu beginnen. Da nun einmal das wissenschaftliche Weltbild der unserem Bewußtseinszustand angemessene Aberglaube ist, lassen Sie mich mit wenigen Sätzen durch die Weltgeschichte springen, wie sie sich den Wissenschaftlern darstellt. Wir wissen ja heute, daß unsere

Welt, das heißt alles was wir mit den Methoden der Naturwissenschaft sehen oder erfahren, nicht im Gleichgewicht ist, sondern sich aus einem extrem einfachen Anfangszustand zu immer höherer Komplexität entwickelt hat. Und der Schöpferdrang, der diese Entwicklung vorantreibt, läßt sich anscheinend als Folge einfacher Anfangsbedingungen sowie der Gesetze der Physik und Wahrscheinlichkeitstheorie begreifen.

Drängen wir die Geschichte des Universums auf ein Jahr zusammen. Stellen Sie sich vor, es ist Silvesternacht, und wir erwarten den Gong, der das neue Jahr ankündigt. Genau vor einem Jahr möge unsere Welt im sogenannten Urknall entstanden sein. Dann steht jeder Monat in unserem Bild für etwa eine Milliarde Jahre. Und nun erinnern Sie sich:

Vor genau einem Jahr war alles, was wir jetzt vom Universum sehen, ganz dicht bei uns, vielleicht in einem einzigen Punkt mit uns. Der Urstoff, eine Strahlung, die den ganzen Raum gleichmäßig und mit ungeheurer Dichte und Temperatur erfüllte, besaß noch keinerlei Struktur, aber durch den Schwung der geheimnisvollen Urexplosion dehnt er sich seither überall gegen seine Schwerkraft aus und kühlt sich dabei ab. Nun erzwingen die Naturgesetze – was immer das ist – und die Regeln der Statistik die Entstehung und Entwicklung von Strukturen. Schon in einem winzigen Bruchteil der ersten Sekunde des ersten Januar entsteht die Materie: Die Elementarteilchen, und gleich darauf die einfachsten Atomkerne, Wasserstoff und Helium. Bei der weiteren Ausdehnung und Abkühlung nimmt die Dichte dieser Materie langsamer ab als die der Strahlung, und so gewinnt irgendwann am ersten oder zweiten Januar die Materie die Oberhand. Erst als die Temperatur unter einige tausend Grad gesunken ist, beginnt die Materie unter ihrer eigenen Schwerkraft Klumpen zu bilden. So entstehen noch vor Ende Januar die Galaxien, und in diesen die ersten Sterngenerationen. Nun brauen die Sterne in ihren zentralen Atomreaktoren die höheren chemischen Elemente. Sterbende Sterne reichern das sie umgebende Gas damit an, zum Teil auch in Staubform. Die Gesetze der Kernphysik sorgen dafür, daß Kohlenstoff besonders häufig wird. Atom- und Molekülphysik bewirken, daß auf Staubkörnern in der Nähe von Sternen, mittels deren ultravioletter Strahlung, bereits komplizierte organische Moleküle gebildet werden. (Radioastronomen haben in den letzten Jahren mehr und mehr davon entdeckt!)

Nun ist also schon mehr als das halbe Jahr vergangen, da ballt sich Mitte August aus einer zusammenstürzenden Wolke von Gas und Staub unser Sonnensystem. Schon nach einem Tag ist die Sonne etwa in ihrem heutigen Zustand und versorgt ihre Planeten mit einem ziemlich konstanten Strahlungsstrom von etwa sechstausend Grad Temperatur. Im Erdabstand bedeutet das eine Leistung von etwa 1,3 Kilowatt pro Quadratmeter. (Darauf kommen wir noch zurück.) Da der übrige Himmel dunkel und kalt ist, kann die Erde die so empfangene Energie bei viel tieferer Temperatur wieder abstrahlen. Nach statistischen Gesetzen, für deren teilweise Erforschung der Physiker Ilya Prigogine 1977 den Nobelpreis erhielt, möchten dabei möglichst raffiniert organisierte, sogenannte dissipative Strukturen entstehen, in denen die Entropieerzeugung im Verhältnis zur hindurchfließenden Energiemenge möglichst klein ist. Das Prinzip ist also offenbar: Entwicklung möglichst hoher Komplexität bei möglichst geringer Energievergeudung. Unter den gegebenen physikalischen Gesetzen erzwingt dies Prinzip nun erst chemische, dann biologische, schließlich kulturelle Evolution – immer nach Darwins Regeln: durch Konkurrenz in Vielfalt. Von Mitte September stammen die ältesten Gesteine der Erdoberfläche, und schon in ihnen finden sich offenbar die ersten erhaltenen Lebensbeweise: Fossile Einzeller. Die noch recht primitive Sprache der Chemie wird überflügelt durch die Erfindung des genetischen Codes. Die Ausdrucksfähigkeit der auf ihm aufbauenden Sprache entwickelt sich schnell: Bereits vom Anfang des Oktober finden wir fossile Algen, und im Laufe von nur zwei Monaten entsteht nun zunächst in den Gewässern eine ungeheure Artenvielfalt von Pflanzen und Tieren. Die ersten Wirbeltierfossilien stammen vom 16. Dezember. Am 19. erobern die Pflanzen die Kontinente. Am 20. Dezember sind die Landmassen mit Wald bedeckt, und das Leben schafft sich selbst eine sauerstoffreiche Atmosphäre. Nun wird das ultraviolette Licht zurückgehalten, so daß noch komplexere und empfindlichere Formen des Lebens möglich werden. Am 22. und 23. Dezember, während sich unsere Steinkohlenlager bilden, entstehen aus Lungenfischen amphibische Vierfüßler und erobern feuchtes Land. Aus ihnen entwickeln sich am 24. Dezember die Reptilien, die auch das trockene Land besiedeln. Am 25. Dezember wird das warme Blut erfunden. Spätabends erscheinen die ersten Säugetiere, aber für die nächsten zwei Tage führen sie noch ein Kümmerdasein neben den Sauriern. (In Nischen, verborgen vor den Mächtigen, wird die Intelligenz vorbereitet.) Am 27. Dezember entwickeln sich aus den Reptilien auch die Vögel, am 28. und 29. übernehmen sie gemeinsam mit den Säugetieren die Macht von den aussterbenden Drachen. In der Nacht zum 30. beginnt die noch andauernde Auffaltung des Gebirges Ihrer Heimat, die seitdem im Erdbebengürtel liegt.

Bis jetzt ist die biologische Information stets im wesentlichen in den sogenannten Genen, d. h. in Nukleinsäuremolekülen gespeichert. Erst ab 30. Dezember wird die Speicherung in größeren Eiweißstrukturen der Gehirne benutzt, um über diese genetische Fixierung wesentlich hinauszugehen. Die Verflechtungsmöglichkeit von Neuronen im Gehirn bietet dem Drang nach Komplexität neue Ausdrucksmittel: Das Lernen wird wichtig, Seele und Geist können sich entwickeln. In der Nacht zum 31. Dezember, vergangene Nacht, entspringt der Menschenzweig dem Ast, der zu den heutigen Menschenaffen führt. Nun bleibt uns ein Tag, um uns selbst zu entwickeln. Mit etwa zwanzig Generationen pro Sekunde scheint dies nicht schwierig. Aber unser Werdegang ist dürftig dokumentiert. Erst von etwa 10 Uhr am Silvesterabend stammen die Skelettreste der Olduvai-Schlucht in Ostafrika. Fünf Minuten vor zwölf leben die Neanderthaler; ihre Gehirne sind schon vergleichbar den unsrigen. Zwei Minuten vor zwölf sitzen wir ums Feuer, stammeln und winseln und klatschen rhythmisch in die Hände, bemalen die Wände unserer Höhlen mit Bildern unserer Beutetiere und tun Waffen oder Honig und Körner in die Gräber unserer Väter. Die Blütezeit der Sprachen, und damit der Kulturen, bricht an. Seit fünfzehn Sekunden wird die Geschichte Chinas und Ägyptens überliefert, fünf Sekunden vor zwölf wird Jesus Christus geboren. Eine Sekunde vor zwölf beginnen die Christen gerade mit der Ausrottung der amerikanischen Kulturen. Was glauben Sie, wie viele Tier- und Pflanzenarten wir heute jeden Tag ausrotten? Oh – da ist schon der Gong – hier sind wir im neuen Jahr! Was wird es bringen?

In unserem Bild wurde besonders deutlich, wie zum Schluß alles immer schneller geht. Die Geschwindigkeit hat schon etwas Komisches. Als liefe der Film schneller und schneller. Also liegt es nicht am Zeitraffer. Noch bevor in der Glocke, die das Neue Jahr einläuten soll, der Klöppel die Wand trifft und den ersten Ton erzeugt, werden wir alles Öl verpufft haben, das uns die Sonne während der letzten Wochen speichern half. (Bedenken Sie nur, daß z. B. das in den siebziger

Jahren nach Westdeutschland eingeführte Öl das ganze Land fingerdick bedecken würde!) Zugleich überschütten wir die Biosphäre mit Millionen von Tonnen chemischen Düngern, Herbiziden, Pestiziden, Fungiziden – von den in Ost und West lagernden Homiziden und ihrer Kapazität zu tausendfachem »Overkill« ganz zu schweigen. Und noch immer, oder mindestens bis gerade eben, wächst die Erdbevölkerung nach einer mathematischen Formel, die in etwa fünfzig Jahren, d. h. in wenig über einer zehntel Sekunde unseres Zeitrafferfilms, einen unendlichen Wert liefert. Aber wir erlauben unseren Politikern nur eine hundertstel Sekunde vorauszudenken. So lang ist eine Wahlperiode.

Milliarden von Jahren brauchte die physikalische, chemische und biologische Evolution, bevor das System des Lebens, dieser wunderbare Organismus, unseren Planeten einhüllte. Aber nur wenige Millionen Jahre reichten aus zur Erschaffung des Menschen, der jüngsten Blüte dieses Organismus. Und bald merkte der Mensch, daß er nicht einfach ein weiteres Tier darstellt: Mit ihm hat die nach-biologische Entwicklung begonnen. Zusätzlich zum genetisch fixierten Verhalten werden Traditionen entwickelt und durch Erziehung vererbt. Biochemische Mutation und Selektion verlieren die Vorherrschaft. Revolutionäres Denken und erfinderisches Planen führen zu den neuartigen Mutationen, mit denen Traditionen immer schneller geändert werden. Immer komplexere Strukturen entwickeln sich – wie Bibliotheken oder die Kunst der Fuge. Durch die Technik wird immer mehr Materie in den Lebensprozeß mit einbezogen. Der Kampf an der Front der Evolution wird nicht mehr so sehr von den Gesetzen der Physik, Chemie und Biologie bestimmt, sondern von seelisch-geistigen und technisch-wirtschaftlichen Kräften. Die neuen Kräfte und die größere Populationsdichte beschleunigen den Evolutionsprozeß mehr und mehr. Und da geschieht das unvermeidliche Unglück: Technik und Wirtschaft entdecken die fossilen Energiequellen. Die Wissenschaft liefert immer raffiniertere Verfahren, um diese zur Produktion zu nutzen. Aber *was* kann man mit diesen Mitteln alles produzieren? Werturteile kann die Wissenschaft nicht mitliefern, und sie wird daher zur Handlangerin (oder vielmehr Kopflangerin, wie Brecht sagte) jedes Glaubens oder Aberglaubens, vor allem natürlich jedes Machtwillens. Einer der stärksten menschlichen Wünsche ist aber der nach langem Leben und zur Reproduktion. So beginnt die Menschheit zu wuchern wie die Seerose auf einem gezielt überdüngten Teich. –

Sie wissen, wie die Sache ausgeht, wenn der Teich bedeckt ist. Alles Lebendige stirbt ab, und schließlich auch die Seerose. Der raffinierte Kampf des Lebens gegen die Entropievermehrung ist verloren, und der Tod, die »wahrscheinliche Unordnung«, triumphiert.

Natürlich sind solche Instabilitäten, das Wuchern besonders erfolgreicher Arten, im Laufe der Evolution immer wieder lokal oder in ökologischen Nischen vorgekommen. Nun aber ist die Katastrophe global: Der Teich ist unser ganzer Planet, unsere ökologische Nische ist das ganze Haus.

Sehen Sie um sich: Wenn wir die jetzigen Aktivitäten der Menschheit betrachten, finden wir fast nur Zerstörung. Alle langsam gewachsenen Strukturen verschwinden und werden durch schnell und massenhaft produzierten Schund ersetzt, der bald als Schund erkannt, zu Müllhalden aufgetürmt und immer schneller durch neuen Schund ersetzt wird. Auch in *Ihrem* Land wird es schon sichtbar: Blicken Sie auf die ringsumher hervorwuchernden quaderförmigen Betonklötze. Wie lange werden Ihre Altstädte widerstehen? Aber selbst wenn sie mit einigen Konzessionen (wie den modernen öden Fensterhöhlen) als Denkmäler überdauern sollten – organische Strukturen werden sie nicht bleiben, wenn Sie so weiterwirtschaften. Und Ihre Dörfer und Gehöfte haben Sie schon fast völlig vernichtet. Bald mag ich nicht einmal mehr in Ihren Gebirgen wandern gehen: Fast alle Pfade sind ersetzt oder brutal unterbrochen durch fünf Meter breite Forststraßen, die bald auch noch durch Betonmauern eingefaßt werden müssen, weil anders die von ihnen ausgehende, verwüstende Erosion nicht mehr zu stoppen sein wird. Und Ihre Almhütten, die für mich einmal zu den Kunstwerken zählten, sind nun Wellblechkästen. Die jahrhundertelange, innige Wechselwirkung von Mensch und vormenschlicher Natur, die all die Schönheit der Kulturlandschaften allmählich wachsen ließ, ist ersetzt durch totale Herrschaft des Menschen, und folglich Zerstörung. Wenn es dann zu Hause unerträglich geworden ist, rufen Sie nach Fortschritt, das heißt: Weg von hier! Also: Noch mehr Schnellstraßen und Flughäfen, um wegzukommen von all den Scheußlichkeiten. Aber wohin noch?

Und nicht nur die Dinge, sogar die Menschen selbst werden zur Massenware. Kulturelle und seelische Vielfalt werden ausgerottet. Wenn Millionen viele Stunden täglich das gleiche Fernsehprogramm anstarren – ja, wozu gibt es denn dann so viele Menschen? Reicht dann nicht auch *einer*? Mir selbst verleidet diese Vorstellung sogar die wenigen guten Sendungen so sehr, daß ich den Fernsehapparat längst abgeschafft habe. Stellen Sie sich übrigens einmal Jesus oder Buddha oder Lao-Tse im Fernsehen vor. Wäre das wie bei Billy Graham? – Offenbar ist also auch der Geist als Massenware wertlos. Gedanken müssen in einem Diffusionsprozeß von Mensch zu Mensch wandern und dabei angereichert werden. – Von einem Hirn über den Äther zu Millionen anderen? Diese Vorstellung ist mir unangenehm, obwohl ich diesen Vortrag auch im Radio halte. – Wir sollen uns jetzt aber auch noch Videorecorder anschaffen, um die Arbeitsplätze in der Unterhaltungselektronikbranche zu sichern.

Wer nämlich nicht bei der zerstörerischen Produktion mithilft oder sie wenigstens beim Totschlagen der Freizeit anheizt, der gilt als überflüssig. Arbeitsplätze werden am höchsten bewertet, wenn sie dazu dienen, besonders viele Rohstoffe möglichst schnell und unter Einsatz von möglichst viel Energie in Müll zu verwandeln. Dann ist der Beitrag zum Bruttosozialprodukt am höchsten. Was trägt dagegen schon ein Lehrer oder gar eine Mutter bei!

Jetzt werden Sie einwenden, ich sähe zu schwarz. Meinen »Kulturpessimismus« gäbe es schließlich schon seit dem Aufbruch ins industrielle Zeitalter. Und trotzdem gehe es doch – abgesehen von einigen vorübergehenden Entartungserscheinungen – insgesamt immer noch voran zum Besseren. Das Neue sei schließlich doch meist mehr wert als das Alte. Aber wie meinen Sie das eigentlich? Sie wollen doch immer alles nach den sogenannten »wirtschaftlichen Gesichtspunkten« produzieren – das heißt so billig wie möglich. Wie kann es dann mehr wert sein? Offenbar eben nur dadurch, daß Sie mehr und mehr davon produzieren. Das ist wie bei einem bösartigen Tumor. Das Mengenwachstum ist sein einziger Wert. Der hochdifferenzierte Organismus wird überwuchert und zerstört. Das Bruttosozialprodukt ist ein recht gutes Maß für dieses Krebswachstum, denn es zählt die Produktion von Schund, Abfall, Gift und Streß als positiv. Es mißt gewissermaßen das Gewicht der Geschwulst. Aber welcher Krebskranke wäre wohl stolz auf die Gewichtszunahme seines Tumors?

Ich bitte Sie: Sehen Sie sich die biologischen, sozialen, kulturellen und seelischen Strukturen Ihrer Umgebung an, und werten Sie nicht mit Preisen, sondern mit Ihrer Vernunft und Ihrem Schönheitssinn, also mit den Organen, die uns die Evolution gegeben hat, um Werte zu beurteilen. Dann werden Sie die bösartigen Wucherungen überall schaudernd entdecken. Ich möchte erreichen, daß Sie, immer wenn

Sie die Worte »rationelle Massenfertigung« hören, zusammenzucken und sie als beschönigende Bezeichnung für Krebs erkennen.

Werturteile sollen für Wissenschaftler tabu sein; sie gelten sozusagen als obszön. Aber ich muß jetzt etwas sehr Anstößiges sagen: Was heute so zerstörerisch wütet, ist die einseitige Herrschaft der ihre Macht genießenden menschlichen Produktionskraft unter dem Angebot zu billiger Energie und mittels der Kopf- und Handlangerdienste von Wissenschaftlern und Technikern. Die angeblich so wertvolle Energie ist heute vernichtend. Sie nährt fast ausschließlich das Krebswachstum!

Von den Gesetzen der Evolution her betrachtet, ist diese Tatsache nicht überraschend. Die Entdeckung der fossilen Energiequellen bringt das System des irdischen Lebens aus dem »Fließgleichgewicht«, das sich unter den Bedingungen konstanter Sonneneinstrahlung eingestellt hatte und in dem die Komplexität der lebendigen Ordnung ganz allmählich wachsen konnte. Mit seinen in hunderttausend Generationen entwickelten Verhaltensweisen schafft es der Mensch nicht, den zusätzlichen Energiestrom innerhalb weniger Generationen zum Nutzen des Lebens einzusetzen. Energie verleiht Macht; auch über Menschen, die von ihr abhängig geworden sind; und der früher so nützliche Machttrieb des Menschen stirbt nicht plötzlich ab. Im Gegenteil, der Mensch wird machtsüchtig, energiesüchtig. Eine Instabilität setzt ein, ergreift alle Völker und wird schneller und schneller vorangetrieben. Glücklicherweise – möchte man sagen – geht nun das Öl, die Quelle aus der sich die Instabilität jetzt vor allem speist, zur Neige, bevor der Organismus völlig zerstört ist. Aber die Sucht ist zu weit fortgeschritten: Wir nennen es die »Energiekrise« oder den »Ölschock« und halten verzweifelt Ausschau nach neuer Antriebskraft. Gerade in diesem Augenblick gelingt es der Wissenschaft, weitere fossile Energieträger zu erschließen, die schon bei der Entstehung des Kosmos und des Sonnensystems gespeichert wurden: Kernenergie. Der Trinker atmet auf. Es ist ihm gelungen, in eine Schnapsbrennerei einzuheiraten*.

Wie soll die Entziehungskur aussehen?

Aber noch bevor wir diese Frage ernstlich stellen, beginnt der Wachstumsabhängige schon, Verwünschungen auszustoßen. Er ist gar nicht bereit, die Diagnose zu akzeptieren. Seine letzten Kräfte

* Für dieses Bild danke ich meinem Freund Wolfram Ziegler.

aufbietend beweist er uns, scheinbar ganz nüchtern, daß wir irrationale Weltuntergangsprediger seien. Von Sucht könne gar nicht die Rede sein. »Sachzwang« nennt er es. Die Selbstzerstörung will er nicht wahrhaben. Er sieht nur gewaltigen Fortschritt. Wenn eine Droge nicht mehr wirkt, so spricht er von »gesättigten Märkten« und sieht eine »Innovationslücke«. Immer schneller geht er zu immer härteren Drogen über, begeistert über die »immer kürzeren Innovationszeiten«. Schließlich ist der Energiesüchtige bereit, zur Hölle zu fahren, weil dort die Energie am billigsten ist. Und in der überlegenen Art euphorischer Alkoholiker redet er sich und uns ein, Wissenschaft und Technik werde es schon gelingen, die Hölle wohnlich zu machen. Wie verführerisch ist dieser technische Fortschrittsglaube! Aber, es ist ein Aberglaube. Er widerspricht den Gesetzen der Evolution.

Es ist wahr, diese Gesetze sind nicht im wissenschaftlichen Sinne erwiesen, und schon gar nicht in mathematisierter Form. Das darf uns aber nicht hindern, ihren wesentlichen Inhalt intuitiv, wenn auch vorerst nur stammelnd zu erkennen. Ich behaupte, wir können aus der Weltgeschichte vom Urknall bis zur gegenwärtigen Wachstumskrise folgende Schlüsse ziehen:

1. Auf unserer Erde liegt die »Front der Evolution« nicht mehr im biologischen Bereich, sondern bei den spezifisch menschlichen Fähigkeiten. Deshalb findet die weitere Evolution vor allem in unseren Entscheidungen statt. Das heißt: Wir sind verantwortlich für den Fortgang der Evolution.
2. Evolution ist nur möglich, wenn an ihrer Front große innere Vielfalt gegeben ist. Wir brauchen also möglichst dezentralisierte Lebensformen der Menschheit. – Die Front steht aber nicht allein. Wir sind eingebettet in das System des irdischen Lebens, das uns eben erst hervorgebracht hat. Unsere geistigen Fähigkeiten sind noch bei weitem zu wenig entwickelt, als daß wir uns über diese Basis erheben und unsere eigenen Werke auf *ihre* Kosten wuchern lassen dürften. Wir müssen also *auch* die Vielfalt der lebendigen Natur erhalten.
3. Evolution ist nur möglich, wenn das Gesamtsystem langsam veränderlich ist im Vergleich zur Lebensdauer der Individuen an der »Front«. Deshalb muß natürlich auch die Front selbst ähnlich langsam, sagen wir »gemächlich«, voranschreiten. Wir müssen also möglichst bald wieder einen »quasistationären Zustand« auf der Erde erreichen.

Wenn Ihnen diese drei Thesen einleuchten, so kommen Sie um die Diagnose »Sucht und Krebs« nicht mehr herum. Das Wesen der nicht *über* uns, sondern *mit* uns hereingebrochenen Krise der Evolution besteht darin, daß die Bedingungen 2 und 3 verletzt sind, also die Vielfalt und die Gemächlichkeit fehlen. Und die Ursache ist, daß wir bisher unsere Verantwortung noch nicht erkannt oder anerkannt haben.

Wenn an der Front nur die Vielfalt verkümmerte, so würde sie einfach von der vielfältigen Basis her überholt werden. Das war sicherlich ein ganz normaler, häufiger Vorgang während der biologischen Evolution. Wenn aber durch schnelle Scheinerfolge an der Front die Gemächlichkeit verlorengeht, so setzt Krebswachstum ein. Es fehlt die Zeit zum Beurteilen von Werten durch »Erproben in der Vielfalt«. So können sich Scheinwerte durchsetzen und die Vielfalt überwuchern. Der uns beherrschende Scheinwert ist der Wahn, wir könnten durch Einsatz von mehr und mehr Energie immer mehr Materie »organisieren«. Da dies nicht in Eile möglich ist, *des*organisieren wir statt dessen die Vielfalt an der Front und an der Basis. Wenn wir nicht sofort innehalten, werden wir vermutlich sogar ohne Anwendung der Atombomben nicht nur uns selbst vernichten, sondern auch noch das übrige Leben, unsere Quelle. Wir hinterlassen »verbrannte Erde«.

Dann hätte sich also die Evolution des Großhirns, der Intelligenz, der Wissenschaft, als Naturkatastrophe erwiesen.

Warum aber sollte ein Krebs innehalten? Er hat seine bekannten eigenen Gesetze. Nur sehr selten scheinen spontane »Wunderheilungen« vorzukommen. Dann wurden wohl unbekannte Abwehrkräfte mobilisiert. Zum Glück ist aber der Vergleich unserer Krise mit der Krebskrankheit in einem wesentlichen Punkt doch nicht ganz treffend: Krebs befällt fertige Organismen, deren biochemische Eigenschaften überwiegend schon im Bauplan festgelegt sind. Die ökonomisch-technische Wucherung hat dagegen ein offeneres System befallen. Falls sie nicht schon zu weit fortgeschritten ist, haben wir vielleicht noch Chancen, selbst Abwehrkräfte zu mobilisieren.

Fangen wir gleich an! Denn schon sehe ich auf vielen Gesichtern hoffnungsvollen Unglauben. Meine sogenannten Gesetze der Evolution widersprechen doch allzu offensichtlich dem wissenschaftlich-technischen Fortschritt. Da *muß* ich einen Fehler gemacht haben! Warum, zum Beispiel, nehme ich im dritten Gesetz an, die menschliche Lebensdauer sei die relevante »Zeitskala«? Die Evolution ist eben schon über den Menschen hinausgegangen! Computergenerationen folgen viel schneller aufeinander als Menschengenerationen. Und neue Rechenprogramme lassen sich sogar *noch* schneller entwickeln. Die Evolution hat also längst eine neue Front eröffnet. Die biologischen Arten sollen ruhig verschwinden, als letzte der Mensch, und andere, über die von uns geschaffenen weit hinausgehende Organisationsformen der Materie werden die Führung übernehmen. Der Verlust des technischen Fortschrittsglaubens ist nur eine kindische, emotionale Regung, ein den »Egoismus der Gene« spiegelndes Sich-Sträuben gegen die Höherentwicklung über uns selbst hinaus. Die nachbiologische, höhere Lebensform wird ja nicht einmal an die Erde gebunden sein. Soll diese ruhig verbrennen! Die Technik wird den Weltraum erobern, Evolution ohne Expansion ist nicht möglich. Nur keine Angst vor Grenzen. Es gibt keine. Seid fruchtbar und mehret Euch, und machet das Weltall Euch untertan.

Jemand sagte: »Computer sind schrecklich dumm. Sie können nur ja und nein sagen, das aber ungeheuer schnell.« Dies gilt letzten Endes wohl auch für das menschliche Gehirn, aber es besteht kein Zweifel, daß es allen Computern noch unendlich überlegen ist. Das sieht man zum Beispiel daran, daß selbst die dümmsten Menschen noch zu Emotionen gegen Computer fähig sind, aber nicht umgekehrt. In einem neuen Buch über Halbleiterelektronik finden Sie den Satz: »Ein integrierter Schaltkreis ist ein wahrhaft ehrfurchtgebietendes Werk menschlichen Erfindungsgeistes.« Sie sehen: Diese Leute sind ihren Spielzeugen in einer fetischistischen Liebesbeziehung verfallen. Aber wie komplex ist im Vergleich mit ihnen noch die simpelste lebendige Struktur! Nur, bitte, keine Ehrfurcht vor unseren einfältigen Maschinen! Ehrfurcht vor dem Leben ist es, was wir brauchen.

Lassen Sie sich also nichts weismachen. Ich bleibe dabei: Wenn wir während der Lebensdauer des Einzelmenschen zu große globale Änderungen verursachen, so bauen wir zwangsläufig mehr lebendige Ordnung ab als auf. Dagegen kann der »wissenschaftliche Fortschritt« nichts helfen. Die Technologen, die ihn anwenden, benehmen sich wie die Zirkusclowns, die durch abwechselndes Sägen an den vier Beinen eines Tisches dessen Wackeln begegnen wollen. Mehr und mehr von uns, die wir an diesem Tische liegen, spüren die Folgen: Unsere Basis, das unübersehbar vielfältige System des gesamten irdischen Lebens, wird abgebaut. Viel zu komplex ist dieses

System, als daß wir durch Einsatz unserer geringen wissenschaftlichen Kenntnisse es fördern könnten. Die Wahrscheinlichkeit, bei einem »gezielten Eingriff« das Ziel zu verfehlen, ist überwältigend groß. Deshalb ist klar, daß die Anwendung von Wissenschaft schon bisher mehr Schaden als Nutzen angerichtet haben muß. (Bitte widersprechen Sie in der Diskussion, wenn Sie nicht einverstanden sind!) *Beschleunigte* Anwendung wissenschaftlichen Fortschritts kann dies nur verschlimmern. Das ist, wohlgemerkt, eine Erkenntnis, die sich auch in wissenschaftlicher Sprache formulieren ließe. Um zu entscheiden, ob Veränderungen in einem System dessen Komplexität erhöhen oder abbauen, muß eine gewisse Menge Information über alle wesentlichen Verknüpfungen verarbeitet werden. Selbst wenn sich diese Information augenblicklich, ohne jeden Zeitaufwand gewinnen ließe, so erforderte doch ihre hinreichend schnelle Verarbeitung wegen der ungeheuren Anzahl von Verknüpfungen einen so gewaltigen Computer, daß vermutlich die Materie des Erdballes, ja des Weltalls, nicht ausreichte, ihn zu bauen. *Deshalb ist konstruktive Herrschaft über das System des Lebens prinzipiell unmöglich. Allein die Methode der Evolution, Versuch und Irrtum in Vielfalt und Gemächlichkeit, kann dieses System bewahren und höherentwickeln.*

Wie ist denn eigentlich dieses Mißverständnis, dieser machtvolle Aberglaube, entstanden: Durchschaubares, also Simples, Machbares, sei mehr wert als Komplexes? Und warum ist dieser Aberglaube so haltbar, obwohl ihn wohl kaum jemand, und schon gar kein Wissenschaftler, heutzutage als Dogma zu verteidigen wagen würde? Man handelt nur danach! Fast alle Begabten werden Wissenschaftler und lassen sich Scheuklappen anlegen: 1. Wissenschaft ist wertfrei, Werturteile sind unwissenschaftlich. 2. Über komplizierte Fragen darf man nicht ohne wissenschaftliche Kompetenz urteilen. Erkennen Sie den Widerspruch? Die totale Abdankung der Vernunft! Wie ist das bei intelligenten Menschen möglich? Aber diese Frage, die uns zu den Machtverhältnissen in der Wissenschaft und der menschlichen Gesellschaft führen würde, eröffnet ein neues Kapitel, das ich in diesem Vortrag nicht abhandeln kann.

Ich agitiere hier gegen die Wissenschaftler, die sich als eine Gesellschaft zur Förderung der Machenschaften verstehen; nicht etwa gegen die wissenschaftliche Neugier, den Drang, zu erkennen, was die Welt im Innersten zusammenhält. Wenn bei der Zurückführung der Komplexität auf Simplizität, also bei der Analyse, nicht zu viel Wertvolles (so nenne ich jetzt das Komplexe) unwiederbringlich zerstört wird, so ist diese Analyse gut und recht. Wenn aber dann die Techniker einzelne, bei der Zerlegung angefallene Stückchen auflesen, daraus Massen simpler Strukturen basteln und diese zu einem vordergründigen Nutzen anwenden, so handeln sie wie die Tumorzelle, die ja *auch* eine Entdeckung zu ihrem eigenen Nutzen gemacht zu haben glaubt.

Es ist faszinierend zu entdecken, wie wenig Struktur am Anfang der Welt steht und wie einfach die Grundgesetze sind, die das Wachsen von Komplexität erlauben, ja erzwingen. Aber gerade diese Erkenntnis läßt uns nun dämmern, warum das Erwachen des Bewußtseins auf unserem Planeten vielleicht eine Naturkatastrophe darstellt. Der Mensch steht an der Front der Evolution nicht mehr in Konkurrenz mit dem übrigen Leben, sondern nur noch mit sich selbst. Wenn *er* krebsig entartet, kann er die ganze lebendige Ordnung mitreißen. Die Wissenschaft muß uns deshalb von nun an vor allem erkennen helfen, was wir *lassen* müssen – nicht so sehr, was wir *tun* müssen. Der Bindestrich, der üblicherweise in unserer »wissenschaftlich-technischen Welt« gesetzt wird, muß also bleiben und für manches »technisch Mögliche« zur Fessel werden.

Die Wissenschaftler als Helden im Krieg gegen die Natur zu verehren ist überholt. Auch die eben noch so begeisterten Kriegsberichterstatter, die Wissenschaftsredakteure, müssen dies nun lernen.

Faust, der auszog, um zu erkennen, und der am Ende seines Lebens blind dasteht, aber die Umgestaltung der Erde durch seinen immerstrebenden Machtwillen als Sieg genießt oder sich dies zumindest einzureden scheint, ist doch wohl eine traurige oder gar lächerliche Gestalt. Auch Goethe hat ihm nicht Verehrung, sondern Mitleid zuteil werden lassen wollen.

Halten wir also fest: Unser Haus, das System des irdischen Lebens, ist schön; wir können und wollen es nicht in Eile umgestalten oder es gar beim Zündeln abbrennen. Wir müssen danach streben, unsere Fähigkeiten endlich in ein gemächlich weiterentwickelbares Gleichgewicht mit dem Gesamtsystem zu bringen. Lassen wir ja nicht die eben entdeckte Ökologie schon wieder zu einer Wissenschaft vom effizientesten Häuserbauen und überstürzten, erdumfassenden »environmental design« entarten. Es geht darum, die lebendige Welt, unsere Behausung (griechisch oikos), zu pflegen und zu erhalten. Ökologie ist dann vor allem die Wissenschaft vom Wohnen, nicht vom Bauen!

Noch stärkerer Widerspruch rührt sich allerdings gegen mein zweites Gesetz. Wie kann ich für die Menschheit Vielfalt und zugleich Konkurrenz in der Vielfalt fordern? Kennen wir nicht die Folgen der Vielfalt zur Genüge? Führt nicht gerade *sie* zum ständigen Kampf und zu noch gewaltigerer Zerstörung im *Krieg*? Sicherlich, diese Erfahrung muß uns schrecken. Aber sie spricht nicht gegen die Vielfalt, sondern gegen Machtanspruch und Gewalt. Die Konkurrenz darf eben nicht mehr auf dem Niveau von technischer, ökonomischer oder militärischer Macht stattfinden. Was in *diesem* Kampf ums Dasein siegt, ist eben *nicht* besser, denn hier sind wegen unserer gesteigerten Fähigkeiten zu Massenproduktion und »Overkill« die Gesetze der Evolution offensichtlich verletzt. Gegen den Krieg ist deshalb nicht etwa die Abschaffung der Vielfalt durch bürokratische Zentralgewalt, also Einfalt, das rechte Mittel, sondern das in jedem einzelnen und jeder Gemeinschaft allmählich wachsende Bewußtsein der eigenen Verantwortung für das Bewahren von Vielfalt und Gemächlichkeit in dem neuen Stadium der Evolution, in das sie mit der Entwicklung unserer Fähigkeiten getreten ist.

Als Wissenschaft und Technik noch nicht so weit entwickelt waren und der Mensch daher noch nicht so mächtig, da war dies Problem noch einfacher zu lösen, wie Sie in der Bibel nachlesen können. Damals hatten die Wissenschaftler *auch* etwas entdeckt, was die Techniker sogleich anwendeten: nämlich, wie man Steinchen ordentlich aufeinanderlegt, und so zwar kein sehr komplexes, aber immerhin sehr großes System erhält. Sogleich beschloß man, die größtmögliche Struktur zu errichten, und die ganze babylonische Welt wurde zwangsverpflichtet, dabei mitzuhelfen. Natürlich war diese Struktur lächerlich simpel, und Gott mußte sicherlich keine Angst vor ihr haben. Als glühender Verfechter der Evolutionslehre war er jedoch eher an Vielfalt und Dezentralisierung interessiert als an solcher zentralisierter Einfalt. Deshalb zog er es vor, daß die Menschen in kleineren Gruppen ihre eigenen Sprachen sprechen und ihren eigenen Ideen nachgehen. Heutzutage, wo wir selbst die Verantwortung übernehmen müssen, wird sicherlich eine lose, von unten her organisierte, globale Zusammenarbeit nötig sein, schon um gemeinsam eine Art Polizei gegen Rückfälle zu schaffen.

Ich glaube, die Geschichte vom Turm zu Babel ist auch schon ganz anders gedeutet worden; nämlich als Illustration zu Parkinsons drittem Gesetz: »Expansion bedeutet Komplexität, und Komplexität bedeutet Zerfall.« Ich finde den Gebrauch des Wortes Komplexität in diesem Zusammenhang unpassend. Evolution bedeutet das Wachsen von Komplexität, aber gerade *nicht* Zerfall. Die Expansion, die Parkinson im Sinne hatte, erzeugt eben keine echte Komplexität. Die Disintegration des Systems erfolgt vielmehr gerade deshalb, weil seine neu entstehenden Teile infolge der zu schnellen Expansion *nicht* hinreichend zusammengeflochten wurden. Die Kommunikation zwischen den Untersystemen funktioniert nicht, entweder weil die Kommunikationsmittel überhaupt nicht mitentwickelt wurden oder weil die durch sie ausgetauschte Information im Vergleich zur Expansionszeitskala nicht schnell genug aufgearbeitet werden kann. Hier sind wir wieder bei der »Gemächlichkeit« als Voraussetzung für die Entwicklung eines lebensfähigen komplexen Systems!

Vieles was ich hier sage, stammt aus meiner Erwiderung* auf einen Vortrag, den der Philosoph Carl-Friedrich von Weizsäcker im Frühjahr 1978 vor den »führenden Leuten« in Bonn hielt und der an verschiedenen Stellen abgedruckt wurde. Er kam den Kernkraftwerksbetreibern so gelegen, daß sie ihn massenhaft und kostenlos als »Informationsmaterial« verschickten. In seinem Vortrag schilderte Herr von Weizsäcker recht anschaulich einige unserer Probleme mit dem Wachstum, kam dann aber zu dem merkwürdigen Schluß, daß wir so weitermachen müßten. Hören wir ihn: »Der Weltmarkt hat noch ein unbegrenztes Wachstumspotential. Wachsen wir nicht, so geht unser Anteil an ihm zurück, und das bedeutet für uns faktisch eine Stabilitätskrise.« Erkennen Sie die Krebsparolen? So also spricht der Tumor angesichts der Metastasen, die er ausgesät hat und die ihm nun einen Teil des Organismus streitig machen. Herr von Weizsäcker scheint den Krebscharakter der globalen Instabilität noch gar nicht erkannt zu haben. Er findet für sie nur das beschönigende Wort »Nötigung zum Wachstum«. Um so mehr Angst hat er vor den Veränderungen, die notwendig wären, um Abwehrkräfte zu mobilisieren. Er nennt sie »faktische Instabilitäten«. Mir scheint es aber ganz selbstverständlich, daß wir Europäer als erste die Pflicht haben, der globalen Instabilität entgegenzuarbeiten, denn bei uns fing sie an und ist am

* Auszugsweise abgedruckt in Heft 5 (1978) des »MPG-Spiegel – Aktuelle Information für Mitarbeiter und Freunde der Max-Planck-Gesellschaft zur Förderung der Wissenschaften«.

weitesten fortgeschritten. Und um dieser Pflicht zu genügen, müssen wir auf hergebrachte »Marktanteile« verzichten. Anteile auf dem Weltmarkt der Instabilitätsförderung und ihrer Abfallprodukte sind nicht mehr erstrebenswert. Nach ihnen zu streben ist im Sinne der vorhin formulierten Gesetze kriminell. Ich meine nicht, daß wir Europäer »unmoralischer« waren als andere. Wenn nicht wir als erste dem Wachstumswahn verfallen wären, so wäre er wohl wenige Jahrhunderte später anderswo ausgebrochen. Die Krise ist sozusagen in die Evolution eingebaut. Aber im primären Herd wird die Krankheit am frühesten erkannt, und dort mobilisiert sie hoffentlich noch die stärksten Abwehrkräfte.

Wie also fangen wir es an, den wissenschaftlich-technisch-wirtschaftlichen Wachstumswahn zunächst bei uns selber zu brechen? Es ist klar, daß gewaltige Widerstände von allen Seiten zu erwarten sind. Die gesamte Ausbeuterklasse wird über uns herfallen, um ihre echten oder eingebildeten Privilegien zu verteidigen. Mit »Ausbeuterklasse« meine ich natürlich unsere ganze Gesellschaft: Kapital und Arbeiter haben sich ja verbündet, den Organismus der Natur auszubeuten. Marx hatte schon recht mit seiner Verelendungstheorie, wenn er auch diese Akzentverschiebung noch nicht klar voraussah: Die Natur verelendet, und mit ihr die menschliche Seele, und wohl auch Gott, der sich in ihr entwickeln wollte.

Aber haben Sie keine Angst, sich von den Verteidigern des »Laissez-faire« als Sektierer, weltfremde Schwärmer oder besessene Querulanten beschimpfen zu lassen; und glauben Sie nur nicht den Vorhaltungen, Sie seien nicht sachverständig genug. Selbstverständlich sind meine Gedanken »realitätsfern«. Sie sollen ja helfen, *andere* Realitäten zu schaffen, von denen wir noch weit entfernt sind. Und lassen Sie sich auch Ihre sogenannte Nostalgie nicht abwerten. Heimweh im Elend ist sehr vernünftig. Viele unserer Kinder, die aus der von der Ökonomie beherrschten Irrsinnsgesellschaft austreten oder gar nicht erst in sie eintreten wollen, haben die Sache ganz intuitiv verstanden: Die Front der Evolution muß von unseren ökonomisch-technischen zu unseren seelisch-geistigen Fähigkeiten verschoben werden. Die in der Tat notwendige Expansion muß nach innen gehen. Dort ist Raum für fast unendliches, vielfältiges, gemächliches Wachstum. Wir wollen nicht mehr Produktivität bewundern, sondern Kreativität, nicht mehr Macht, sondern Kunst. Wir wollen nicht so viel *haben*, sondern mehr *sein*. Vor allem dürfen wir nicht so *billig* haben wollen. Dann brauchen wir zum Beispiel auch unsere Metastase Japan nicht mehr zu fürchten. Der Welthandel wird allmählich abnehmen und die kulturelle Vielfalt wieder wachsen. Wir werden uns viele Dinge wieder lieber selbst herstellen oder vom Nachbarn kaufen und auf unsere Eigenheiten stolz sein.

Zur Illustration muß ich Ihnen von einer Anzeige der deutschen Kraftverkehrsunternehmer erzählen, die kürzlich in vielen großen Zeitungen und Zeitschriften zu sehen war. Vielleicht kennen Sie »Brummi«, die dicke, freundliche Sprechblasenfigur dieser Branche, die der Bevölkerung klarzumachen hat, wie gut es ihr mit den vielen Lastwagen auf den Straßen geht. In der Anzeige kam der Besitzer einer Großbäckerei in Gütersloh zu Wort: »Wenn ich von Gütersloh aus die ganze Bundesrepublik mit frischem Brot versorgen will, dann muß das gehen wie's Brezelbacken. Dank Brummi ... usw.« Ich dachte erst, es sei eine Satire. Aber nein: Es war ein echtes Krebssymptom. Ein paar Tage später macht die letzte Bäckerei in unserer Nachbarschaft zu, und ein neues Autobahnstück hüllt uns Tag und Nacht in Sausen und Brausen.

Predige ich etwa Askese?

Werden wir auf wirklich Wertvolles verzichten müssen? Nein. Und sicher muß niemand Hunger und Armut leiden. Übrigens verzichten wir *heute* auf fast alles Wertvolle, wie Sie an der rapide anwachsenden Zahl seelischer Krankheiten ablesen können. Und wenn Sie noch über den eigenen Bauch hinaussehen können, werden Sie auch zugeben, daß dank dem von uns der Menschheit bescherten Fortschritt heute mehr Hungernde und Arme auf der Welt leben und sterben als je zuvor. Dieses Problem wird aber nicht von mächtigen Zentralregierungen, mit Riesenkraftwerken, Landverdrahtung, Massen von Chemikalien und dergleichen gelöst werden, sondern durch unsere Unterstützung von Initiativen in Stadt- und Dorfgemeinschaften, durch dezentrale Nutzung von Sonnenenergie, Hege der Landschaft und Pflege des Bodens. Es ist allerhöchste Zeit, den sogenannten Entwicklungsländern mit angepaßten Technologien zu Hilfe zu kommen, bevor dort der letzte Baum und Busch verheizt ist. Wir haben diesen Völkern ihre Traditionen genommen und rasendes Bevölkerungswachstum dafür gegeben. Deshalb ist es unsere Pflicht, ihnen nun ökologisch und soziologisch vernünftige Techniken entwickeln zu helfen, die sie selbst meistern können. Kernreaktoren gehören sicher nicht dazu!

Ich habe nichts gegen Kernenergie, wenn sie von der Sonne kommt. Diese liefert uns ja selbst in Mitteleuropa im Durchschnitt etwa 120 Watt pro Quadratmeter. Und nicht zu vergessen: Dieses Kernkraftwerk ist zugleich seine eigene Aufbereitungsanlage und Endlagerstätte. Die Menschheit muß möglichst bald die Entscheidung treffen und dann stetig darauf hinarbeiten, daß sie in wenigen Generationen zur ausschließlichen Nutzung von Sonnenenergie zurückkehrt. Hierunter zähle ich natürlich auch die Photosynthese der Pflanzen und die von der Sonne gespeisten Wasser- und Windkräfte. Alle anderen Energiequellen würden auf die Dauer zerstörerisch wirken und sind mit dem für weitere Evolution anzustrebenden quasistationären Zustand nicht verträglich. Auch Kohle und Öl, die für eine Übergangszeit wichtig sein werden, dürfen in einigen Jahrzehnten nicht mehr verbrannt werden. Ein katastrophaler Einfluß auf das Klima und andere Fließgleichgewichte wäre sonst unvermeidlich. Die Entscheidung für die Sonnenenergie darf aber nicht von einer utopischen Menschheitsregierung erwartet werden. *Wir* müssen sie treffen und in Gemeinschaft mit sonnenreichen, armen Ländern verwirklichen.

Der Primärenergieverbrauch in den USA beträgt heute im Mittel über zehn Kilowatt pro Person. Das entspricht der körperlichen Arbeitsleistung von hundert Sklaven. Obwohl der größte Teil dieser Leistung vergeudet wird oder das Krebswachstum nährt, wollen die Wirtschaftsstrategen diese Wohltat der ganzen Menschheit zuteil werden lassen. Nun stellen Sie sich einmal die voll auf Kernenergie gegründete Menschheit vor: Jeder von uns und jeder unserer Nachkommen wäre gewissermaßen sein Leben lang an die Aufgabe gekettet, seine hundert Sklaven zu bewachen und zu verwalten.

Lassen Sie sich nicht durch sogenannte Risikostudien einlullen. Was eine Technik gefährlich macht, sind nicht so sehr die kurzfristig hervorgerufenen Todesfälle, sondern die langfristige Unverträglichkeit mit dem gesamten Leben. Mag sein, daß mancher einzelne aus der Möglichkeit des Selbstmordes Kraft zum Weiterleben schöpft. Im gemeinsamen Offenhalten der Option auf Weltuntergang kann ich aber *keinen* Sinn sehen. Wohl ist den Technikern und Wissenschaftlern zuzutrauen, daß sie mit der Kernenergie eine gewisse Zeitlang unfallfrei fahren, wenn sie nur das Steuer recht fest halten und die ganze Gesellschaft genügend starr disziplinieren. Aber bei einer langfristigen Risikobetrachtung komme ich zu dem Ergebnis: In einer Menschheit mit Zehntausenden von Atomreaktoren und den zugehörigen Aufbereitungsanlagen und Lagerstätten wird die Konzentration radioaktiver Isotope in der Umwelt anwachsen. Das Risiko ist deshalb nicht zeitlich konstant, sondern die Wahrscheinlichkeit einer irreversiblen Schädigung der Biosphäre durch langlebige Radioaktivität konvergiert gegen Eins. Offen bleibt nur, ob die Zeitskala hierfür bei Jahrzehnten oder eher bei Jahrtausenden liegt. (Ähnliches gilt natürlich auch für viele sogenannte »normale technische Risiken«, die die Kernenergiebefürworter gern zum Vergleich heranziehen. Denken Sie nur an die »Großchemie«.) Auf diese Äußerung schrieb mir der Chefredakteur einer angesehenen wissenschaftlich-technischen Zeitschrift: »Dazu kann ich nicht Stellung nehmen. Ich denke, daß hier Meinung gegen Meinung, Behauptung gegen Behauptung steht, und daß niemand in der Lage ist, seine Behauptung zu beweisen oder die des anderen zu widerlegen.« Leute wie jener Redakteur sind also wegen der schwierigen Beweislage allen Ernstes dafür, es einfach auszuprobieren. Schließlich kann auch beim russischen Roulette nur das Experiment entscheiden.

Und warum sollte ich mir um die Nachwelt Sorgen machen? Was hat die Nachwelt für mich getan? (Das ist ein Marx-Zitat. »Why should I care for posterity? What has posterity done for me?« – Groucho Marx, von den Marx-brothers.) Dem Sinne nach können Sie das gleiche von Wissenschaftlern in Amt und Würden hören: Künftige Generationen müssen mit ihren Problemen ebenso fertigwerden wie wir mit den unseren. Und vielleicht werden sie noch dankbar sein für die höheren Mutationsraten, die sie brauchen werden, um mit der immer weiter beschleunigten Entwicklung Schritt zu halten.

Noch haben wir die Chance, diesen Irrsinn abzuwenden. Fällt es Ihnen schwer, die ins Atomkraftwerk investierten Milliarden zu verschmerzen? Was sagen Sie zu dem Trinker, der sich schon zur Entziehungskur angemeldet hat und nur noch die eben eingekellerten paar hundert Flaschen leeren will? – Selbstverständlich werden die »Verluste« von der ganzen Gesellschaft zu tragen sein, die ja auch am Wachstum profitieren wollte. Im Vergleich zu den anderen Schäden, die der Krebs in der Gesellschaft und der Ökosphäre bereits angerichtet hat, zum Beispiel durch unseren chemischen Großeinsatz gegen die Natur, und die wir zu reparieren versuchen müssen, ist übrigens diese Summe lächerlich gering. Wir werden also hart arbeiten müssen, um die Wunden zu heilen, die wir uns selbst und der Umwelt schon geschlagen haben. Aber diese Arbeit wird Freude machen, weil sie nicht zerstört, sondern dauerhafte Werte schafft.

Hier liegt auch die wichtigste künftige Aufgabe der Natur- und Geisteswissenschaften. Ihnen werden z. B. die Fragen gestellt: Wie ist Heilung überhaupt noch möglich? Welche Eingriffe sind nötig, und wie können wir die damit verbundenen Nebenwirkungen und Schmerzen möglichst gering halten? Wie müssen wir die politischen Systeme modifizieren, die jetzt überall auf der Welt Gier und Dummheit zu viel Macht überlassen? Nicht daß Gier und Dummheit abgeschafft werden könnten! Aber wir dürfen ihnen nicht die Herrschaft in die Hand geben. (Sie sehen: Ich will Sie zu Verfassungsfeinden machen.) Das Dilemma ist offensichtlich: Der beschleunigte Wandel ist zur heiligsten Tradition geworden. Die globale Entartung der Evolution ist so weit fortgeschritten, die Instabilität hat schon so viel Schwung gesammelt, daß wir nicht ruckartig anhalten können. Beim Bremsen wird der Schwung in Reibungswärme umgesetzt. Und Hitze ist Unordnung. Wie also finden wir zur Achtung der Evolutionsgesetze zurück, ohne unsere Welt in Flammen aufgehen zu lassen? Die Wissenschaft, die uns in ihrer Kindheitsphase zu Gesetzesbrechern werden lassen mußte, muß uns nun helfen, durch weitere, nur allmählich mildere Gesetzesbrüche zum Gesetz zurückzufinden. Denn um ohne Ruck in den erwünschten Zustand eines Fließgleichgewichts zu finden, müssen wir für mindestens einige Jahrzehnte auch weiterhin das wichtigste Gesetz verletzen: Wir können uns nicht die an sich notwendige Zeit lassen, um das in den letzten Jahrhunderten gewachsene und nun rapide bösartig gewordene Geschwür zu heilen oder abzukapseln oder herauszuschneiden. Hier das richtige Maß zwischen Revolution und Konservativismus zu finden wird sehr schwierig sein. Die Versuchung zur Resignation scheint fast unwiderstehlich; stellt man nur die Musik laut genug, so hört man ja nicht, wie die Welt zusammenfällt. Aber stand je eine junge Generation vor einer gewaltigeren Aufgabe? Hoffnung sehe ich darin, daß die Jugend mehr und mehr die noch erhaltenen Reste kultureller und zivilisatorischer Vielfalt zu achten und zu schätzen beginnt. Hier und da wird sogar schon von Lehrstühlen aus der Einfalt Widerstand geleistet.

Sie sehen: Ich predige nicht das Ende von Wissenschaft und Technik. Der allmähliche Übergang zur Sonnenenergie wird viel wissenschaftlich-technische Arbeit erfordern. Was wir im Augenblick am dringendsten brauchen, sind noch gründlichere Untersuchungen der Frage, wieviel Energie, und in welcher Form, wir zu welchen Zwecken brauchen. Es bedarf nicht vielen Wissens, um zu erkennen, daß heute das meiste sinnlos und zerstörerisch verpufft und verschwendet wird. Aber erst wenn man diesen »Wirtschaftsprozeß« in allen technischen und gesellschaftlichen Details studiert, wird man die nötigen Brems- und Steuerungswerkzeuge finden. Es geht nicht um Prognosen, denn die Prognose von Krebs ist bekannt. Versuchen Sie vielmehr einmal als freie Bürger, wie es sie fast nirgends sonst auf der Welt gibt, Ihren Ökonomen und Soziologen vorzudenken, was Sie wirklich brauchen und gerne hätten; nicht im Sinne eines süßen Lebens, das bald schal oder bitter wird, sondern mit Ehrfurcht vor sich selbst und allem anderen Leben. Nur keine Angst vor beunruhigend »radikalen« Ergebnissen solchen Denkens und Experimentierens! Die ökologisch und soziologisch besten Wege der Sonnen- und Bodennutzung sind sicher noch nicht gefunden. Zweifellos werden sie zur Abschaffung von Großkraftwerken, von großen Bau- und Siedlungsgesellschaften, von Großgrundbesitz und allerlei anderem Großen und Mächtigen führen. Aber auch die ohne Kernenergie angeblich notwendige Verbauung der letzten ursprünglichen Flußlandschaften und die Verunstaltung Ihres Landes durch billige und daher häßliche Sonnen- oder Windenergieanlagen sollten Sie vermeiden. Erproben Sie erst vieles im kleinen, und geben Sie der Initiative kleiner Erfinder und Unternehmer Raum. Was dann allmählich entsteht, ist schließlich billiger, weil auch Ihre Enkel es noch schön finden werden und nicht abreißen müssen. Lassen Sie also ja nicht die Ökonomen Macht auch über die Alternativen gewinnen. Selbstverständlich kann man auch mit Sonnenenergie den Krebs weiter nähren und die Erde mit Schund überziehen. Wirtschaftlichkeit, ausgedrückt durch Preise, darf nur dann eine Leitlinie fürs Handeln sein, wenn die Preise sich unter den eben erwähnten ökologischen und soziologischen Randbedingungen einspielen können. Solange man die wahren Kosten auf Nachbarn und Nachkommen abwälzt, sind Preisvergleiche betrügerisch.

Die hier angedeuteten, wünschenswerten Entwicklungen werden jetzt nach Amory Lovins' Buch »Sanfte Energie« weltweit unter dem vom Mahatma Gandhi stammenden Begriff des »Sanften Weges« zusammengefaßt. Krebsgewinnler und ihre Mitläufer werden Ihnen erzählen, es sei ein Weg zurück, in die Steinzeit. Diese wollen uns den »Harten Weg« der zentralistischen Technokratie vorschreiben. Sie beobachten den jetzigen Zustand der Gesellschaft und die Tendenzen seiner Veränderung; daraus rechnen sie uns vor, wie die Welt in fünfzig Jahren aussehen wird. Dann setzen sie uns dies als Ziel und sagen uns, wie wir es erreichen können. Nun ja – jedes Kind könnte es uns sagen: Selbstverständlich durch Weiterverfolgen der jetzigen Tendenzen. Das nennt man heute noch »Rationalität«. Und in der Tat ist es ja das Rationelle, die Vorausberechenbarkeit, was eine Instabilität vom Evolutionsprozeß unterscheidet. Komplexität ist nicht rationell in diesem Sinne. Beschäftigung mit der Zukunft ist zwar ein Wesensbestandteil des Bewußtseins; deshalb spreche ich ja hier; die Seele des Tieres, die nur in der Gegenwart lebt, haben wir verloren, als wir den Geist fanden. Aber die Produktion von so viel erschrekkender Simplizität, nur weil sie sich planen läßt, entsprang einer kindlichen Selbstüberschätzung des Bewußtseins. Das Zeitalter der Aufklärung war ein notwendiger Entwicklungsschritt. Was wir aber eben noch wohlwollend als Kindlichkeit ansahen, muß nun als kindisch erkannt und schleunigst überwunden werden. Das kindische Mißverständnis von Rationalität läßt viele Wissenschaftler der zentralistischen Technokratie, dem Turmbau zu Babel, zuneigen. Weil wahre Vielfalt nicht einfachen Modellrechnungen der Systemanalytiker zugänglich ist, wendet man sich der Einfalt zu, die mit dem wissenschaftlichen Anspruch verträglich ist, ein Wissenschaftler dürfe nur über das reden, was er ausrechnen kann. Daß solche Wissenschaftler heute den Ton angeben, ist natürlich eine Katastrophe. Aber vermutlich ist die Wissenschaft noch evolutionsfähig. Evolution ist ein Kampf. Und hier ist eines der Schlachtfelder. Nach der neuen Aufklärung, die nun auch unter Wissenschaftlern begonnen hat und die uns ins »nachindustrielle Zeitalter« führt, wird man rationaler, vernünftiger, und das heißt hier: bescheidener vorgehen. Es kommt nicht etwa darauf an, jetzt schon die rechten Alternativen aufzuzählen und Pläne für fünfzig Jahre zu schmieden. Vorschreiben wird man *nur* die strenge Beachtung einiger ökologischer und soziologischer Randbedingungen, die von der Ehrfurcht vor dem Leben und vom Willen zu weiterer Evolution gefordert werden: Gemächlichkeit bei allen Eingriffen in die lebendige Vielfalt und die gesellschaftliche Ächtung ökonomischer und militärischer Macht. Dann werden sich unabsehbar viele, gangbare Wege auftun. Der sanfte Weg ist nicht eine vorgefertigte Straße, sondern ein Geflecht oder vielmehr ein Flechten von Pfaden. Zwentendorf wäre der richtige

Ort für ein »Institut zur Erforschung des Sanften Weges für Österreich«. Das Kraftwerk selbst, das ja schon wegen der Sicherheitsaspekte nicht in Betrieb gehen sollte, stellen Sie am besten unter Denkmalschutz. Denken Sie mal: Wie gut es für ein »Macht- und Wachstumsmuseum« geeignet wäre, zu dem alle österreichischen Schüler einmal eingeladen würden! (Vielleicht auch die Unternehmer?)

Sagen Sie nicht, die Abschaffung egoistischer Macht sei eine Utopie. Immerhin haben wir bei uns schon fast die Sklaverei abgeschafft. Und lesen Sie einmal nach, wie die Sklavenhalter und ihre Mitläufer vor zweihundert Jahren zum Beispiel mit den Arbeitsplätzen in der englischen Textilindustrie argumentierten, als William Wilberforce und seine Mitstreiter den Glauben zu verbreiten suchten, Menschen dürften nicht Eigentum von Menschen sein. Das Geschrei, das sich erhob, war fast so laut, wie es Ihnen heute entgegenschallt, wenn Sie feststellen, kein Mensch dürfte mehr Land besitzen als er selbst bewohnt und bearbeitet. – Freilich fing nach der Abschaffung der Sklaverei die Instabilität, die man das industrielle Zeitalter nennt, erst richtig an. Eine Knechtschaft löste die andere ab. Und der Ruf »Brüder, zur Sonne, zur Freiheit!« wird noch heute kaum richtig verstanden.

Ich hoffe, Ihnen klargemacht zu haben, daß es nicht genügt, nein zur Kernenergie und ja zur Sonnenenergie zu sagen. Der Fortschritt muß neu definiert werden. Die ihn *jetzt* verkünden, sind *nicht* auf seiner Seite (wenn Sie mir diesen Rückfall in eindimensionales Denken erlauben). Sie müssen sich neue Anführer suchen, die auf den sanften Weg führen. Sie können nicht einfach nein sagen und im übrigen so tun, als sei nichts geschehen, als könne man so weiterwursteln wie bisher. Das Nein muß Folgen haben. In Ihrem privaten, beruflichen und politischen Leben. Es ist eine Umkehr. Eine Bekehrung. Wenn Sie bisher unwissend auf einen Wasserfall losgerudert haben und ihn plötzlich bedrohlich nahe hören, genügt es nicht, einfach das Rudern einzustellen. Sie müssen gegen den Strom rudern; und zwar sofort, noch bevor Sie klar neue Ziele sehen. Sie übernehmen Verantwortung für die Zukunft: gegen die Einfalt, für die Vielfalt. Und wenn Sie mehr Bildung und Talente besitzen als andere, so folgen Sie bitte nicht der allgemeinen Ansicht, Sie müßten damit Privilegien erwerben; warum kommen Sie nicht auf den Gedanken, es vergrößerte Ihre Verantwortung?

Mein Namensvetter Franz Kafka schrieb einmal in sein Tagebuch: »Es gibt ein Ziel, aber keinen Weg; was wir Weg nennen, ist Zögern.« Diese Sehnsucht nach dem Absoluten, dem wir uns nur hinzugeben bräuchten, um Frieden zu finden, ist uraltes menschliches Erbe. Dennoch würde, glaube ich, Kafka heute den Spruch umwenden: Es gibt einen Weg, aber kein Ziel; was wir Ziel nennen, ist Einbildung unserer Ungeduld. – Ein Ziel der Evolution kennen wir nicht. Sie ist offen. Aber wir müssen und können ihr einen Weg bauen, auf dem sie über die Krise, die erste Zehntelsekunde des neuen Jahres in unserem Zeitrafferfilm, hinwegkommt. Erforschen wir ihre Gesetze, und wir werden sehen: Es ist der sanfte Weg, vorwärts zur Natur.

Heinz Maier-Leibnitz

Atomenergie – vor 23 Jahren und heute betrachtet *

Hohe Festversammlung!
An dieser Stelle – ebenso wie heute bei der öffentlichen Jahressitzung unserer Akademie – habe ich am 1. Dezember 1956 gesprochen über »Die Rolle der Wissenschaft bei den Anfängen der Kerntechnik«.** Heute spreche ich wieder über die Kernenergie, obwohl das Problem seitdem weit über den Bereich der Naturwissenschaftler und auch der Ingenieure hinausgewachsen ist und obwohl eine heillose Polarisation entschiedene Gegner bereithält für jede Aussage: – sei sie nun richtig, falsch oder diskutabel. Wissenschaft, Technologie, Fortschritt und Wachstum werden gleichermaßen in Frage gestellt; als Alternative taucht ein bedürfnisloseres Leben auf oder mindestens die Einsparung von Energie durch alle.

Der Naturwissenschaftler kann dazu mit den Kenntnissen seines Gebietes nur beschränkt beitragen; aber er muß – und hier stimme ich mit einer oft vorgetragenen Forderung des Bundeskanzlers überein – das beitragen, was nur er genau wissen kann. Er muß und kann aber auch versuchen, sich in der Kontroverse ein Gesamtbild zu machen, viele Gesichtspunkte zu vereinigen und zu ordnen. Schließlich scheint es, daß die Wissenschaft noch am ehesten als unparteiisch, als vertrauenswürdig betrachtet wird; jedenfalls im Prinzip und von der Mehrheit der Bevölkerung, auch wenn lautstarke Gegner ihre Vertrauenswürdigkeit bestreiten – mit einem gewissen Recht und aus Gründen, die wir nachher analysieren müssen.

Heute – so scheint mir – kommt es weniger darauf an, daß wir die Richtigkeit unserer eigenen Argumente in die Welt hinausposaunen und damit den Lärm des Streits vergrößern; statt dessen sollten wir

* Festvortrag, gehalten in der öffentlichen Sitzung der Bayerischen Akademie der Wissenschaften in München am 24.11.1979.

** Heinz Maier-Leibnitz, »Die Rolle der Wissenschaft bei den Anfängen der Kerntechnik«, Festrede gehalten in der öffentlichen Sitzung der Bayerischen Akademie der Wissenschaften in München am 1. Dezember 1956, München 1957 (siehe oben S. 9–22).

versuchen, viele Gesichtspunkte vieler zu verstehen und zusammenzubringen. Das Jahr 1956 ist dafür ein guter Ausgangspunkt, denn damals war die Atomernergie noch eine relativ heile Welt. Zu betrachten, was wir seitdem gelernt und erfahren haben, wird uns am besten helfen, die heutige Situation zu verstehen. Wir beginnen mit den technischen Fragen. 1956 war es erst ein Jahr her, daß die beiden großen Mächte die Reaktortechnologie aus der Geheimhaltung entlassen hatten. In Deutschland begannen eigene Pläne zaghaft Gestalt anzunehmen. Dafür sind die in dem Vortrag ausgedrückten Meinungen schon erstaunlich richtig gewesen.

Damals machte man sich mehr Sorgen als heute, ob angereichertes Uran auf die Dauer zur Verfügung stehen würde. Hier hat sich gezeigt, daß das Vertrauen in die internationale Verflechtung der Wirtschaft doch sehr groß ist. Reaktoren mit angereichertem Uran haben technische und wirtschaftliche Vorteile; deshalb haben sie sich durchgesetzt. Programme mit Natururanreaktoren wurden unter Verlusten mehr und mehr aufgegeben. Zweitens hat sich gezeigt: Bei so großen Anlagen – ein Reaktorkraftwerk kostet Milliarden – sind wirtschaftliche Fragen, sind die Rentabilität und die Zuverlässigkeit des Betriebes entscheidend. Dies muß man sich sicherlich heute wieder besonders merken, da es modern ist, das Heil in neuen Energien ganz jenseits der Rentabilität zu verkünden. Hier liegt auch der Grund für eine dritte Änderung in der Einschätzung: Damals war die Industrie – ich habe das im Rahmen der Atomkommission oft genug gehört – entschieden der Meinung, daß sie die neue Entwicklung in eigener Verantwortung und mit eigenen Mitteln durchführen sollte: soweit nötig mit Lizenzen, aber ohne staatliche Einwirkung. Man war nur bereit, gewisse Grunddaten in einzurichtenden Kernforschungszentren erarbeiten zu lassen; und auch an diesen wollte man entscheidend beteiligt sein.

Es zeigte sich aber, daß die Kosten viel, viel höher waren, als man zu Anfang glaubte. Bald wurden sowohl die Zentren wie die Industrie massiv unterstützt, vor allem vom Bund: Das sind die 20 Milliarden Mark, von denen man heute immer spricht. Richtig ist, daß kein Land ohne Zentren seinen eigenen Weg zur Atomenergie gefunden hat. Aber die zweite Bedingung war immer eine leistungsfähige Industrie, die die Entwicklung übernehmen konnte, im wesentlichen in eigener Verantwortung trotz großer staatlicher Unterstützung. Aus dieser Zeit stammt der Erfahrungssatz, den manche nicht gern hören:

Eine staatliche Lenkung ist dann gut, wenn sie angemessen sparsam hilft, aber nicht lenkt, das heißt, nichts besser wissen will als die Beteiligten.

Eine Folge der hohen Kosten war, daß aus den meisten der überschäumenden Ideen für neue Reaktorkonzepte nichts wurde. Statt dessen setzten sich die beiden amerikanischen wassergekühlten Typen weitgehend durch. Eine der wenigen Ausnahmen ist der Hochtemperaturreaktor, wo die deutsche Anstrengung noch läuft: ein schönes Projekt in Weiterführung von Schultens Kugelhaufenreaktor. In dem Vortrag damals wurde auch ein Vorschlag erwähnt, den man heute – ganz modern – als Plutoniumvernichtungsreaktor bezeichnen würde. Dafür wäre allerdings ein hoher technischer Stand der Wiederaufarbeitung von Brennelementen nötig gewesen. Dazu ist es nicht gekommen, wohl aus einem Widerspruch zwischen den Kosten und der damals nicht gesehenen zeitlichen Dringlichkeit. Heute wären wir froh, wenn wir früher mehr für die Wiederaufarbeitung getan hätten.

Noch ein letztes zu diesem Problemkreis – auch etwas, was zu wenig bekannt ist: In dem Vortrag wurde 1956 sehr betont, daß an den Anfängen der technischen Entwicklung die Physiker – und zwar die besten Physiker – selbst als Personen beteiligt waren. Dies hat sich rasch geändert. Die Ingenieure haben das Gebiet mühelos übernommen; es war nicht einmal nötig, dafür ein neues Ingenieurfach zu schaffen. Neue physikalische Daten und grundlegende Rechnungen wurden in großem Umfang erst wieder für den schnellen Brüter gebraucht, dessen Bedeutung in dem Vortrag schon richtig beschrieben wurde. Für diese technische Diskussion war es damals zu früh. Hier haben später die Zentren nochmals eine wichtige Rolle zu spielen gehabt. Sonst aber haben sie sich von der Kernenergie eher abgewandt zugunsten der Entwicklung bei der Industrie. Sicher mit Recht.

Meine Damen und Herren! Ich fürchte, in dieser Darstellung erkennen Sie die heutige Atomenergie nicht wieder. Ein technisches Problem. Eine neue Möglichkeit, Energie zu gewinnen, die Reserven der Welt an fossiler Energie zu strecken. (Von der Begrenztheit dieser Reserven hatten wir schon in der Schule gehört.) Mehr Energie; billigere Energie. War das alles? In dem Vortrag heißt es: *Das Auftreten einer Energielücke, zu deren Schließung die Atomenergie dringend benötigt wird, braucht bei uns nicht vor mindestens 10 Jahren erwartet* *zu werden.** Eine Unterschätzung von Zeiträumen, wie sie auch heute vorkommt. Die Atomenergie selbst aber wurde nicht in Frage gestellt. Es gab einen Rückschlag, als das billige Öl so leicht zugänglich war und damit Ölkraftwerke konkurrenzlos billig wurden. Aber es zeigte sich, daß große Kernkraftwerke doch lohnen. Heute werden knapp 6 % der elektrischen Energie in der Welt in Atomkraftwerken produziert; bald soll es doppelt soviel sein. In diesem Sinne ist die Entwicklung geradlinig weitergegangen; und doch ist heute alles anders. Im Vordergrund stehen: die Frage der Sicherheit der Atomenergie; das Unbehagen ihr gegenüber; die aktive Auflehnung von Minderheiten am Beispiel der Kernkraft; die Frage nach ihrer Notwendigkeit, nach Energieeinsparung und nach einem einfacheren Leben.

Wir kommen zur Sicherheit der Kernreaktoren und der daran hängenden Technik: 1956 gab es in Deutschland keine Reaktoren, keine Reaktorsicherheitskommission, kaum Strahlenschutzvorschriften. In dem Vortrag steht über Sicherheit folgendes: *Bei den gemeinsam zu diskutierenden Problemen wird auch eine Frage sehr im Vordergrund stehen, auf die wir heute nicht eingegangen sind, nämlich die der Sicherheit. Ich darf hier der Überzeugung Ausdruck geben, daß die Atomenergieentwicklung zu keiner irgendwie gearteten Strahlengefährdung der Menschheit zu führen braucht. Im Gegensatz zu den Atombombenversuchen, bei denen die gesamten entstandenen Spaltprodukte in der Atmosphäre frei werden und irgendwann und irgendwo auf die Erde zurückkommen, braucht bei einem Atomkraftwerk von diesen Spaltprodukten nichts in die Atmosphäre zu gelangen. Wir dürfen glauben, daß alle Anstrengungen gemacht werden, um diesen wünschenswerten Zustand auch wirklich zu erreichen. Es stehen keinerlei unüberwindliche technische Schwierigkeiten dagegen. Die Wissenschaft von den Strahlenwirkungen besteht schon seit den ersten Anwendungen der Röntgen- und Radiumstrahlen. Seit der Entdeckung der künstlich radioaktiven Isotope wird auch ihr Verhalten im menschlichen und tierischen Körper sowie in Pflanzen sehr ausführlich untersucht. Es gibt noch eine Anzahl von wissenschaftlichen Problemen, die geklärt werden müssen. Bis dahin wird es aber möglich sein, durch verschärfte Vorschriften des Strahlenschutzes allen möglichen Gefah-*

* Maier-Leibnitz, siehe oben S. 19.

*ren zu begegnen.** Bei dieser Darstellung fehlen zwei entscheidende Sätze. Wir könnten uns die Haare raufen, weil wir damals nicht an sie gedacht haben, obwohl wir an ihrer Richtigkeit nicht gezweifelt hätten. Wir hätten dazuschreiben müssen: Bei jedem technischen Prozeß gibt es Unfälle und Personenschäden. Es besteht kein Grund zu befürchten, daß die von der Atomenergie zu erwartenden Strahlenschäden dazu irgendwie erheblich beitragen werden.

Die in dem Text erwähnte Forschung ist in großem Umfang weitergegangen. Man weiß heute viel mehr darüber, wie sich radioaktive Substanzen als Staub, im Grundwasser und in Pflanzen ausbreiten, wie sie sich in bestimmten Organen anreichern. Man kennt aus Versuchen ihre krebserzeugende und genverändernde Wirkung. Allerdings nur für relativ große Strahlendosen. Die seitdem entwickelten Strahlenschutzvorschriften – eine wichtige Leistung und einer der wenigen Erfolge der europäischen Zusammenarbeit auf dem Atomgebiet – haben aber sehr niedrige Strahlendosen als Grenzen festgelegt. Aus berechtigter Vorsicht hat man pessimistische Annahmen über die Strahlenwirkung gemacht. Man nimmt an, daß jeder Elementarprozeß der Strahlenwirkung schädlich sein kann, unabhängig von anderen; das heißt, daß eine Verringerung der Dosis auf ein Millionstel immer noch Tote fordert, allerdings eine Million mal weniger. Diese Annahme aber läßt sich nie nachmessen; man kommt mit der reinen Empirie keinesfalls weiter. Damit entfällt der für den Laien sinnfällige Beweis der Schädlichkeit oder vor allem der Unschädlichkeit. Man hat eine unsichtbare Strahlung, die angeblich nach Wahrscheinlichkeitsgesetzen wahllos wirkt, unbekannt auf wen und auf wie viele. Unter 60 Millionen kann es noch einer sein oder zehn oder hundert. Man wird es nie wissen.

In Wirklichkeit muß man hier von der Forschung mehr erwarten als bloße Empirie. Eine Sonnenfinsternis wird heute nicht mehr empirisch vorhergesagt, sondern weil man die Gesetze kennt, nach denen sich die Planeten bewegen. Und die Schädlichkeit von Strahlen versteht man, wenn man mehr über die in der Natur vorkommenden Baufehler von Zellen und Molekülen gelernt hat und über die Methoden, wie die Organismen mit diesen Baufehlern leben. Es scheint sehr viel mehr Baufehler zu geben, als man bisher wußte; und es gibt eine ganz unerwartete Fähigkeit, mit diesen Baufehlern fertigzuwer-

* Maier-Leibnitz, siehe oben S. 21.

den, solange es nicht zu viele sind. Darüber wird man sicher bald mehr wissen. Für heute müssen wir bei der alten Vorsicht bleiben.

Ein Jahr nach dem Vortrag von 1956 bekamen wir in Garching den ersten Forschungsreaktor in der Bundesrepublik. Damit hatten wir Gelegenheit, uns mit Sicherheitsfragen zu beschäftigen, ohne viele Vorbilder, aber in intensiver Zusammenarbeit mit den Behörden, die unsere Arbeit zu beaufsichtigen hatten. Der Reaktor – allerdings ein sehr gutartiger Typ – ist heute nach mehr als 20 Jahren ein freundliches Zeugnis des Erfolgs unserer Sicherheitsbemühungen. Wir haben viele Fehler gemacht und dabei viel gelernt; aber die Fehler waren alle weit unterhalb der Schwelle wirklicher Gefahren. Das ist die richtige Methode einer guten Sicherheitspolitik.

Später war ich Mitglied der deutschen Reaktorsicherheitskommission und habe dort die Anfänge jener Entwicklung erlebt, die wegen der Verantwortung der staatlichen, durch Nichtfachleute entscheidenden Seite unvermeidlich ist: Mehr und mehr wird nicht der Einzelfall einzeln und nur für sich analysiert; es entstehen Verfahrensordnungen, Grundsätze, Regeln, was als sicher gelten darf und was nicht. Der Sicherheitsbereich wird ein Paragraphenwerk, das für jeden ohne Sachkenntnis offen und scheinbar nachprüfbar vorliegt. Diese Tendenz ist – wie gesagt – unvermeidlich. Erst Harrisburg hat allerdings gezeigt, daß es so nicht geht, daß man darüber hinauskommen muß.

Harrisburg: das Versagen der Betreiber des Kernkraftwerks Three Mile Island, das beinahe zu einem supergroßen Unfall geführt hätte. Harrisburg war eine Wende für die Reaktorsicherheit, ein Lehrstück von größter praktischer Bedeutung. Hier hat sich – das ist ein Punkt – endgültig gezeigt, daß und warum die Experten ihre Glaubwürdigkeit verloren haben. Es hat sich aber auch gezeigt, was dagegen zu tun ist. Konkrete Fehler sind eine einmalige Gelegenheit zu lernen, bessere Analysen und bessere Verfahren zu entwickeln und zugleich die Argumente gegen die Schematisierer und Besserwisser zu finden.

Die Experten haben ihre Glaubwürdigkeit verloren, weil sie – unter dem Druck der Bürokraten und einer ängstlichen und reizbaren Öffentlichkeit stehend – es nicht gewagt haben, triviale Wahrheiten laut zu sagen. Die erste ist, daß es keine technischen Verfahren ohne Unfälle gibt, daß man nur versuchen kann, die Unfälle selten zu machen und ihre Folgen zu verringern, insbesondere Katastrophen zu verhindern. Wenn die Politiker laut verkünden: Wir werden mit allen Mitteln dafür sorgen, daß die Kernenergie sicher bleibt, und wenn die Experten dazu schweigen, dann verlieren beim ersten Unfall nicht die Politiker ihre Glaubwürdigkeit, sondern die Experten. Das zweite ist eine Erstarrung im Sicherheitsdenken, die vielleicht unvermeidlich ist, wenn man bedenkt, wieviel Mißtrauen der Experte in der Bürokratie und in der Öffentlichkeit ausgesetzt ist, wie schlimm es ist, wenn er irgendeine Aussage später ändert oder wenn ein Experte etwas anderes sagt als der erste. Daher kommt das Bestreben der Fachleute, sich auf gewisse Grundsätze zu einigen und diese Grundsätze dann zu verteidigen, komme, was da wolle.

Das Beispiel dafür ist der berühmte größte anzunehmende Unfall, der GAU. Die Behauptung ist: Ein größerer Unfall als der GAU braucht bei den Sicherheitsbetrachtungen nicht analysiert zu werden, denn es ist alles getan worden, um ihn zuverlässig zu verhindern. Die Sicherheitsberichte sind voll von Maßnahmen, wie beim Eintreten des GAU jeder auch nur kleine Schaden für die Umgebung vermieden werden kann. Auch die Maßnahmen werden beschrieben, die man getroffen hat, um größere Störfälle sicher zu vermeiden. Aber was soll geschehen, wenn der große Unfall doch passiert? Darüber wird geschwiegen. Es gibt ihn nicht. Der Grund für das Schweigen ist klar: In dem Klima von Anfeindung und Mißtrauen, das bei der Reaktorsicherheit herrscht, würde jedes Eingehen auf diesen Unfall zu der Forderung führen, seine Folgen ebenso zu verhindern wie bei den angenommenen Unfällen. Dagegen glaubt man sich nur wehren zu können mit dem Argument: Es gibt ihn nicht. Schaut, wir denken nicht einmal an ihn.

Der nicht anzunehmende Unfall ist das Schmelzen des Reaktorkerns. Er tritt dann ein, wenn der Reaktor nicht mehr gekühlt wird. Die ungeheure Radioaktivität in den Brennstäben bringt diese zum Schmelzen, auch wenn der Reaktor kurz vorher noch abgeschaltet wurde. Man hat beschlossen, dieses Schmelzen mit allen Mitteln zu verhindern. Also passiert es nicht; also spricht man nicht davon. Ich habe in der Villa Hammerschmidt erlebt, daß der Bundespräsident von den Experten wissen wollte, was die schlimmsten denkbaren Folgen des »unmöglichen« Unfalls wären. Sie sagten es ihm nicht. Mehr noch: Die einfachsten Vorkehrungen, die seine Folgen mindern – nicht verhindern – würden, waren tabu, wurden nicht vorgesehen.

Heimlich haben die Experten dann doch überlegt, was passieren könnte: Der Kern würde schmelzen, würde immer heißer, würde sich durch Betonwände nach unten durchfressen, läge irgendwo unten fest, würde Gase entwickeln; und nach einer Woche etwa würde das Reaktorgebäude durch den entstandenen Druck bersten. Bis dahin müßte man die Bevölkerung evakuiert haben; trotzdem wäre vielleicht mit 100 Toten zu rechnen. Das schlimme daran ist: Das Bersten des Reaktorgebäudes wäre zu vermeiden, wenn man ein einfaches Ventil mit einem Filter vorsähe. Durch das Filter würden zwar die radioaktiven Edelgase entweichen, aber nicht die viel gefährlicheren anderen Stoffe, die die Gegend für lange unbewohnbar machen könnten. Es gäbe Strahlenschäden, aber relativ geringe; nach relativ kurzer Zeit wäre die Gefahr vorbei.

Dieses Ventil darf nicht sein. Denn heute würde jedes Verwaltungsgericht verlangen, daß dann auch noch die Edelgase aufgefangen werden. Dazu aber bräuchte man ein zweites Druckgefäß, zusätzlich zu dem ersten, aber größer. Das Ventil wäre der Beweis, daß der nicht anzunehmende Unfall doch denkbar ist. Das ist es, was ich mit der Erstarrung des Sicherheitsdenkens meine. Es entsteht nicht durch die Inkompetenz der Experten und schon gar nicht durch ihre Befangenheit oder ihre Bindung an Interessengruppen. (Was man hierzu manchmal behauptet und hört, ist eine Schande für die Urheber.) Es entsteht durch Furcht vor immer neuen, immer unvernünftigeren Forderungen. Und es ist charakterisiert dadurch, daß man über Dinge schweigt, die man sagen könnte. Solches Schweigen aber kann jederzeit dazu führen, daß die Experten unglaubwürdig werden. Es verhindert das Vertrauen, ohne das die Experten verloren sind.

Es ist nämlich ein Irrtum zu glauben, daß es ohne Vertrauen geht. Der Experte – das habe ich oft gesagt und zu wenig Glauben gefunden – kann Unkundigen komplizierte Zusammenhänge erklären; aber er kann ihnen nicht die Urteilsfähigkeit dafür einflößen, ob er recht hat oder nicht. Niemand kann das. Deshalb geht es nicht ohne Vertrauen. Es gibt Wege, Vertrauen zu erwerben und zu erhalten. Die erste Vorbedingung ist, daß man nichts verschweigt. In diese Situation kam Harrisburg. Der Störfall dort – ein eigentlicher Unfall hat ja zum Glück nicht stattgefunden – war nicht vom Typ der angenommenen Unfälle. Er kam so nahe an das Kernschmelzen heran, wie das ohne schwere Folgen möglich ist; und er hätte leicht schlimmer werden können. Dadurch war das starre GAU-Denken widerlegt. Die Experten waren wieder unglaubwürdig geworden.

Ich hoffe, Sie haben verstanden, daß ich nicht sage, die Experten seien an allem schuld. Sie sind in diese Lage hineingedrängt worden:

durch das Mißtrauen, das ihnen entgegengebracht wurde; durch die Erstarrung, die ihnen nicht erlaubte, frei zu reden; durch die Furcht, in immer neue Verwicklungen jenseits des Vernünftigen zu geraten. Dies aber muß nicht so sein; und mein Plädoyer geht dahin, es anders zu machen. Wir müssen den Experten einen Vertrauensvorschuß geben und müssen dafür die offene Diskussion erhalten. Diese Diskussion – ich weiß, daß ich hier als Optimist spreche – wird zeigen, wer Vertrauen verdient und wer nicht; und damit wird sie den neuen Anfang ermöglichen, den wir brauchen.

Ich will noch etwas Optimistisches sagen: Ich meine, daß diese Diskussion schon im Gange ist. Und ich meine, daß gerade durch Harrisburg, durch die Fehler, die dort zutage getreten sind, durch die Möglichkeiten, die man jetzt sieht, solche Fehler zu vermeiden, die Reaktorsicherheit in ein neues Stadium getreten ist. Aus Fehlern lernen, das ist kein leeres Wort. Ich bekenne, daß ich jetzt mehr als je über die zukünftige Sicherheit der Reaktoren beruhigt bin. Es gibt Anzeichen dafür, daß diese Meinung sich ausbreitet. Wieder optimistisch: Die Reaktorsicherheit ist nicht mehr der Ansatzpunkt, um die Atomenergie zu Fall zu bringen.

Vielleicht ist vielen noch nicht klar, wie ungeheuer anspruchsvoll wir mit der Sicherheit bei der Kernenergie sind, verglichen mit anderen Feldern der Technik. Vielleicht ist uns auch, abgesehen von der Sicherheit, nicht bewußt, wie sehr wir Befürchtungen auf die Kernenergie richten, hier Schaden verhindern und Gutes bewirken wollen, und dabei andere Gebiete übersehen, wo vielleicht mehr Anlaß zu Ängsten besteht oder mehr Möglichkeiten, etwas zu tun. Ich möchte Ihnen deshalb eine Horrorliste aufführen, beginnend mit den größten Ängsten und Schäden an Menschenleben und endend mit dem, wo der einzelne am ehesten etwas bewirken kann.

Ich nenne den großen Atomkrieg vor allem, weil der Gedanke an ihn auch die Abneigung gegen die Kernenergie schürt. Es ist heute sicher möglich, ein Land oder etwa ganz Europa unbewohnbar zu machen. Allerdings wird dies kaum jemand wollen, schon weil die Wirkungen der Radioaktivität über die Ausbreitung in der Atmosphäre zu einem Teil auch auf die Urheber zurückfallen. Aber die Idee, daß etwa auf einer Insel wie England 30 % der Bevölkerung beim ersten Angriff umkämen und daß man dann nach 20 Jahren nachschauen könnte, was aus dem Rest geworden ist, das muß ein Alptraum unseres Jahrhunderts sein. Wesentlich realistischer ist der

Gedanke an einen Krieg mit sparsamer Verwendung von Atomwaffen, etwa die Eroberung Europas. Ich möchte darüber hier nichts sagen. Und ganz realistisch ist es, überhaupt mit dem Einsatz von Atomwaffen in der Welt zu rechnen: Kein Kenner zweifelt, daß bald mehr als zehn Staaten über eigene Atomwaffen verfügen werden; niemand scheint willens zu sein, diese Entwicklung zu verhindern; und kaum jemand zweifelt, daß einzelne dieser Staaten ihren neuen Besitz in einer Not- oder einer Angriffssituation auch anwenden werden. Für die beteiligten Länder wird dies schrecklich sein; die Menschen in den übrigen Ländern werden von da an mit einer größeren Strahlenbelastung leben müssen.

Daß Gewalt nicht ausstirbt, wie man wünschen möchte, ist sicher: Seit dem Zweiten Weltkrieg hat es 95 bewaffnete Konflikte innerhalb einzelner Länder und zwischen verschiedenen Staaten gegeben, mit etwa 11 Millionen Todesopfern. Ich habe diese Zahl aus einer französischen Quelle; in der deutschen Öffentlichkeit hört man davon kaum etwas. Das sind alles Dinge, wo der einzelne hilflos ist und wo Demonstrationen – wie etwa im Vietnam-Krieg – nachher zu großen Enttäuschungen führen. Dies ist schon anders bei den Ernährungs-, Gesundheits- und Wirtschaftsstrukturproblemen der Dritten Welt. Hier kann jeder helfen, mindestens durch Caritas oder – gerade auch als Wissenschaftler – durch seine Arbeit. Wichtig ist dabei – dies ist ein allgemeines Prinzip – das, was man tut, nicht das, was man andere zu tun auffordert.

Wir kehren in unser Land zurück, denn im eigenen Land kann man am ehesten etwas tun. Ich gebe einige Zahlen ohne nähere Diskussion; es kommt nicht darauf an, ob sie zweimal größer oder kleiner sind. Unfälle: 14500 Tote pro Jahr im Straßenverkehr; knapp 16000 bei sonstigen Unfällen; davon sterben bei Berufsunfällen 4500 Menschen jährlich, im Haushalt mehr als 9000. Krankheiten, die man noch nicht heilen kann: Krebs 150000; Herz und Kreislauf 330000. Schäden, die der Mensch sich selbst zufügt: 14000 Selbstmorde; 140000 Tote pro Jahr durch Zigaretten; 17000 an Leberzirrhose, davon die Hälfte durch Alkohol verursacht; 550 durch Rauschgift. Und wie viele durch Vernachlässigung, fehlende Hilfeleistung, Gleichgültigkeit? Die Atomenergie läßt sich in diese Liste nicht einfach einordnen. Was die Zahl der zu erwartenden Todesfälle betrifft, liegt sie ganz weit hinten, auch wenn man meine hier gegebene Darstellung für optimistisch hält. Für einen intelligenten Atomgegner kann also die Reaktorsicherheit Bedeutung nur deshalb haben, weil sich die Bürger ihretwegen beunruhigen, nicht wegen der Zahl der möglichen Opfer. Es muß jedem klar sein, daß der Erfinder einer sicheren Steckdose oder einer besseren Leiter (schon wegen der Sonnenkollektoren auf dem Dach, die abgestaubt werden müssen) wesentlich mehr Menschenleben rettet. Ich vermag nicht zu sehen, wie jemand, der etwa erreichen will, daß weniger Menschen unnötig sterben, jemand, der einsichtig ist und Fakten aufnehmen kann, jemand, der ehrlich das Gemeinwohl vor eigenes Wohl und vor Gruppeninteressen setzt, wie so jemand den Kampf gegen die Kernenergie wegen ihrer Sicherheitsgefahren guten Gewissens vor irgendwelche andere Anliegen setzen kann. Ich nenne nur ein Beispiel unter den Alternativen, den Krebs: Die Krebssterblichkeit hat in den letzten Jahrzehnten abgenommen, wenn man für die Änderung der Altersverteilung korrigiert, wohl vor allem wegen verbesserter Umwelt- und Ernährungsbedingungen. Magenkrebs ist selten geworden; nur Lungenkrebs hat sich vermehrt. Solche Veränderungen zeigen, daß man etwas tun kann, was weit über die Zahl aller durch Atomenergie möglichen Krebsschäden hinausgeht.

Die Reaktorsicherheit ist natürlich nicht der einzige Einwand gegen die Atomenergie. Es gibt noch zwei Einwände, die meines Erachtens nicht stichhaltig sind: Die Wiederaufbereitung und die Endlagerung von Brennelementen bieten keine über ein normales technisches Risiko hinausgehenden Gefahren. Das hat Ministerpräsident Albrecht nach dem sehr nützlichen Hearing über Gorleben klar ausgesprochen; und die Zahl derer, die ihm hier widersprechen, dürfte nicht groß sein. Der zweite Einwand ist, daß durch das Plutonium aus den Reaktoren die Ausbreitung der Atombomben gefördert wird. Dieser Einwand trifft nicht: Erstens kann aufgearbeitetes Plutonium durch Mischen mit einem radioaktiven Stoff leicht so geschützt werden, daß es nur mit großem technischen Aufwand – also nicht unbemerkt – entfernt und abtransportiert werden kann. Zweitens aber ist normal im Reaktor bestrahltes Plutonium besonders schwierig für Bomben zu verwenden; es gibt in der Welt so viele Atombomben und so viel Waffenplutonium, daß es viel einfacher ist, sich solches anzueignen. Schließlich darf als sicher gelten, daß keiner der Staaten, die jetzt Bomben anstreben, den Weg über abgebrannte Brennelemente gehen wird.

Ich komme nun zu den Einwänden, die wir ernster nehmen müssen. Der erste läßt sich ganz einfach so fassen: Muß die Atomenergie sein? Müssen wir uns eine Technik aufladen, auf die man dauernd aufpassen muß, die deshalb in Kriegs- und Aufruhrzeiten eine zusätzliche Gefahr sein kann, die die Menschen beunruhigt, so daß viele wie in Österreich sie bei einer Abstimmung ablehnen würden? Über diesen Einwand kann nur teilweise rational argumentiert werden. Man kann fragen: Was ist die Alternative zur Kernenergie? Wie kann man ohne sie den schon wegen der Entwicklungsländer sicher wachsenden Energiebedarf decken? Öl wird immer teurer; Kohle ist weniger umweltfreundlich wegen des Schwefels und langfristig wegen der Treibhauswirkung von Kohlendioxyd; die Vorräte an Öl und Kohle erschöpfen sich; Uran und Thorium (mit Brutreaktoren) sind da eine echte Rettung; Sonnenenergie ist bisher sehr teuer und wird allenfalls 20% des Energiebedarfs decken können, und das nicht bald. Und wenn die Energie weniger wird? Was ist dann? Werden die Bürger zuschauen, wenn der Strom ab 1985 manchmal ausfällt, wenn sie für Energiesparmaßnahmen – etwa an Häusern – bezahlen sollen, wenn die Produktion und mit ihr der Lebensstandard sinkt, wenn Verteilungskämpfe um Öl und Energie einsetzen? Dies muß nicht alles eintreten; aber einiges davon wird eintreten, wenn die Atomenergie eingeschränkt bleibt. Schon die bisherige Einschränkung wird sich auswirken. Wie wird dann die hypothetische Abstimmung aussehen?

Dies sind keine schwachen Argumente, auch wenn ich sie hier zu einfach dargestellt und Gegenargumente verschwiegen habe. Ich möchte aber noch weiter gehen und eine Frage stellen, die viele Atomgegner bewegt: Ist es wirklich denkbar, daß das Heil der Menschen entscheidend beeinflußt wird durch eine Energiequelle, die vor gerade 40 Jahren zufällig entdeckt wurde? Die Menschheit hat viele Jahrtausende ohne Atomenergie gelebt. Warum soll sie jetzt plötzlich notwendig sein? Müssen wir gleich die Sklaven jeder wichtigen Entdeckung werden, die die Wissenschaftler machen? Ich muß gestehen, daß mich dieses Argument beeindruckt, gerade weil ich zu diesen Wissenschaftlern gehöre. Wir wollen, daß unsere Ergebnisse der Menschheit nützen; aber wir wünschen uns für die Menschen mehr Freiheit, nicht immer neue technische Zwänge. Wir müssen auf diese Frage; aber zunächst müssen wir auf die nicht rationale Seite des Problems: Muß Atomenergie sein?, zurückkommen. Wir müssen uns mit den Menschen beschäftigen, die diese Frage stellen.

Die Atomgegner sind eine Minderheit, aber sie sind eine politische

Macht. Ich erinnere mich mit großer Beklemmung an eine Sitzung mit höchsten Vertretern der Regierungen und der Parteien, wo jeder der Anwesenden in starken Worten die Notwendigkeit der Kernenergie und ihre ausreichend sichere Durchführbarkeit erklärte. Aber es war fast keiner dabei, der nicht in den Monaten vorher oder jetzt in der Sitzung oder ganz kurz darauf ein Zugeständnis an die Atomgegner gemacht hätte, eine Bedingung in einem Nebensatz gestellt, eine Handlung verweigert hätte, so daß zum Schluß kaum ein Ausweg mehr sichtbar war. Die Sitzung war ein Triumph des politischen Opportunismus, aber im Hintergrund saßen unsichtbar die Sieger, die Atomgegner. Für sie sind die Regierenden, die Wirtschaft, die Gewerkschaften und die Experten eine unheilige Allianz eingegangen. Diese Allianz bekämpfen sie mit großem Erfolg, außerhalb der parlamentarischen Regierungsform, legal oder nicht legal. Der eine Ministerpräsident setzt Polizei zum Schutz der Ordnung ein und wird dafür angegriffen, der andere weigert sich, dasselbe auf sich zu nehmen, wenn seine Opposition, deren Haltung er für falsch hält, dagegen ist.

Was ist ein Atomgegner? Was motiviert ihn? Auf diese Frage gibt es so viele Antworten, wie es Atomgegner gibt. Aber es gibt so viel Wechselwirkung unter ihnen, so viele gemeinsame Einflüsse auf sie und durch sie, daß man von der Sozialpsychologie Antworten auf diese Fragen erhoffen muß. Peter Hofstätter hat kürzlich einen Artikel geschrieben: »Warum wir heute noch die Technik fürchten«. Er zeigt, daß die Technik schon immer gefühlsmäßig mit Begriffen verbunden wird, die in der Nähe von Härte liegen. Besonders beeindruckt hat mich die positive Korrelation von Technik mit dem Wort »herrisch« im Gegensatz zu »nachgiebig«. Unsere Tendenz, die Technik als Dienerin der Menschheit zu betrachten, findet bei den Menschen keinen Widerhall. Die Technikfurcht läßt sich ja auch an vielen Beispielen belegen. Hofstätter führt weiter aus, daß die Menschen geneigt sind, ihr allgemeines Urteil in wenige große Kategorien einzuordnen. Damit kommt Technik zusammen mit »herrisch« in die Nähe von »Haß«. Auch der Fortschritt wird nicht weit entfernt eingeordnet. Damit haben wir eine, gewiß grobe, aber dafür sehr tiefliegende Begründung für die Abneigung gegen die Atomenergie als herausragendes Beispiel neuer, besonders drohender Technik.

Wir müssen auch ganz positive Faktoren sehen. Der Mensch hat ein moralisches Bedürfnis. Er möchte gern Gutes tun. Dies als Individuum zu tun, etwa als Dienst am Nächsten, ist oft mühsam und wird nicht gelohnt. Und bei Dingen von allgemeiner Bedeutung fühlt sich der einzelne von jeder Entscheidung ausgeschlossen, auch wenn er ganz anderer Meinung ist als die Regierenden. Man wird wohl sagen können, daß eine Tendenz besteht, die Handlungen der Politiker und der Verwaltung mit Mißtrauen und Abneigung zu betrachten; das Bewußtsein von eigener Hilflosigkeit dagegen kann starke Gefühle wecken. Welch eine Befreiung ist es da, in Bürgerinitiativen mitzuwirken, mit anderen Gleich- und Gutgesinnten bei der Stadtplanung, beim Umweltschutz, bei der Atomenergie gegen das Establishment anzugehen und dabei noch Erfolg zu haben. Sogar das bei der heutigen Freizeitfülle so große Bedürfnis der Unterhaltung (Betätigung von Gefühl und Verstand ohne unangenehme Anstrengung) wird befriedigt, und die Zustimmung der Mitstreiter schafft ein Gefühl von Geborgenheit, vergrößert allerdings auch die Aggressivität und entläßt den einzelnen aus der kritischen Wertung der Parolen und Forderungen der Gruppe.

So entsteht aus dem moralischen Bedürfnis eine Bewegung, allerdings wohl kaum von selbst, ohne Initiative kleiner Gruppen, ohne Steuerung und Nachhilfe. Darüber etwas zu sagen bin ich völlig außerstande. Man hat manchmal kleine Einblicke, wenn die Eisenstangen-Demokraten sich der Bewegung anschließen, wenn Politiker sich gegen die Parteihierarchie profilieren, wenn Publizisten durch abenteuerliche Behauptungen aus ihr Nutzen ziehen. Hier gibt die Atomenergie solchen, die sich auf anderen Wegen nicht oder noch nicht profilieren könnten, den Weg frei zu dem knappen Gut der öffentlichen Aufmerksamkeit, und auf die Sympathie potentieller Wähler gestützt, können sie ohne sonstige Leistungen Anerkennung vor allem in einer Parteihierarchie verlangen. Sie sind die Nutznießer der Atomangst. Wahrscheinlich ist es überhaupt so, daß die Atomangst nur relativ wenige unter den Atomgegnern maßgebend motiviert. Dafür spricht schon die Altersverteilung: Die Jungen bilden eine große Mehrheit, nicht die doch sicher eher ängstlichen Alten. Dafür, daß die Atomgegner vor allem Teilnahme an Entscheidungen suchen, also eine Umverteilung der Macht im Staate, spricht auch ihre unverhältnismäßig hohe Beteiligung an anderen Bürgerinitiativen. Die Antiatombewegung erscheint als eines der Symptome für den seit 15 bis 20 Jahren weltweit zu beobachtenden Zerfall des Vertrauens in die Institutionen, wenn nicht schon als mehr, als Widerstand und Kampf gegen die Institutionen.

Zurück zu der Frage: Muß Atomenergie sein? Und vielleicht gleich weiter zu der letzten Frage: Gibt es Alternativen für ein besseres Leben? Auf die Alternativen kommt es nämlich an, und zwar auf die möglichen Alternativen. Es hat heute keinen Sinn mehr zu fragen: Was wäre, wenn die Atomspaltung nicht endeckt worden wäre, denn seitdem sind nicht nur Atomkraftwerke entwickelt und gebaut worden, sondern es sind auch Initiativen unterblieben, die sonst notwendig gewesen wären. Kraftwerksplanung ist eine langfristige Angelegenheit. Die Fachleute sagen, daß es 1985 Abschaltungen geben wird, weil wir heute schon mit den Planungen im Verzug sind. Wenn wir also heute die Atomkraft einschränken wollen, müssen wir andere Kraftwerke bauen oder sehen, wie weit wir mit weniger Kraftwerkskapazität kommen. Andere Kraftwerke heißt, nachdem Öl knapp ist, Kohlekraftwerke. Wenn es keine Atomspaltung gegeben hätte, wären sie ohne Zweifel weiter ausgebaut worden (die Antwort auf die Frage, warum wir die neue Technologie gleich angenommen haben, ist wohl einfach die, daß es mit der Kohle Schwierigkeiten gab und daß die Atomenergie wirtschaftlicher – und dazu umweltfreundlicher – zu werden versprach als die Kohle). Eine Wiederumstellung auf Kohle wäre nach vielleicht erheblichen Übergangsschwierigkeiten sicher möglich. Es würden dann wieder mehr Menschen ihr Brot unter der Erde verdienen müssen. Der Hauptunterschied wäre schließlich der, daß man sich mit dem Verzicht auf Atomenergie einer Energiequelle begäbe und daß dadurch alle möglichen Verteilungskämpfe unter den anderen Energiearten verschärft, in der heutigen Situation vielleicht dramatisch verschärft würden.

Die Energiesituation wird ja jetzt sehr heftig diskutiert. Kurzfristig handelt es sich dabei vor allem um die Möglichkeit der Einsparung von Energie, wobei die Energie für Heizzwecke besonders zu Buch schlägt. Diesen Maßnahmen ist gemeinsam, daß sie Investitionen erfordern. Viele von ihnen müßte der Bürger direkt als Hausbesitzer oder indirekt als Mieter tragen. Der Streit geht zur Zeit darum, wieviel davon auf freiwilliger Basis geschehen könnte und wieviel staatlicher Lenkung bedürfte (das wäre der Antiatomstaat). Aber die gesamten Einsparungen sind nicht beeindruckend, sieht man einmal von utopisch überhöhten Zahlen ab. Leider muß ich dasselbe sagen von den sogenannten weichen Energien, vor allem der Sonnenenergie. Es wird sehr viel Zeit und Geld kosten, bis einmal die in den USA angestrebten 20% Anteil für die Sonnenenergie erreicht werden können oder könnten. Ich fürchte, daß die Befürworter dieser Techniken, genauso wie die Atomenergieplaner vor 23 Jahren, die Notwendigkeit, daß neue Entwicklungen auch wirtschaftlich sein müssen, grob unterschätzen. Es gibt zu viel Wunschdenken in diesem Feld. Die Enttäuschungen werden heute wie damals nicht ausbleiben.

Es gibt noch eine letzte Möglichkeit jenseits von kleinen Verbesserungen, von denen ich jetzt nicht mehr reden will: die Rückkehr nach Arkadien, das einfache Leben, der Verzicht auf Komfort, auf Arbeitserleichterungen und damit auf Leistung. Volkswirtschaftlich ist diese Lösung denkbar, allerdings mit vielen Übergangsschwierigkeiten. Die Wirtschaft ist heute in geradezu unvorstellbarer Vollständigkeit auf dauerndes Wachstum eingestellt. Wenn man erlebt hat, welch ungeheure Probleme schon durch ein drohendes Nullwachstum aufgeworfen werden, dann muß man an der Realitätsnähe der Arkadier zweifeln. Besonders bestürzend ist es, wenn sie ihr Ziel, über einen vorgegebenen Konsensus, aber dann mit staatlichem Zwang durchsetzen wollen. »Die haben für mich alle etwas von Faschisten«, hat ein Minister privat gesagt. Man kann auch an die Staaten denken, wo der Lebensstandard wie eine Klimaanlage für das ganze Land geregelt wird. Ich würde sagen: Edel sein wie Rousseau, indem man von anderen Verzicht erwartet, das paßt in keine Zeit. Man kann nur versuchen, andere dafür zu begeistern, das einfache Leben als das bessere zu sehen, den Verzicht zu wünschen. Das ist kein Gegenstand staatlicher Lenkung in einer Demokratie.

Was bleibt, ist Freiwilligkeit. Die Atomgegner sind zahlenmäßig ein volkswirtschaftlicher Faktor. Wenn sie freiwillig und selbst Energie sparen, zählt das. Und wenn sie sich massenweise einem einfacheren Leben zuwenden, weniger effektiv arbeiten und dafür weniger verdienen und verbrauchen wollen, dann muß die Wirtschaft sich dem anpassen, auch unter großen Schwierigkeiten. Es scheint allerdings, daß fast niemand so etwas anstrebt, angesichts der zu erwartenden Hindernisse wohl mit Recht. Aber damit entfällt das große, möglicherweise legitime Ziel der Atomgegner. Es bleibt das unbestimmte Unbehagen an einer komplizierten, nur durch dauerndes Bemühen zu beherrschenden Technologie; und es bleibt das Bemühen, mit diesem Unbehagen hinzuarbeiten auf Machtverschiebungen innerhalb unseres gesellschaftlichen Systems oder auf Veränderungen dieses Systems. Die Atomenergie ist zu einem Lehrstück, vielleicht zu einem Test für unsere Demokratie geworden.

Briefwechsel zwischen Peter Kafka und Heinz Maier-Leibnitz

1 Unterföhring, 26. November 1979

Sehr geehrter Herr Maier-Leibnitz,

eben sah ich einen Sonderdruck des Vortragstextes, den Sie am 24. November in München vortrugen. Könnten Sie mir vielleicht zwei Exemplare zusenden?

Soweit ich beim Überfliegen Ihres Textes feststellen konnte, gehen Ihre Versuche, sich mit den »Kernkraftgegnern« auseinanderzusetzen, ein ganzes Stück über das sonst bei »Experten« Übliche hinaus. Deshalb nehme ich an, Sie könnten vielleicht an meinem beiliegenden Vortragstext interessiert sein. Er erschien zwar schon mehrfach im Druck, aber kaum an für die deutsche Öffentlichkeit zugänglicher Stelle. Vor kurzem wurde er auch zweimal im Schweizerischen Rundfunk gesendet, und aus den zahlreichen Hörerreaktionen entnehme ich, daß meine Argumente »ankommen«. Sie werden vermutlich konkrete Vorschläge für Alternativen vermissen – aber dieser Vortrag ist ja nur der Anfang. Wenn Sie interessiert sind, kann ich Ihnen bald auch weitere Manuskripte zuschicken.

Mit freundlichen Grüßen
Peter Kafka

2 München, 29. Februar 1980

Lieber Herr Kafka,

im Anschluß an meinen Vortrag am 24.11. in der Bayerischen Akademie haben Sie mir das Manuskript Ihres Vortrags* in Graz geschickt. Ich habe es sorgfältig gelesen, war begeistert von hinreißend geschriebenen Passagen, und war beunruhigt von vielem, was ich nicht einfach annehmen wollte, was ich fremd fand, zum Teil unausgeführt und nicht überzeugend. Das traf sich damit, daß ich meinen eigenen Vortrag, bei aller Mühe, die ich mir geben wollte, immer beide Seiten zu sehen, schließlich doch als Monolog empfand und das

* Die abgedruckte Fassung des Vortrags von Peter Kafka (siehe oben S. 23–48) ist nicht identisch mit dem Text, der Heinz Maier-Leibnitz vorlag, als er Peter Kafka das Angebot zu diesem Briefwechsel machte.

Bedürfnis hatte, mit anderen darüber zu reden. Der erste Versuch dazu, ein Streitgespräch, das in »Bild der Wissenschaft« erschien (Dez. 1979), war kein besonderer Erfolg. Wenn man verschiedener Meinung ist, redet man zu leicht aneinander vorbei und diskutiert die Argumente nicht gründlich; es kommt natürlich auch sehr darauf an, ob beide Partner das wollen.

So ist die Idee entstanden, einen neuen Versuch zu machen, nämlich den einer Diskussion in Briefen, und meine Frage heute an Sie ist, ob Sie Lust hätten, das mit mir zu versuchen. Das Ziel wäre, daraus ein Buch zu machen, wenn wir beide meinen, daß unser Unternehmen erfolgreich genannt werden kann. Einen Verleger zu finden dürfte nicht allzu schwer sein, denn für Bemühungen um Sorgfalt und Ausgleich sowohl bei der Atomernergie wie bei dem allgemeineren Problem des Umgangs mit Energie besteht sicher ein Bedürfnis.

Das Buch könnte beginnen mit unseren Vorträgen, vielleicht meinem vor 23 Jahren und jetzt im November, dann Ihrem in Graz. Sie könnten in Ihrem Antwortbrief, wenn Sie meinen Vorschlag annehmen, schon erste Fragen zu meinen Vorträgen stellen; und von da an müßte jeder Brief ausführlich auf den vorhergehenden antworten und dürfte dann neue Fragen an den Partner stellen. Deklamationen, auf die es keine Antwort gibt, und Klagen jeder Art müßten vermieden werden, aber es wäre durchaus erwünscht, neues Material, von dem wir in der Zwischenzeit Kenntnis erhalten, etwa durch Gespräche mit Dritten, oder neue Überlegungen einzubringen.

Jeder muß das Recht haben, jederzeit das Unternehmen als beendet zu erklären, so daß keine Veröffentlichung stattfindet. Wenn nicht, dann sollten wir uns so lange schreiben, bis nach einem oder zwei Jahren einer erklärt, daß dies sein letzter Brief ist. Dann soll jeder das Recht haben, dem Briefwechsel ein Nachwort zuzufügen, das nicht mehr vom anderen kommentiert wird. Vorträge, Briefe und Nachworte wären dann das vollständige Manuskript des Buches, das nachträglich nicht mehr geändert werden darf. Es würde mit unseren beiden Namen in alphabetischer Reihenfolge erscheinen, mit gleichen Rechten für die beiden Autoren.

Nun bin ich gespannt, ob Sie interessiert sind. Wenn ja, würde Ihre Antwort, ebenso wie dieser Brief, schon zu unserer Korrespondenz zählen. Ein letztes: Ich meine, wir sollten uns nicht außerhalb des

Briefwechsels unterhalten, auch wenn wir teilweise in derselben Stadt wohnen und in Garching arbeiten.

Mit den besten Wünschen und Grüßen
Ihr
Heinz Maier-Leibnitz

3 Unterföhring, 6. März 1980

Lieber Herr Maier-Leibnitz,

Ihren Brief habe ich mit Herzklopfen gelesen, und es ist nach einem Tag noch immer nicht ganz abgeklungen. Selbstverständlich will ich bei dem von Ihnen vorgeschlagenen Experiment mitmachen! Es kommt ja meinem alten Traum nahe: Vor einigen Jahren versuchte ich eine große Zeitung dazu zu bewegen, eine wöchentliche Spalte zur Verfügung zu stellen und mir einen Gegner zu suchen, der bereit wäre, in eine offene Diskussion einzutreten, wie Sie sie sich nun vorstellen. Die Schwäche aller unserer Podiumsdiskussionen ist doch, daß sie ein fest eingeplantes Ende haben, bis zu dem man sich nur ein schlagkräftiges Argument aufheben muß, um alle vorher gezeigten Schwächen zu verdecken; dann kann man beim nächsten Mal wieder von vorne anfangen; ein Meinungsbildungsprozeß bei den Kontrahenten ist selten zu bemerken; noch die dümmsten Argumente, ja auch die vielen kleinen Lügen (aus Bequemlichkeit oder Unverschämtheit) sterben erst über Jahre oder Jahrzehnte hinweg aus. Ich hoffe, wie Sie, dieser Prozeß läßt sich beschleunigen, wenn man mit offenem Ende diskutiert und wenn man sich nicht auf die Gedächtnisschwäche von Zuhörern verlassen kann, sondern schließlich alles unverfälscht nachlesbar vorliegt. (Freilich hätte ein Vorabdruck der laufenden Diskussion in einer Zeitung den zusätzlichen Nutzen, daß die Leser durch ihre Neugier zum Mitdenken angeregt würden – und nicht nur zum Umblättern.) Sie laden mir Verantwortung auf. Bin ich denn stark genug, meine Sache zu vertreten? Ich habe so wenig im Kopf; und auch Zettelkästen besitze ich nicht, von einem Mitarbeiterstab ganz zu schweigen. Dabei ist es ja nicht nur meine Sache, sondern vielleicht die alles Lebendigen. Werde ich nicht mehr Schaden anrichten, wenn ich die Jury der Leser nicht überzeugen kann, als wenn ich den Prozeß verhindere und schweige? Aber ich will den Prozeß. Stellen wir uns also der Jury. Setzen wir uns auseinander (– und nicht zusammen, was ja auch denkbar wäre).

Wenn Sie Ihren Vortrag von 1956 mit zur Diskussion stellen wollen, dann schicken Sie mir doch bitte eine Kopie des Textes. Übrigens waren Sie damals im gleichen Alter, in dem ich erstmals öffentlich meine »Predigt« hielt. (Diese liegt in verschiedenen Fassungen vor. Wollen wir den Text meines Vortrags »Ist die Wissenschaft eine Naturkatastrophe?« vom 13. Dezember 79 in das Buch aufnehmen?) Daß Sie in meinen Gedanken vieles »unausgeführt und nicht überzeugend« fanden, wundert mich nicht. Es gelang mir einfach nicht, auf zwanzig Seiten noch mehr zu sagen. Ich freue mich deshalb schon auf Ihre Fragen.

Ihre Vorschläge zur »Prozeßordnung« akzeptiere ich. Wir sollten uns allerdings die Möglichkeit offenhalten, sie im Einvernehmen abzuändern, falls unvorhergesehene Schwierigkeiten auftauchen. Zum Beispiel bin ich nicht sicher, ob Ihre Begriffe »Deklamationen, auf die es keine Antwort gibt« und »Klagen aller Art« hinreichend objektiv definierbar sind, um jeden Streit über die Zulässigkeit von Beweismitteln auszuschließen. Aber das werden wir ja sehen.

Auch Ihren Vorschlag, nicht nebenbei mündlich miteinander zu verkehren, finde ich sehr vernünftig. Eine kleine Panne ist hier freilich schon passiert. Wir haben uns vor etwa zwei Wochen schon einmal »unterhalten«: In der Diskussion nach Ihrem Abschiedsvortrag vor der Fakultät (über das Thema »Wie findet man etwas einfaches Neues?«) fragte ich Sie, ob Ihnen nicht manchmal Zweifel daran gekommen seien, daß das einfache Neue ein vernünftiges Ziel ist, zumal es doch so oft dazu benutzt wird, das komplexe, viel wertvollere Alte zu zerstören oder zu verdrängen. Sie antworteten, Sie hätten nichts kaputt gemacht. Aber ein paar Minuten darauf erzählten Sie, wie Ihnen beinahe die Entdeckung der Kernspaltung vor Otto Hahn gelang. Sicher, auch Otto Hahn hat selbst nichts zerstört. Nur können das sogar Rauschgifthändler von sich sagen. Vielleicht war Ihre Antwort auf meine Frage doch etwas zu einfach? (Sie fügten noch etwas hinzu, aber das konnte ich wegen des durch meine Frage ausgelösten entrüsteten Gemurmels im mich umgebenden Publikum leider nicht verstehen.)

11. März 1980

(Ich habe meine Gedanken noch einige Tage sich absetzen lassen. Mir war nicht klar, wo ich anfangen sollte.)

Fangen wir an.

Meine erste Frage soll der Kernenergie gelten. Zwar ist mein Thema eigentlich nicht so sehr »Kernenergie – Ja oder Nein«, sondern eher »Energie – Ja oder Nein«, aber die Diskussion über die Nutzung der Kernenergie war ja Anlaß unserer Vorträge, und ich habe bezüglich der »Sicherheitsgefahren der Kernenergie« eine ganz andere Meinung als Sie. Sie sagten: »Für einen intelligenten Atomgegner kann also die Reaktorsicherheit Bedeutung nur deshalb haben, weil sich die Bürger ihretwegen beunruhigen, nicht wegen der Zahl der möglichen Opfer. ... Ich vermag nicht zu sehen, wie jemand, der etwa erreichen will, daß weniger Menschen unnötig sterben, jemand, der einsichtig ist und Fakten aufnehmen kann, jemand, der ehrlich das Gemeinwohl vor eigenes Wohl und vor Gruppeninteressen setzt, wie so jemand den Kampf gegen die Kernenergie wegen ihrer Sicherheitsgefahren guten Gewissens vor irgendwelche andere Anliegen setzen kann.« Und etwas später fuhren Sie fort: »Die Reaktorsicherheit ist natürlich nicht der einzige Einwand gegen die Atomenergie. Es gibt noch zwei Einwände, die meines Erachtens nicht stichhaltig sind: Die Wiederaufbereitung und die Endlagerung von Brennelementen bietet keine über ein normales technisches Risiko hinausgehenden Gefahren. Das hat Ministerpräsident Albrecht nach dem sehr nützlichen Hearing über Gorleben klar ausgesprochen; und die Zahl derer, die ihm hier widersprechen, dürfte nicht groß sein ...«

Fassen wir einmal das gesamte Risiko von der Brennstoffgewinnung über die Reaktoren und Aufbereitungsanlagen bis zur Endlagerung unter dem Begriff »Sicherheitsrisiko der Kernenergie« zusammen. Glauben Sie wirklich, dieses Risiko ist heute durchschaubar, ja auch nur vernünftig definierbar? Sind etwa Herrn Albrechts Beschwörungsformel oder die Tatsache, daß ihr wenige widersprechen, zulässige Beweismittel? Ist es nicht das »übliche technische Risiko«, was zur Zeit so rasend schnell fast alle langsam gewachsenen Strukturen vernichtet? Ich kann also schon den hier angewandten Risikobegriff, der sich auf hier und heute getötete oder verletzte Menschen beschränkt, nicht akzeptieren. Das »Gemeinwohl« muß auch die künftigen Generationen und das ganze System des irdischen Lebens mit einschließen. Dann kann man das Risiko gar nicht als zeitunabhängige Größe definieren. Es muß doch wegen der immer wieder zu erwartenden Freisetzung langlebiger Radioaktivität mit der Zeit anwachsen. (Ähnliches gilt natürlich für die meisten üblichen technischen Risiken, z. B. für die Behandlung der Erde durch die »Großchemie«, oder für die drohenden Klimaänderungen bei langandauernder Kohlendioxidfreisetzung aus Kohle, Öl und Erdgas.)

Wie würden Sie also meine folgende Aussage beurteilen?

»In einer Menschheit mit Zehntausenden von Reaktoren und den zugehörigen Reaktorruinen, Aufbereitungsanlagen und Lagerstätten wird die Verseuchung der Biosphäre mit langlebigen radioaktiven Stoffen ständig zunehmen; die Wahrscheinlichkeit für eine irreversible Schädigung des irdischen Lebens konvergiert also gegen Eins; es bleibt nur die Frage offen, ob die Zeitskala dieses Prozesses eher bei Jahren oder bei Jahrtausenden liegt.«

Können Sie mich überzeugen, daß ich hier unrecht habe?

Ein Hinweis auf die vorliegenden »Risikostudien« (Rasmussen, Birkhofer) würde mich nicht zufriedenstellen. Diese betrachten ja nur den Teil des Risikos, der zur Zeit wenigstens im Prinzip wissenschaftlichen Methoden zugänglich ist. Der wahrscheinlich größere Teil bleibt außer Betracht und wird schließlich nicht einmal mehr erwähnt, weil man ja als Wissenschaftler nur über die Dinge reden darf, die man versteht.

(Diesen Gesichtspunkt der Vollständigkeit von Risikostudien finden Sie etwas deutlicher ausgeführt in meinem Brief vom 25. Februar an Forschungsminister Hauff, von dem ich Ihnen eine Kopie schickte. Da der Forschungsminister wohl nicht »sachverständig« ist, wären Sie viel eher der richtige Adressat. Wenn Sie eine gute Antwort haben, könnten wir also vielleicht jenen Brief einfach mit in unsere Diskussion aufnehmen.)

War dies nun schon in Ihrem Sinne zu viel »Deklamation«? Dann sagen Sie es bitte. Wir müssen ja erst den rechten Stil finden.

Mit freundlichen Grüßen
Peter Kafka

4 Chicago, 2. April 1980

Lieber Herr Kafka,

dieser Brief ist mit der Hand geschrieben, weil ich hier in Chicago keine Schreibmaschine habe. Wir müssen das getippte Exemplar später nachholen.

Also jetzt sind wir gestartet. Sie haben unserer Korrespondenz zugestimmt, und damit hat sie begonnen. Ich bin erfreut und zugleich beklommen. Noch wissen wir nicht, was uns bevorsteht. Wenn wir uns immer fremder werden, statt uns besser zu verstehen, dann können wir auch von unseren Lesern nicht erwarten, daß sie uns beide lesen, von beiden lernen, beiden widersprechen, ihre Meinung aus den Argumenten von uns beiden gewinnen.

Zum ersten Teil Ihres Briefes will ich zwei Dinge sagen. Zunächst meine ich: Es ist wichtig, daß wir uns auseinander-, nicht zusammensetzen. Wir spielen unsere Rolle nicht für uns, sondern für den Leser. Was wir schreiben, muß für ihn durchsichtig bleiben. Deshalb möchte ich auch (zweiter Teil Ihres Briefes) mich auf Ihr Schreiben an Minister Hauff nicht beziehen, ja sogar keine Kenntnis davon nehmen, wenn Sie nicht seinen Inhalt in geeigneter Form in unseren Briefwechsel einführen.

Und dann Ihre Frage, ob wertvolles, komplexes Altes durch das Neue zerstört wird, gefolgt von der Pointierung: Habe ich (Maier-Leibnitz) etwas zerstört, hat Otto Hahn etwas zerstört? Und ist unsere Verneinung so zu bewerten wie die Aussage eines Rauschgifthändlers, der behauptet, ihn gehe es nichts an, was mit dem von ihm verkauften Stoff geschieht? (Ich hoffe, ich habe den Sinn Ihrer Frage richtig wiedergegeben; es ist eine ernste Frage.)

Das mit der Zerstörung wertvoller Komplexität durch das Neue klingt einleuchtend und sympathisch, und mein gestriger Besuch hier im Supermarket mit der noch größer gewordenen Überschwemmung mit billig herzustellenden Produkten und der immer weiter wachsenden Uniformierung (jetzt gibt es nicht einmal Füllhaltertinte mehr) war ein Eindruck in Ihrem Sinne. Trotzdem muß ich sagen: Die Vielfalt der Produkte für viel mehr Menschen ist ungeheuer gewachsen, und vieles muß man uneingeschränkt bewundern (denken Sie an eine Hifi-Anlage). Und gerade hier in den USA sieht man besonders deutlich: Neben dem Massenmarkt von billig Herzustellendem gibt es einen zweiten, klein und teuer, mit der ganzen Komplexität wie früher.

Sie sollten sich vielleicht noch etwas mehr erklären und den Standpunkt der Benutzer aus verschiedenen Schichten einnehmen.

Unsere eigene Arbeit können Sie ja wohl nicht gemeint haben. Ich habe oft gesagt, daß die wissenschaftliche Erkenntnis zu Vereinfachungen unseres Denkens führen soll. Ein großer Atlas von Spektrallinien bekommt einen neuen, relativ einfachen Sinn, wenn man die Erkenntnisse von Niels Bohr und seinen Nachfolgern darauf anwendet. Aber wir wissen natürlich, daß immer genug Komplexität übrigbleibt.

Der Rauschgifthändlervorwurf bewegt mich. Ich bin seit 1935 Kernphysiker gewesen und habe mit relativ wenigen anderen in der Welt (wir waren vielleicht 200 Personen, vielleicht auch weniger) Meßmethoden für Kernstrahlungen verbessert oder neu entwickelt, Erkenntnisse gesammelt wie die: »Der Energiesatz gilt auch bei den hohen Energien, wie sie bei den Einzelprozessen der Wechselwirkung von Gammastrahlen mit Materie auftreten.« Dann habe ich (nach dem Begründer der Methode, Hevesy) ein wenig mitgewirkt bei den Versuchen, radioaktive Isotope in der Biochemie als Hilfsmittel der Forschung zu verwenden, und noch anderes, alles unschuldige und in vielen Folgen nützliche Aktivitäten, aber: Wenn es uns 200 nicht gegeben hätte (genauer, wenn wir alle etwas anderes getan hätten), dann wäre die Atomspaltung nicht vor dem Zweiten Weltkrieg entdeckt worden, und es hätte in ihm keine Atombomben gegeben. Also: Sind wir Rauschgifthändler? Ich will gern auf Ihre Antwort antworten.

Nun zum zweiten Teil Ihres Briefes (11. März). Sie haben mich ganz richtig zitiert, genau das, was ich als einen wichtigen Teil der Aussagen meines Vortrags an den Mann bringen wollte, weil ich meine, daß es stimmt und daß diejenigen, die die Kenntnisse dazu haben, bei einer ehrlichen Diskussion sich darüber einigen könnten. Davon sind wir im Augenblick, wie ich Ihrer Reaktion entnehme, weit entfernt, und ich muß auf diese Reaktion noch zurückkommen. Zuerst aber möchte ich sagen: Wenn »ich meine, daß es stimmt«, heißt das: »Nach allen Argumenten, die ich kenne oder die ich mir vorstellen kann oder die ich annehmen muß, weil sie außerhalb des Bereichs wissenschaftlicher Erfahrung liegen, aber nicht völlig unplausibel sind: Nach all dem glaube ich berechtigt zu sein, eine solche Aussage zu machen.« Aber: Ich kann mich irgendwo getäuscht haben, und dann muß ich bereit sein zu lernen.

Mit der von Ihnen dann formulierten Frage haben Sie wahrscheinlich einen wichtigen Punkt angeschnitten, wo eine Schwachstelle liegen könnte. Natürlich (obwohl Sie suggerieren, daß ich daran nicht gedacht habe) stimme ich ganz mit Ihnen überein, daß man auch und vor allem die künftigen Toten betrachten muß. Ich nehme also die von Ihnen formulierte Aussage als Frage an mich an. Ich muß allerdings sagen, daß sie mir sehr pauschal erscheint. In der Tat muß die Belastung der Biosphäre mit langlebigen radioaktiven Stoffen ständig zunehmen (wenn Sie das Erdreich und das Meer ganz dazunehmen), solange man unter der Lebensdauer dieser Stoffe bleibt. Für sehr lange Zeiten würde die Belastung wieder konstant. Aber Sie müssen sagen, was Sie als »irreversible Schädigung des menschlichen Lebens«, die »gegen Eins konvergiert«, verstehen wollen. Ich habe von Todesfällen als irreversibler Schädigung gesprochen. Sind Sie bereit, das auch zu tun? Wenn ja, wie viele Todesfälle (welcher Bruchteil der natürlichen Todesfälle oder, wohl richtiger, welche mittlere Verkürzung der menschlichen Lebensdauer)? Und können Sie ein ganz grobes Modell aufstellen am Beispiel eines langlebigen Isotops, das schädlich ist? Man weiß ja, wieviel Atomenergie es nach einem Plan von mittlerem Atomehrgeiz geben soll, also wieviel Radioaktivität entsteht, und wieviel davon zum Beispiel dem menschlichen Körper zugeführt werden muß, damit die Sterblichkeit in einem gewissen Umfang erhöht wird. Eine solche Modellrechnung könnte auch ich machen, aber ich meine, Sie sollten sich ihr nicht entziehen, wenn Sie eine Aussage machen, die ich glauben soll. Sie sollte Teil dieser Aussage sein. »Konvergiert gegen Eins« genügt nicht. Auf einen Faktor 10 soll es dabei nicht ankommen.

Sie schneiden noch mehr Fragen an, vor allem vom »üblichen technischen Risiko, was zur Zeit so rasend schnell fast alle langsam gewachsenen Strukturen vernichtet«. Solche Aussagen müßten konkretisiert werden, wenn ich darauf antworten soll.

Zum Schluß noch ein Stilfrage. Im Zusammenhang mit dem, was Sie von mir zitieren, sprechen Sie von »Albrechts Beschwörungsformel«. Ich finde, das ist sehr ungerecht. Albrecht hat das Gorleben-Hearing veranstaltet, hat daran vom Anfang bis zum Schluß teilgenommen (ganz im Gegensatz zu Hauff bei dem Hearing über Genmanipulation) und hat versucht, sich eine Meinung zu bilden, ich glaube, ohne Voreingenommenheit; denn wenn das Ergebnis gewesen wäre, daß Gorleben gefährlich ist, dann hätte er ein gutes Argument gegen die Bundesregierung gehabt. Daß ein Politiker mit einem solchen

Aufwand versucht, sich eine Meinung zu bilden, das muß man anerkennen. Und ob es uns gefällt oder nicht, wir müssen auch anerkennen, daß das öffentliche Ausbreiten von Argumenten verschiedener Menschen, die sich dabei offenbaren, Vertrauen gewinnen oder verlieren, die Argumente anderer aufnehmen und damit deren Vertrauen ihrerseits beeinflussen: daß das die zur Zeit wohl einzige und beste Art ist, politische Entscheidungen vorzubereiten. Ich finde, wir, beide Seiten, müssen damit leben. Daß mich Albrechts Vorschlag, das Wiederaufbereitungsprojekt in Gorleben aufzugeben, als reiner politischer Opportunismus empört hat, steht auf einem anderen Blatt. Ich wußte damals noch nicht, wie wichtig und allmächtig Opportunismus in der Politik ist.
Gerne Ihre Antwort erwartend, bin ich

mit herzlichen Grüßen
Ihr Heinz Maier-Leibnitz

5 Unterföhring, 30. Juni 1980

Lieber Herr Maier-Leibnitz,

vermutlich haben Sie es schon aufgegeben, auf eine Antwort von mir zu warten – aber vielleicht fliegt ja für Sie, da Sie noch älter sind, die Zeit noch schneller dahin als für mich, und es ist Ihnen gar nicht aufgefallen, daß seit Ihrem letzten Brief fast ein Vierteljahr vergangen ist. Eigentlich hatte ich, als ich dem Briefwechsel zustimmte, vor, immer sofort zu antworten, und ich hoffe, dies wird mir nun auch in Zukunft gelingen, falls Sie das Unternehmen überhaupt fortsetzen wollen. Leider erreichte Ihr letzter Brief mich in einer recht depressiven Phase, und ich ärgerte mich so sehr über ihn, daß ich ihn immer wieder fortschob. Schließlich war ich auch noch verreist, wurde krank und erholte mich nur sehr langsam.

Mein Ärger entstand aus dem Gefühl: Eigentlich habe ich mich doch schon in meinem Vortragstext deutlich genug ausgedrückt, und er hat sicher auch verstanden, was ich meine; aber er kann sich ganz naiv stellen und sich auf die Vorurteile des »Durchschnittslesers« verlassen, die ihm einen überwältigenden taktischen Vorteil verschaffen. Er braucht ja nur immer zu fordern: »Das müssen Sie schon etwas konkreter sagen« oder »Das müssen Sie mir erst einmal vorrechnen, wenn ich es glauben soll« – und schon ist die Welt wieder in Ordnung. Ich weiß, es ist kindisch von mir, mich darüber zu ärgern, daß es der mit dem Strom Schwimmende bequemer hat. (Aber dies ist ein schlechtes Bild, denn Sie schwimmen sicherlich viel aktiver, mit viel mehr Kraft und Einsatz, als ich – und dann freilich auch noch mit dem Strom.)

Wir sind uns noch fremder, als ich vermutete. Ist das der Generationenkonflikt? Nur weiß ich gar nicht, ob ich mich als Enkel oder als Großvater fühle; angesichts Ihrer uneingeschränkten Bewunderung für Hi-Fi-Anlagen z. B. eher als Ihr Großvater! Unser Ohr und unsere Stimme und vor allem unsere Begabung zur Musik flößen mir unendlich viel mehr Bewunderung ein als unsere Hi-Fi-Apparate. Was gab es z. B. noch vor kurzem für großartige Systeme von Volksmusiken – wie viel komplexer als ein paar Transistorschaltungen? Heute sind sie schon fast alle zerstört. Nur ein paar Bruchstücke werden als Konserven aufbewahrt und dann allerdings auf Millionen Hi-Fi-Anlagen abgeleiert (falls der musikalisch verkrüppelte Besitzer nicht etwa schon mit dem wöchentlichen Abhören seiner Stereotestplatte zufriedengestellt ist). Ich habe auch einen brauchbaren Plattenspieler, und erst gestern hörte ich mir darauf die seltsamen Gesänge an, die vor 800 Jahren in den eben erbauten gothischen Kathedralen erklangen. Aber das weckt in mir weniger das Verlangen nach perfekterem Hi-Fi, sondern eher die Sehnsucht nach einem Leben, in dem gemeinschaftliches Singen und Musizieren zu meinem normalen Tageslauf gehören würde.

Ich bin wirklich verblüfft, oder vielmehr erschüttert, daß Ihnen zum Problem der Komplexität zunächst der »Markt« einfällt. Es stimmt ja: Mit viel Geld können Sie sich noch ein schönes Haus unter Bäumen und auch manch anderes Stück unzerstörte Welt oder raffiniertes menschliches Kunststück leisten. Aber ist nicht dies Geld im wesentlichen durch Zerstörung eines viel größeren Stücks Welt verdient worden? Mir fällt jetzt kein einziger einträglicher Job ein, der nicht ökologisch und kulturell destruktiv wäre. (Wissen Sie vielleicht einen?) Wenn aber die Zerstörung erst weit genug fortgeschritten ist, finden schließlich auch die schlauesten Füchse keine Leckerbissen mehr. Wo sind denn z. B. auf Ihrem Luxusgütermarkt für die Elite die ausgerotteten Arten zu finden?

Sie bitten, ich möge mich noch etwas deutlicher erklären: den Standpunkt des Benutzers aus welcher Schicht ich denn einnähme. Sie kennen sicherlich den Ausspruch des Mathematikers David Hilbert:

»Manche Leute haben einen Gesichtskreis mit dem Radius Null; sie nennen ihn ihren Standpunkt.« Und nun soll ich gar den Standpunkt eines »Benutzers« einnehmen? Das gelingt mir nicht. Konnten Sie sich nicht denken, daß ich, wie alle Weltverbesserer, die Welt nicht benutzen, sondern ihr nützlich sein will? Und was die »Schichten« betrifft: Ich gehöre offenbar zur recht dünnen, privilegierten Schicht derer, die sehen und denken dürfen; wie peinlich es mir auch gelegentlich sein mag, von Leuten als Seher und Denker verehrt zu werden, die mich um astrologischen Rat angehen, wenn sie hören, daß ich Astrophysiker bin.

Sie sagen, »unsere eigene Arbeit könnte ich ja wohl nicht gemeint haben«, wenn ich die Verdrängung von Komplexität durch Simplizität beklage. Schließlich solle ja die wissenschaftliche Erkenntnis zu Vereinfachungen unseres Denkens führen. Wie ich hierüber denke, steht zwar auch schon im Text »Einfalt und Vielfalt«, aber ich führe es gern noch einmal etwas deutlicher aus: Die Erkenntnis selbst ist nicht zerstörerisch, wohl aber meist ihre voreilige Anwendung. Schon auf dem relativ simplen Gebiet der Physik ist das so, und unsere eigene Arbeit bleibt also *nicht* unberührt. Bleiben wir bei dem von Ihnen angeführten Beispiel: Durch Formulierung geeigneter Begriffe und Verknüpfungsgesetze (»Quantentheorie«) gelang es, den ganzen Atlas von Spektrallinien zu »verstehen«; d. h. viele der Wellenlängen ließen sich mit Hilfe der Theorie ausrechnen, und wo das wegen des zu großen Rechenaufwandes nicht geschah, zweifelt doch niemand an der prinzipiellen Möglichkeit. Zerstörerischer Mißbrauch ist hier schwer vorstellbar. Aber gehen wir nur je einen Schritt aufwärts oder abwärts in der Hierarchie der Erscheinungen. Zunächst aufwärts, zur Chemie und Biochemie: Die Gesetze der chemischen Bindung sind die gleichen, die den Spektrallinienatlas erklären, doch ist die Zahl der möglichen Verbindungen und Wechselwirkungen zwischen diesen bereits so groß, daß kein vollständiges Verzeichnis (»Atlas«) mehr denkbar ist. Eine raffinierte Auswahl aus diesem nicht vorliegenden Verzeichnis hat sich im Laufe der Erdgeschichte entwickelt: das System des Lebens; sogar wir beide und unsere hier stattfindende Wechselwirkung mögen letztlich nach den quantenmechanischen Gesetzen entstanden sein – aber eben in vier Milliarden Jahren von Versuch und Irrtum in Populationen von ungeheurer Vielfalt, in denen kein einziges Individuum einem anderen genau gleicht. Das Verständnis der Grundgesetze trägt deshalb zum Verständnis der nach ihren Richtlinien entwickelten komplexen Strukturen so gut wie nichts bei. Wir sind, sozusagen, Strukturen im Nichts – aber darum nicht etwa »wertlos«. Der Wert liegt in der Komplexität, nicht in der »Substanz« oder den Gesetzen, denen diese gehorcht.

Hier könnten Sie einwenden, man müsse selbstverständlich auf jeder Stufe der Erscheinungen neue geeignete Gesetze formulieren. Zum Beispiel gelinge es ja in der Thermodynamik (der Lehre von den Wärmeerscheinungen) oder in der Festkörperphysik, die wesentlichen Eigenschaften von Systemen zu begreifen, obwohl diese aus einer unvorstellbar großen Anzahl von Teilchen (Moleküle, Atome, Elementarteilchen) bestehen, die man niemals alle einzeln erfassen und verfolgen könnte. Es komme also nur darauf an, passende theoretische Begriffe zu entwickeln, die dem Ganzen zukommen, und nicht seinen fast unendlich vielen Teilen. Dann ließe sich wieder eine »naturwissenschaftliche Erklärung« formulieren. Dieser Einwand ist zwar im Prinzip richtig, aber er trägt nur ein vernachlässigbar kleines Stück weit auf dem Weg zu höherer Komplexität. Das Wesen einer ungeordneten Ansammlung von 10^{23} Teilchen ist eben tatsächlich durch ein paar einfache Begriffe (wie etwa die Temperatur) erfaßbar; und ein geordneter Kristall aus ebenso vielen Teilchen läßt sich ebenfalls noch recht einfach beschreiben, selbst wenn er eine große Zahl bestimmter »Fehlstellen« oder »Fremdatome« enthält und dadurch zum Beispiel schon die relativ komplexen elektrischen Eigenschaften unserer Transistoren annimmt. Das Wesen der lebendigen Strukturen liegt aber gerade nicht in solchen Eigenschaften, die sich als Mittelwerte über eine große Zahl von Teilchen formulieren lassen, sondern in einer ungeheuren Anzahl von Details, die alle innerhalb des Einzelwesens, seiner Art, und seiner gesamten lebenden und toten Umwelt raffiniert miteinander verflochten sind. Deshalb ist das Wesen hochkomplexer Erscheinungen prinzipiell nicht theoretisch nachvollziehbar. Wenn immer man einige Details herausgreift und ihre Verknüpfungen untersucht, wird man zwar Begriffe und näherungsweise gültige Gesetze formulieren können, aber man erfaßt damit nie das Wesen des Ganzen, sondern eben nur Teilaspekte, deren Wert für das Ganze nur sehr grob zu beurteilen ist. Wenn wir uns aufgrund solcher Teilkenntnisse in das System des Lebens einmischen, richten wir mit großer Wahrscheinlichkeit Schaden an, der freilich meist erst später bei der Untersuchung anderer Teilaspekte erkannt wird. Es ist leicht einzusehen, daß wir deshalb möglichst keine globalen Eingriffe in das System des Lebens vornehmen sollten. Wenn wissenschaftliche Erkenntnis dazu führt, daß diese Einsicht verlorengeht, dann ist die »Vereinfachung des Denkens« offenbar zu weit fortgeschritten. Leider sind auch unsere hervorragendsten Wissenschaftler gegen diesen Verlust nicht gefeit. Lassen Sie mich als Beispiel den Biochemiker Manfred Eigen nennen – immerhin Nobelpreisträger und nicht ohne Chancen, den Nobelpreis ein zweites Mal zu gewinnen –, der in seinem Festvortrag vor der Jahresversammlung 1979 der Max-Planck-Gesellschaft die von der eigenen Arbeit ausgehenden Gefahren mit der Feststellung verniedlichte, es könne nichts passieren, wenn man nur »immer nach der Gesamtbilanz Schaden–Nutzen fragte«. Hunderte deutscher Grundlagenforscher klatschten Beifall, und das Mitteilungsblatt der Max-Planck-Gesellschaft unterstrich diesen Teil der Ansprache durch einen Abdruck in besonderem Rahmen. Wer sich diese Frage nach der »Gesamtbilanz« ehrlich stellte, müßte freilich sofort bemerken, daß er sie nicht beantworten kann, weil das Gesamtsystem zu komplex ist. Ist es nicht fast so, als sagte man: »Wir können nicht mehr krank werden, wenn wir nur immer ernsthaft nach unserer Gesundheit fragen?« Herr Eigen hat sich die Frage offenbar gar nicht wirklich gestellt; und das erscheint mir, gerade für unseren berühmtesten Evolutionsforscher, als besonders beschämend. Mit solchen Aussagen unserer führenden Wissenschaftler wird in der Öffentlichkeit der ohnehin vorherrschende Aberglaube gefördert, Wissenschaft sei fähig, auf der kurzen Zeitskala des heutigen »Fortschritts« global in das System des irdischen Lebens einzugreifen und dieses durch entsprechende Machenschaften zu verbessern. So wird Wissenschaft zum Opium fürs Volk.

Und damit sind wir beim »Rauschgifthändlervorwurf«.

Ihre eigene Arbeit spielte sich freilich auf einem anderen Gebiet ab. Zur Kernphysik kommen wir, wenn wir von dem »Atlas der Spektrallinien« in der Hierarchie der Erscheinungen einen Schritt abwärts tun. Wegen der relativ kleinen Zahl von stabilen Elementarteilchen ist die Komplexität hier so viel geringer als in der Chemie, daß doch eigentlich die theoretische Durchdringung noch vollständig möglich sein sollte. Ist dann nicht meinem mit der Unvollständigkeit operierenden Angriff der Boden entzogen? Es gibt doch dann offenbar nur »unschuldige und in vielen Fällen nützliche Aktivitäten«. Natürlich ist Ihnen da selbst gleich die Atombombe eingefallen, die ohne solche unschuldigen Aktivitäten nicht hätte entwickelt werden können.

Aber so eng sollte man den Rauschgifthändlervorwurf gar nicht verstehen. Ich will ihn abschwächen und erweitern.

Fast alle Väter der Atombombe sind ja dieser Vereinfachung des Denkens erlegen und sagten sich: Wenn schon unsere Arbeit so zum Massenmord mißbraucht wird, so wollen wir doch wenigstens beweisen, daß sie der Menschheit auch Segen bringen kann; und so kam es, daß viele große Wissenschaftler die »friedliche Nutzung der Kernenergie« als schimmernde Krone auf ihr unansehnlich gewordenes Lebenswerk setzen wollten. Solche vom Gewissen diktierte »Wiedergutmachung durch tätige Reue« dürfte bei Rauschgifthändlern selten sein. Diese handeln ja aus Profitgier, während die Antriebe von Wissenschaftlern oft sehr viel komplexer sind. Wenn Sie meinen vorigen Brief noch einmal ansehen, werden Sie auch bemerken, daß ich Sie gar nicht mit einem Rauschgifthändler verglich. Der Hinweis auf diesen sollte doch nur verdeutlichen, daß der Wert des eigenen Handelns nicht daran zu messen ist, ob man selbst, gewissermaßen mit eigenen Händen, etwas zerstört hat.

Wenn ich nun allerdings versuche, den Rauschgifthändlervorwurf abzuschwächen, fällt mir dies doch schwerer, als ich dachte. Der Rauschgifthändler weiß, daß seine Klienten Mißbrauch treiben. Der Wissenschaftler weiß das auch. Beide sagen sich: Das ist aber nicht meine Schuld; richtig dosiert, ist meine Droge ganz unschuldig und sogar nützlich.

Aber lassen wir den Rauschgifthändler. Ich will ja auf etwas ganz anderes hinaus. Die »Großchemie« und die pharmazeutische Industrie sind ein besseres Beispiel für das, was ich meine. Deren Produkte überschwemmen die Welt ganz legal, und der Gesellschaft fällt es noch nicht ein, darin ein Verbrechen zu sehen, obwohl die Schäden immer offensichtlicher werden (und nach dem von mir hier vertretenen einfachen Denken selbstverständlich zu erwarten waren). Solange der Kunde nicht tot ist, gilt die Droge als ungefährlich. Ist ihre Gefahr erkannt, wird sie schließlich verboten, aber eine andere tritt an ihre Stelle. Die von Ihnen vertretene wissenschaftliche Vereinfachung des Denkens hat dabei zu einer ganz merkwürdigen Verschiebung der Beweislast geführt: Wenn bei den Tests, an die man gedacht hat und die technisch möglich waren, keine »gefährlichen Nebenwirkungen« entdeckt wurden, so gilt ein künstlicher Stoff bis auf weiteres als harmlos und darf in beliebiger Menge in die Lebenssphäre entlassen werden. Wenn dies, wie heute üblich, auf der ganzen Erde gleichzeitig geschieht, ist ein nicht mehr reparierbarer Schaden am Gesamtsystem äußerst wahrscheinlich – aber die Wissenschaftler und Techniker waschen ihre Hände in Unschuld und sagen: Dieser Schaden war nicht vorhersehbar. Ist diese Haltung »moralischer« als die des Rauschgifthändlers, der ja die Gefahr genau kennt? In Anbetracht der Tatsache, daß jeder Wissenschaftler einmal etwas Wahrscheinlichkeitsrechnung gelernt hat, wäre die Ausrede nur akzeptabel, wenn er keine Ahnung von der großen Zahl von Verknüpfungsmöglichkeiten im Lebenssystem hätte. Ist dem so? Sind die Scheuklappen und die Simplifizierung des Denkens notwendige Folge wissenschaftlicher Ausbildung? Manchmal scheint es mir so, wenn ich meine wissenschaftliche Umgebung ansehe. Wenn der »Schulmediziner« mit einem Heilungsphänomen konfrontiert wird, das nicht in seinen Lehrbüchern stand, oder wenn der Physiker einem Wünschelrutengänger begegnet, so sagt er: Das ist doch Unsinn. Wie soll denn das funktionieren? – Was nicht theoretisch verstanden ist oder wenigstens von seriösen Wissenschaftlern untersucht wird, gilt einfach als nichtexistent. (Seltsamerweise zweifelt aber dieser Wissenschaftler nicht an seiner eigenen Existenz, ja nicht einmal am eigenen Wert, obwohl er vermutlich keine Theorie für sich hat.) Und wenn dann ein Wissenschaftler entdeckt hat, »wie etwas funktioniert«, so führt das oft zu wahrhaft kindischem Größenwahn. Jedes Funktionsbausteinchen, das ja im Gebäude der Welt und ihres Lebens schon lange seinen Platz hatte, bevor dieses begann, in uns seiner selbst bewußt zu werden, erscheint dem Entdecker als archimedischer Punkt; und in der Tat: Von unermeßlich vielen Punkten aus läßt sich die Welt aus den Angeln heben; und wird sie nicht so viel einfacher dabei? Ein wenig höhere Temperatur, und die ganze komplexe Lebensordnung geht in den thermodynamisch beschreibbaren Gaszustand über; oder ein wenig tiefere Temperatur, und sie erstarrt zum Kristall, der physikalisch fast ebenso einfach beschreibbar ist. Welche Vereinfachung des Denkens! Packen wir's an?

Um zu Ihrer eigenen Arbeit zurückzukommen: Das Studium der Kernphysik selbst ist unschuldig. Erst wenn die Erkenntnisse dazu benützt werden, massenhaft neue, strahlende Stoffe in den Lebenskreislauf einzubringen, deren Wirkungen nicht hinreichend vorhersehbar sind, handelt es sich vermutlich um ein Verbrechen. Da aber bekannt ist, daß unter den noch herrschenden gesellschaftlichen Bedingungen jede Erkenntnis von einzelnen oder Gruppen zur Machtgewinnung mißbraucht werden wird, bin ich versucht zu sagen, daß auch schon der Grundlagenforscher sozusagen des Verbrechens der Vorbereitung eines Angriffskrieges (gegen den Menschen oder gegen die ganze Natur) schuldig ist. Aus dieser Verstrickung kann er freilich kaum heraus, ohne die Wissenschaft ganz aufzugeben. Und gäbe er auf, so träten andere, vermutlich noch skrupellosere, an seine Stelle. Die Wissenschaft läßt sich ja nicht einfach abschaffen. Doch einiges ist vom Wissenschaftler zu fordern: Er soll gegen mißbräuchliche Machenschaften offen kämpfen, die Simplizität seiner Erkenntnisse gegenüber der Komplexität des Lebens richtig bewerten und sich nicht als Priester des modernen Aberglaubens zur Macht aufzuschwingen versuchen.

Vermutlich rede ich wieder an Ihnen vorbei. Die Krise der Rationalität und ihre Folgen, die nun unter dem Schlagwort »ökologische Krise« allmählich mehr und mehr Menschen bewußt werden, bleiben für Sie womöglich völlig abstrakt. Die fortschreitende Zerstörung der Welt, einschließlich des Menschen und seiner Kulturen, für mich eine Grunderfahrung, ist für Sie offenbar eine unbewiesene oder jedenfalls stark übertriebene Behauptung. Müßte ich nicht erst einen Brief, oder vielmehr ein Buch, über den Zustand der Welt schreiben?

Das kann ich jetzt nicht. Für diesmal also nur die Wiederholung: Die Welt ist schön und gut genug für uns, aber wir sind dabei, mehr und mehr von ihr unwiederbringlich zu zerstören, weil wir glauben, wir müßten sie mit Hilfe von Technik und Wirtschaft besser machen, ja, das sei unser wesentlicher Beitrag zur weiteren Evolution. Erkennen wir endlich, daß ihnen nur die Rolle unwesentlicher Begleiterscheinungen zukommen darf. Sie dienen unseren unmittelbaren Bedürfnissen, die wir in einer friedlich organisierten Welt leicht befriedigen könnten, ohne zerstörerisch zu wirken. Unser Beitrag zur Evolution kann und wird nicht in Technik und Wirtschaft liegen, sondern in der Entwicklung unserer seelisch-geistigen Fähigkeiten in einer nur sehr langsam veränderlichen materiellen und lebendigen Umwelt. Der technischen Entwicklung in der heutigen Industriegesellschaft fehlen an entscheidenden Stellen Vielfalt und Gemächlichkeit, die Voraussetzungen jeder Evolution. Es ist deshalb absurd, von ihr eine Sicherung der menschlichen Lebensgrundlagen zu erwarten, die ja erst durch sie (und die mit ihr zusammenhängende »Bevölkerungsexplosion«) gefährdet wurden. Die menschlichen Lebensgrundlagen sind noch immer durch relativ simple Techniken zu sichern, die keinen größeren Schaden anrichten, wenn wir nur endlich den beiden wesentlichen Aufgaben den Vorrang geben: das Bevölkerungswachstum zu beenden und eine interregionale, friedliche Rechtsordnung zu schaffen, die die Entstehung militärischer, wirtschaftlicher oder sonstiger Machtzusammenballungen ausschließt. Das ist nicht Utopie, sondern Aufgabe. Der drohende gemeinsame Gegner, den die Menschen aufgrund ihrer seelischen Entwicklungsgeschichte zur Entstehung von Solidarität brauchen, ist die globale Selbstzerstörung. Freilich droht hier ein neues Mißverständnis: Viele Evolutionstheoretiker werden argumentieren, höhere Komplexität erfordere stets den Zusammenschluß zu neuen, höheren Einheiten. Wachstum der Weltbürokratie sei daher ein notwendiger und deshalb wünschenswerter Schritt. Wir brauchen diese aber ausschließlich zur Friedenssicherung. In fast jeder anderen Beziehung wäre sie anti-evolutionär, weil sie die Vielfalt beschränkt. Und das gleiche gilt für alle »Großtechnik« und überhaupt jede schnell und global eingeführte Technik. Deren »vulgär-evolutionistische« Verherrlichung beruht auf Mangel an Einsicht in die »Gesetze der Evolution«, die ich zu formulieren versuchte und die mir bei weiterem Nachdenken immer selbstverständlicher geworden sind. Zweifellos wird sich auch in einer dezentral organisierten Menschheit, die im wesentlichen an ihren seelisch-geistigen Fähigkeiten arbeitet und sich an ihnen freut, die Technik weiterentwickeln; vielleicht sogar »biologische Technik«. Aber das wird langsam und in kleinem Maßstab geschehen, weil man sich nicht mehr wird weismachen lassen, immer schnellerer technischer Fortschritt sei entscheidend für die Sicherung der Lebensgrundlagen.

Nun muß ich ja wohl, obwohl auch dies zu Wiederholungen Anlaß geben wird, auch auf den zweiten Teil Ihres Briefes eingehen.

Zunächst stellen Sie zu den von mir im letzten Brief zitierten Sätzen aus Ihrem Vortrag fest, Sie meinten nach wie vor, »daß es stimmt«, und »diejenigen, die die Kenntnisse dazu haben, könnten sich bei ehrlicher Diskussion darüber einigen«, aber davon seien wir, wie Sie meiner Reaktion entnehmen müßten, noch weit entfernt. Und dann erklären Sie, was es heißen soll, wenn Sie sagen: »Ich meine, daß es stimmt«; nämlich: »Nach allen Argumenten, die ich kenne oder die ich mir vorstellen kann oder die ich annehmen muß, weil sie außerhalb des Bereichs wissenschaftlicher Erfahrung liegen, aber nicht völlig unplausibel sind: nach all dem glaube ich berechtigt zu sein, eine solche Aussage zu machen.« Und dann fahren Sie fort: »Aber, ich kann mich irgendwo getäuscht haben, und dann muß ich bereit sein zu lernen.« – Das klingt sympathisch und bescheiden, und doch liegt schon hier das Problem. Das Recht, wissenschaftliche Aussagen zu machen, und das Recht, die Welt binnen weniger Jahre durch technische Machenschaften radikal zu verändern – das ist eben zweierlei. Sie halten das nicht sauber genug auseinander. Im letzteren Falle genügen eben nicht »die Argumente, die ich kenne«, oder was sonst mir plausibel erscheinen mag. Warum das so ist, habe ich wohl auf den letzten Seiten hinreichend ausgeführt: »Diejenigen, die die Kenntnisse dazu haben«, die gibt es gar nicht! Und deshalb ist es leider äußerst wahrscheinlich, daß Sie sich getäuscht haben; aber darauf loszubauen, bis Ihnen diese Täuschung durch katastrophale Folgen bewiesen wird, wäre doch eine absurde Beweisstrategie. »Bereit sein zu lernen« muß bedeuten: »Bereit sein, sich zum Lernen Zeit zu lassen!«

Sie gehen dann auf die von mir geäußerte Vermutung ein, daß die Wahrscheinlichkeit für eine irreversible Schädigung des Lebens gegen Eins konvergierte, wenn man ständig langlebige Radioaktivität in die Biosphäre entließe. Ich habe mich ganz bewußt so »pauschal« ausgedrückt. Genauer weiß ich es nämlich nicht. Und Sie auch nicht, wie aus Ihrer Antwort hervorgeht. Es ist mir auch bei Freunden oder Gegnern der Kernenergie bisher nicht gelungen, auch nur Material über wesentliche Teiluntersuchungen dieser Frage aufzutreiben. Das muß nicht bedeuten, daß sie noch nicht untersucht wurde, denn ich habe nicht viel Kontakt; aber wundern würde es micht nicht. »Ja, was in so ferner Zukunft geschieht, dafür sind doch nicht *wir* zuständig«, heißt es. Einverstanden! Aber nur, wenn wir nicht Gifte ausstreuen, die über Jahrhunderttausende wirken.

Ich möchte nicht selbst »ein Modell aufstellen«, wie Sie es vorschlagen. Sie meinen, ich solle mich dem nicht entziehen, wenn ich eine Aussage mache, die Sie glauben sollen. Sie sollen mir aber nicht glauben, sondern Sie sollen mir beweisen, daß Sie keinen Schaden anrichten oder anrichten lassen. *Sie* müssen verstehen, was Sie tun, oder Sie müssen es lassen. Die Beweislast muß beim »Macher« liegen, nicht bei den Opfern. Sie sagen, Sie könnten eine solche Modellrechnung machen. Das erscheint mir phantastisch. Kennen Sie die Wege, auf denen in einem »globalen Atomstaat« die verschiedenen radioaktiven Isotope freigesetzt werden können? Im friedlichen oder kriegerischen »Normalbetrieb« sowie bei Unfällen in Reaktoren, Reaktorruinen, Aufbereitungsanlagen und Lagerstätten und im Transport? Wissen Sie, wie diese Stoffe sich im Laufe der Zeit in der Lebenssphäre ausbreiten oder an bestimmten Stellen anreichern? Wissen Sie, welchen langfristigen Einfluß sie dort auf die Erbanlagen der verschiedenen Arten nehmen werden? Wissen Sie, wie dann im Lauf der Zeit die Wahrscheinlichkeit sich entwickeln wird, daß beschädigte Erbanlagen in einer Spezies so überhandnehmen, daß häufig beide Eltern sie mitbringen? Dann wird nämlich diese Art zugrunde gehen, wenn nicht schon vorher; und meine Vermutung war, daß die Wahrscheinlichkeit hierfür im Laufe der Jahrzehnte oder Jahrzehntausende anwächst und sich der Gewißheit nähert, wenn wir jetzt der Atomlobby folgen. Wenn Sie tatsächlich durch eine Modellrechnung meine Vermutung widerlegen könnten, wäre das ein gewaltiger Erfolg für Sie! Unser Briefwechsel und mein Kampf gegen die Atomenergie wären allerdings selbst dann nicht zu Ende, denn ich wende mich ja gegen die zerstörerische Wirkung jedes eiligen Energieeinsatzes. Energie ist nicht wertvoll; wenn bei ihrem Einsatz die Prinzipien des Lebens, die Gesetze der Evolution, nicht beachtet werden, wird nur »Entropie« daraus – also Chaos.

Ich nehme es Ihnen aber nicht übel, wenn Sie Ihre Ankündigung, Sie könnten ein relevantes Modell zur Frage der biologischen Langzeitwirkung der Atomweltwirtschaft vorlegen, nicht wahrmachen. Vermutlich meinten Sie ja ohnehin nur so etwas wie die pauschale Feststellung, wir müßten eben bei allen Aktivitäten dafür Sorge tragen, daß auch auf lange Sicht das mittlere Niveau der künstlich freigesetzten Radioaktivität unter dem der mittleren natürlichen Radioaktivität bleibt. Aus dieser Forderung können Sie dann in der Tat gewisse grobe Grenzwerte für die Mengen der verschiedenen Isotope ausrechnen, die jährlich frei werden dürften; und daraus wiederum können Sie, mittels der Annahme einer gewissen Zahl von Reaktoren und sonstigen empfindlichen Einrichtungen, etwa für eines von Herrn Häfeles * »Szenarien«, abschätzen, welche Mengen dieser Isotope im Mittel in jeder Einrichtung freigesetzt werden dürften. Wenn Sie dann noch davon ausgehen, daß im »Normalbetrieb« alles Gefährliche zurückgehalten werden kann (was wohl nicht stimmt), so erhalten Sie Grenzwerte für die noch zulässigen Anzahlen von Unfällen verschiedener Art, Terroranschlägen, kriegerischen Einwirkungen und anderen »menschlichen« Eingriffen. Ein solches Modell wäre nicht uninteressant, aber ich würde mich bei Entscheidungen über

* Prof. Wolf Häfele ist jetzt Direktor an der Kernforschungsanlage Jülich.

die Zukunft nicht darauf verlassen, daß man die errechneten Grenzwerte bei allen künftigen menschlichen Aktivitäten schon einhalten werde. Offenbart denn nicht schon die Beobachtung des jetzigen Wirtschaftsgeschehens eine weitverbreitete »Nach-mir-die-Sintflut-Mentalität«? Denken Sie nur wieder an die chemische Industrie und die gesellschaftliche Reaktion (z. B. das eben diskutierte Bundes-Chemikaliengesetz) auf die von ihr ausgehenden, noch unbekannten Gefahren.

Sie fordern mich auf, zu konkretisieren, wo denn das »übliche technische Risiko« zerstörerisch wirke. Da sind wir wieder an dem Punkt, wo Sie mich staunen und beinahe resignieren machen. Fällt Ihnen selbst da wirklich nichts ein? Ich will nur *ein* Beispiel nennen, das ich wähle, weil bei uns noch ein Benjamin angekommen ist: Die Ärzte sind sich nicht sicher, ob es noch klug ist, Säuglinge zu stillen; der hohe PCB-Gehalt gerade der Muttermilch (extrem langlebige Giftstoffe aus den fein über die Welt verteilten Schädlingsbekämpfungsmitteln) lasse das schon bedenklich erscheinen, wenn man auch noch nichts Genaues über die Langzeitwirkung sagen könne ...

Und nun endlich zum Schluß, für den Sie mir eine besondere Pointe geliefert haben: Sie beklagen meine geringschätzigen Worte über Ministerpräsident Albrecht und beurteilen ihn selbst zunächst sehr wohlwollend. Im letzten Satz nehmen Sie das allerdings wieder zurück und unterstellen ihm krassen Opportunismus. Und dann sagen Sie, Sie hätten damals noch nicht gewußt, »wie wichtig und allmächtig Opportunismus in der Politik ist«. Ja, haben Sie denn erst in den letzten Monaten begonnen, sich mit Politik zu beschäftigen? Sie hatten doch jahrelang eine wichtige wissenschaftspolitische Funktion als Präsident der Deutschen Forschungsgemeinschaft. Ist Ihnen dabei der allmächtige Opportunismus nie begegnet? Nun frage ich mich bange, was Ihnen wohl bei den Vertretern der Atomtechnik und Atomwirtschaft alles entgangen sein könnte. Ich weiß, daß Sie es lieben, sich naiv zu stellen. Aber wie soll ich es noch für Verstellung halten, wenn Sie sich in unserem Duell solche Blößen geben?

Ich hoffe, Sie antworten mir nach dieser langen Pause noch, und bin mit freundlichen Grüßen

Ihr Peter Kafka

6 München, 11. August 1980

Lieber Herr Kafka,

natürlich hatte ich es nicht aufgegeben, auf Ihren Brief zu warten. Aber ich weiß, daß unser Unternehmen sehr fragil ist und uns beide belastet. Ich verstehe gut, daß Sie sich über meinen Brief geärgert haben; wenn ich jünger wäre, würde ich mich auch mehr über Ihre Briefe ärgern. Aber aus Ihrer Antwort glaube ich entnehmen zu dürfen, daß der Ärger so schlimm auch wieder nicht war. Sie ärgern sich darüber, daß ich immer wieder Fragen aufwerfe, die Sie schon klargestellt haben. Ich fürchte, das ist unvermeidlich, wenn man verschiedener Meinung ist. Sie müssen bedenken, daß hinter meinen Fragen meine Meinungen stehen und die Hoffnung, daß Sie einiges davon zur Kenntnis nehmen oder gar anzunehmen bereit sind. Ich will aber gern in mich gehen und in Zukunft mehr versuchen, das, was Sie schon gesagt haben, meinen Fragen oder Behauptungen voranzustellen.

Sie schreiben, ich sei im Vorteil, weil ich mit dem Strom schwimme. Ich meine, wir schwimmen beide in demselben Strom, ich mit den Anhängern der Atomenergie und Sie mit den wohl kaum weniger zahlreichen Atomgegnern. Aber wir sind durch einen Wirbel getrennt, der uns mehr und mehr zu entfernen droht. Um zusammenzukommen, müssen wir beide schwimmen, statt uns treiben zu lassen.

Daß jede Seite die andere im Vorteil vermutet, ist wohl altbekannt, hat mich aber doch mehrfach überrascht. Als ich vor fünf Jahren von der schlechten Meinung der Öffentlichkeit über die Hochschulen sprach, hielten mir die Journalisten entgegen, wie schlecht sie erst in der Gunst der Menge stünden. Im April erhielt ich in den USA einen Bericht »Energy Choices in a Democratic Society« eines Panels des Committee on Nuclear and Alternative Energy Systems des National Research Council, Washington. Vorsitzende des Panels war Laura Nader, eine Anthropologin an der Universität in Berkeley und Schwester von Ralph Nader, der durch seine Kampagnen für die Sicherheit von Autos berühmt geworden ist. Ich werde auf den Bericht wohl noch zurückkommen müssen, weil er Argumente von Ihnen stützt. In dem Bericht steht an einer Stelle, es sei besonders wichtig, mehr über die Experten zu wissen, um besser zu verstehen, auf welche Weise sie ihren Einfluß ausüben. Da habe ich lachen müssen, denn genau dasselbe sagen wir von den Atomgegnern. Sie sind ja zugleich Wissenschaftler und Atomgegner. Kennen Sie nun beide Seiten, oder wollen Sie über beide Seiten etwas lernen?

Wenn es Ihnen recht ist, möchte ich von den vielen Themen in Ihrem Brief heute auf drei eingehen, die wir vielleicht bald abschließen können oder die jetzt eine Antwort erfordern. Das Rauschgifthändlerproblem (Verantwortung der Wissenschaftler); Einfachheit und Komplexität bei der Erkenntnis; Gefahren durch langlebige Radioisotope oder künftige Reaktorunfälle. Später müßten wir dann wieder zurückkommen auf: Zerstörung von Wertvollem durch den Fortschritt; Abwägung von Schaden und Nutzen; Verlangsamung der Veränderung. Und Ihre kleinen »Pointen« brauchen wir auch nicht zu vergessen.

Zunächst der Rauschgifthändlervorwurf. Mit ist klar, daß Sie das Wort nur verwendet haben, um ganz deutlich zu sein, und Sie sind ja auch jetzt in Ihrem Brief ganz freundlich gegenüber der reinen Forschung, jedenfalls bis Seite 7, wo der entscheidende Satz kommt: »Da aber bekannt ist, daß unter den noch herrschenden gesellschaftlichen Bedingungen jede Erkenntnis von einzelnen oder Gruppen zur Machtgewinnung mißbraucht werden wird, bin ich versucht zu sagen, daß auch schon der Grundlagenforscher sozusagen des Verbrechens der Vorbereitung eines Angriffskrieges (gegen den Menschen oder gegen die ganze Natur) schuldig ist.« Beim ersten Teil des Satzes war ich versucht, hinter das »noch« ein Ausrufezeichen zu machen. Freuen Sie sich auf eine Zeit nach dem »noch«? Das wäre ein bemerkenswerter Idealismus. Aber der wichtige Teil des Satzes ist der zweite. Sie nehmen ein Argument aus meinem letzten Brief auf (»wenn es die 200 nicht gegeben hätte«) und schließen daran Ihren Vorwurf an, durchaus logisch, mit der Konsequenz, daß kein anständiger Mensch Forscher werden dürfte. Und den anderen müßte es eine anständige Regierung verbieten; und die unanständigen Regierungen müßte eine Weltregierung (mit Atombomben?) zur Vernunft bringen. Aber lassen wir das. Die Frage ist: Soll es Forschung geben, oder muß man angesichts möglicher Folgen ihre Einstellung verlangen? Das ist nicht ganz absurd, denn es hat wichtige Kulturen gegeben, die ohne Forschung ausgekommen sind. Aber man muß sich klarmachen, was es bedeutet.

Zunächst: Es müßte alle Forschung sein, denn bei der engen Verflechtung der Wissenschaften untereinander hat jeder Fortschritt Bedeutung für andere Gebiete, und damit für andere Anwendungen.

Ihre Astrophysik dürfte auch nicht ausgeschlossen bleiben, obwohl man heute noch keine Anwendungen sieht. Ich erinnere mich sehr gut, daß wir in den dreißiger Jahren oft sagten: Unser Gebiet, die Kernphysik, ist etwa so wichtig für Anwendungen wie die Astronomie. Ich will damit sagen, daß man viele Anwendungen vorher nicht weiß.

Dann: Es ist wohl nicht realistisch, auf die Weltregierung nach dem »noch« zu warten, und die »anständigen« Regierungen kämen durch die anderen in Zugzwang. Das Problem reduziert sich also auf den Entschluß des einzelnen: Soll ich, darf ich Forscher werden oder bleiben? Das ist ein Problem, und ich vermute, daß jeder Forscher sich diese Frage irgendwann einmal gestellt hat. Ich will versuchen zu beschreiben, warum ich für mich diese Frage bejahe.

Als Antrieb für den Forscher wird meist die Curiositas angegeben, der Erkenntnisdrang, beginnend mit Überlebensproblemen (was ist gefährlich, woraus kann man Nutzen ziehen), aber bald sublimiert zu einem Bedürfnis nach Theorie, nach dem Anschauen der Welt, mit Untertönen von Ehrfurcht vor der Schöpfung oder dem Schöpfer, mit Ahnungen von großartiger Einfachheit (die Physiker!), mit der Suche nach weithin gültigen Gesetzen und nach Kausalzusammenhängen von allgemeiner Bedeutung. Den Forscher motiviert auch seine Methode, die er immer verbessert, das Sehen- und Denkenlernen, das Üben seiner Fähigkeiten, das Eindringen in größte (das sind Sie) und kleinste (das sind wir) Dimensionen.

Lassen Sie mich für unseren Leser ein Beispiel von etwas geben, was uns zur Zeit aufregt. Seit Max von Laue (1911) weiß man, daß man mit Hilfe von Röntgenstrahlen (seitdem auch Elektronen oder Neutronen), die an Kristallen gestreut (gebeugt) werden, die Anordnung der Atome in diesen Kristallen messen kann. Auf einem photographischen Film etwa bekommt man schwarze Flecke, bis zu 1000 und noch viel mehr, und jeder Fleck gibt die Intensität einer Sinusfunktion. Wenn in dem Kristall nur ein Atom sich immer wiederholt, müssen alle Sinusfunktionen ihr Maximum am Ort dieses Atoms haben. Wenn aber mehrere oder viele Atome (bis 10000 oder noch viel mehr) in jeder Zelle des Kristallgitters liegen, dann müßte man den Ort des Maximums für jede der Sinusfunktionen kennen, um alle richtig aufzuaddieren. Diesen Ort, man nennt ihn die Phase, kann man aber meist nicht direkt messen. Es gibt zahllose Methoden zur Lösung des Phasenproblems, aber keine ganz allgemein anwendbare. Wir glauben nun, eine solche zu wissen, und dazu eine, die mit ganz kleinen Kristallen von 1 Millionstel Gramm geht, und auch wenn sehr viele Atome in der Gitterzelle sind. Das wäre einer der größten Fortschritte in der Kristallstrukturforschung seit 50 Jahren. Die Experimente sind sehr schwierig. Gelingen sie nicht, muß man sich etwas anderes einfallen lassen. Der Österreicher Perutz hat mit Arbeiten verwandter Art 28 Jahre verbracht, bis er für die Aufklärung der Struktur des Hämoglobins den Nobelpreis erhielt.

Dieses ist ein Beispiel, was den Forscher freut. Es ist noch keine Begründung seiner Berufswahl, und schon gar nicht eine Verteidigung. Wir sind glücklich mit unserem Beruf, und wir sind stolz darauf, und wer einen besseren hat, soll sich melden. Aber natürlich wissen wir, daß uns die Gesellschaft unterhält, weil sie irgendwann etwas Nützliches von uns erwartet. Und wir wollen ja auch selbst nützlich sein: Mitbauen an dem über Jahrhunderte wachsenden Gebäude der Erkenntnis. Und was wir tun, soll Folgen haben: Grundlage sein für weitere Erkenntnis; oder es soll nützliche Anwendungen haben.

Und hier spätestens, bei den Anwendungen, sind wir in einem fundamentalen Dissens. Ich weigere mich, das Forschen deshalb aufzugeben, weil unter den denkbaren Anwendungen – und Sie gehen ja noch weiter und sprechen mit Recht auch von den nicht denkbaren Anwendungen – solche sind oder sein könnten, die schädlich sind oder schädliche Nebenfolgen haben könnten.

Ich weiß, daß ich damit etwas sagen will, dem man widersprechen kann. »Wissenschaft verändert die Welt in 50 Jahren«, habe ich früher geschrieben. Wenn man will, daß die Welt sich nicht oder nur langsam verändert (darüber wollen wir ja später sprechen), dann ist das Bremsen bei der Forschung vielleicht der wirksamste Weg. Ich habe davon schon im letzten Brief gesprochen.

Ich meine, hier gilt es abzuwägen. Dagegen wenden Sie sich vehement etwa bei dem Zitat von Eigen; es scheint bei Ihnen etwas ganz Prinzipielles zu sein, ein Wunsch, sich leidenschaftlich festzulegen, statt zu schwanken, so wie man ja auch nicht abwägt, wenn man jemanden liebt und sein Leben mit ihm oder ihr verbringen will. Aber müssen wir nicht jeden Tag abwägen bei Entschlüssen, die nicht so emotionell determiniert sind? Wenn Sie an den Kauf eines Autos denken, müssen Sie überlegen, ob Ihnen die Bequemlichkeit genug wert ist angesichts der Gefahr, daß Sie eines Tages jemand überfahren. Wenn Sie eine Wohnung suchen: Wieviel ist Ihnen die reine Luft und die grüne Umgebung an Wegstunden pro Tag wert? Wenn Sie sich ein Kind wünschen, ist das vielleicht keine Frage rationaler Diskussion. Wenn es aber einmal da ist, wieviel Entscheidungen jeden Tag! Und jetzt etwas ganz Wichtiges: Man muß entscheiden, muß abzuwägen versuchen, auch wenn man nicht genug weiß, genau wie der Arzt am Krankenbett. Wenn Sie das verbieten wollen, wie man nach einigen Passagen Ihres Briefes meinen könnte, dann würden Sie uns an Entscheidungen hindern, vielleicht an solchen, die Ihnen nicht gefallen. Aber Sie würden, wenn Sie ehrlich sind, auch sich selbst hindern, denn auch Sie können ohne Abwägen und Entscheiden nicht leben.

Zurück zur Forschung: Wenn ich für mich abwäge, bin ich für Forschung, weil es in der Welt viel zu verbessern gibt, was ohne Forschung nicht verbessert werden kann. Wenn Sie die Umweltprobleme lösen wollen, etwa den Schwefel aus der Abluft loswerden, geht das nicht ohne Forschung. Wenn Sie Elektroautos entwickeln oder wenn Sie Sonnenenergie speichern wollen, brauchen Sie Forschung. Wenn Sie Ihren nächsten Angehörigen durch Krebs verloren haben, werden Sie vielleicht voll Ungeduld an der Lösung des Krebsproblems mitwirken wollen, durch Forschung. Wenn Sie an den Bevölkerungszuwachs in der Welt denken, dann können Sie den Fortschritt der Medizin beklagen, der die Menschen länger leben läßt. Aber das wäre eine große Roheit. Jeder, der qualvoll jung gestorben ist, müßte aus dem Grab gegen Sie aufstehen. Das Bevölkerungswachstum ist die unerwünschte Folge eines medizinischen Fortschritts, der eine der größten Wohltaten für die Menschen war. Das sind die zwei Seiten des Fortschritts. Heute werden oft nur die nachteiligen Folgen gesehen. Das ist unrecht, wenn der Fortschritt selbst vorher wirklich eine Wohltat war.

Wenn Sie aber jetzt gegen das Bevölkerungswachstum etwas tun wollen, brauchen Sie die Wissenschaft vom Menschen, vor allem die Psychologie. Und da ist unendlich viel zu lernen: Sie brauchen Forschung.

Bei der Technologie und bei den Anwendungen wäre es oft besser, man ginge viel langsamer vor. Darüber müssen wir noch sprechen. Aber bei der Forschung bin ich ganz ungeduldig: Ich will soviel Forschung wie möglich und so bald wie möglich. Und dazu will ich eine Bewegung, die dazu hilft, daß die Menschen mit Forschungsergebnissen vorsichtig umgehen. Dies mag zum Teil eine Utopie sein, aber es ist wert, sich darum zu bemühen. Aber auch ohne diese Bewegung glaube ich – und ich meine, daß die Erfahrung der letzten hundert Jahre auf meiner Seite ist –, daß die Wissenschaft sehr viel mehr Gutes als Unheil stiften wird. Wenn die Wissenschaft ein Rauschgift ist, dann bin ich ein Rauschgifthändler.

Vielleicht noch einmal: Ich nehme dabei in Kauf, daß der Verzicht auf Forschung als ein wirksames Mittel der Verlangsamung des Fortschritts unterbleibt. Ich will dabei nicht das Argument bringen, daß mein Verzicht wenig nützte, wenn nicht eine Weltregierung oder ihr Äquivalent einen Gesamtverzicht erzwänge. Ich halte es einfach für falsch, den Menschen Erkenntnis und Erkenntnisfähigkeit vorzuenthalten. Das wäre ein wenig, wie wenn man ihnen die Augen ausstechen wollte, damit sie keinen Unsinn machen.

Wir brauchen Nachdenken, Besinnung – darin scheinen wir uns einig zu sein –, um mit den heutigen Schwierigkeiten fertigzuwerden. Leider denken zu wenige Menschen wirklich selbständig. Ich habe meine wissenschaftlichen Freunde gefragt, welcher Bruchteil der Forscher bei seiner Arbeit wirklich denkt (z. B. über Dinge, die nicht im Buch stehen). Die fast übereinstimmende Antwort war: 5 Prozent. Ich habe Grund anzunehmen, daß es in anderen Bereichen nicht mehr sind. Das Nachbeten nicht nur von Fernsehweisheiten ist eine Seuche unserer Zeit. Aber Selbstdenken – auch Ihres und meines – ist wertlos, wenn es nicht neben einer Motivation, die man vielleicht als absolut betrachtet, auf Erkenntnis und ihrer kritischen Diskussion beruht, also auf etwas, was man im allgemeinsten Sinn als Forschung bezeichnen muß.

Hier ist vielleicht ein Anlaß, von Einfachheit und Komplexität zu sprechen, denn, wie Sie mit Recht sagen, zahllose Probleme der heutigen Zeit entziehen sich der exakten Forschung. Ich kann Ihrem Brief in diesem Punkt nicht deutlich genug zustimmen. Das gilt, selbst wenn man die extreme Annahme machte, daß alles Geschehen in der Welt nur aufgrund der heute im Prinzip bekannten Grundgesetze für die Bewegung von Atomen und die Kräfte zwischen ihnen erfolgte. Dann liefe das Weltgeschehen aufgrund des heutigen Zustandes einfach weiter, zum wesentlichen Teil aufgrund von Zufallsgesetzen, die Teil der Quantenmechanik sind. (mir widerstrebt dies ungemein, weil dann das Schreiben dieses Briefes auch Teil des Weltablaufs wäre, auf den ich keinen Einfluß hätte. Aber die Philosophen trösten mich: Ich darf ruhig an meine Willensfreiheit glauben; das gehört auch zum Weltablauf.) Selbst in diesem Fall könnten wir nur die allereinfachsten Dinge verstehen, verglichen mit der Komplexität des Ganzen.

Im Prinzip ganz verstehen kann man Kernphysik (noch nicht die Elementarteilchen), die Atomphysik, Mechanik und Elektrizitätslehre, weite Teile der anorganischen Chemie und noch manches andere. Dabei heißt verstehen nicht, daß man alles darüber weiß. Wie Sie richtig sagen, gibt es oft viel mehr Möglichkeiten, als man untersuchen kann. Dann gibt es Gebiete, wo man summarische, aber doch genaue Aussagen machen kann, wie die Thermodynamik, ganz wie Sie es beschreiben.

Die Gebiete, die man im Prinzip versteht, haben einen Rand; dort finden durch Forschung neue Erkenntnisse statt, man versteht immer mehr. Ein Beispiel ist das, was ich oben über die Beugung gesagt habe. In der Molekularbiologie wird man mit solchen und anderen Methoden viel über die einfachsten der Substanzen lernen, die in Organismen eine Rolle spielen, und man wird mehr und mehr Teilverständnis von Lebensvorgängen gewinnen, mit nützlichen und vielleicht auch mit gefährlichen Anwendungen.

Jenseits davon aber ist – ganz wie Sie sagen – Schluß mit genauer Kenntnis, die auf die grundlegenden Naturgesetze zurückzuführen wäre. Trotzdem wird der Geologe Daten sammeln, um sich Gedanken über die Geschichte der Erdkruste zu machen; der Biologe wird die Erreger der Bilharziose studieren, um neue Waffen gegen diese Krankheit zu finden; der Linguist wird versuchen, besser zu verstehen, wie menschliches Denken sprachlichen Ausdruck findet; und der Sozialpsychologe betrachtet alles, was ihm hilft, menschliches Zusammenleben zu kennen und Schlüsse daraus zu ziehen.

Alle so gewonnene Kenntnis ist unvollständig, und es gibt keine streng gültigen Gesetze wie bei den exakten Wissenschaften. Trotzdem gibt es Forschung, und trotzdem müssen Menschen aufgrund ihrer Ergebnisse Entscheidungen fällen und handeln, auch wenn die Entscheidungen vielleicht falsch sind. Das ist nichts Ungewöhnliches: Ein Mensch, der keine Forschungsergebnisse verwendet oder kennt, muß auch Entscheidungen treffen, die richtig oder falsch sein können.

Das beste Beispiel ist der Arzt. Er muß handeln, muß versuchen, dem Kranken zu helfen, ob mit naturwissenschaftlichem Wissen oder ohne, auf jeden Fall mit Beobachtung und Berücksichtigung von allem, was er sieht und weiß. In der Medizin hat die Wissenschaft große Fortschritte gebracht, aber was gibt es jeden Tag an Fehlprognosen, Fehlbehandlungen, tragischen Irrtümern! Und ähnlich ist es auf vielen Gebieten, auch denen, die menschliches Verhalten betreffen. Man muß sich verhalten, und vielleicht hilft die Wissenschaft dabei; aber das Verhalten kann sich nachher als richtig oder als falsch erweisen.

Hier nun habe ich Schwierigkeiten mit Ihrem Text. Sie schreiben: »Wenn wir uns aufgrund solcher Teilerkenntnisse in das System des Lebens einmischen, richten wir mit großer Wahrscheinlichkeit Schaden an, der freilich meist erst später bei der Untersuchung anderer Teilaspekte erkannt wird. Es ist leicht einzusehen (!), daß wir deshalb keine globalen Eingriffe in das System des Lebens vornehmen sollten.« Das Ausrufezeichen ist wieder von mir: »leicht einzusehen« ist eine klassische Art, einer Beweisführung auszuweichen. Ein Eingriff (was ist ein »globaler Eingriff«?) kann Nutzen oder Schaden bringen oder beides. Vom Nutzen reden Sie nicht. Warum? Was gibt Ihnen dazu das Recht oder auch nur die innere Motivation? Der Versuch, die Welt zu verbessern, geht doch immer so, daß man etwas Gutes versucht und oft auch etwas erreicht. Aber meistens zeigen sich später auch nachteilige Folgen, leichte oder schwerwiegende, und man muß versuchen, dies möglichst früh zu erkennen, zu verhindern oder durch neue Maßnahmen auszugleichen. Die radikale Alternative wäre, gar nichts zu tun. Ich nehme nicht an, daß Sie das wollen. Ihr Vorschlag ist wohl, langsamer vorzugehen, und dafür spricht viel; man kann sich vorstellen, daß dann schädliche Folgen oft entdeckt werden können, ehe sie wirksam werden. Aber auch diese Version impliziert den Glauben, daß es gute Folgen gibt (was ich enthusiastisch bejahe). Deshalb dürfen Sie den Nutzen nicht verschweigen. Nichts ist nur gut, nichts ist nur schlecht. Man muß sich um eine Bilanz zwischen beiden bemühen, mit der ganzen Unvollkommenheit unserer Kenntnis, von der wir sprachen. Also ich meine: Eigen hat recht.

Das führt uns schon über die Diskussion »einfach – komplex« hinaus. In dieser Diskussion sind wir, scheint mir, mehr einig, als es nach Ihrem letzten Brief scheinen könnte. Ich erwarte gern Ihre Einwände, und ich würde dann auch vielleicht auf die Frage eingehen, welche Vorwürfe man den Wissenschaftlern, oder jedenfalls manchen Wissenschaftlern, mit Recht machen kann.

Nun zu der langfristigen Gefährdung durch Atomstrahlungen. Also, Sie wollen nicht selbst rechnen, und Sie haben sich »ganz bewußt so ›pauschal‹ ausgedrückt«, »daß die Wahrscheinlichkeit für eine irreparable Schädigung des Lebens gegen Eins konvergierte.« Naja. Das ist wohl kein Grund, unsere Korrespondenz abzubrechen.

Wenn ich nun selbst rechne, brauche ich nicht die von Ihnen erwarteten Wunderleistungen zu erbringen. Ihre Behauptung »gegen Eins konvergiert« heißt nach meinem Deutsch, daß im Grenzfall jeder Mensch durch Strahlung geschädigt würde. Ich möchte statt dessen den Fall betrachten, daß jeder tausendste Mensch durch strahlenerzeugten Krebs zehn Jahre seines Lebens verliert. Das ist schon ernst. Zum Vergleich: In Deutschland sterben fast eine Million Menschen im Jahr. Durch Verkehrsunfälle sterben 15000; sie verlieren dabei im Mittel vielleicht 20 Jahre ihres Lebens. Demnach wäre der Menschenverlust durch Verkehrsunfälle dreißigmal höher als der, den ich angenommen habe (ich gestehe, daß mich das selbst erstaunt).

Warum ich nur vom Krebs spreche: Andere Schäden, etwa direkte Todesfälle durch einmalige Strahlenbelastungen über 500 rem (das ist etwa die tödliche Strahlendosis) oder durch Vererbungsschäden, sind in sehr viel geringerem Maße zu erwarten. Daß die Vererbung so wenig beeinflußt wird, scheint nach Hiroshima-Beobachtungen festzustehen. Ich sehe keine Möglichkeit, zu mit den Krebsschäden vergleichbar hohen Zahlen zu kommen. Offenbar sind Genschädigungen allgemein etwas sehr Häufiges, und die Natur hat Wege gefunden, sie fast immer unwirksam zu machen. Sei dem, wie ihm wolle; ich bin da kein Fachmann. Die Behauptung ist jedenfalls, daß Vererbungsschäden, auch kumulativ betrachtet, nicht ins Gewicht fallen neben den Krebsschäden.

Für die künftige, kumulierte Strahlenbelastung der Menschheit möchte ich Ihnen anbieten, daß wir das Tausendfache dessen annehmen, was in der deutschen Risikostudie steht. Ich bin bei dieser Studie nicht besonders glücklich über die Art, wie man die Wahrscheinlichkeit seltener Fehlhandlungen angeben will. Ich bin andererseits nicht glücklich über die vielen pessimistischen Annahmen. Ich glaube, daß die für unsere Betrachtung hier entscheidende Zahl, nämlich die über lange Zeit gemittelte gesamte Strahlenbelastung der Bevölkerung, niedriger hätte errechnet werden müssen. Aber ich will darauf nicht bestehen. Andererseits bin ich auch nicht bereit zu glauben, daß die Risiken irgendwo grob unterschätzt worden sind. Ich sage immer: Es wird Unfälle geben, auch große Unfälle mit Verseuchung, aber die Belastung weltweit wird sich in Grenzen halten. Dabei betrachte ich nicht den Kriegsfall, weil ich meine, daß wir da ganz andere Sorgen haben werden. Ich sage das alles sehr summarisch und ohne Rücksicht auf die ganz andere Meinung der Atomgegner, aber nicht unüberlegt. Wenn nötig, müßten wir das mehr ausbreiten.

Tausendmal Risikostudie, das ist fast so viel, wie wir heute an Strahlung aus der Umgebung bekommen von kosmischer Ultrastrahlung und natürlicher Radioaktivität. Das aber heißt zweierlei:

Erstens: Die Strahlengefahr von Reaktoren ist (abgesehen von Details wie der für verschiedene Elemente verschiedenen Aufnahme in Pflanzen, Tieren und beim Menschen) nichts qualitativ Neues, nur etwas mehr von dem, was wir schon immer erfahren oder erleiden. Gegenteilige Meinungen, die man ja oft genug hört, sind unzutreffend.

Zweitens: Das Zweihundertfache der natürlichen Strahlendosis, lebenslang einwirkend (oder statt dessen die halbe tödliche Strahlendosis auf einmal angewendet), bewirkt eine Verdoppelung der Krebshäufigkeit. Etwa jeder fünfte Mensch stirbt am Krebs. Wie kleine Strahlendosen wirken, weiß man nicht. Wenn man (das ist wohl die am meisten pessimistische Hypothese) annimmt, daß 1/200 Dosis immer noch 1/200 mal soviel Tote erzeugt, hätte man als Todesrate 1/5 mal 1/200, also wieder 1/1000 der Bevölkerung. Damit sind wir gerade bei dem, was wir am Anfang als beachtliche Wirkung angenommen hatten.

Das heißt: Man muß versuchen, die im Risikobereich genannte Dosis nicht zu vertausendfachen. Man muß immer etwas tun für mehr Reaktorsicherheit. Und ich will etwas tun, und ich meine, man kann viel tun. Andererseits: Die Erhöhung der Krebssterblichkeit um ein Tausendstel (auch wenn man so etwas nie sichtbar nachweisen kann) wäre ein großer Einwand gegen die Atomenergie, wenn die so berechnete Zahl von Toten nicht möglichst viel kleiner wäre als die Zahl von Menschenleben, die wegen der Atomenergie (weniger Bergbau, bessere Ernährung, Fortschritte in der Krankheitsbekämpfung wegen höheren Standes von Technologie und Wissenschaft) gerettet würden. Wir sind also wieder beim Abwägen, mit großen Unsicherheiten. Die Atomenergie ist danach gerechtfertigt, wenn es ohne sie nicht möglich ist, die genannten Fortschritte zu erzielen oder andere wichtige Fortschritte, für die die Menschen Opfer zu bringen bereit sind, so etwa wie sie heute für die Freiheit des Individualverkehrs Opfer bringen.

Ich meine, das ist genug für diesen Brief. Ich fürchte, ich habe Sie vor allem mit meiner Forderung nach Abwägen trotz unvollkommener Kenntnis irritiert. Im übrigen bitte ich Sie um Widerspruch, wo Sie meinen, daß es lohnt. Einen Teil unserer Behauptungen werden wir ja wohl dem Urteil unserer Leser und später der Geschichte überlassen müssen.

Mit herzlichen Grüßen
Ihr
Heinz Maier-Leibnitz

7 München, 15. Oktober 1980

Lieber Herr Kafka,

wir müssen ja nicht immer warten, bis der andere schreibt, und heute möchte ich von mir aus schreiben, weil ich meine, daß unsere Diskussion eine Wendung zum Positiven nehmen sollte. Im letzten Brief vom 11. August hatte ich auf zwei Punkten sehr bestanden, die anzunehmen oder nicht zu bekämpfen – um es milde zu sagen – Sie vielleicht nicht bereit sein werden. Das eine war: Die wirklichen Gefahren der Atomenergie rechtfertigen es nicht, sie abzulehnen, wenn man sie aus anderen Gründen braucht; das andere: Forschung sollte nicht verlangsamt werden; denn was immer man plant oder tut: Wissen, Denken, Können sind wichtig, wenn man es gut machen will.

Wir werden wohl unsere Meinungsdiskrepanz stehenlassen müssen und uns damit begnügen, mit gelegentlichen Seitenhieben an diese Diskrepanz zu erinnern. Was ich heute sagen will: Ich meine, wir haben Wichtigeres zu tun. Denn selbst wenn wir meine beiden Behauptungen annehmen und Freiheit für die Entwicklung der Atomenergie und der Wissenschaft geben, dann wäre noch nichts darüber beschlossen, was an Anwendungen geschehen oder nicht geschehen soll. (Ihre Vorschläge in diesen zwei Punkten laufen, wenn ich Sie recht verstehe, darauf hinaus, unerwünschte Anwendungen durch ein Verbot der Atomenergie und Einschränkung der Forschung zu verhindern oder zu verlangsamen.)

Auf jeden Fall muß man sich jetzt oder später Gedanken machen darüber, was an Anwendungen geschehen soll, was man für unser und unserer Nachkommen Leben tun oder verhindern will. Da gibt es sofort die Frage: Wer ist »man«, und es gibt die Frage der Verantwortung. Darüber möchte ich gern heute schreiben.

Über Verantwortung habe ich verschiedentlich etwas gesagt: Zum Beispiel habe ich vor zwei Jahren* geschrieben: »Jede Anwendung ... setzt einen politischen oder wirtschaftlichen Entschluß voraus ... Für die ... Entschlüsse kann der Wissenschaftler nicht politisch verantwortlich sein. Er hat eine Verantwortung dafür, daß seine Beiträge richtig und vollständig sind. Er muß bereit sein, sie durch neue Forschungen zu ergänzen. Und er muß noch mehr tun: Er muß mithelfen, daß die Politiker, die Vertreter der Wirtschaft und nicht zuletzt die Öffentlichkeit so gut wie möglich verstehen, was die Probleme und die Folgen sind.« Und weiter: »Man will (der Wissenschaft) die Verantwortung für alle möglichen Folgen ihrer neuen Ergebnisse aufbürden. Aber das geht nicht: Man kann nicht verantwortlich sein für Ergebnisse, von denen man nicht vorher wissen kann, wie sie aussehen, ob sie gute oder schlechte Folgen haben werden. Da könnte man nur das Forschen überhaupt unterlassen oder als Politiker es verbieten.«

Solches ist nicht die Meinung aller Wissenschaftler. Ich erinnere mich an eine Diskussion, in der C. F. von Weizsäcker sagte, er fühle sich verantwortlich für die Existenz seiner Kinder und die Folgen, die das habe, und ebenso sei es mit der Existenz seiner Forschungsergebnisse. Ich war der Meinung, Verantwortung müsse etwas sein, wofür man »zur Verantwortung gezogen« werden könne, aber ich habe mich belehren lassen müssen, daß der Begriff in der Jurisprudenz nur vorkommt als »für seine Handlungen verantwortlich« (also nicht geistesgestört) sein und »als Vorgesetzter für die Handlungen der Untergebenen einstehen«, also etwa als Minister demissionieren, wenn in seinem Ressort etwas Dummes passiert.

In dieser Situation war ich sehr froh, auf ein Buch eines Philosophen, Hans Jonas, zu stoßen, das die Art von Verantwortung, mit der wir es hier zu tun haben, sehr sorgfältig analysiert (»Das Prinzip Verantwortung. Versuch einer Ethik für die technologische Zivilisation«,

* »Bild der Wissenschaft« Nr. 6, Juni 1978, S. 72; nachgedruckt in: H. Maier-Leibnitz: »Zwischen Wissenschaft und Politik«. Boldt Verlag, Boppard 1979, S. 196.

Insel Verlag 1979). Ich glaube, es lohnt, sich mit dieser Analyse auseinanderzusetzen und dann nach praktischen Folgerungen zu fragen.

»Die moderne Technik hat zu Handlungen von so neuer Größenordnung mit so neuartigen Objekten und so neuartigen Folgen geführt, daß der Rahmen früherer Ethik sie nicht mehr fassen kann.« ».. . die kritische Verletzlichkeit der Natur durch die technische Intervention des Menschen ...« »Die Natur als eine menschliche Verantwortlichkeit ist sicher ein Novum, über das ethische Theorie nachsinnen muß.«

Jonas weist also auf die Folgen der Tatsache hin, daß der Mensch die Natur und damit seine Umwelt verändert und so Einfluß auf die Zukunft der Menschheit nimmt. Früher lebte man im wesentlichen in einer Welt, die war und blieb. Wenn man sie heute verändert, muß man davon reden, wie sie sein soll. Das verlangt eine neue Ethik, die die Verantwortung für künftige Generationen einschließt.

Ich kann natürlich nur Bruchstücke aus dem Buch berühren. Was mir gut gefallen hat, ist, daß Jonas die neue Verantwortung mit der vergleicht, die Eltern für ihre Kinder haben. Und er vergleicht diese Verantwortung mit der des Politikers, der ja oft über Dinge entscheiden muß, die das Schicksal anderer betreffen und die über seine Macht hinausreichen. Er hat die Pflicht der Macht.

Hier gefällt mir wieder gut, daß Jonas sich nicht auf die alberne Theorie einläßt, der Mensch handle nur aus selbstsüchtigen Motiven. Es gibt ja dazu gerade jetzt Abstrusitäten wie die, daß ein Vater, der sein Kind unter Lebensgefahr vor dem Ertrinken rettet, das nur tut, weil damit seine Nachkommenschaft (und damit etwas von ihm) weiterleben kann. Er dürfte also seine Frau nicht retten, wenn sie über vierzig ist. Bei den Wissenschaftlern unterstellt man Ruhmsucht für ihr Verhalten, und bei den Politikern nur den Genuß der Macht.

Die meisten Entscheidungen, die die Zukunft beeinflussen sollen, verlangen, daß Menschen sich anders verhalten, als sie es allein in ihrem Interesse täten, daß sie also Opfer bringen. Dabei muß man zunächst bedenken, daß Entscheidungen für die Zukunft mit Unsicherheiten behaftet sind, weil man nicht genug weiß. Dagegen muß man tun, was man kann: »Unter solchen Umständen wird Wissen zu einer vordringlichen Pflicht über alles hinaus, was je vorher für (des Menschen) Rolle in Anspruch genommen wurde, und das Wissen muß dem kausalen Ausmaß unseres Handelns größengleich sein.« Und: »Angesichts des quasi-eschatologischen Potentials unserer technischen Prozesse wird Unwissen über die letzten Folgen selbst ein Grund für verantwortliche Zurückhaltung – das Zweitbeste nach dem Besitz von Weisheit selbst.«

Jonas sagt, daß die Vorsorge für die Zukunft vor allem der Abwendung von Schlimmem dienen muß. »Die Erkennung des Malum ist uns unendlich leichter als die des Bonum.« »Nur Abwehr des größten Übels und nicht Herbeiführung des größten Gutes darf unter Umständen den totalen Einsatz fremder Interessen in deren Interesse rechtfertigen.« Jonas nimmt also sehr ernst, daß man die Menschen nicht ohne Not zwingen darf.

Zur Begründung der Verantwortung geht er davon aus, daß man nicht das Recht hat, Dinge zu tun oder zuzulassen, die die Existenz der Menschheit als Ganzes bedrohen. In Erweiterung dieser extremen Forderung spricht er von der Erhaltung des Seienden. »Das Sein ... kann wohl Ehrfurcht erzeugen und kann mit dieser Affizierung unseres Gefühls dem sonst kraftlosen Sittengesetz zu Hilfe kommen, das da gebietet, dem innewohnenden Anspruch von Seiendem mit seinem eigenen Sein Genüge zu tun. Doch nicht einmal Ehrfurcht genügt ..., denn (sie) kann ganz untätig bleiben. Erst das hinzutretende Gefühl der Verantwortung, welches dieses Subjekt an dieses Objekt bindet, wird uns seinethalben handeln machen.« Und noch einmal zur Verantwortung: Die Frage des Verantwortlichen ist: »Was wird *ihm* (dem anderen, für den er verantwortlich ist) zustoßen, wenn *ich* mich seiner *nicht* annehme.«

Soviel (sicher nicht genug) über die Verantwortung für Künftiges und ihre Gegenstände. Die nächste Frage ist: Wer ist verantwortlich? Hier hält sich Jonas sehr zurück. Ich möchte mich vorwagen und behaupten: Jeder, der die im letzten Absatz erwähnte Frage stellen kann, im Bewußtsein oder in der Hoffnung, daß sein (vielleicht nur sein) »Kümmern« ein »Zustoßen« verhindern kann, der ist auch verantwortlich. Meist wird man seine Verantwortlichkeit frei wählen. Wir selbst werden am besten wissen, ob wir eine Verantwortung haben, weil wir auf einen Erfolg unseres Handelns hoffen können. Nach einer solchen Definition wird es viele Verantwortliche geben. Für die Wissenschaftler besteht jedenfalls dann eine Verantwortung, wenn es etwas gibt, das nur sie beitragen können durch Forschung, durch Analyse der Folgen von Anwendung, durch Warnungen.

Wir müssen uns fragen: Was von dem, was wir tun, tun können, auf das wir irgendwie Einfluß haben können, und was von dem, was vielleicht daraus entstehen kann, hat solche Folgen für spätere Generationen, daß wir aus dem Gefühl der Verantwortung, wie sie Jonas beschreibt, bestimmte Handlungen unterlassen, bekämpfen, ihnen durch Aufklärung und eigenes Vorbild entgegenwirken müssen; oder umgekehrt, daß wir alles tun müssen, um sie zu fördern und durchzusetzen?

Dieses, meine ich, sollte unser Thema sein für einige Zeit. Wir sollten Listen machen für Wünschens- und Verdammenswertes, und wir sollten unsere Ansichten darüber vergleichen. Aber dabei müssen wir auch diskutieren, was davon durchführbar ist, insbesondere was davon viele Menschen bereit sein werden, in ihr eigenes Handeln aufzunehmen. Denn es ist meine ganze Hoffnung, daß eine bessere Zukunft zu einem großen Teil durch das freiwillige Handeln der Bürger entsteht (so vieler, daß daraus eine Bewegung wird und eine öffentliche Meinung, der sich dann die anderen nicht mehr entziehen können).

Sie haben in Ihrem Vortrag und in Ihren Briefen schon einiges genannt und vertreten; und auch bei mir findet sich das eine oder andere. Ich meine, wir sollten versuchen zu ordnen und zu ergänzen; es gibt ja dazu zahllose Ideen und Vorschläge. Aber dann müßten wir auch über mögliche Folgen, über Gegenmeinungen und über Durchführbarkeit diskutieren, über Kräfte und Gegenkräfte in der Gesellschaft. Wenn wir dabei ehrlich sind und nichts beschönigen, aber auch nicht nachlassen, dann könnte es vielleicht sein, daß das Gewicht gewisser Vorschläge zunimmt, daß wir also helfen, eine Wirkung zu erzielen.

Mit herzlichen Grüßen
Ihr
Heinz Maier-Leibnitz

8 Unterföhring, 29. September 1980 (abgeschickt am 22. Oktober)

Lieber Herr Maier-Leibnitz,

unsere Briefe werden nun zwar länger, aber wohl auch langweiliger. Für den Leser ist es vermutlich nicht sehr anregend, wenn wir einander in nachsichtiger Altersweisheit noch unsere schwächsten Äußerungen verzeihen. Sollten wir nicht aggressiver werden?

Sie hoffen, daß ich »einiges zur Kenntnis nehme oder gar anzunehmen bereit bin«. Ich habe durchaus alles zur Kenntnis genommen, und das meiste auch »angenommen«, denn Sie haben mir doch im wesentlichen kaum widersprochen. Genau das ist es ja, was mich so stört: Ihre »Meinungen«, die »hinter Ihren Fragen stehen«, haben mit den Problemen, die mich beschäftigen, wenig zu tun. Mir scheint, wir nähern uns dem Ende unseres Briefwechsels – das heißt: Wir bewegen uns im Kreise. Wer um wen? Wenn ich Ihr Bild des Wasserstrudels fortführen darf: Mir scheint, ich sitze im Zentrum jenes Wirbels, der uns Ihrer Meinung nach trennt – und Sie wirbeln außen herum. Wenn Sie sich weiterhin so wehren, zum Kern der Sache zu kommen, bleiben wir wohl getrennt. Oder soll ich etwa auch noch an den Rand schwimmen? Ich will doch auf den Grund! (Und verhindern, daß wir zugrunde gehen.)

Ich wünsche mir zwar Aggressivität, aber nicht rein polemische Unterstellungen, wie Sie sie in Ihrem letzten Brief versuchten. Nirgends habe ich gesagt, »Kein anständiger Mensch dürfte Forscher werden«, und »Den anderen müßte es eine anständige Regierung verbieten«, und »Die unanständigen Regierungen müßte eine Weltregierung (mit Atombomben?) zur Vernunft bringen«. Auch als Karikatur meiner Gedanken wäre dies alles höchst unpassend. Habe ich nicht ausdrücklich gesagt, der Wissenschaftler solle *nicht* aufgeben, er müsse aber gegen mißbräuchliche Machenschaften offen kämpfen und die Simplizität seiner Erkenntnisse gegenüber der Komplexität des Lebens bescheidener bewerten.

Ich glaube, Sie können und wollen gar nicht bestreiten, was ich über den Mißbrauch der Wissenschaft sagte. Ihre Meinungen hinken aber Ihren Einsichten weit hinterher, und deshalb bauen Sie sich mit Hilfe von Unterstellungen künstliche Zielscheiben auf.

Auch mein »noch« in dem Satz über die gesellschaftlichen Bedingungen interpretieren Sie falsch. Ich plädiere nicht dafür, auf andere Bedingungen »zu warten«, sondern sich mit um deren Schaffung zu bemühen. Und das beginnt nicht, wie Sie nahelegen, durch eine »Weltregierung«, sondern durchaus in unserem eigenen Verantwortungsbereich.

Die Frage »Darf ich Forscher werden?« habe ich doch nicht einmal für mich selbst verneint, wenn ich auch vielleicht die Astrophysik werde aufgeben müssen, um mich mit Wichtigerem zu beschäftigen, das heute vernachlässigt wird. Bei der Frage, ob wir forschen dürfen, gibt es also keinen Streit zwischen uns. Und auch da, wo Sie den »fundamentalen Dissens« zwischen uns sehen, finde ich ihn noch nicht. Ich habe keineswegs gesagt, Sie sollten das Forschen aufgeben, weil es zu schädlichen Anwendungen führen kann. (Dies fordere ich nur für bestimmte »Großforschungseinrichtungen«, die von vornherein auf »Machenschaften« gerichtet sind, deren Schädlichkeit schon »vorwissenschaftlich« einsehbar ist. Und dazu gehören all die Rieseninstitute, in denen die Massenproduktion von Energie, d. h. vor allem Entropie, durch Kernspaltung oder Kernfusion entwickelt werden soll.) Versuchen Sie also bitte nicht, mich als »Forschungsfeind« einzuordnen, weil ich fordere, Sie sollten sich für die Anwendungen mitverantwortlich fühlen und gegen sie kämpfen, wenn Sie Gefahren vermuten. Natürlich ist das Kernproblem das Abwägen – wir sind damit endlich wieder beim Ausgangspunkt meiner Predigt angelangt –, aber welche Waage benutzen Sie?

Dies also muß das weitere Thema unseres Briefwechsels sein. Denn abgesehen von den praktischen Konsequenzen beim Tun oder Lassen sind wir uns doch anscheinend in allem einig. Der »fundamentale Dissens« wird zum Beispiel sichtbar, wenn wir Ihr Urteil über die positive »Erfahrung der letzten hundert Jahre« mit meinem Bild von den Clowns mit der Säge vergleichen. Und wenn Sie sagen, wir bräuchten »so viel Forschung wie möglich und so bald wie möglich«, dann rührt sich bei mir auch Mißtrauen. Das ganze Problem liegt eben in dem »wie möglich«. Man kann Ihre Formulierung leicht dahin mißverstehen, daß Forschung an sich einen besonders hohen Wert darstelle und deshalb in allen ihren Formen grundsätzlich soweit wie möglich zu fördern sei. So ist es ganz sicher nicht, denn bei vielen Bereichen der Forschung haben wir keine Eile. Zum Beispiel ist es nicht wesentlich, ob ich selbst noch die Entdeckung von Gravitationswellen aus dem Kosmos erlebe oder erst meine Enkel. Die Welt im großen ändert sich nur sehr langsam. Und gemessen an einer einzigen Gedichtzeile oder am Lächeln eines Kindes oder auch nur am Spiel einer jungen Katze sind die Vorgänge bei der Aussendung von Gravitationswellen äußerst simpel und kaum der Rede wert. Ich fürchte, unsere »wissenschaftliche Neugier« ist größtenteils eine Entartungserscheinung. Schließlich ist ja alles das, was wir »entdecken«, schon lange vor uns dagewesen und längst in unsere Entwicklung eingegangen; und was wir »erfinden«, ist nicht sehr hoch zu bewerten, soweit es sich um materielle Strukturen handelt, zumal diese eben fast immer wegen unserer Eile Schaden an den viel komplexeren »hergebrachten« Strukturen anrichten.

Wenn Sie eine »Bewegung« suchen, die »hilft, daß die Menschen vorsichtig mit Forschungsergebnissen umgehen«, sind wir uns ja schon wieder einig. Und auch Herr Eigen, der zwar nicht auf meinen zornigen Angriff reagiert hatte, äußerte sich ein Jahr später auf der Lindauer Nobelpreisträgertagung schon ganz anders und ist nun wohl auch auf unserer Linie. Er hatte nämlich damals *nicht* recht, und Sie sollten sich deshalb nicht mit dem unbedachten Ausspruch aus seiner Mainzer Festrede identifizieren. Es ist und bleibt Unfug, sich zum Abwägen zu bekennen, wenn man keine Waage hat. Und es ist Spielerei, wenn man eine selbstgebastelte Waage, deren Funktion man nicht voll durchschaut, willkürlich eicht. Tut dies gar jemand, der etwas verkaufen will, so nennt man es Betrug.

15. Oktober 1980

Nun mußte ich den Brief wieder zwei Wochen ruhen lassen. Vielleicht wäre es gar nicht schlecht, wenn Sie mir während einer so langen Pause einfach einen zweiten Brief schickten – falls Sie auf meine früheren Äußerungen noch etwas antworten wollen. (Ich würde mich über ausführlichere Antworten freuen.)

Beim Durchlesen des angefangenen Briefes fällt mir auf, daß es vielleicht übertrieben ist, Herrn Eigen auf »unserer Linie« anzusiedeln. Es klingt schrecklich eindimensional. (Da könnten wir ja schon fast Linientreue fordern.) Aber jedenfalls breitet sich doch allmählich die Einsicht aus, daß wir uns nicht einfach darauf verlassen können, die »freie Marktwissenschaft« enthalte schon die nötigen Selbstregulierungsmechanismen. Lassen Sie mich, wegen der nötigen Eindringlichkeit, den Grund immer wieder sagen: weil Beschädigen eines komplexen Systems so viel leichter ist als Verbessern. Und das Leichtere wird immer zuerst gemacht ...

Nun möchte ich zunächst auf die friedliche Nutzung der Kernenergie zurückkommen und dieses Thema damit vielleicht abschließen. Es ist ja als Beispiel fürs Abwägen ohne rechte Waage gut geeignet. Ihre Rechnung ist eigentlich genauso ausgefallen, wie ich es erwartet hatte: Sie kommen zu dem Schluß, daß wir bei allem Umgang mit radioaktiven Stoffen die Strahlenbelastung im Durchschnitt unter der »natürlichen« halten müßten. Das ist ein ziemlich triviales Ergebnis, denn wir haben hier sozusagen ein einziges Gewicht auf der einen

Waagschale; mit diesem Gerät läßt sich nur eine einzige Messung ausführen: Belade die andere Schale bis zum Gleichgewicht. Mehr Information ist nicht herauszuholen. Alles was Sie darüber hinaus an Details aussagen, halte ich nicht für hinreichend wissenschaftlich gesichert; ich wundere mich ein bißchen über Ihre Vermischung von Glauben, Hoffen und Wissen. Ich bin zwar ebensowenig wie Sie Fachmann für Strahlenwirkungen, aber ich habe über die Jahre hinweg einen Teil der Diskussion in allgemeinwissenschaftlichen Zeitschriften (wie »Nature«, »New Scientist«, »Bulletin of the Atomic Scientist« etc.) verfolgt. Danach ist mein Eindruck, daß sogar das Bild der Waage mit dem einzigen Gewicht noch eine optimistische Übertreibung darstellt. Denn wir haben zwar ein solches Gewicht in Form der »natürlichen Strahlendosis«, aber die an der anderen Waagschale notwendigen Manipulationen sind im Einzelfall recht beträchtlich und, soviel ich sehe, nicht voll durchschaut: Welche Belastung erhält ein Mensch bei Freisetzung einer bestimmten Mischung radioaktiver Isotope an einem gegebenen Ort, unter bestimmten Klima- und Wetterbedingungen, bei gegebenen Lebens- und Ernährungsgewohnheiten? Was sind die Ausbreitungs- und Anreicherungsvorgänge durch die Nahrungskette? Das alles ist im Detail noch ziemlich unklar, aber für die Betroffenen durchaus wichtig.

Deshalb finde ich es merkwürdig, daß Sie meinen, man könne von diesen Details absehen. Sie sagen, es handle sich bei der Strahlengefahr um »nichts qualitativ Neues«. Ich kenne hier gar keine »gegenteiligen Meinungen, die man ja oft genug hört«. Es geht klarerweise um die *Quantität*, und hier ist vieles unbekannt. Es stimmt zwar sicherlich, daß die Alpha-, Beta-, oder Gammastrahlung (außer der jeweiligen Energie) kein Merkmal der strahlenden Quelle trägt, aus der sie stammt – aber wie sich diese Strahler im biologischen und gesellschaftlichen Kreislauf ausbreiten, wenn sie einmal durch Fahrlässigkeit, Unfall oder Sabotage freigesetzt wurden, das wissen wir nicht gut genug, zumal ja auch Stoffe wie das Plutonium darunter sind, die es bisher auf der Erde praktisch nicht gab – für die also die »natürlichen Grenzwerte« Null sind. Wie Sie also »die über lange Zeit gemittelte gesamte Strahlenbelastung der Bevölkerung« überhaupt ausrechnen wollen, bleibt unklar. Sie sagen nur, Sie wollten sogar ein niedrigeres Ergebnis erzielen als die »Deutsche Risikostudie«.

Aber auch einer anderen, meiner Meinung nach leichtfertigen Aussage muß ich widersprechen: Sie halten das direkte Krebsrisiko für allein wesentlich und stützen sich dabei auf die Ergebnisse des bisher erfolgreichsten Großversuchs an Menschen (die Bestrahlung von Millionen Menschen in und um Hiroshima). Über deren Bewertung besteht aber keineswegs Einigkeit unter Medizinern. Die »Behauptung, daß Vererbungsschäden, auch kumulativ betrachtet, nicht ins Gewicht fallen neben den Krebsschäden«, betrachten Sie offenbar als bewiesen – obwohl nicht recht einzusehen ist, warum Sie dann noch von einer »Behauptung« sprechen. Mir aber, und auch vielen Fachleuten, erscheint sie äußerst zweifelhaft. Man konnte wohl in Hiroshima das Auftreten grober, genetisch bedingter Defekte wie Hasenscharten, Wolfsrachen oder Klumpfüße zählen, deren Häufigkeit offenbar durch eine Keimdrüsendosis von 100 rem etwa verdoppelt wird; angesichts der komplexen Gestalt der menschlichen Erbanlagen scheint es mir aber fast selbstverständlich, daß die Empfindlichkeit verschiedener Gene und Genkombinationen gegen Strahlenschäden verschieden ist. Es genügt also sicher nicht, einige spektakuläre Beispiele von Erbschäden herauszugreifen, wie das in den Hiroshima-Statistiken geschah. Noch viel wichtiger ist freilich, daß man aus diesen »Experimenten« keinerlei Information über »rezessive« Anlagen erhält. Und genau auf diese zielte mein Argument, daß »die Wahrscheinlichkeit für eine irreparable Schädigung des Lebens gegen Eins konvergieren« müsse. Ich glaubte eigentlich, dies klar genug ausgedrückt zu haben, aber da Sie »kumulative Erbschäden« nun so leichthin abtun, vermute ich, ich blieb doch zu verschwommen, und Sie haben dieses Problem vielleicht noch gar nicht bedacht. Sicher wissen Sie aber, daß es ungeheuer viele erblich bedingte Stoffwechselstörungen oder andere kleine Abweichungen vom »Gesunden« gibt. (Wobei ja dieses »Gesunde« selbst noch unvorstellbare Vielfalt enthält. *Alle* Menschen, die je auf der Erde lebten oder leben werden, sind genetisch verschieden – außer den eineiigen Zwilligen.) Meist wird die betreffende schädliche Anlage rezessiv vererbt, d. h. die Störung tritt nur in Erscheinung, wenn sie von *beiden* Eltern ererbt wird. Eine Häufung solcher Schäden ist also gar nicht vor den nächsten Generationen entdeckbar, aber selbst eine sehr geringe Häufung nach einigen Generationen kann langfristig eine erhebliche »Kumulation« bedeuten. Übrigens ist nach Meinung vieler Krebsforscher auch die Krebsanfälligkeit durch solche Erbanlagen mitbedingt. Eine ständige Verschlechterung des unübersehbar großen Gen-Vorrats der Menschheit würde sich also wahrscheinlich auf diesem Umweg auch in einer Erhöhung des »direkten« Strahlungskrebsrisikos niederschlagen, das Sie ja für allein wesentlich halten.

Verstehen Sie jetzt, was ich mit meiner »Konvergenzthese« meinte? Wenn Sie am gesamten Gen-Vorrat der lebendigen Welt schneller Schäden anrichten, als Sie durch »natürliche Auslese« (oder durch gezielte Auslese?) wieder beseitigen, dann steigt die Wahrscheinlichkeit, von Vater *und* Mutter eine schlechte Genkombination zu erhalten. Das heißt »nach meinem Deutsch«, daß im Grenzfall jedes geschlechtlich erzeugte Lebewesen durch Strahlung geschädigt würde, und zwar im allgemeinen nicht direkt, sondern indirekt. Über die von Ihnen erwähnten Reparaturmechanismen an Erbanlagen ist meines Wissens nicht genug bekannt, um diese Befürchtung für haltlos zu erklären. Epidemiologische Untersuchungen in Gebieten mit hoher natürlicher Strahlenbelastung (wie z. B. an Teilen der indischen Küste in Kerala) scheinen mir noch nicht genügend klare Ergebnisse zu liefern, und sie können es vielleicht auch gar nicht, denn die dortige Bevölkerung ist auf lange Sicht genetisch nicht so isoliert wie die Menschheit als Ganzes.

Wenn man auf die Atomtechnik angewiesen wäre, um zu überleben, würde man in dieser Unwissenheit die vorhin erwähnte simple Waage mit dem einzigen Gewicht benutzen und künstliche Radioaktivität nur so weit freisetzen, daß die Waagschale der natürlichen Strahlenbelastung immer die schwerere bliebe. (Das würde allerdings vermutlich bedeuten, daß man nach einigen Jahrzehnten oder Jahrhunderten den Umgang mit Radioaktivität wieder einstellen müßte, denn langlebige Isotope, die einmal freigesetzt wurden, kann man nicht wieder einsammeln oder unschädlich machen.) Dann wäre die Hoffnung immerhin plausibel, wenn auch längst nicht durch Beweis zur Gewißheit geworden, daß der langfristige Schaden in Grenzen bleibt. Wenn sich aber menschliches Leben mit der von der Sonne gelieferten Atomenergie ebenso gut oder besser weiterentwickeln kann, dann werden wir, solange wir nicht zuverlässige, raffiniertere Waagen haben, eben nicht die unzureichende Waage beladen, bis sie ausschlägt, sondern wir werden auf den großtechnischen Umgang mit Radioaktivität völlig verzichten. Denn nur dann wird es eben keine »großen Unfälle mit Verseuchung« geben.

Ihr Glaube, wir würden die Strahlenbelastung schon genügend klein halten, ist doch eigentlich eher eine Willenserklärung. Aber beim weltweiten Atomprogramm wären ja auch noch andere Leute beteiligt, und zwar sehr viele. Eben las ich in einer Zeitung, iranische Flugzeuge hätten die von Franzosen in Bagdad errichteten nuklearen Anlagen bombardiert. Der Physiker Edward Teller sagte einmal sinngemäß: »Man kann alles so narrensicher bauen, wie man will – es wird sich immer ein noch größerer Narr finden.« Teller hielt vor ein paar Tagen einen Vortrag in der Technischen Universität in Garching bei München, um ein Modell des »Fusionsbrüters« vorzustellen. (Zentrale Massenproduktion von Energie – richtiger natürlich: von Entropie – war ja ursprünglich ein Privileg der Militärs; inzwischen sind aber auch die Zivilisten energiesüchtig geworden, und so steht der »Vater der Wasserstoffbombe« nun in Friedenszeiten den Energieverkäufern zur Verfügung.) Soweit ich Tellers Vortrag beurteilen kann, dürfte sein »Fusionsbrüter«, der wesentliche Züge seiner Bombe trägt, dem sogenannten Schnellen Brüter nach Leistungsfähigkeit und Betriebssicherheit weit überlegen sein. Teller beweist hier, wie seine Kollegen Hans Bethe, Alvin Weinberg und andere Förderer dieses Projekts, große technische Vernunft. Und dennoch bestätigt er dabei sein eigenes Bonmot: *So* narrensicher hat die Natur die gefährliche Radioaktivität dem Lebenskreislauf ferngehalten – es muß *doch* eines Tages ein genügend großer Narr kommen, der ihre massenhafte Freisetzung ermöglicht. Natürlich liegen auch hier Genie und Irrsinn nahe beieinander; ich will nicht Prometheus heruntermachen, der das Feuer brachte, mit dem ja auch schon viel Unheil angerichtet wurde. Wir sind uns einig: Wir müssen abwägen. Aber bitte nicht an der Waage manipulieren.

Noch ein grundsätzlicher Einwand gegen Ihren Risikobegriff: Menschliche Lebensjahre sind ein sehr einfältiges Maß für die Bewertung von Fortschritten oder Schäden. Erstens ist auch die übrige lebende Welt etwas wert, und zweitens sind möglichst viele, möglichst alte Menschen vergleichsweise wertlos. Auch würde ich die 300000 Lebensjahre, die jährlich in unserem Land durch Autounfälle »verlorengehen«, mindestens um jene etwa 1 Million Lebensjahre ergänzen, die jährlich für blinde, gelähmte oder schwachsinnige Unfallkrüppel »gerettet werden«. Aber was sollen überhaupt solche Zahlen? Schließlich gehen bei uns durch Abtreibungen vielleicht 60 Millionen Lebensjahre jährlich verloren, doch glaube ich nicht, daß Sie in der Diskussion über den § 218 mit dieser Zahl argumentiert hätten. Und wie bewerten Sie die jährlich durch Geburten gewonnenen etwa 50 Millionen Lebensjahre, wenn so viele davon fast ohne Kontakt mit der Natur in Betonzellen, in einem Dahindämmern vor der armseligen Welt des Fernsehens verbracht werden? Und wie zählen wir all die Kinderjahre und Schuljahre in unserem Land, die der Heranbildung von Neurosen und anderen seelischen Verkrüppelungen dienen? Sollen wir sie als »gewonnen« oder als »verloren« betrachten?

Hüten wir uns, unter Abwägen nur den Vergleich von ein paar Zahlen zu verstehen. Der Entwurf der Waage ist viel wichtiger als die Einteilung ihrer Skala!

18. Oktober 1980

Nun bin ich noch immer nicht mit meinem Brief fertig – da kommt schon Ihr nächster. (Sie hatten also den gleichen Einfall: Sie müssen nicht unbedingt auf mich warten, um etwas zu sagen.) Ich werde gleich auf den neuen Brief (vom 15. 10.) eingehen, möchte aber doch erst noch eine Frage aus Ihrem vorigen Brief (vom 11. 8.) beantworten. Sie haben nicht verstanden, was ich mit einem »globalen Eingriff« meine. Es beunruhigt mich, daß ich so schwer zu verstehen bin, wenn ich genau das meine, was ich sage: Eingriffe technischer oder gesellschaftlicher Art, die den ganzen Globus zugleich erfassen. Wenn Sie sich darauf einstellen würden, daß ich fast alle Worte, die ich schreibe, gründlich bedenke (deshalb dauert es bei mir so lange), dann könnten Sie sich vielleicht manches Mißverständnis oder Nichtverstehen ersparen. Ich meine sehr oft genau das, was ich sage. (Aber oft versuche ich es vermutlich vergebens.) Mit dieser Erklärung ist es nun vielleicht wirklich »leicht einzusehen«, warum wir »keine globalen Eingriffe in das Leben vornehmen sollten«. Oder immer noch nicht? Ich will es vorsichtshalber noch einmal erläutern: Unsere Epoche ist in der Geschichte der Evolution dadurch ausgezeichnet, daß »die Zeitskala des Fortschritts mit der Lebensdauer der Individuen an der Front« vergleichbar geworden ist. Mit Ihren Worten: »Wissenschaft verändert die Welt in fünfzig Jahren.« Damit sind die »Gesetze der Evolution« verletzt, und eine Instabilität setzt ein. Wegen der Endlichkeit des Planeten wird diese sehr schnell »global«. Wenn wir das nicht schnell genug wahrnehmen und bewußt andere Prozesse dagegen einleiten, so tritt in kurzer Zeit Selbstvernichtung ein, weil im Glauben an die eigene Fähigkeit, zum eigenen Vorteil zu handeln, die eigenen Lebensgrundlagen zerstört werden. Habe ich das alles in meiner Predigt und meinen Briefen nicht verständlich genug ausgedrückt? Ja, weiß es denn nicht ohnehin jeder, der nachdenkt? Sie machen mich ganz verzweifelt, wenn Sie verlangen, ich solle das »leicht Einsehbare« erklären. Ein globaler Eingriff ist es zum Beispiel, wenn wir auf der ganzen Welt etwa gleichzeitig einige Millionen Tonnen einer lebensfeindlichen, künstlichen Substanz verstreuen, um einen Feind (z. B. ein Insekt) zu bekämpfen. Falls wir später feststellen, daß wir damit ungewollt an einer anderen Stelle des Systems Schaden angerichtet haben, so ist es vielleicht zu spät. Weil der Eingriff »global« war, gibt es womöglich keine unbeschädigte Stelle mehr; der Eingriff ist irreversibel, nicht wieder gutzumachen; das System kann sich nicht mehr von einer verschont gebliebenen Stelle aus regenerieren; wir haben unter Umständen einige Millionen oder hundert Millionen Jahre biologischer Evolution durchgestrichen, ohne »etwas Besseres« dafür zu schaffen. (Das gleiche gilt im gesellschaftlichen Bereich: Dort löschen wir einige tausend oder zehntausend Jahre kultureller Evolution aus und setzen unseren schlimmsten Schund an ihre Stelle.)

Sie werfen mir vor, ich redete nur von Schaden, nicht aber vom Nutzen. Ein Eingriff könne aber Schaden oder Nutzen oder beides bringen. Was gäbe mir wohl das Recht oder auch nur die innere Motivation, den Nutzen zu verschweigen? Das habe ich doch alles in »Einfalt und Vielfalt« erklärt: Die Welt ist so unglaublich gut und schön – wir müssen sie nicht ständig verbessern! Wir müssen unseren Umgang mit ihr und miteinander verbessern. Dies sind die Probleme »an der Front der Evolution«. Der größte Nutzen, den wir im Augenblick schaffen können, besteht darin, daß wir aufhören, irreversible Schäden anzurichten, und daß wir die Voraussetzungen für Fortschritt »in Vielfalt und Gemächlichkeit« wiederherstellen. Einen anderen Fortschritt gibt es nicht (abgesehen vom bösartigen des Krebses), und dies ist so aus den simpelsten Gründen der Wahrscheinlichkeitslehre, wie leicht einzusehen ist! (Bestreiten Sie das?) *Deshalb* rede ich so wenig vom Nutzen und versuche ihn zugleich herbeizuführen, indem ich gegen die »globalen Schäden« ankämpfe. Erst wenn ich Sie in diesem Punkt überzeugt habe, sehe ich einen Sinn darin, über den »lokalen Nutzen« zu reden. Ohne Abkehr von der globalen Zerstörung hat dieser gar keine Entwicklungsmöglichkeiten.

Ich will Ihnen noch ein triviales Stück entgegenkommen: Es gibt auch nützliche »globale« Eingriffe, global in dem Sinne, daß sie auf der ganzen Erde etwa gleichzeitig geschehen. Wenn z. B. ein Arzt eine gute Operationsmethode für altersbedingte Augenkrankheiten entwickelt, bin ich durchaus für schnelle »globale« Verbreitung. Aber Sie sehen, wo der Unterschied liegt: Hier wird mit allergrößter, überhaupt nicht kontroverser Wahrscheinlichkeit kein Schaden an den Lebensgrundlagen angerichtet, weil der Eingriff ganz gezielt an einem winzigen Teil des Systems vorgenommen wird. Bei der Großchemie, der Energiewirtschaft, der modernen Landwirtschaft und einem großen Teil schnell entwickelter Technik überhaupt ist das ganz anders – und man kann das meist auch sofort sehen, täuscht aber sich und andere darüber hinweg, wenn man etwas verkaufen oder auf andere Weise Macht gewinnen kann.

Ein übergeordnetes Forschungsziel muß es also in Zukunft sein, möglichst raffiniert angepaßte, lokale Problemlösungen zu entwikkeln, die bei allem Nichtwissen (oder Noch-nicht-Wissen) höchstwahrscheinlich keine globalen Schäden anrichten können. Da wird ungeheuer viel zu tun sein, und Sie brauchen wirklich nicht zu fürchten, daß wir hierzu jemandem »die Augen ausstechen« müßten. Im Gegenteil: Wir brauchen schärfere Augen, um klarer zwischen Wahrscheinlichkeit, Hoffnung und Absicht zu unterscheiden!

Zum »System«, von dem ich immer wieder spreche, gehört natürlich auch das Untersystem der Menschheit und ihrer Kulturen. Auch hier sind schnelle, globale Eingriffe »wahrscheinlich schädlich«. Aber es gibt einige allgemeine Grundsätze, die wir schnell weltweit ausbreiten sollten: die Ehrfurcht vor dem Leben (also auch vor dem jedes einzelnen Menschen) und die Ablehnung jedes Machtanspruchs. Das mag ziemlich harmlos klingen – und wäre doch schon ein gewaltiger Eingriff, der heftige lokale Instabilitäten auslösen kann oder gar voraussetzt.

Mir wird oft entgegengehalten, mein Herausstreichen der gegenwärtigen Krise als etwas Besonderem sei nur auf die übliche, kurzsichtige Selbstüberschätzung zurückzuführen. *Uns* die Verantwortung für das Weitergehen der Evolution aufzubürden sei Größenwahn. In Wirklichkeit habe der Kampf ums Dasein schon immer zu ähnlichen Instabilitäten geführt, bei denen viele Arten verdrängt oder auch ganz ausgerottet wurden. Schließlich werde aber jede Instabilität durch die begrenzten Lebensgrundlagen beendet, und es komme dann von selbst zu einem neuen, ungefähr stationären Zustand. Das stimmt natürlich. Evolution geschieht in Schritten. Die

Frage ist nur, wo wir den neuen Zustand nach dem nächsten Schritt wünschen. Wenn wir die Begrenzung von außen abwarten, liegt der neue quasistationäre Zustand vielleicht auf dem Niveau der Steinzeit oder des frühen Tertiärs; ja, wenn wir alle unsere heutigen Fähigkeiten gezielt einsetzen, können wir vielleicht sogar zurück ins Präkambrium. Daß solche gewaltigen Rückschritte früher nicht vorkamen, liegt eben doch an der Auszeichnung unserer Epoche durch Mangel an Vielfalt und Gemächlichkeit. Das absolut Neue an unserer Lage ist die sofortige, globale Ausbreitung jedes sogenannten Fortschritts – bevor auch nur eine einzige Generation Zeit gehabt hätte, seinen Wert aus Erfahrung zu beurteilen. Dies zu ändern ist heute unsere wichtigste Aufgabe. Selbstverständlich sind wir nicht »verantwortlich für die künftige Evolution«, wohl aber hängt es von uns ab, ob künftige Evolution überhaupt möglich ist.

Weil so viele kluge Leute diese simple Einsicht offenbar nicht nachvollziehen können, will ich ein weiteres Bild entwerfen: Stellen wir uns das System des irdischen Lebens als einen Baum vor, dessen Wurzeln, Äste und Zweige die verschiedenen Arten darstellen. Er wächst seit mehreren Milliarden Jahren, und seine Krone wurde dabei immer breiter. Die »Front der Evolution« liegt dort, wo Zweige am schnellsten wachsen oder wo neue Zweige sprossen. Die lokalen Instabilitäten, von denen ich sprach, entsprechen dem »Schießen« einzelner Zweige, die dabei einen Teil ihrer Umgebung beschatten oder ihr Saft entziehen und sie dadurch welken oder absterben lassen. Werden aber solche wuchernden Zweige zu lang oder zu blattreich, so vertrocknen sie meist wieder, oder sie brechen ab – vielleicht erst durch Sturm oder Blitzschlag. Die Wechselwirkung zwischen den Arten, all das Fressen und Gefressenwerden, ist in diesem Bild schlecht sichtbar zu machen. Aber uns selbst, die Menschheit, können wir erkennen: Wir sind die heutige Spitze des Baumes, und wir sind ganz unglaublich ins »Schießen« geraten. Beim Schattenwerfen und Saftentziehen verhalten wir uns gegen unsere Umgebung nicht anders als jede andere überlegene Art, wie z. B. die neuen Lebewesen, die einst den Gebrauch des Sauerstoffs entdeckten und bald alles überflügelten, was »anaerob« lebte. Aber jetzt kommt das Neue: Die Spitze ist fähig, viel schneller zu wachsen als je zuvor; sie ist nämlich intelligent geworden; sie hat gelernt, selbst neue Substanzen herzustellen, die das eigene Wachstum fördern und das der Nachbarzweige verhindern; und zwar so schnell, daß keine allmähliche Anpassung mehr möglich ist. Natürlich beginnt diese intelligente Spitze sogleich, solche Substanzen auf etwa konkurrierende, unter ihr wachsende Zweige auszustreuen. Dort bleibt das Gift freilich nicht – es trifft auch alle anderen und kommt von dort mit den Säften sogar zur Spitze zurück. Nun beginnt die Umgebung zu welken, und auch die Spitze spürt Mangelerscheinungen. Sie schiebt es auf Schwächen der Wurzeln und des Stammes. Da gelingt es ihrer Intelligenz, durch Düngung der Wurzeln neue Kraftquellen zu erschließen. Nun steigt mehr Saft empor, und wir gedeihen prächtig – bis sich herausstellt, daß der Dünger ein schweres Wurzelgift ist. Die Wurzeln beginnen abzusterben.

Da werfen Sie mir vor, ich redete immer nur vom Schaden. Es müsse doch auch nützliche, ungiftige Wurzeldünger geben. Das mag sein – aber möchten Sie das durch Experimente an dem einen einzigen Baum herausfinden, den es gibt? Und noch dazu in Eile?

Es wird mir langsam peinlich, in immer neuen Gleichnissen so simple Wahrheiten zu predigen. Noch dazu, wo Sie mir ja gar nicht widersprechen. Sie legen nur die Grenze des Erlaubten anderswohin als ich. Sie halten für intelligent, was ich für dumm halte. Sie machen Ihre Bilanz mit einer anderen Definition von Soll und Haben. Sie eichen Ihre Waage zum Abwägen von Schaden und Nutzen, wie es Ihnen gerade nützlich erscheint. Ihr Vorschlag ist wohl, einen Schaden, der noch nicht eingetreten ist, für unwahrscheinlich oder vermeidbar zu erklären. Ist es das, was Sie meinen, wenn Sie von einer Bilanz »mit der ganzen Unvollkommenheit unserer Kenntnis« sprechen?

Ich glaube nicht, daß wir den Streit über die Bilanzmethode »der Geschichte überlassen« können. Wenn es Ihnen nicht gelingt, die Leser zu meiner Ansicht zu bekehren, ist die Geschichte nämlich bald zu Ende. *Mir* gelingt es offenbar nicht, diese Bekehrung herbeizuführen. Es wird höchste Zeit, daß auch Sie und all die anderen hervorragenden Wissenschaftler an der Aufklärung mitarbeiten!

Heute erhielt ich Ihren Brief vom 15. Oktober. Ich möchte zu ihm auch gleich noch kurz Stellung nehmen und lasse deshalb meinen Brief nochmals ein paar Tage liegen.

22. Oktober 80

Nun will ich also meinen langen Brief, an dem ich vom 29. September bis zum 18. Oktober schrieb, noch etwas ergänzen, um gleich auf die wichtigsten Punkte Ihres neuen Briefes einzugehen.

Ich wäre sehr froh, wenn wir uns endlich dem »Positiven« zuwenden könnten. Aber wie ist das möglich, wenn Sie auf etwas bestehen, was ich für negativ halte, und zwar für so negativ, daß nichts Positives dagegen aufkommen kann? Aber es ist ja denkbar, daß Sie Ihre »Behauptungen« noch revidieren, wenn Sie sich mehr Mühe machen, sie zu beweisen. Ich möchte also wegen unserer »Meinungsdiskrepanz« auch nicht den Briefwechsel beenden und bin bereit, erst einmal über etwas anderes zu diskutieren – wenn es mir auch sehr schwerfallen wird, nicht mein »ceterum censeo« anzubringen.

Lassen Sie mich nur noch Ihre Zusammenfassung unserer Diskrepanz, die Sie am Anfang Ihres Briefes gaben, aus meiner Sicht richtigstellen. Der erste Punkt war: »Die wirklichen Gefahren der Atomenergie rechtfertigen es nicht, sie abzulehnen, wenn man sie aus anderen Gründen braucht.« Die Diskrepanz besteht hier darin, daß Sie behaupten, Sie kennten die wirklichen Gefahren, und diese seien gering, während ich sie nicht hinreichend kenne, sie aber angesichts des »üblichen« menschlichen Verhaltens für »wahrscheinlich sehr groß« halte. Ob eine Diskrepanz darüber besteht, ob wir die Atomenergie »aus anderen Gründen brauchen« oder nicht, haben wir in unserer bisherigen Diskussion noch nicht geklärt. Ich werde also demnächst versuchen, unseren Briefwechsel in diese Richtung zu lenken. Vielleicht ergibt sich ja dann eine Übereinstimmung, die die gegebene Diskrepanz in der Gefahrenbeurteilung völlig nebensächlich werden ließe. Ihr zweiter Punkt war: »Forschung sollte nicht verlangsamt werden; denn was immer man plant oder tut: Wissen, Denken, Können sind wichtig, wenn man es gut machen will.« Hier liegt die Diskrepanz darin, daß Sie zu allgemein bleiben, während ich sogleich an konkrete Beispiele denke. Dabei bin ich ganz sicher, daß Sie Ihre Aussage nicht so allgemein vertreten, wie sie sich anhört. Sie würden mir wohl bei dem folgenden Zusatz beistimmen: »Wenn Forschung auf ein Ziel gerichtet ist, das von vornherein als schädlich oder zu gefährlich erkennbar ist, so muß sie eingestellt oder zumindest verlangsamt werden.« (Da sind wir wieder beim Unterschied von Wissenschaften und Machenschaften!) Konkret: Sie dürfen weiter »Atomforschung« betreiben, aber wir schließen oder reduzieren die »Großforschungsinstitute«, in denen man erforscht, wie man am schnellsten die ganze Welt mit Kernreaktoren, Schnellen Brütern, Fusionsbrütern oder dergleichen überziehen kann. Die eingesparten Forschungsmittel sollten wir dann für eine große Zahl kleiner Institute verwenden, in denen man sich mit den technischen und gesellschaftlichen Problemen beschäftigte, die einer Entwicklung »in Vielfalt und Gemächlichkeit« entgegenstehen. Das wäre *auch* Forschung, und zwar eine, die jetzt nur ganz am Rande betrieben wird. Es geht also um »Prioritäten«, ums »Abwägen«. Dem hatten Sie, glaube ich, schon zugestimmt, und wir können also vielleicht diese scheinbare Diskrepanz vergessen.

Nun gut, ich nehme also Ihre beiden »Behauptungen« nicht ohne Revision an: Ich bin nicht bereit, »Freiheit für die Entwicklung der Atomenergie« zu geben, sowenig wie ich bereit bin, Freibriefe für Mord oder Krieg auszustellen, und ich glaube, daß wir die »Freiheit der Wissenschaft« beschränken müssen, wo sie vernunftwidrige Machenschaften zur Folge hat.

Dem Rest Ihres Briefes kann ich leicht zustimmen. Das Buch von Jonas, das ich nicht kenne, enthält ja offenbar viele einfache Einsichten und ist insofern meiner Predigt recht verwandt. Nur kommt es mir bei den von Ihnen zitierten Stellen oft so vor, als hörte ich einen Lehrstuhlinhaber für Philosophie (oder gar einen Juristen?) über meine eigenen Gedanken referieren. Sie haben ja sicher bemerkt, daß ich mich und Sie und jeden, der nachdenkt, für »verantwortlich« erklärt habe – und wir können es ruhig verschwommen lassen, *wem* gegenüber wir verantwortlich sind. Auch Hans Jonas' Bemerkung, daß Ehrfurcht nicht genüge, sondern daß das Gefühl der Verantwortung und entsprechendes Handeln hinzutreten müßten, ist ganz in meinem Sinne. Ich muß einmal darüber nachdenken, warum Sie wohl für Jonas' Stil so viel empfänglicher sind als für meinen. »Die Erkennung des Malum ist uns unendlich leichter als die des Bonum.« – Ist das nicht, was ich ständig mit dem Wahrscheinlichkeitsargument (für Eingriffe in komplexe Strukturen) klarzumachen versuchte? Und das »quasi-eschatologische Potential unserer technischen Prozesse«, dessentwegen »Unwissen über die letzten Folgen selbst ein Grund für verantwortliche Zurückhaltung« wird – ist das nicht genau das, was ich gegen die großtechnische Nutzung radioaktiver Stoffe ins Feld führe? (Und nenne ich nicht wegen dieses »eschatologischen« Aspekts meine Vorträge »Predigten«?) Und meine Kritik an Ihren »Behauptungen« ist, daß Ihr Wissen »dem kausalen Ausmaß Ihres Handelns nicht größengleich« ist.

Ihre »Hoffnung, daß eine bessere Zukunft zu einem großen Teil durch das freiwillige Handeln der Bürger entsteht«, teile ich. Es gibt sicher keinen einigermaßen stabilen Entwicklungsweg, der der Mehrheit der Menschen aufgezwungen werden müßte. Sie haben sicher bemerkt, daß ich jeden Machtanspruch ablehne. Es geht allein ums Überzeugen. Wenn die bisher entwickelten seelischen Strukturen und Traditionen des Menschen die Überzeugung durch einfache Wahrheiten, und ein entsprechendes Handeln, nicht zulassen sollten, dann haben wir eben »Pech gehabt«. Dann war die Entwicklung des Großhirns in der Tat eine Naturkatastrophe.

Wenn wir nun beginnen, über die »bessere Zukunft« zu diskutieren, sollten wir uns möglichst nicht auf das Entwerfen von »Szenarien« einlassen, wie es üblich geworden ist, seit die Systemanalytiker gelernt haben, große Computer mit vielen Parametern zu füttern. Ich will nicht sagen, daß solche Szenarien völlig nutzlos sind. Man kann aus ihnen schon ein wenig über Zusammenhänge lernen, die man ohne sie nicht überblickte. Aber das entscheidende, das, womit wir über die möglichen Formen von Zukunft entscheiden, sind die »Randbedingungen«, unter denen wir die Parameter, die den Zustand des Systems beschreiben sollen, überhaupt variieren dürfen. Jetzt möchte *ich* eine Behauptung wagen: Angesichts der Komplexität des Systems (lebendige Natur einschließlich menschlicher Gesellschaft) ist es vermessen, zu glauben, es sei durch die Wahl gewisser Sätze von Parametern in einer vernünftigen Näherung beschreibbar. Dagegen sind Einsichten über »gute oder schlechte Randbedingungen« aufgrund relativ einfacher Kriterien möglich.

Ich will ein Beispiel geben: Unsere Systemanalytiker (was für ein Wort! Zusammentuauseinandernehmer!) berechnen auf 50 Jahre den Verlauf der Bevölkerungszahl, des Energieverbrauchs, des Bruttosozialprodukts, der Zahl der jährlich mittels Auto und Flugzeug zurückgelegten »Personenkilometer«, der internationalen Finanzbewegungen und Transporte von Rohstoffen – und so weiter. Durch Variation einiger Zahlenwerte ermitteln sie dann auf dem Computer unsere »beste Zukunft«. Viele lassen sich weismachen, es bleibe uns nichts übrig, als diese »beste aller möglichen Welten« für unsere Kinder und Kindeskinder mit allen Kräften zu verwirklichen oder wenigstens in die Wege zu leiten. Schließlich ist ja viel Wissenschaftlerfleiß und -ehrgeiz in solche Szenarien eingegangen; was soll man da als Nichtfachmann dagegen sagen? Man muß sich nur klarmachen, daß bei diesem Verfahren unendlich viele »mögliche Zukünfte« gar nicht zur Wahl gestellt wurden; sie blieben durch die Auswahl der Parameterschar und vor allem durch die Wahl oder die Vernachlässigung von Randbedingungen unzugänglich. Ganz sicher sind aber unter diesen nicht zugelassenen »Zukünften« viel bessere (wieder aus Wahrscheinlichkeitsgründen in Anbetracht der Komplexität). Wie aber können wir eine davon finden helfen? Nun also kommt meine Behauptung, die Sie vielleicht anzunehmen bereit sind, wenn Sie die in meiner Predigt formulierten »Gesetze der Evolution« in Betracht ziehen: Es ist viel vernünftiger, möglichst gründlich über die Evolutionsverträglichkeit der Randbedingungen nachzudenken und solche auszuwählen, die »Vielfalt und Gemächlichkeit« begünstigen. Dann braucht man nicht zu versuchen, Einzelheiten der Zukunft vorherzusagen. Dann dürfen wir uns ruhig von »Unabsehbarem« überraschen lassen. Gerade dies ist ja das Neue, Wertvolle, das wir nicht »absichtlich« hervorbringen können.

Ich schlage also vor, wir vergleichen unter diesem Gesichtspunkt zunächst einmal den »Atom-Weltstaat« und eine auf Sonnennutzung aufgebaute, dezentralisierte Gesellschaft.

Mit freundlichen Grüßen
Ihr Peter Kafka

9 München, 5. März 1981

Lieber Herr Kafka,

diesmal hat es bei mir lang gedauert; ich habe mir insgesamt zuviel vorgenommen, und außerdem wollte ich für unsere neue Phase noch mehr lernen, was mir bisher nur zum Teil gelungen ist. Aber zu schreiben gibt es schon genug.

Zu Ihrem Brief habe ich mir viele Notizen gemacht, aber ich will doch lieber zusammenhängend schreiben, als mich auf Seitenzahlen beziehen. Also zunächst Forschung und Anwendung. Ich freue mich, daß wir einig sind, daß Forschung als Streben nach Erkenntnis, nach besserem Wissen und Denken, weitergehen soll. Und wir sind uns offenbar auch einig, daß man dann jede Anwendung von Forschung, alles was mit Forschungsergebnissen gemacht wird und Folgen für Menschen oder Umwelt haben kann, anders betrachten muß. Wenn man Ziele hat und wenn die Arbeit mit wissenschaftlichen Methoden diesen Zielen dienen soll, dann ist diese Arbeit mit den Zielen zu bewerten. Diese Unterscheidung: Forschung für einen unbekannten Erkenntnisgewinn und Forschung, die einem bekannten Ziel dient, wird zu selten gemacht. Das ist, worüber wir wohl einig sind.

Also (Ihr Brief): Ergebnisse der Wissenschaft können mißbraucht werden. Und der Wissenschaftler, der Kenntnisse gewinnt, wird Dinge finden, die unerwartete Folgen haben. Das können wir nicht ändern, wenn wir nicht Forschung weltweit verbieten.

Die »wissenschaftliche Neugier« ist für mich keine Entartungserscheinung, sondern eine der edlen Eigenschaften der Menschen. Ich halte auch nichts davon, das Tempo des Erkenntnisgewinns zu drosseln. Ihre Gravitationswellen mögen nicht bald Folgen haben, aber wenn dadurch neue Versuche oder neue Denkweisen angeregt werden, dann sind sie so eilig oder nicht eilig wie die ganze Wissenschaft.

Die ganze Wissenschaft soll, so glaube ich, rasch fortschreiten, denn etwas von ihren Ergebnissen werden wir immer dringend brauchen. Ich selbst fühle mich innerlich gedrängt, soviel zu tun, wie ich kann. Wenn es etwa denkbar ist, daß in 35 Jahren statt in 30 Jahren von heute nur noch 50000 statt 150000 Menschen im Jahr in Deutschland an Krebs sterben, dann denke ich mir alle die 100000 mit Namen und mit Familie so wie heute die uns nahestehenden Krebskranken Namen und Familie haben, und ich finde jede noch so entfernte Anstrengung in der Wissenschaft lohnend. Und dasselbe gilt, wenn ich statt an Krebs an das menschliche Zusammenleben denke.

Damit aber sind wir wieder bei Zielen, und ich muß ein Eingeständnis machen: Man kann Forschung, Ziele und Anwendung nie ganz streng trennen. Auch bei der reinsten Forschung hat man im Hinterkopf Ziele. Und natürlich: Auch über Ziele gibt es keine volle Klarheit. Zum Beispiel: Krankheiten bekämpfen kann heißen, das Leben verlängern, Überbevölkerung schaffen. Oder Kernenergie: Ich habe bei den Vorarbeiten für die Kernenergie, als es sich nicht mehr um reine Forschung handelte, gern mitgemacht, weil ich Segen für die Menschheit erhoffte, obwohl man über die Gefahren etwa wegen der Reaktorsicherheit noch nicht genug wußte. Also: Auch Ziele weiß man nicht genau; man muß sie immer überprüfen. Weiterarbeiten ist in Ordnung, solange die endgültige Entscheidung noch offen ist.

Wenn ich das sage, begebe ich mich allerdings der Möglichkeit, ein unerwünschtes Ziel durch Forschungsverweigerung abzublokken. Man kann nicht alles haben. Abblocken ginge ja auch nur, wenn alle Forscher in allen Ländern sich beteiligten.

Bei unserem nächsten Thema, den Strahlengefahren der Atomenergie, bin ich nicht glücklich über Ihren Brief, und ich schließe mich Ihrem Vorschlag an, diese Diskussion zu beenden. Die Argumente, die Sie über Inkorporation von radioaktiven Stoffen und über Vererbung bringen, sind schon lange in der Diskussion gewesen und natürlich bei dem, was ich betrachte, mit eingebracht. Ich müßte vielleicht mehr etwa zu den Erbschäden sagen. Aber das müßten quantitative Betrachtungen sein. Aber nachdem Sie nicht nur jede quantitative Aussage verweigern, sondern mich noch verhöhnen, wenn ich von der natürlichen Umweltbelastung rede, will ich nur sagen, daß ich meine Behauptungen mit dem besten Gewissen aufrechterhalte. Ihre Aussage »... konvergiert gegen Eins« müßten Sie ändern in »... konvergiert gegen ein Zehntausendstel«.

Dazu zweierlei: Ein Zehntausendstel ist auch noch viel, man muß die daraus folgenden Zahlen mit anderen Gefahren, die die Kernenergie vermeiden würde, vergleichen. Und: Ich sage, daß die Kernenergiegefahren so klein gehalten werden könnten. Sie sprechen mit Recht von einer Willenserklärung. Ist das nicht immer so bei Vorschlägen für die Zukunft, die man nicht mehr selbst beeinflussen kann? Aber: Wer sollte später anderes wollen? Natürlich bei einem Krieg oder gesellschaftlichen Chaos können sie größer sein. Ich vermute, daß sie aber gering wären gegenüber den anderen Problemen, die man dann hätte; ich meine, daß das zu keiner fruchtbaren Diskussion führt.

An dieser Stelle möchte ich gern ein Manuskript einfügen, das vielleicht veröffentlicht wird. Es beleuchtet das zur Sicherheit Gesagte und kann als Einführung gelten für das, was uns ab jetzt beschäftigen sollte.

Heinz Maier-Leibnitz

Atomenergie: Die Diskussion vereinfachen!

Wenn ich irgendwo Minister für Desorganisation anderer Länder wäre, würde ich mir die Hände reiben wegen der Erfolge mit der Atomenergie. Ein größeres Durcheinander mit größeren politischen Folgen hat es kaum je gegeben. Es ist Zeit, ein wenig aufzuräumen und zu sehen, welche Aussagen man mit Sicherheit oder

mit begründeter Zuversicht machen kann. Nur so kann man die heillos verfahrene Diskussion auf die wirklichen Probleme reduzieren, die noch groß genug sind.
Erstens: Die Reaktorsicherheit hat seit Harrisburg große Fortschritte gemacht, auch und vor allem in Deutschland. Vor allem sehr große Unfälle sind noch unwahrscheinlicher geworden, als sie es schon waren.
Zweitens: Trotzdem wird es in der Welt Reaktorunfälle geben, vielleicht mit Toten, sicher mit Austreten von Radioaktivität, vielleicht mit vorübergehender Evakuierung größerer Gebiete und mit der Erwartung von allerdings nicht im Einzelfall nachweisbaren Krebsschäden (genetische Schäden dürften kaum eine Rolle spielen). Wie die friedliche Nutzung der Atomenergie einen solchen Unfall überleben wird, ist eine Frage, die heute schwer zu beantworten ist. Hier wird entscheidend sein, ob die jetzt folgende These angenommen wird.
Drittens: Unfälle und Gefahren gibt es bei allen technologischen Prozessen und bei jeder Art von Energiegewinnung. Man muß Gefahren vergleichend betrachten. Nichts spricht dafür, daß dabei die Atomenergie schlecht abschneidet. Aber das Vergleichen (»ein Toter aus Kernenergie ist ebenso tot wie ein anderer«) gilt vielen, ganz irrational, als geradezu unmoralisch. Dabei spielt die Angst vor dem Unbekannten ebenso eine Rolle wie die Faszination durch etwas sehr Seltenes, aber Großes wie den unwahrscheinlichsten Reaktorunfall. Auch hört man oft die sicher nie völlig richtige Behauptung, ein Individuum könne alle Unfälle selbst vermeiden helfen außer diejenigen mit der Kernenergie. (Selbst bei Autounfällen stirbt ein erheblicher Bruchteil, ohne schuld, ja ohne Autofahrer zu sein.)
Viertens: Durch die Atomenergienutzung ist der Bestand der Menschheit nicht gefährdet. Die Strahlengefahren (Krebs und genetische Schäden) sind nicht anders als die in der Natur schon bestehenden. Sie werden auch bei pessimistischen Annahmen, wie sie etwa in der Deutschen Risikostudie gemacht werden, weltweit für unsere Nachkommen ein Zehntausendstel der heutigen Schäden nicht überschreiten.
Dies muß abgewogen werden mit den Gefahren (Unfälle, Gesundheitsschädigung, Umwelt), die durch andere Energiearten entstehen. Wenn Atomenergie der einzige Weg ist, zu mehr Energie zu

kommen, müssen auch die Wohltaten einer auf Energie basierenden Zivilisation mit betrachtet werden, aber nur soweit durch sie Gefahren für die Menschheit abgewendet werden. Ein bequemeres Leben darf kein Grund sein, Menschen zu opfern. Hier sind Grenzen des Abwägens.

Fünftens: Die Strahlengefahren aus Transport und Lagerung, auch Endlagerung radioaktiven Materials aus Kernkraftwerken sind vernachlässigbar klein. Auch bei der Wiederaufarbeitung von Brennelementen können nur strikt begrenzte Unfälle erwartet werden, die in keiner Weise aus dem Rahmen technologischer Gefahren fallen. Bei alledem wird man sich Mühe geben müssen, aber der Ausgang, etwa der Gorlebendiskussion, was ihren sachlichen Inhalt betrifft, kann nicht zweifelhaft sein.

Sechstens: Die Zahl der Länder, die Atomwaffen besitzen, wird bald zweistellig sein, und man mag sich wundern, warum die großen Mächte nicht bereit sind, dagegen etwas zu tun. Aber auf keinen Fall wird die Atomenergieentwicklung in Deutschland dazu beitragen (wir unterstellen, daß die Bundesregierung nicht die Absicht hat, selbst Atombomben zu bauen). Wer Atombomben entwickeln will oder wer spaltbares Material stehlen will, wird dies nicht an normal im Reaktor ausgebranntem Material versuchen.

Siebtens: Das bisher Gesagte gilt von den heute üblichen wassermoderierten Reaktoren. Die Sicherheit bei dem noch nicht voll entwickelten Brüter und sowieso bei dem Hochtemperaturreaktor scheint ebenso garantiert zu sein. Die Zukunft gehört wohl dem Brüter, weil mit ihm die Kernenergievorräte praktisch unendlich werden. Dies gilt zum Teil auch für den Hochtemperaturreaktor; es scheint aber, daß er teurer arbeitet. Er wäre unschlagbar für chemische Prozesse bei sehr hoher Temperatur, aber man weiß nicht, ob diese genügend wichtig werden.

Achtens: Die Diskussion über den Atomstaat, darüber, daß der Bürger wegen der Reaktorsicherheitsmaßnahmen unfrei werden würde, ist wegen ihrer Albernheit, die manche Datenschutzauswüchse noch weit übertrifft, zusammengebrochen, wohl der erste Fall, daß die Atomgegner eine Position aufgegeben haben.

Die Diskussion auf dem Atomgebiet ist unbeschreiblich polarisiert, vor allem, weil es oft weniger um Atomenergie als um Macht, um Kampf gegen die Autorität und um Gesellschaftsveränderung geht. Ich weiß, daß jede meiner Aussagen Widerspruch finden oder totgeschwiegen werden wird. Man darf den Entwicklungsstand der Kampfmethoden nicht unterschätzen. Für die Politiker bedeutet das, daß sie bei ihren Aussagen sehr darauf achten müssen, daß ihre Aussagen nicht gegen sie interpretiert werden können. Das war in der Vergangenheit ein schwacher Punkt. Fast jeder führende Politiker, der sich für Atomenergie aussprach, hat kurz vorher oder nachher etwas Entscheidendes gesagt oder getan, das sie behindert oder verhindert hat.

Nach allem Bisherigen bleibt das Wesentliche zu diskutieren; ich nenne einige Hauptpunkte.

- Darf man Atomenergie betreiben, wenn sich ein Teil der Menschen, wenn auch zu Unrecht, davor fürchtet? Dies berührt die ewige Frage, wieweit eine Regierung das Recht oder die Pflicht hat, der Vernunft Priorität zu geben, und auch die Frage, ob in solchen Dingen eine Minderheit gegen die Mehrheit geschützt werden muß.
- Ein weiteres Problem ist: Wieweit soll (darf?) eine Regierung für eine ferne Zukunft (zum Beispiel 50 Jahre) vorsorgen auf Kosten der jetzigen oder der ihr folgenden Generation?
- Energiesparen ist unbestritten, soweit nicht die Produktivität leidet. Aber darüber hinaus: Wollen wir ein einfacheres Leben, mit Konsumverzicht? Dies ist nicht rational entscheidbar, man muß wohl auf Strömungen im Volk achten. Für große Erwartungen ist nicht viel Grund zu sehen.
- Der Rest sind rationale Fragen: Wie groß sind die Gefahren, wenn wir beim Öl bleiben? Wie ist die Ökonomie und der langfristige Nutzen der verschiedenen Energiearten? (Die Macht wirtschaftlicher Gesichtspunkte wird heute – das war früher schon einmal so – in der öffentlichen Diskussion zu wenig gesehen.) Kann man dabei an das Autarkiebedürfnis von Bürgern oder Gruppen denken, die bereit sind, etwa für die Solarheizung, für kleine Wind- oder Wärmepumpenanlagen zu bezahlen? Ist es richtig, daß ohne Öl und viel Kohle unsere Zukunft in sehr großem Ausbau der Elektrizitätswirtschaft liegen muß? Daß die Alternative zum Öl in einer großen Ausdehnung der Elektrizität liegen soll, ruft eine neue Art von Umweltschützern und Gegnern großer Wirtschaftsunternehmen auf den Plan.

Stehen wir vor einer Periode, wo wir nur mehr über solche Dinge diskutieren müssen? Und kann diese Diskussion in einer entspannten Atmosphäre stattfinden?

Die Zeit dafür ist reif, denn verwirrter als heute kann die Situation nicht mehr werden.

Und nun zurück zu Ihrem Brief. Gestört hat mich, was Sie von der Waage sagten, deren Funktion man nicht genau durchschaut. »Nicht genau« ist ein Vorwurf, den man immer machen kann und der immer wirkt, ein Vorwurf, den die Demagogen meisterhaft beherrschen. Wir verstehen nichts voll, lieber Herr. Mit solchen Argumenten dürfen Sie nicht kommen. Aber immerhin bin ich froh, daß auch Sie sagen: Wir müssen abwägen. Auch wenn Sie Tod oder Lebensjahre ein einfältiges Maß für Risiko nennen, bin ich betroffen. Die Argumente, die Sie im Anschluß daran nennen, könnte ich als Argumente zugunsten der Kernenergie betrachten, wenn ich so irrational argumentierte wie Sie.

Vielleicht dazu noch etwas Allgemeines: Wir wissen alle, daß rationale Argumente bei vielen Problemen nicht ausreichen, um zu begründeten Entscheidungen zu kommen. Die Rolle, die das Gefühl deshalb bei Entscheidungen spielt, ja spielen muß, wird oft unterschätzt. Nur darf man nicht so weit gehen, dem Gefühl vor richtigen rationalen Argumenten Priorität zu geben, wenn es sich nicht um Entscheidungen allein für einen selbst handelt. Darauf müssen wir noch zurückkommen.

Nun zu Ihrem Thema »Eingriffe«. Das Beispiel DDT erkenne ich als globalen Eingriff an. Es kann zum Beispiel alle Individuen einer Tiergattung betreffen. Nur – und das gehört mit zu Ihrem Thema –, wie viele Menschen mehr würden verhungern, wenn man das DDT wieder abschaffte? Was ist Ihr Lösungsvorschlag?

Ich bin auch wie Sie der Meinung, daß vieles von dem sogenannten Fortschritt sich schnell, wahrscheinlich zu schnell überallhin ausbreitet und daß deshalb oft die Welt gleich als Ganzes verändert wird, so daß nicht das gute Alte von irgendwo sich wieder ausbreiten kann.

Ich muß Sie aber fragen, die Kernenergie betreffend: Wie ist es mit der »globalen« Wirkung, wenn jeder zehntausendste Mensch überall auf der Welt davon erreicht wird? Hier scheint mir das Wort »global« nicht nützlich.

Soviel für heute. Ich muß wohl bald über politische Entscheidungen etwas sagen, wie sie in meinem Artikel angesprochen sind. Und ich hoffe mehr über Energieprobleme zu lernen. Ich würde hoffen, daß Sie dazu mehr sagen im Zusammenhang mit Ihren Wünschen für ein lebenswerteres Leben. Im letzten Brief erscheint die »zentrale Massenproduktion von Energie« nur als Feind oder als Entropievermehrung? Wollen Sie über einen Energiemangel die heutigen Strukturen bekämpfen, oder ist Energie schlecht als solche? Ich kann mir nicht recht denken, daß viel Energie nur deshalb schlecht sein soll, weil man dafür Kernenergie braucht. Sie haben sicher andere Gründe.

Mit herzlichen Grüßen
Ihr Heinz Maier-Leibnitz

10 Unterföhring, 15. April 1981

Lieber Herr Maier-Leibnitz,

die Pausen sind zu lang, wenn auch nicht ganz ereignislos; sogar zwischen uns geschehen fast bedeutsame Dinge: Neulich, zum Beispiel, als ich mich noch fragte, ob ich wohl je wieder von Ihnen hören würde, überquerten Sie vor mir (lesend?) die Mauerkircher Straße, und meine Fahrerin, die Sie gar nicht kennt, mußte scharf bremsen. So weit strahlt unsere Gegnerschaft schon aus!

Wir sollten uns mehr anstrengen; sonst halten wir nicht einmal mit der Entwicklung Schritt; und wir wollen doch eigentlich mithelfen, ihr Richtungen zu weisen. Heute schaffe ich aber den grundsätzlichen »großen Brief« nicht, der mir vorschwebt, und ich schicke daher wenigstens einen kleinen als Reaktion auf Ihren Brief, den ich als Zusammenfassung unserer bisherigen Gedanken schlecht akzeptieren kann. Selbst wenn Sie von Einigkeit zwischen uns sprechen, frage ich mich, ob diese nicht allzu abstrakt bleibt. Sowie es nämlich um denkbare Schlußfolgerungen aus solchen gemeinsamen Einsichten geht, ist die Einigkeit dahin. Mehr und mehr empfinde ich dabei, daß Sie mich mit Absicht oder aus Bequemlichkeit mißverstehen. Nehmen wir als Beispiel die beiden ersten Seiten Ihres jüngsten Briefes: Alle meine Bemühungen um differenzierte Betrachtung werden von Ihnen mit dem Satz fortgewischt: »Das können wir nicht ändern, wenn wir nicht Forschung weltweit verbieten.« Wenige Sätze zuvor betonen Sie unsere Einigkeit in der Unterscheidung zwischen reiner Forschung und zielgerichteter Forschung. Die letztere, jedenfalls soweit man sie heute »Entwicklung« nennt, dient aber nicht dem »Erkenntnisgewinn«, dessen Tempo Sie keinesfalls gedrosselt sehen wollen, sondern dem »Machtgewinn«. Wo dieser als risikoreich erkennbar ist, z. B. schon an der Bedrohlichkeit des Ziels, wäre doch Verlangsamung oder Verbot sinnvoll, und man müßte in eine Diskussion über entsprechende Möglichkeiten eintreten. Aber so weit lassen Sie es nicht kommen, denn Sie haben die eben betonte Gemeinsamkeit schon wieder verdrängt. Nach wenigen Zeilen ist die Unterscheidung nach Forschungszielen vergessen, und es ist alles »so eilig oder nicht eilig wie die ganze Wissenschaft«. (Und das »nicht eilig« stellt sich schon im nächsten Satz als rein rhetorisch heraus.) Setzen Sie wirklich keinerlei Prioritäten? Wie haben Sie dies denn als Präsident der Deutschen Forschungsgemeinschaft gehandhabt?

Ich glaube, in meinen früheren Aussagen über die prinzipiellen Schwächen von Großforschung steckt einiges Nützliche für die Diskussion der Prioritätenfrage. Freilich hätte es gewaltige wissenschaftspolitische Folgen, und es ist sicher sehr unbequem, sich mit der Großforschung anzulegen. Aber versuchen Sie doch bitte nicht, den Eindruck zu erwecken, mir fiele nichts ein, als »die Forschung zu verbieten«. Ich habe doch gesagt, was ich will: Ich möchte, daß in gesellschaftlicher Übereinkunft jene »Machenschaften« eingestellt werden, die als zu schädlich oder zu risikoreich erkennbar sind. In dem Wörtchen »zu« steckt das ganze Problem des Abwägens.

Sie meinen, ich verhöhnte Sie, wenn Sie von der natürlichen Umweltbelastung sprechen. Das begreife ich nicht. Ich kann beim Nachlesen keinen Hohn finden. Aber auch Ihrer Bemerkung, ich »verweigerte jede quantitative Aussage«, kann ich nicht recht folgen. Ich verweigere sie nicht, ich bin ihrer unfähig. Schließlich bin ich ja als Wissenschaftler gewohnt, quantitative Aussagen nur zu machen, wenn ich sie beweisen kann. Finden Sie es nicht selbst etwas unpassend, wenn ein Wissenschaftler sagt, er »erhalte seine Behauptungen mit dem besten Gewissen aufrecht«? Was ist nicht schon alles guten Gewissens getan worden! Und von Wissenschaftlern verlangt man nun einmal mehr als Behauptungen. Wenn Sie bessere Beweise kennen, als sie hier ausgebreitet werden können, so möchte ich Sie bitten, doch wenigstens die Quellen zu nennen. Dann werde ich versuchen, mir ein Urteil zu bilden. (Meine wissenschaftliche Neugier wird vor allem durch Ihre Andeutungen über neue Erkenntnisse bei genetischen Schäden geweckt.)

Die »Eins« in meiner Aussage über die Wahrscheinlichkeit künftiger Schädigungen am gesamten Leben hörte sich vielleicht »quantitativ« an, weil die Eins eine Zahl ist. Aber wenn Sie genauer nachlesen, werden Sie sehen, daß das eigentlich Quantitative an meiner Aussage äußerst ungenau blieb, und zwar wegen meiner Unwissenheit über die Zukunft: Ich sprach von Zeiträumen zwischen Jahrzehnten und Jahrzehntausenden, über die der Schaden global wirksam werden könnte, wenn man weltweit zur Kernenergie überginge. Wenn Sie nun behaupten, ich müßte meine »Eins« in ein Zehntausendstel ändern, dann bedeutet das: Die Freisetzung langlebiger Isotope wird auch in Zeiträumen, die lang gegenüber aller überlieferten menschlichen Geschichte sind, immer so niedrig bleiben, daß die natürliche Radioaktivität, oder ein gewählter Bruchteil von ihr, im Mittel nicht überschritten wird. Die entsprechende Willenserklärung empfinde ich von Ihnen nicht als Verhöhnung, wohl aber als entwaffnend. Ich strecke also in diesem Punkt die Waffen und gebe zu, »daß die Kernenergiegefahren so klein gehalten werden *könnten*«, wenn wir (oder vielmehr die Nachkommen) unwahrscheinliches Glück *hätten*. Quantitativer will ich bei dieser Wahrscheinlichkeitsaussage nicht werden. (Für meine Folgerungen ist es übrigens unwesentlich, ob es sich bei diesem Konjunktiv um die »Möglichkeitsform« oder den »Irrealis« handelt.) Aber Sie irren sich, wenn Sie meinen, die Situation sei »immer so bei Vorschlägen für die Zukunft, die man nicht mehr selbst beeinflussen kann«. Ganz im Gegenteil! Ich glaube, hier nähern wir uns wieder einmal einem entscheidenden Punkt: Mein Denken dreht sich ja gerade um die Entwicklung von Institutionen und Verfahren, die auch dem realen Menschen mit seinem vorgegebenen biologischen und psychologischen Erbe eine Zukunft versprechen. *Ihre* Zukunftspläne können alle sehr leicht am »menschlichen Versagen« scheitern und enden dann vielleicht mit »verbrannter Erde«. *Ich* dagegen will gar nicht die Zukunft planen, sondern die »Bedingungen des Fortschritts« studieren. Wenn wir sie finden und erfüllen können, werden sich Risikostudien mit Tausenden von Unbekannten erübrigen. Die erste, wirklich triviale Erkenntnis auf diesem Wege ist: Wenn riskante Aktivitäten nicht nötig sind, soll man sie bleibenlassen. Vor der »Aufklärung« garantierte man das »Bleibenlassen« durch Tabuisierung; Ziel der »Neuen Aufklärung«, für die ich arbeite, ist die Möglichkeit neuer »Tabus« in gesellschaftlicher Übereinkunft, aus Einsicht in Grenzen unserer Fähigkeiten.

Sehen Sie, auch ich spüre den Drang zur Vereinfachung, den Sie mit einem gewissen Recht für die Basis wissenschaftlichen Denkens halten. Aber waren wir uns nicht auch schon irgendwie darüber einig, daß die ganze Angelegenheit sehr komplex ist? Daß der Streit um die Atomenergie doch eigentlich nur einen historisch zufälligen strategischen Punkt im Kampf um den Fortschritt kennzeichnet? Deshalb möchte ich am liebsten Ihrem eingeschobenen Artikel – »Atomenergie: Die Diskussion vereinfachen!« – einen anderen entgegensetzen: »Atomenergie: Endlich größere Zusammenhänge diskutieren!«. Aber auf diese kommen wir ja hoffentlich noch zurück. Vielleicht schaffe ich über Ostern einen weiteren Brief. Hier muß ich mich mit einigen aphoristischen (d. h. »abgrenzenden«) Anmerkungen begnügen, die ganz dicht am Text Ihrer Notiz bleiben. Zunächst etwas zu Ihren acht Punkten:

Erstens: Eine wahre quantitative Aussage: 1981 ist größer als 1979.

Zweitens: Einverstanden!

Drittens: Moral ist irrational; Tote Zählen ist rational. (Übrigens ist eines klar: Aus jedem Lebenden wird ein Toter. Der Vergleich des Lebens in den »alternativen Zukünften« dürfte also interessanter werden als das Zählen von Toten.)

Viertens: Sie hätten auch hier ruhig sagen sollen, daß es sich um eine »Willenserklärung« handelt. Wissenschaftlichen Anforderungen an quantitative Aussagen genügen die vorliegenden Studien keinesfalls – und bei der Komplexität des Problems werden sie es auch nie können! Ferner: »Wenn Atomenergie der einzige Weg ist, zu mehr Energie zu kommen . . .« Erstens wissen auch Sie, daß es andere Wege gibt, und zweitens ist »mehr Energie« ein so sinnvolles Ziel wie »mehr Schnaps«. In meinem nächsten Brief werde ich versuchen, Sie endlich davon abzubringen, Begriffe wie »die Wohltaten einer auf Energie beruhenden Zivilisation« so unreflektiert zu benutzen. (Und auch hier gilt: Wir müssen außer der Zahl von Menschenopfern dringend weitere Maßstäbe in die Diskussion einbringen.)

Fünftens: »Man wird sich Mühe geben müssen, aber der Ausgang . . . kann nicht zweifelhaft sein« – das erinnert mich an die Aufbruchsstimmung von 1914.

Sechstens: Das Bombenproblem ist nicht gelöst, wenn wir die »friedliche Nutzung« einstellen. Aber die Kernwaffenverbreitung würde wenigstens verzögert, und wir gewännen Zeit zur Lösung (ja zunächst einmal zur Entdeckung!) der grundlegenden Probleme.

Siebtens: Wenn wir die Atomenergie bräuchten, wäre die Diskussion über die besten Reaktortypen natürlich nicht abgeschlossen. Ihnen ist sicher die gegenwärtig in England ausgebrochene Kontroverse bekannt, in der viele gute Argumente gegen unsere angeblich »besten« Reaktoren vorgebracht werden. Auch zum Brüter wäre zweifellos Wichtigeres zu sagen. (Haben Sie übrigens den »Fusionsbrüter«, der bei uns aus lauter Angst vor öffentlichen Vorwürfen nicht einmal diskutiert wird, heimlich in Ihrem Punkt 7 mit eingeschlossen?) Aber die Diskussion über technische Kernenergieentwicklungen wird sich ja erübrigen, wenn wir verstanden haben, wie wir ohne Kernenergie besser auskommen.

Achtens: Ich weiß nicht, warum Sie glauben, die »Atomgegner« hätten bezüglich des »Atomstaates« eine »Position aufgegeben«. Das Problem der Überwachung des Umlaufs von Radioaktivität in einer auf Atomenergie aufgebauten Weltzivilisation wäre sicher nicht harmlos. Nur ist jetzt vielleicht ein anderes, hautnäheres Problem in den Vordergrund gerückt: der Machtgewinn durch das Schaffen immer weiterer Abhängigkeiten von »Großtechnik«.

Ja, Sie sagen es: Es geht um Macht, Autorität und Gesellschaftsveränderung. Das ist nichts Neues. Das ist der Lauf der Menschengeschichte – ja der Evolution überhaupt. Und der »Entwicklungsstand der Kampfmethoden« ist keine Konstante!

Nach Ihren acht Punkten nennen Sie dann noch vier wesentliche »Hauptpunkte« für die weitere Diskussion. Die ersten zwei betreffen die Staatsphilosophie. Rechte und Pflichten von Regierungen sind wohl nach unser beider Auffassung letztlich nur durch Mehrheitskonsens in einer geistig offenen Gesellschaft bestimmbar. Hier kann wohl zwischen uns kein theoretischer Streit entstehen. Ihre beiden konkreten Fragen würde ich allerdings recht trivial beantworten: Regierungen sollen selbstverständlich »der Vernunft Priorität geben« und auch »an kommende Generationen denken« – weil das ja wohl vernünftig ist.

Ihre beiden letzten Punkte und den in Ihrem Briefschluß enthaltenen Vorwurf von Demagogie und Irrationalität hebe ich mir für die nächsten Briefe auf. Um das von Ihnen erwähnte »Energiesparen«, um die »Produktion«, den »Konsumverzicht« und all dies ging es aber auch in einem Flugblatt, das ich vor genau einem Jahr verfaßte und von dem seither etwa 60000 Exemplare angefordert und verbreitet wurden. (In England brachte es übrigens ein ähnlicher, noch etwas ausführlicherer Text auf über zwei Millionen Exemplare! Dort wurde die Aktion von einigen hervorragenden Wissenschaftlern, wie z. B. dem Nobelpreisträger Sir Martin Ryle unterstützt.) Ähnlich wie Sie Ihren jüngsten Artikel in unseren Briefwechsel eingebracht haben, möchte ich deshalb dieses »Bekanntmachung« überschriebene Flugblatt hier einbringen. Hier also zunächst meine 17 Fragen und Antworten zur Energiekrise vom April 1980:

BEKANNTMACHUNG!
Informationen zur Energiekrise

Die Bundesrepublik steht wie alle anderen Länder vor der Entscheidung, ob die Nutzung der Kernenergie gesteigert oder vermindert werden soll. In einer Demokratie entscheidet letztlich die Bevölkerung, also auch Sie selbst. Fühlen Sie sich dieser Entscheidung gewachsen? Wissen Sie genug?

Eine Gruppe besonnener europäischer Wissenschaftler, die sich unter dem Namen ECOROPA (Europäische Vereinigung für eine ökologische Demokratie) zu kritischem Meinungsaustausch treffen, möchte mit den folgenden Fragen und Antworten zu Ihrer Meinungsbildung beitragen. Diese Aktion startet etwa gleichzeitig in vielen europäischen Ländern.

1. Frage: Müssen wir nicht wegen der Ölkrise auf jeden Fall zu anderen Energiequellen übergehen?

Antwort: Ja. Das Öl geht in wenigen Jahrzehnten zur Neige und wird während des Ausverkaufs rasch immer teurer werden. Das ist aber kein Unglück. Der rasende Ölverbrauch war eine suchtähnliche Fehlentwicklung. Das während der letzten zehn Jahre nach Deutschland importierte Öl würde unser ganzes Land fast fingerdick überdecken! Ohne das billige Überangebot hätten wir vernünftigere Wirtschaftsweisen, Verkehrsmittel und Wohnformen entwickelt und wären nicht derart abhängig geworden.

2. Frage: Bedeutet nicht ein verminderter Energieverbrauch Verzicht auf viele Annehmlichkeiten des Lebens?

Antwort: Nein. Energie ist kein Wert an sich. Es kommt darauf an, was man mit ihr macht. Das ganze Gefüge des irdischen Lebens hat sich allein unter der Ausnutzung der Sonnenenergie entwickelt. Sollte diese dann nicht auch für den Menschen ausreichen, der doch allem übrigen Leben sogar noch seinen Verstand voraushat? Tatsächlich zeigt sich bei genauerer Betrachtung unseres Umgangs mit Energie, daß wir einen überraschend großen Teil durch vernünftigere Techniken und Verbrauchsgewohnheiten einsparen können. Der dann noch verbleibende Bedarf wird sich aus heimischen Quellen dekken lassen, später sogar überall allein aus der Sonne.

3. Frage: Ist es etwa vernünftig, im Winter zu frieren? Wie sollen wir denn das Heizöl ersetzen?
Antwort: Fast die Hälfte des heutigen Energieverbrauchs geht in die Gebäudeheizung. Wäre das Öl schon immer teuer gewesen, hätten wir unsere Häuser ohne wesentlichen Mehraufwand so bauen können, daß sie für viel weniger Energie den gleichen Komfort böten. Wollen wir nun, da wir dies versäumt haben, einen zunehmenden Teil unseres Heizölverbrauchs durch andere Maßnahmen ersetzen, so bieten sich heute z. B. an:

a) Elektroheizung mit dem Strom aus neu zu bauenden Kernkraftwerken;
b) Betrieb elektrischer Wärmepumpen mit solchem Strom;
c) Nutzung der Abwärme kleiner moderner Kohlekraftwerke, die umweltfreundlich Stadtteile und Mittelstädte mit Strom und Warmwasserheizung versorgen können (dies nennt man »dezentrale Kraft-Wärme-Kopplung«);
d) Hohe Wärmedämmung (mit ausreichender Belüftung) bei allen Neubauten, nachträgliche Verbesserung bei einem großen Teil der Altbauten.

Welche dieser Methoden sind vernünftig und wirtschaftlich? Vergleichen wir die finanziellen Aufwendungen, die nötig wären, um zunächst einmal 10% des heutigen Ölimports einzusparen. Für die Methoden a) und b) liegen diese Aufwendungen schätzungsweise bei 300 bzw. 200 Milliarden Mark, für c) und d) aber etwa zehnmal niedriger. Kernenergie ist also als Ersatz für Heizöl etwa zehnmal teurer als moderne Kohletechnik oder gute altmodische Handwerkerarbeit!
4. Frage: Wo soll aber das Benzin für unsere Autos herkommen? Können wir es nicht am besten mit Hilfe von Kernenergie aus unserer Kohle herstellen?
Antwort: Nein. Auch beim Verkehr führt die Entwicklung sparsamerer Techniken schneller und billiger zum Ziel als die Nutzung der Kernenergie. Unsere Autos verbrauchen heute nur deshalb so viel, weil Sparen am Treibstoff bisher uninteressant war. Wir könnten aber erreichen, daß in 20 Jahren alle Autos nur etwa ein Drittel ihres heutigen Verbrauchs haben. Außerdem können wir dafür sorgen, daß dann nicht mehr so viele Menschen so oft ihr Auto benutzen müssen oder wollen, weil sie es näher zur Arbeit haben und weil es zu Hause auch wieder schön wird. So wird sich im nächsten Jahrtausend auch der gesamte Treibstoffbedarf für den Verkehr aus Sonnenenergie decken lassen. Denken Sie z. B. daran, daß allein der Energieinhalt des in der Bundesrepublik anfallenden Strohs etwa zehn große Kernkraftwerke aufwiegt!
5. Frage: Sollen wir dann unsere Autos mit einem Strohfeuer betreiben?
Antwort: Nein. Dies ist nur ein Beispiel für ungenutzte heimische Sonnenenergie. Im Laufe der nächsten Jahrzehnte wird man die Verfahren zur Treibstoffherstellung mittels Sonnenenergie wesentlich weiterentwickeln und an die klimatischen Gegebenheiten und den jeweiligen Bedarf anpassen. Wenn wir weiterhin Welthandel treiben wollen, können wir natürlich auch

einen Teil unseres Treibstoffes aus heißen Ländern beziehen, wo die Sonne doppelt soviel scheint wie bei uns.
6. Frage: Aber warum sollen wir denn eigentlich sparen? Sparen muß man, wenn man sich etwas nicht leisten kann. Aber können wir uns denn die Kernenergie nicht sogar dann leisten, wenn sie teuer ist? Wir sind doch nicht arm. Und war es nicht schon immer teurer, einen besseren Geschmack zu haben?
Antwort: Gegenfrage: Kennen Sie denn überhaupt den wahren Preis der Kernenergie? Nein. Ganz sicher nicht. Niemand kennt ihn bisher, denn er wird nicht von uns bezahlt, sondern vom gesamten zukünftigen Leben auf der Erde. Unsere Kenntnisse reichen nicht aus, um die Folgen einer anhaltenden weltweiten Kernenergienutzung im einzelnen vorherzusagen, aber eine ständig zunehmende Beschädigung des Erbgutes aller lebenden Arten scheint uns unausweichlich. Soll man bei einem so gefährlichen Gift über den Geschmack streiten?
7. Frage: Zeigen denn nicht alle wissenschaftlichen Studien über die Gefahren der Kernenergie, daß wir das Risiko so niedrig halten können, wie wir wollen?
Antwort: Nein. Wenn Sie diese Studien genau ansehen, werden Sie bemerken, daß sie nur jenen Teil des Risikos untersuchen, der wissenschaftlichen Berechnungen zugänglich ist. Wie alle Erfahrungen mit komplizierter Technik lehren, ist dies ein kleiner Teil. Bei fast allen Flugzeugabstürzen heißt es: menschliches Versagen. Das bedeutet nur: Menschliche Eingriffe waren am Unfallablauf beteiligt. Und genau dies ist auch bei fast allen Reaktorstörungen der Fall. In der Ereigniskette von Harrisburg kamen sogar mehrere unabhängige menschliche Eingriffe vor, die in Risikostudien nicht auftauchen. Schwere Unfälle werden also immer vorkommen. Wenn die ganze Menschheit auf Kernenergie umsteigen wollte, wie es heute viele anstreben, so würden fast ständig irgendwo auf der Erde langlebige radioaktive Stoffe freigesetzt. Sind diese aber einmal in den Lebenskreislauf eingedrungen, so wirken sie dort unaufhaltsam bis zu ihrem natürlichen Zerfall. Vom Plutonium wäre z. B. nach 25000 Jahren immer noch die Hälfte vorhanden. (Und diesen Stoff gab es auf der Erde praktisch nicht, bevor wir ihn für die Bomben herstellten!)
8. Frage: Lassen sich denn nicht menschliche Eingriffe und ihre Folgen von vornherein durch mehr Automatisierung ausschließen?
Antwort: Nein. Mit mehr Automatisierung wird nur die Stelle verschoben, an der Menschen eingreifen müssen. Aber je höher der technische Aufwand, um so größer die Wahrscheinlichkeit für technische Ausfälle. Diese erfordern dann wieder das Eingreifen von Menschen, die in der Eile Fehler machen werden.
9. Frage: Aber ist das nicht der Preis des Fortschritts? Müssen wir dies nicht in Kauf nehmen? Wir steigen doch auch jeden Tag in unser Auto, obwohl wir wissen, daß jede Generation von Deutschen etwa eine halbe Million Men-

schen im Verkehr tötet und noch mehr zu blinden, lahmen oder schwachsinnigen Krüppeln macht. Die Toten in Kernkraftwerken lassen sich doch dagegen an den Fingern abzählen!
Antwort: Sie dürfen sicher sein, daß es gelingen wird, im Laufe der nächsten Jahrzehnte die Zahl der Verkehrsopfer gewaltig zu verringern. Dagegen würde die Zahl der Opfer durch Strahlenschäden in einer Welt mit Zehntausenden von Reaktoren, Reaktorruinen, Aufbereitungsanlagen und Lagerstätten ungeheuer ansteigen. Nicht nur wegen der großen Zahl von katastrophalen Zwischenfällen, sondern vor allem wegen der allmählichen Ansammlung langlebiger strahlender Stoffe im Lebenskreislauf und wegen der hierdurch steigenden Häufigkeit beschädigter Erbanlagen, die ja oft erst in Erscheinung treten, wenn sie von beiden Eltern mitgebracht werden. Lassen Sie sich also nicht durch die jetzt noch geringe Anzahl von Opfern täuschen. Das Risiko der Kernenergie fällt nicht so ins Auge wie das des Autoverkehrs, aber es ist von einer viel heimtückischeren und ungeheuer weitreichenden Art. (Ähnliches gilt übrigens auch für die von unserer »Großchemie« ausgehenden Gefahren, zumal diese schon seit Jahren voll in die Massenproduktion von Stoffen eingetreten ist, die mit dem Leben auf Dauer nicht verträglich sind.)
10. Frage: Müssen wir also auf weiteren Fortschritt und auf Wachstum verzichten, damit unsere Nachkommen leben können?
Antwort: Nein. So sollten wir das nicht sehen. Was ist denn Fortschritt? Und *was* soll wachsen? Glauben Sie nicht, es wäre ein großer Fortschritt, wenn wir zu Lebensformen kämen, die mit der Weiterentwicklung des Lebens auf der Erde verträglich sind? Und glauben Sie nicht, daß hierfür die Anwendung der Vernunft und besser ans Leben angepaßter Techniken zunehmen müßte? Es muß also sehr wohl etwas wachsen, nur etwas anderes, als viele jetzt glauben.
11. Frage: Werden wir also ohne die Kernenergie *nicht* unsere Arbeitsplätze verlieren?
Antwort: Arbeitsplätze, die der Produktion von Schund, Abfall, Gift und Streß dienen, *sollen* verlorengehen, genauso wie der Arbeitsplatz des Henkers oder des Kriegers! Wir dürfen nicht länger auch noch die zerstörerischste Produktion als Wert betrachten, wie wir es ja leider bei der Berechnung des Sozialprodukts tun. Man sagt uns, wenn dieses nicht wachse, gehe es uns schlechter. Das heißt: Wenn wir das gleiche tun wie bisher, so geht es uns schlechter als bisher. Ist da nicht etwas faul? Beweist nicht schon diese Aussage unserer Wirtschaftspolitiker, daß wir zuviel Falsches tun? Tun wir also etwas anderes! Sie können sicher sein: Wenn wir vernünftiger wirtschaften und uns nicht eine einzige Zahl als Ziel setzen (das »Wirtschaftswachstum«), wird es für alle bessere Lebensbedingungen geben als heute. Und wenn eines Tages weniger zu tun sein wird, dann werden sich alle darüber freuen.

12. Frage: Soll dann vielleicht eine neue Behörde bestimmen, was vernünftig ist?

Antwort: Nein. Das müssen wir alle gemeinsam tun. Dieses Flugblatt soll dazu beitragen, endlich eine breitere Diskussion in Gang zu bringen.

13. Frage: Haben wir denn nicht unsere Parlamente und Regierungen gewählt, damit sie unsere Interessen vertreten? Wenn uns nun der Bundeskanzler und der Oppositionsführer einhellig sagen, wir müßten die Kernenergie schnell weiter ausbauen, dann entspricht das doch vermutlich den Wünschen der Mehrheit.

Antwort: »Wem Gott ein Amt gibt, dem gibt er auch Verstand«, meinen Sie. Aber leider hat nicht Er das Amt gegeben, sondern wir. Und deshalb sind die Amtsträger meist nicht klüger als wir. Oft kommen sie sogar unter dem Druck der Interessentengruppen noch weniger zum Nachdenken oder zu sachlicher Information als wir. Wenn aber die Bürger etwas hinzulernen, so werden die Politiker schnell nachfolgen oder durch andere ersetzt werden. Also sollten erst einmal Sie selbst etwas hinzulernen!

14. Frage: Aber sagen nicht auch die meisten führenden Männer in Wirtschaft, Wissenschaft und Technik, daß wir auf die Kernenergie nicht verzichten können? Halten Sie, die Verfasser dieses Flugblattes, sich für klüger?

Antwort: Wirtschaftler beurteilen die Kernkraft rein betriebswirtschaftlich, also nicht nach den wahren Kosten für die Gesellschaft und das gesamte Leben. Wenn wir bereit sind, zur Hölle zu fahren, weil dort die Energie am billigsten sein soll, so wird die Wirtschaft uns gern eine bequeme Rutsche zur Hölle bauen und am Eingang ihre Kasse klingeln lassen. Aber schließlich bestimmen wir, die Kunden, woran verdient werden kann. (In den USA gibt es seit Harrisburg keine Neubestellungen für Kernkraftwerke mehr!)

Was die Wissenschaftler betrifft, so sprechen diese, wie gesagt, meist nur über das, was sie ausrechnen können. Andere Äußerungen gelten als unwissenschaftlich und unseriös. So bleibt leicht das Wichtigste unerwähnt, denn alles wirklich Wertvolle ist für Berechnungen zu komplex, das heißt vielfältig verflochten. Die meisten Techniker schließlich sprechen nur über das, was sie machen können; nicht über das, was bei den Machenschaften zerstört wird. Das merkt man meist auch erst später.

15. Frage: Aber beruht denn nicht unsere ganze technisch-wissenschaftliche Zivilisation auf der erfolgreichen Zusammenarbeit dieser Wissenschaften und Machenschaften?

Antwort: Ja, so ist es. Nur ist es ein Aberglaube, wenn Sie meinen, der Erfolg sei garantiert. Das Verständnis von Naturgesetzen befähigt uns eben noch nicht, durch Einsatz von immer mehr Energie in Eile technische oder lebendige Werte zu schaffen. Das Leben ist vielfältig, noch die komplizierteste Technik dagegen einfältig. Wenn man also zu wenige Verknüpfungen berücksichtigt, richtet man mehr Schaden als Nutzen an. Das ist wie bei der

Krebszelle: Auch sie glaubt eine Entdeckung zu ihrem Nutzen gemacht zu haben und beginnt sogleich darauf loszubauen. (Natürlich braucht auch die Krebszelle mehr Energie!)
16. Frage: Wenn wir nun aber auf die Kernenergie verzichten, kommen wir dann nicht gegenüber unseren Nachbarn hoffnungslos ins Hintertreffen und werden von der Entwicklung überrannt? Müssen wir uns nicht wenigstens »die Option offenhalten«?
Antwort: Sprechen Sie doch nicht von Verzicht, wenn Sie sich nicht mit nach der erwähnten Rutsche drängen! Wir bekommen doch etwas viel Besseres als die Kernkraft, wenn wir jetzt innehalten und über unsere wahren Interessen und Bedürfnisse nachdenken, statt blind darauf loszubauen. Und die »Option« auf den Weltuntergang wollen wir uns gewiß nicht offenhalten! Wenden wir also unsere Kletterkunst an, um vom immer steiler abstürzenden »harten Weg« zentralistischer Technokratie herunterzukommen und den »sanften Weg« einer Entwicklung in Vielfalt und Gemächlichkeit zu bauen. Die drängenden Probleme der Menschheit sind nicht durch mehr Energie zu lösen, sondern nur durch mehr Vernunft! Wir Europäer brachten der Welt die industrielle Revolution, die zwar die Abschaffung der Sklaverei, aber auch das krebsartige Wachstum zur Folge hatte. Ist es nicht angesichts unserer bürgerlichen Freiheiten, unseres Lebensstandards und unseres relativ hohen Bildungsgrades unsere Pflicht, auch auf dem weiteren Weg voranzugehen?
Letzte Frage: Und was können wir als einzelne tun?
Antwort: Informieren Sie sich! Glauben Sie nicht alles Gedruckte! (Schon gar nicht bei Hochglanzaufmachung.) Glauben Sie auch *uns* nicht einfach, sondern versuchen Sie, mehr zu erfahren! Lesen Sie z. B. das eben bei S. Fischer erschienene Buch von Krause, Bossel und Müller-Reißmann: »Energie-Wende, Wachstum und Wohlstand ohne Erdöl und Uran«, in dem einige der für die nächsten 50 Jahre anzustrebenden Entwicklungen skizziert werden. Und wenn Sie Fragen haben, wenden Sie sich nicht nur an Ihre Abgeordneten, sondern auch an uns: *ECOROPA, Tumblingerstraße 20, 8000 München 2.**
Damit sich diese Information wie eine Kettenreaktion ausbreitet, bestellen Sie bitte weitere Exemplare, am besten mit adressiertem, frankiertem Umschlag, und verteilen oder verschicken Sie sie an Freunde und Bekannte. (Sie können sie selbstverständlich auch kopieren.)

Sie sehen: Ich will nicht nur »auf Strömungen im Volke achten«, sondern auch welche in Fluß bringen. Das interessiert etwaige Leser

* Die im Flugblatt angegebene Anschrift lautet jetzt: ECOROPA, Deutsche Sektion, E. F. Schumacher Gesellschaft für politische Ökologie, 8 München 40, Görresstraße 33.

sicher auch im Zusammenhang mit den von Ihnen erwähnten »Kampfmethoden«. Beim Durchlesen meiner »Bekanntmachung« fiel mir auf, daß sie im wesentlichen noch nicht überholt ist. Sie finden in ihr (wie ja auch in »Einfalt und Vielfalt«) schon einige Antworten auf die abschließenden Fragen Ihres jüngsten Briefes. Aber ich werde all dies demnächst noch deutlicher zu machen versuchen.

Mit freundlichen Grüßen
Ihr Peter Kafka

11 München, 24. April 1981

Lieber Herr Kafka,

vielen Dank für Ihren neuen Brief, den ich gestern hier vorfand. Ich danke Ihrer Begleiterin, daß sie mich nicht überfahren hat, und ich will nur hoffen, daß unsere Leser diesem Dank nicht widersprechen.

Bisher ist es uns ja gut geglückt, uns nicht kennenzulernen. Ich weiß nicht einmal, wie Sie aussehen. Der ferne Blick auf einen Unbekannten vor einem Jahr im Hörsaal genügte nicht. Ich finde es gut, daß alles, was ich von Ihnen weiß, in der Korrespondenz auftaucht, und ich möchte Ihr Bild erst im fertigen Buch sehen. Leider besteht da eine Ungleichheit: Ich könnte mir vorstellen, daß Sie »sick and tired« von den Artikeln und Bildern anläßlich meines Geburtstags sind, also unfreundliche Gefühle gegen mich und jeden Publizitätsrummel hegen. Dazu kann ich Ihnen einen Trost sagen: Sie werden wahrscheinlich auch einmal siebzig, und vielleicht werden Sie dann auch froh sein, wenn Leute an das denken, worum Sie sich bemüht haben.

Mit der Bekanntheit ist es so eine Sache: Die Gründe dafür sind meistens äußerlich und kurzdauernd. Als wir das Atomei bekamen, stand ich ein paarmal in der Zeitung, und ich lernte das erste Zeichen des Ruhms kennen: Wir wurden von Honorarkonsuln eingeladen, darunter von dem bekannten Konsul Styler, der mit einer reichen Dame, der Diamanten-Wally, verheiratet war, die aber den Konkurs seines Modegeschäfts nicht verhinderte, so daß meine Frau im Ausverkauf Stoffe erwerben konnte, die einem höheren Stand als unserem entsprachen und uns so immer an den Unterschied erinnerten. Also, wir kamen zu dem Konsul; ich nannte meinen Namen, und er rief: »Aber wer kennte nicht Monsieur le professeur! Bravo, bravo!«

und klatschte die Hände, ganz leicht, nur die Fingerspitzen, zusammen. Dann aber war da eine Baronin, die für die »Elegante Welt« schrieb. Sie fragte mich verschiedenes, zum Schluß, wie lang ich schon in München sei. Ich sagte: »Acht Jahre«, und sie: »Aber das ist ja unglaublich, da haben Sie die ganze Zeit im verborgenen geblüht.«

Ehe ich nun Ihren Brief lese und mich vielleicht ärgern muß, möchte ich noch etwas Nettes sagen: Was bin ich froh, daß Sie kein Scharlatan sind! Ich habe jetzt gerade in einem Buch gelesen, das eine Anhäufung von Tatsachen oder Behauptungen ohne Beweis ist, dazwischen ganz Fremdes, aber Stimmung Schaffendes, ohne jede nachvollziehbaren Argumente, aber mit wirksamen Leerworten wie »Systemierung«, wo der Autor fast so tut, wie wenn er sie erfunden hätte oder allein kompetent wäre, darüber zu schreiben. Aber eine hymnische Besprechung in einer unserer großen Zeitungen; jeder Politiker müsse es lesen. Ich Hornochse habe daraufhin das Buch gekauft in der Absicht, mich damit auseinanderzusetzen. Jetzt kann ich gar nichts damit anfangen. Ich habe schon zuviel darüber geschrieben. Es lohnt nicht. Aber die Zeitung berichtet ausgewogen: Wenige Nummern später wird ein Buch über die geologischen Voraussetzungen der Endlagerung angezeigt, von ersten Fachleuten, enthaltend auch einen Aufsatz eines bekannten Geologie-Dissidenten und, wie der Referent höhnend bemerkt, »ein ganzes Kapitel über diesen Aufsatz«. Sonst kein Wort über das Ergebnis. Ich kann daraus nur schließen, daß die Endlagerung sicher ist, sonst würde der Referent nicht schweigen. Aber er kann dem Chefredakteur seine Ausgewogenheit beweisen: Er hat das Buch rezensiert. Das sind so Methoden.

Jetzt muß ich erst mal Ihren Brief lesen.

1.5.81

Inzwischen habe ich Ihren Brief gelesen. Es tut mir natürlich leid, und ich verstehe nicht ganz, warum das zuviel verlangt sein soll, daß Sie mein Angebot für die Abschätzung der Gefahren der Atomenergie nicht annehmen. Sie behaupten gar nicht, daß es mehr Tote geben wird, als ich zuzugeben bereit bin (obwohl ich persönlich meine, daß ich noch niederere Zahlen hätte vertreten können). Sie wollen, daß ich meine Zahlen als eine Willenserklärung bezeichne. Das sind sie nicht: Ich setze voraus, daß niemand absichtlich die Welt verseuchen will, und für diesen Fall vermute ich, daß diese Zahlen nicht überschritten werden, nach allem, was ich gelesen und gelernt habe.

Sehr schlimm finde ich, daß Sie wieder von den Toten weg ausweichen und dem Sinn nach sagen, es gibt wichtigeres, offenbar Ihr gemächlicheres Leben. Sind Sie wirklich unfähig, zwei Dinge zu trennen? Und Tote: Ich habe mit großer Freude vor ein paar Tagen gelesen, daß in den letzten Jahren die Zahl der tödlichen Unfälle im Haushalt sehr abgenommen hat (zwischen 1972 und 1979 von 11000 auf 7700 pro Jahr). Als Grund wird das erhöhte Sicherheitsbewußtsein im Lande angegeben; ich bin gerne bereit, den Anteil der Atomgegner an diesem Sicherheitsbewußtsein anzuerkennen. Wer solche Unfälle erlebt hat, wird nicht versucht sein, auf anderes abzulenken. Mir selbst ist das Ehepaar, das den einzigen Sohn verloren hat und das noch nach Jahren gebückt und mit leerem Blick dasteht, eine Mahnung. Ich wünsche mir (wenn ich einmal von den großen Fragen der menschlichen und politischen Freiheit und der nationalen Existenz absehe) vor allem eine Welt mit weniger Unfällen und mit weniger schweren Krankheiten, natürlich auch eine Welt ohne Hungertod. Nach diesem bin ich gern bereit, Ihnen weiter zuzuhören.

Ich bin Ihnen sehr dankbar für die Einfügung des Aufrufs. Damit werden wir wieder an Ihre konkreten Ziele erinnert. Ich betrachte es als meine Aufgabe, Aussagen zu kritisieren, die der Wirkung Ihres Aufrufs schaden, und dabei möchte ich Demagogisches bekämpfen. Ich weiß, daß Demagogie nicht wirklich eliminiert werden kann, dazu ist sie zu wirksam. Es gibt Leute, die ich sehr bewundere und die Demagogen sind. Aber man soll doch versuchen, die Demagogie selbst zu entlarven, ehe es ein anderer tut, denn ein entlarvter Demagoge ist ein schlechter Demagoge.

Ich glaube, daß es dann auch meine Aufgabe sein muß, Gegenvorschläge zu Ihrem Weg zur schönen Welt zu diskutieren. Dabei möchte ich gerne lernen, und ich hoffe dasselbe von Ihnen. Inzwischen warte ich auf das angekündigte nagnum opus.

Mit herzlichen Grüßen
Ihr
Heinz Maier-Leibnitz

12 Krankenhaus München-Schwabing, 20. Juni 81
(abgeschickt am 30. Juni)

Lieber Herr Maier-Leibnitz,

wie Sie sehen, habe ich den versprochenen langen Brief weder über Ostern noch über Pfingsten vollbracht. Es ging mir nicht gut, und ich brauchte mein bißchen Kraft für unwichtigere Dinge – wie z. B. die Untersuchung der Frage, ob magnetische Neutronensterne beim Aufsammeln interstellaren Gases Drehimpuls auf dieses übertragen und es dadurch in eine rotierende Scheibe zwingen; wenn das so ist und wenn diese »Akkretionsscheibe« dann weiter innen wegen raffinierter plasmaphysikalischer Erscheinungen wieder vom Neutronenstern magnetisch entkoppelt ist, dann kann man nämlich vielleicht die bisher unerklärten Ausbrüche von Gammastrahlung verstehen; und wer für diese die richtige Erklärung findet, erntet wissenschaftliche Anerkennung; und wenn auf unser Institut viel solche Anerkennung entfällt, dann ist das gut für die deutsche Wissenschaft usw. ... Unsere seelische Grundstruktur legt es uns sehr nahe, bei solchen Spielen begeistert mitzumachen; ja, viele Fußballenthusiasten verfolgen sogar ohne jede eigene Spielbeteiligung fasziniert den Tabellenstand. Aber, ehrlich gesagt, es ist eben doch nicht alles »gleich wichtig« – oder jedenfalls nicht gleich dringlich. Natürlich soll in ein paar Instituten weiterhin Astrophysik betrieben werden, aber ich selbst würde gern begeisterten jüngeren Astrophysikern Platz machen und meine eigenen Fähigkeiten lieber im Dienst lebenswichtigerer Geschäfte einsetzen. Leider gibt es in der Max-Planck-Gesellschaft keine Institutionen, wo über die dringlichsten Fragen gearbeitet würde (man macht sich dort schon unbeliebt, wenn man gewisse Fragen stellt); und einen »Lehrstuhl für Fortschrittsforschung« oder für »Politische Ökologie« wird mir ja wohl auch kaum eine Universität antragen; (dabei finde ich mich so viel vernünftiger als die meisten Universitätslehrer, die ich treffe ...); so kommt es, daß ich mich meinem eigentlichen Thema erst wieder zuwende, weil ich ins Krankenhaus mußte.

Zu Ihrem letzten Brief habe ich noch eine Frage: Was ist denn das für ein Buch, das Sie *so* geärgert hat? Ist das unaussprechlich? Sie haben mich neugierig gemacht! Sie können das doch nicht nach einem derartigen Verriß im dunkeln lassen.

Auf die Gefahren der Atomenergie gehen wir am besten nicht

mehr ein. Ich habe wohl in den bisherigen Briefen genügend klargemacht, wie ich sie beurteile. Nämlich vorsichtiger als Sie, der Sie eigenen und fremden optimistischen »Vermutungen« trauen. Um in dieser Lage abzuwägen und dabei vielleicht noch eine »gemeinsame Energiepolitik« zu finden, kommt es vor allem darauf an, wie dringend wir Atomenergie brauchen. Dieser Frage werde ich mich nun auf langen Umwegen wieder nähern.

Sie haben in Ihren beiden letzten Briefen angedeutet, Sie hielten meine Argumentation für irrational und demagogisch. Zum Rationalitätsbegriff habe ich schon in meiner Predigt einige Anmerkungen gemacht; mir ist nicht recht deutlich, wie *Sie* Rationalität verstehen. Den Demagogievorwurf akzeptiere ich nur, wenn Sie die griechische Grundbedeutung aus »Volk« und »führen« meinen. Denken kann ja nur der einzelne, jeder einzelne, aber nicht »das Volk«. Freilich benützt jedes komplexere Denken eine Volkssprache und ist deshalb zum großen Teil »Nach-Denken«. Gerät einer zu sehr ins »Vor-Denken«, wird er nicht verstanden, geht unter oder bleibt jedenfalls einflußlos, wird also sicher kein Demagoge. Nur wenn einer nahe an den Bedürfnissen von vielen denkt und spricht, kann er führen. Da aber nicht einmal die allgemeinsten Grundbedürfnisse ein für allemal feststehen, ist die Bildung der öffentlichen Meinung stark dem Einfluß von Demagogen unterworfen. Ob es sich dabei jeweils um Führung oder Verführung handelt, hängt meist vom Betrachter ab. Immerhin liefert Ciceros Frage »Cui bono?« oft einen Hinweis: Wenn jemand den anderen etwas Dubioses verkaufen will, also die Unwissenheit der meisten zum eigenen Vorteil in Form von Profit und Herrschaft nutzen will, so muß man die Frage, ob »das Volk« denn wirklich auch einen Vorteil davon hat, besonders gründlich prüfen. Ich danke Ihnen, daß Sie mich nicht für einen Scharlatan halten; aber wenn ich mich erinnere, daß in diesem Wort das alte italienische »ciarlare« steckt, das »schwätzen«, »aufschwatzen« bedeutete, so bin ich geneigt, fast alle Marktschreier der Atomenergie in einem milden Sinne als Scharlatane zu bezeichnen. (Ich behaupte aber nicht, daß Verkäufer immer im Unrecht sind oder daß *ich* recht haben müßte, weil ich nichts verkaufen will.) Wenn Sie mich als Demagogen »entlarven« können, tun Sie's bitte. Dazu müßten Sie aber konkreter werden.

21. Juni 81

Da ist noch ein weiterer Punkt aus früheren Briefen aufzugreifen: Die Sache mit dem Zählen von Toten. Ich bin ja nun dem Tod wieder einmal etwas näher als sonst und sollte die Gelegenheit benutzen, etwas klarer zu formulieren, was ich meine. *Sie* machen es sich jedenfalls zu einfach. Zwar zählen Sie nicht einfach Tote, weil ja auch Ihnen klar ist, daß letztlich zu jeder Geburt ein Todesfall gehört und daß daher die Minimalisierung der Zahl von Todesfällen auf die Abschaffung des Lebens, oder mindestens alles neuen Lebens, hinausliefe. Sie zählen deshalb »verlorene Lebensjahre«, wie das heute bei allen Risikoanalysen üblich ist. Meinen Versuch, darüber hinaus auch noch die Möglichkeit der Bewertung des *Inhalts* von Lebensjahren ins Spiel zu bringen, lehnen Sie als irrational ab. Dabei will ich Ihnen ja nicht den Sinn Ihres Zieles bestreiten: Jedermann ist dafür, daß weniger Menschen jung sterben müssen. Aber das Maß aller Dinge kann dies Ziel nicht sein. Stellen Sie sich vor, jemand wiese nach, daß Menschen, von der Brutflasche an in Isolierzellen eingesperrt, mit sterilen Pillen ernährt, vor dem Streß menschlicher Begegnungen bewahrt und dafür mit hinreichend fröhlichen Fernsehprogrammen dauerberieselt, die höchste Lebenserwartung hätten und daß man, etwa mit Hilfe von Atomenergie, hundert Milliarden davon auf der Erde unterbringen könnte. Nach Ihren rationalen Kriterien müßten Sie das dann also anstreben. Ich dagegen würde dem unter Einsatz aller Irrationalität und Demagogie entgegenarbeiten, selbst wenn etwa Ihre Frau durch Meinungsumfragen nachgewiesen hätte, daß »die Mehrheit der Leute es so will«. Ihr wissenschaftlicher Drang zur Vereinfachung erweist sich aber schon an realitätsnäheren Beispielen als lächerlich: Wenn die Hühner in der Massentierhaltung schneller an Gewicht zunehmen, mehr Eier legen und die Käfige nicht verlassen, sobald man diese vor einen Misthaufen stellt und öffnet, so beweist das nur, daß es eben keine Hühner mehr sind. Man hat also gar keine Lebensjahre von Hühnern gewonnen, sondern etwas ganz anderes (was ja auch der Sinn des Gewinnstrebens war). Ganz ähnlich kann's Ihnen mit den Menschen ergehen, wenn Sie von allen nicht zahlenmäßig erfaßten Werten absehen wollen, weil diese irrational sein sollen. In der Tat sind wir ja in der Massenmenschenhaltung sogar schon viel erfolgreicher. In Berlin sah ich gerade ein treffendes Plakat. Es zeigt den Ausschnitt der Fassade eines »Wohnsilos«, Hunderte von Fenstern und kleinen Balkons, und ein einziges Wort:

»Wohnhaft«. Nun sind aber solche Wunderwerke der Rationalität auch überall dort aus dem Boden gestampft worden, wo es einmal besonders schön war und wohin man gern in Ferien fuhr. Als Bauherren treten meist Angehörige von Berufsgruppen auf, denen unsere Gesellschaft sozusagen die Pfründen von Steuereintreibern verliehen hat (z. B. durch die Organisation des Gesundheitswesens). Wenn ein solches Betonhotel in der Nähe unserer Ostgrenze liegt, finanzierte es der Steuerzahler gar noch ausgiebiger und half auf diese Weise z. B. besonders eifrig bei der Zerstörung unseres letzten Stückchens Ostseeküste mit. Lange glaubte ich, solche »Erholungsorte« würden bald leer bleiben und absterben, niemand würde ein zweites Mal hingehen, und so könnten die Betonriesen eines Tages, wenn auch mit großen Mühen und Kosten, wieder abgetragen werden. Ich irrte mich. Sie sind ausverkauft. Und wenn man die Leute fragt, was ihnen an solchen Ferienquartieren gefällt, kann man hören: »Es ist ganz wie zu Hause.« Metastasen dieses trauten Heims sind mittlerweile bald an jeder Bucht des Mittelmeers gewuchert; vom katastrophalen Untergang der kanarischen Inseln ganz zu schweigen; und nun sind offenbar gerade die Seychellen dran, denn dorthin flog neulich übers verlängerte Wochenende eine Kassiererin des uns benachbarten Supermarkts.

Ich kann mir vorstellen, was Sie sagen werden: So schade es auch um manches Stück Welt sein mag, es ist eben doch ein Fortschritt. Früher konnten nur ein paar Reiche in Ferien fahren, und entsprechend sah es halt in ihren Badeorten aus. Heute kann es sich endlich jedermann leisten. Wer darüber trauert, hängt unzeitgemäßen Elitevorstellungen an. (*Das* sagen Sie wahrscheinlich nicht. Es gibt ja auch noch immer den kleinen, teuren Sondermarkt für die Wohlhabenden, von dem Sie in Ihrem zweiten Brief sprachen.) Noch zieht das Argument bei vielen, aber es hat eine schwache Stelle: Die Menschen sind schon ähnlich den erwähnten Hühnern. Sie wissen nicht mehr, oder sie verdrängen, wie häßlich es zu Hause ist. Die Gewöhnungs- und Anpassungsfähigkeit ist frappierend; sie verlassen den Käfig höchstens, um in einen ebensolchen zu wechseln. Welcher Fortschritt liegt darin, daß sie sich solchen Wechsel leisten können? Wäre es nicht sinnvoller, das Reisegeld in die Verschönerung des Zuhause zu investieren? Ist nicht der Reichtum, wenn er der Zerstörung dient, ein Rückschritt gegenüber der Armut?

26. Juni 81

(Ich hatte ein paar lästige Tage; jetzt geht's wieder besser.) Ich war abgeschweift. Wir kommen auf Wohnen und Reisen später zurück, da sie zu den wichtigen »Energiesenken« gehören. Aber Sie verstehen vielleicht, warum ich vom »Tote Zählen« abschweifte. Ist es nicht noch wichtiger, für ein inhaltsreicheres Leben zu kämpfen als gegen den Tod?

Das bedeutet nicht, daß ich mir nicht, wie Sie, eine Welt mit weniger Unfällen, weniger schweren Krankheiten und ohne Hunger wünschte. Und doch weckt Ihr Beispiel von den alten Eltern, die den Sohn verloren haben und »nach Jahren immer noch gebückt und mit leerem Blick dastehen«, in mir nicht den Wunsch nach raffinierterer Technik, sondern ganz andere Gedanken: Müssen wir nicht danach streben, Trauer so zu verarbeiten, daß sie uns voller macht statt leerer? Ist nicht die immer noch herrschende Tendenz, den Tod als Unfall zu betrachten, eine schwere gesellschaftliche (und individuelle) Neurose? Eine seelisch-geistige Verkrüppelung? Kann ich denn das Erwachen, Erblühen und Fruchttragen von Körper, Seele und Geist lieben und wollen, ohne auch das Verwelken und Sterben anzunehmen, ja zu lieben? Lebensdauer ist eins, Lebensfülle dagegen fast unendlich viel. (Ich bin schon wieder bei Einfalt und Vielfalt gelandet.)

Sicher hat der Tod, von Anbeginn Voraussetzung der Evolution des Lebens, beim Menschen eine neue Qualität erreicht. Bei Einzellern gibt es noch wenig Individualität, bei Pflanzen und Tieren geht mit dem Tod auch nicht viel verloren, denn sie sind zum größten Teil noch das, was ihre Erbmasse vorschreibt, und diese bleibt ja im wesentlichen im Gen-Pool der Art erhalten. Freilich gilt auch hier schon: Keine zwei Individuen der Art sind genetisch gleich – außer den eineiigen Mehrlingen. Und bei höheren Tieren, die ja unsere Freunde werden können, gibt es schon deutlich erkennbare Anzeichen von dem, was wir bei uns selbst Seele nennen. (In wenigen Millionen Jahren ist die Sprache der Seele schon reicher geworden als der genetische Code in tausendmal längerer Zeit!) Unsere Erbanlagen liefern für die seelische Entwicklung des einzelnen nur den Rahmen und ein Grundmuster, in welches dann die kulturelle Tradition, die Erlebnisse und Beziehungen während der Kindheit und Jugend (und, langsamer, auch später noch) ein unübersehbar vielfältiges Bild knüpfen – das schließlich teilweise seiner selbst bewußt wird, »Ich«

sagt, und an sich selbst weiterarbeitet. Was bleibt davon beim Tod? Ich weiß darüber nichts, denn ich habe keine Erfahrung davon, außer dem Schmerz beim Tod naher Menschen. Erfahrungen anderer lassen mich Ausschau halten. (Das ist die Bedeutung von »Skepsis«.) Aber Theologen, Gottkundler, finde ich stets zu unbescheiden, oft größenwahnsinnig. »Ob ich Atheist bin, weiß Gott allein«, sagte der Aphoristiker Stanislaw Jerzy Lec.

Ich habe das wissenschaftliche Weltbild, das sich allein auf die logische Verknüpfung allgemein reproduzierbarer Sinneserfahrungen stützt, den unserem Bewußtseinszustand angemessenen Aberglauben genannt. Es ist ja denkbar, und angesichts unserer Lebensweise sogar wahrscheinlich, daß unser Bewußtsein eine Menge blinder Flecken bekommen hat. Gläubigen Menschen aller Zeiten müßte ich wohl als schwer Geisteskranker erscheinen. Woher nehme ich denn überhaupt meine Wertvorstellungen? In meiner Predigt habe ich die »Komplexität« als Wertmaßstab angeboten – aber schon dort habe ich angedeutet, daß dies im Grunde tautologisch ist. Ich möchte mehr darüber sagen, muß aber warten, bis ich mich frischer fühle. Es rührt auch an »Wissenschaft«, und strengt mich daher an.

27. Juni 81

Seltsam, wie froh Sie sind, mich nicht zu kennen. Woher diese Berührungsangst? Mir geht es eher umgekehrt. Gespräche (und Briefe) gewinnen ja durch das Fluidum zwischen den Beteiligten erst die rechte Qualität: das Vertrauen. Ohne jede persönliche Beziehung bleiben sie allzu leicht ähnlich den »diplomatischen Gesprächen« zwischen Regierungen oder anderen Vertretern von Interessentengruppen. (Ich hörte neulich im Radio eine Aufzeichnung von Martin Bubers Rede bei der Übergabe des Friedenspreises des Deutschen Buchhandels im Jahre 1953, in der er diesen Gedanken formulierte.) Weil ich so wenig über die Ursprünge Ihrer Meinungen, Urteile und Vorurteile weiß, beschleicht mich Mißtrauen gegenüber Ihren Motiven. Persönliche Bekanntschaft, Intimität, Kenntnis prägender Erlebnisse lassen einen das Wertsystem des Gesprächspartners besser verstehen. Ohne solche Kenntnis neige ich dazu, Sie in der großen Schublade einzuordnen, die ich mir in meiner Kindheit für »die Erwachsenen« einrichten mußte. Prägende Grunderfahrung eines bei Hitlers Machtübernahme geborenen, sensiblen Knaben mit jüdischem Großvater mußte ja sein: Fast alle Erwachsenen sind wahnsinnig;

gutmütige oder bösartige Narren, auf die man sich jedenfalls nicht verlassen kann. Sie äußerten in einem Ihrer Briefe Ihr Erstaunen: Es schiene Ihnen, ich wollte mich stets prinzipiell festlegen und sei nicht bereit abzuwägen. Dieser Eindruck widerspricht vollständig dem, was ich selbst über mich denke. Nur an einer entscheidenden Stelle trifft er zu: Wo ich zerstörerischen Wahn oder solchen zulassendes naives oder bequemes Mitläufertum zu erkennen glaube, da bin ich nicht kompromißbereit und mag vergeßlicheren Menschen wie besessen erscheinen. Ich werde wohl immer vom Zorn über meine frühen Erfahrungen besessen bleiben: die schon für Kinder erkennbar dummen Propagandaslogans, die Hetzlieder, die wir mit zum Hitlergruß erhobenem Arm singen mußten, den grauenhaften Jubel über jedes gelungene Vernichtungswerk, dann die S-Bahn-Fahrten durch die brennende Großstadt, den Aschenregen, bei dem noch lesbare Buchseiten wie schwarzer Schnee herabrieselten, die Eingeweide der aufgeschlitzten Häuser, in denen man nach lebenden und toten Verschütteten grub; später, in der angeblich sicheren Kleinstadt, der ungläubig staunende Blick hinauf zu den in Reih und Glied auf uns herabfallenden Bomben, das tödliche Krachen, die zerfetzten Pferde und die kleinen, zugedeckten Häufchen von Menschenteilen auf dem Marktplatz; das Hoffen und Zittern von Mutter und Onkel nach der Meldung am 20. Juli 1944, die Resignation und Verzweiflung der folgenden Tage; dann, weiter östlich, der gehorsame und Gehorsam heischende Schuldirektor, der jeden Morgen in einer Art religiöser Feier, eingerahmt in die Liturgie passender Nazilieder, den mit Tusche auf eine Rolle geschriebenen Wehrmachtsbericht rezitieren ließ; dieser brave Mann, der sicher später wieder irgendwo Schuldirektor wurde (falls er überlebte), der eines Tages anordnete, alle seine Zöglinge hätten geschlossen als Zuschauer bei der öffentlichen Hinrichtung junger Deserteure auf dem Marktplatz anzutreten; dann das in der Ferne brennende Dresden, die Flüchtlingstrecks, die vorwärtsgepeitschten Marschkolonnen ausgemergelter Häftlinge, die zurückbleibenden verkrümmten Leichen im Straßengraben; dann der Zug nach Westen, die Zuteilung einiger Quadratmeter strohbedeckten Bodens in einem Schulhaus, die Zwangseinweisung von Mutter und drei Kindern in ein Kämmerchen mit zwei Betten bei abweisenden, schwarzgekleideten Bauersfrauen; der erwachende Frühling in der friedlichen Landschaft, das jähe, schrille Pfeifen der Tiefflieger, das Knattern ihrer MGs, mit denen sie die wie Hasen nach Deckung laufenden oder platt auf den Boden gepreßten Schulkinder jagen und pflügende Bauern samt ihren Pferden und Ochsen niedermähen; schließlich, nach Kriegsende, noch die raubende, mordende Bande von »diplaced persons«, die nachts mit Gewehrkolben an die Haustür schlagen, die Mutter bedrohen und die letzten über den Krieg geretteten Habseligkeiten erraffen ... Dann die stille Trümmerlandschaft von Nürnberg.

Warum schreibe ich das alles? Ich habe eine Weile über meine Motive nachgedacht, mein Puls hat sich dabei gefährlich beschleunigt, aber ich kann es nun sagen: Ich wollte Ihnen und den Lesern andeuten, von welcher Art der Zorn ist, der mich ergreift, wenn die Planer des gesellschaftlichen Glücks uns in den Krieg schicken, sei es gegen die Völker der Welt oder gegen die ganze Natur, sei es, weil wir ein Volk ohne Raum sein sollen oder ein Volk ohne Energie. Da haben Sie meine ganze Emotionalität: Ich zittere vor Zorn. Das Zerstörungswerk an fast allem, was ich lieben gelernt hatte, wurde nach dem Krieg mit anderen Mitteln fortgesetzt. Es ist schon wieder fast alles Lüge, was uns die Führer in Politik, Wirtschaft und Wissenschaft einpauken wollen. Mir scheint, jedes Kind müßte das sehen können – doch wieder machen fast alle mit. Aber jetzt bin ich, trotz meiner langsamen Entwicklung, endlich erwachsen, ich kann mich ausdrücken und zum Widerstand gegen die Zerstörung unserer Lebensgrundlagen aufrufen.

Das kommt Ihnen nun sicher alles sehr übertrieben vor, aber ich meine es ganz wörtlich. Der Frieden steht heute dem Krieg an Zerstörungsmacht nicht mehr nach.

Nach dem letzten Krieg gab es noch Dörfer. Ja, nur weil sie gesund geblieben waren und die Lebensgrundlagen deckten, konnte das ganze Land wieder zum Leben erwachen. Wie sähe das wohl heute aus, da uns der Fortschritt längst alle zu Heimatvertriebenen gemacht hat? Wenn der Strom ausfiele, müßte wohl binnen zwei Tagen alles Vieh notgeschlachtet und verbrannt werden. Um uns in totales Chaos zu stürzen, braucht niemand Bomben auf unsere Kernkraftwerke zu werfen, obwohl das zweifellos ein besonders erfolgreiches Rezept wäre, gleich ganz Europa unbewohnbar zu machen. Es genügt schon, die Super-Hochspannungsleitungen zu zerstören. Durch die angeblich so »rationelle« Zentralisierung geraten wir in immer absurdere Abhängigkeiten, die sich nicht nur im Kriegsfall katastrophal bemerkbar machen werden. Es gibt fast keine kleinen Bereiche mehr, die aus sich selbst heraus lebensfähig wären und als Regenerationszentren dienen könnten. Überlebende fänden sich, dank der fortgeschrittenen Arbeitsteilung womöglich unterhalb des Steinzeitniveaus wieder – nur daß es vielleicht auch nichts mehr zu jagen und zu sammeln gäbe.

Das sieht wieder nach Abschweifung aus, aber ich bin ganz nah am Thema. Ich nähere mich dem zentralen Problem, dem Problem des Zentralismus, in einer Spirale.

30. Juni 81

Gestern kam ich aus dem Krankenhaus. Ich bin schon am Weiterschreiben, aber ich schicke Ihnen diesen Teil schon einmal, damit ich es mir nicht etwa anders überlege.

Ihr Peter Kafka

13 Unterföhring, 14. August 1981 (abgeschickt am 8. September)

Lieber Herr Maier-Leibnitz,

ich fahre fort, wo ich vor sechs Wochen aufhörte; es geht also vorerst weiterhin um allgemeinere Grundlagen der Energiediskussion.

Sie werden zugeben, daß die Zerstörung der kleinen, aus sich selbst lebensfähigen Strukturen ein Risiko darstellt; aber Sie werden sagen, so sei das bei jedem evolutionären Fortschritt. Die Zellen des Vielzellers sind eben nicht mehr allein lebensfähig, so wenig wie die Einzelorgane eines höheren Organismus oder wie eine einzelne Ameise. Das Wesen des gegenwärtigen wissenschaftlich-technischen und wirtschaftlich-gesellschaftlichen Fortschritts liegt – wie beim Fortschritt auf allen früheren Stufen der Evolution – in der Schaffung »höherer Einheiten«, deren Einzelorgane in immer komplexerer Arbeitsteilung kooperieren und dabei zwangsläufig auf selbständige Lebensfähigkeit verzichten. Entspricht das nicht genau meiner Behauptung, daß aller Evolution (aufgrund wahrscheinlichkeitstheoretischer Gesetze) ein Drang zu höherer Komplexität zugrunde liege? Muß deshalb nicht schon immer das Hergebrachte, auch vieles, was an ihm schön und gut war, dem Neuen, Besseren, nämlich dem »Höheren«, Komplexeren Platz machen? Es wäre also kindisch, etwa der mittelalterlichen »Subsistenzwirtschaft« unserer Dörfer nachzutrauern; die Agrarproduktion ist nun einmal Teil einer immer enger verflochtenen Weltwirtschaft geworden, und damit abhängig vom Weltenergiesystem, vom Weltmarkt, von Weltbürokratien. Unvermeidlich wird sie damit anfälliger gegen Krisen, die zunächst andere Teile des Superorganismus betreffen; aber wären wir denn etwa bereit, unser Gehirn oder unser Stoffwechselsystem zu verdammen, weil deren Erkrankung oder Tod auch unsere Augen und Finger absterben läßt? Müssen wir uns nicht vielmehr herausgefordert fühlen, noch eifriger für die Gesundheit des Ganzen wie der Teile zu forschen und zu arbeiten?

Soweit man in den wissenschaftlich, wirtschaftlich und politisch führenden Kreisen überhaupt zum Nachdenken über das Wesen des Fortschritts kam, dürften meine letzten Sätze das Ergebnis ganz gut wiedergeben. Auch in den sogenannten sozialistischen Ländern herrscht ein verwandter Fortschrittsglaube; man erstrebt dort einen »immer höheren Grad der Vergesellschaftung«. Und all die offiziellen Ziele passen doch offensichtlich zu meinen eigenen Ansichten über das Wachsen der Komplexität. Was paßt dann mir nicht an ihnen? Das war der Inhalt meiner Predigt: Wir müssen bei den Zielen bescheiden sein und uns mehr um gangbare Wege kümmern. Über Gangbarkeit wird durch Ausprobieren befunden. Die Bedingungen des Ausprobierens aber sind Vielfalt und Gemächlichkeit. Die gängigen Fortschrittsvorstellungen sind deshalb nicht einfach falsch, sondern vielmehr unvollständig. Mangels gründlicherer Analyse konnte es dann geschehen, daß Wirtschaftswachstum und höheres Energieangebot zugleich als grundlegende Voraussetzungen wie als Meßinstrumente des gesunden Fortschritts betrachtet wurden. Und wie der Zweijährige bedenkenlos (und nicht etwa aus Zerstörungswut, sondern voller Zuversicht) jeden neu entdeckten Gegenstand zu zerlegen versucht, so hat man bei der ständigen Neugestaltung unserer Welt jedes Risiko voller Zuversicht in Kauf genommen (bzw. mitverkauft), weil es ja sozusagen definitionsgemäß abgesichert schien: Wir könnten jeden etwa angerichteten Schaden durch noch mehr Fortschritt wettmachen, schließlich in Nutzen verwandeln. Auch bei Ihnen, lieber Herr Maier-Leibnitz, war wohl diese Vorstellung tief verwurzelt. Das Bewußtsein, daß wir in einer Art »Fortschrittsdilemma« stecken, verbreitete sich ja erst mit dem zunehmenden Leiden am Fortschritt, das nun zur »Fortschrittsblockade durch Bürgerinitiativen« und zur »Wissenschaftsfeindlichkeit der Jugend« führte. Zwar haben seit dem Einsetzen der industriellen Revolution viele kritische Denker, von Goethe bis Fromm, mehr oder weniger intuitiv die drohende Entartung, die »Krebsgefahr« erkannt, und sogar die Leute, die seinerzeit den raschen Ausbau der Eisenbahnen bekämpften, waren nicht durchweg »Spinner«, sondern oft den einfachen Wahrheiten auf der Spur, die ich Gesetze (im Sinne von Bedingungen) der Evolution nannte; aber erst angesichts allgemeiner Betroffenheit durch den drohenden Zusammenbruch scheint wirkliches Abwägen politisch möglich zu werden.

Es wird mir immer peinlicher, meine simplen Einsichten zu vertreten, während doch meine Gegner mit dem geballten wissenschaftlichen Sachverstand von Großforschungseinrichtungen und mit den jeweils größten und schnellsten Maschinen das Feld der Zukunft beakkern (und die tiefen Furchen leider auch gleich mit fast unausrottbarem Unkraut besäen). Ich bin versucht aufzugeben. Es kann doch nicht wahr sein, daß ich weiser bin als so viele erfolgreiche Wissenschaftler, die bei uns und in aller Welt den Ton angeben. Aber dann fällt mir wieder die Rolle der Weisheit in der menschlichen Geschichte ein, und demütig und bescheiden trage ich weiter das Joch meiner Arroganz.

Meine Ablehnung der großtechnischen Kernenergienutzung wurzelte in der Einsicht, daß diese mit weiterer kultureller Evolution unverträglich wäre, weil sie Vielfalt und Gemächlichkeit nicht fördern, sondern weiter zerstören würde. Befürworter der Kernenergie, und vor allem Mitarbeiter in der Kernforschung oder der Industrie, fühlten sich oft ungerecht behandelt, wenn ich dies sagte. Gilt doch dieses Argument auch gegenüber vielen anderen technischen und gesellschaftlichen Entwicklungen, die dennoch bisher von »Brokdorferlebnissen« weitgehend verschont blieben. Warum also diese Einseitigkeit, diese Ungerechtigkeit? Ich will hier nur vier Gründe anführen, die die Kernenergie gegenüber all den anderen gefährlichen Entwicklungen auszeichnen:

Erstens ist die »Meinungsbildung« gegen Kernkraftwerke leichter als gegen die anderen großtechnischen Irrwege, weil die Bilder der Atompilze noch nicht verblaßt sind. (Volksführung, »Demagogie«, erfordert stets auch Taktik ...)

Zweitens macht die Langlebigkeit der abfallenden Gifte unsere Verantwortung für die Zukunft besonders deutlich. (Wir wären noch heute vom »Entsorgungsproblem« der Neanderthaler betroffen, wenn ...)

Drittens sind bei der Diskussion des Energieproblems die Alternativen besonders anschaulich vorzuzeigen und relativ schnell entwikkelbar. (Die Sonne liefert auf jedem Quadratmeter unseres Landes jährlich den Energiewert von etwa hundert Litern Heizöl ab ...)

Viertens aber, und dies ist das wichtigste, erfolgt der Energieeinsatz an der Wurzel fast aller wirtschaftlichen Aktivitäten, so daß Revisionen an dieser Stelle eine Neubesinnung auch auf allen anderen Gebieten erzwingen werden. (Wenn die Blätter absterben, denkt der »Radikale« eben auch über die Wurzeln nach ...)

Jeder Streit um diese (und andere) Aspekte der Kernenergie (und anderer Energiequellen) führt aber letzten Endes auf die Frage nach dem Fortschritt überhaupt, und damit schließlich zu meinem evolutionstheoretischen Ausgangspunkt. Ich möchte deshalb an dieser Stelle auf zwei Äußerungen aus der Wirtschaft und aus der Wissenschaft eingehen, die ebenfalls nach den Wurzeln des Fortschritts fragen. Bei beiden handelt es sich um Vorträge, auch hier könnte man sagen »Predigten«, die aber wohl an vielen Stellen abgedruckt worden sein dürften. Sie kennen vermutlich beide recht gut, aber ich möchte sie auch etwaigen Lesern vorstellen und zitiere daher ausführlich. Es geht zum einen um die Rede, die Professor Klaus Knizia als Sprecher der Deutschen Energiewirtschaft bei der Schlußveranstaltung der »Elften Weltenergiekonferenz« in München am 12. September 1980 hielt, zum anderen um den Festvortrag des Biologen (Universität Konstanz) und Vizepräsidenten der Deutschen Forschungsgemeinschaft, Professor Hubert Markl, anläßlich der Jahresversammlung der DFG am 19. Juni 1980 in Bonn.

Zunächst zur Rede von Klaus Knizia, in deren erstem Teil der weitere Ausbau der Kernenergie als dringliche Notwendigkeit für den »geordneten Rückzug aus dem Öl« vorgestellt wurde. Es folgten dann grundsätzliche Überlegungen (ich zitiere nach der Pressemitteilung des Public-Relations-Komitees der Konferenz):

> Energiepolitik und Energiewissenschaft können auf gemeinsame Quellen zurückgreifen. Gestatten Sie mir deshalb im folgenden einige kurze Ausführungen zu den eigentlichen Grundlagen, auf denen Energieversorgung beruht.
>
> Neben dem Satz von der Erhaltung der Energie ist dabei der 2. Hauptsatz der Wärmelehre, der Satz von der Entropievermeh-

rung, von besonderer Bedeutung. Er, dieser 2. Hauptsatz, bestimmt den Zusammenhang zwischen der möglichen Arbeitsausbeute aus Energie – wir nennen diese Arbeitsausbeute Exergie – und dem dazu erforderlichen Energie- und Materialaufwand. Im Widerspruch zu diesem 2. Hauptsatz wird in der augenblicklichen Diskussion immer wieder bewußt oder unbewußt folgendes übersehen:

Wenig dichte, zeitlich nicht gleichbleibende Energieströme erfordern einen hohen Materialaufwand zu ihrer Sammlung und Umwandlung in hochwertige Energieformen, der ja wieder an den vorherigen Einsatz von Energie gebunden ist. Der Erntefaktor wird gering. Beim Aufbau solcher Systeme aufzuwendende Rohstoffe und fossile Energien werden vorzeitig vergeudet und vermutlich erschöpft – denken wir zum Beispiel an den Raubbau des Waldes in verschiedenen Regionen unserer Erde –, bevor eine ausreichende, zeitlich unbegrenzte Energieversorgung für alle gesichert ist.

Der 2. Hauptsatz führt uns mit dem Begriff der »Entropie« jedoch auch noch weiter. In abgeschlossenen wirklichen Systemen, so wissen wir, verlaufen alle Vorgänge in Richtung des Ausgleichs der Energie- und Temperaturgefälle und damit in Richtung größter Entropiezunahme.

Der Ausgleich aller Gefälle ergibt einen Zustand mit geringen Unterscheidungsmöglichkeiten; wir sagen, er sei von niedriger Ordnung. Das bedeutet Tod. Leben heißt, höhere Ordnungszustände mit vielfältigen Unterscheidungsmöglichkeiten, ja, ganze Ordnungssysteme zu schaffen, zu erhalten, zu fördern. Und menschliches Handeln erhält seinen Sinn in der Erschaffung von solchen Ordnungszuständen, die Leben begünstigen.

Die Evolution ist den Weg von geringeren zu höheren Ordnungssystemen mit vielfältigen Unterscheidungsmöglichkeiten gegangen. Einfachste Unterscheidungsmöglichkeiten sind: hoch und tief, warm und kalt, fest und flüssig. Alles Leben hat solche Unterscheidungsmöglichkeiten zur Voraussetzung.

Wollen wir Ordnungssysteme erhalten oder noch fördern, so müssen wir durch Abbau der Gefälle entstehende Entropiezunahme in ihnen vermeiden oder rückgängig machen, wir müssen ihnen negative Entropie – oder Negentropie – zuführen. Negentropie stellt also etwas Lebenswichtiges dar, nämlich die Möglichkeit, höhere, dem Leben dienliche Ordnungszustände zu erreichen, zu erhalten und fortzuentwickeln. Sie, die Negentropie, umfaßt Arbeitsfähigkeit und ihre für die jeweilige Aufgabe zweckmäßige Form und Anwendung. Energie in die jeweils zweckmäßige Form von Arbeitsfähigkeit zu bringen und richtig anzuwenden, erfordert Information. Arbeitsfähigkeit und Information ist somit der Stoff, aus dem das Leben sich formt und erhält.

Der 2. Hauptsatz der Wärmelehre umfaßt deshalb auch die für das Leben wichtige Aussage:

> »Jedes System, das seinen höheren Ordnungszustand erhält oder verbessert, bedarf der Zufuhr von Negentropie. Sie besteht aus Arbeitsfähigkeit und Information.«

Das gilt für Einzelwesen wie Gemeinschaften, für die unmittelbare Existenzsicherung wie den Ausbau der Zukunft. Die Schöpfungskraft des Menschen ermöglicht es ihm, Negentropie zu schaffen, indem er Naturgesetze zu Zwecken verwendet, die in der Natur nicht vorkommen. Er gewinnt damit höhere, für das Leben hilfreiche Ordnungszustände, deren evolutionäres Entstehen extrem unwahrscheinlich ist, weil bis zu ihrem Eintreten auf »natürliche« Weise große Zeiträume verstreichen müssen.

Führt Evolution allgemein zu der besseren Anpassung an die Umweltbedingungen und damit zu einer größeren Zahl einer Spezies oder verbesserter Lebensbedingungen für diese Spezies, so steht der Mensch vor der neuen Aufgabe, diese evolutorische Entwicklung bewußt zur friedlichen und menschenwürdigen Begrenzung seiner Zahl zu verwenden und statt dessen das Niveau seiner Lebensumstände und die Lebensfähigkeit seiner Umgebung zu verbessern. Ein Maximum von Negentropie aus einem verfügbaren Energiestrom zu gewinnen ist die Aufgabe, wenn wir ein Maximum von Lebensmöglichkeit anstreben, bei geringster Zerstörung der Umwelt.

Diese Aufgabe hat sich dem Menschen bisher in ihrer ganzen Schärfe nicht gestellt: Energie war im Überfluß vorhanden, ihr Einsatz schien folgenlos für die Lebensfähigkeit unserer Welt zu sein. Eine unzureichende Energienutzung wurde einfach durch größeren Energieaufwand kompensiert.

Arbeitsfähigkeit und Information entstehen aus einer Wechselwirkung von Kreativität und Energie. Menschliche Kreativität ist: Urteils- und Organisationsvermögen, Phantasie, Intelligenz und Initiative, sie erfordert Tatkraft, Entscheidungs- und Verantwortungsbereitschaft. Kreativität und Energie, eingebettet in den natürlichen Lebensraum mit seinen Ressourcen, sind *die* Faktoren, von denen wir leben.

Kreativität – Energie – Natur ergänzen sich, sie vermögen sich aber auch, wenigstens teilweise, gegenseitig zu ersetzen, und sie erlauben Verschiebungen innerhalb der einzelnen Energieträger und Rohstoffe. Ein Auto kann beispielsweise mit größerem Aufwand an elektrischer Energie aus Aluminium und damit leichter gebaut werden, ein größerer Aufwand an Kreativität vermag den Wirkungsgrad seines Motors zu steigern und den Luftwiderstand der Karosse zu mindern. In beiden Fällen wird Öl gespart.

Die menschliche Kreativität ist unbegrenzt, Energie können wir heute in ausreichendem Maß aus Kernenergie gewinnen, nur der dritte Faktor, die Natur, ist möglicherweise durch uns schon an die Grenzen seiner Leistungsfähigkeit und Belastung gekommen.

Nur ein hohes Maß an Kreativität und Energie in den Entwicklungsländern, ein hohes Maß an zusätzlicher Kreativität und Energie in den Industrieregionen, eingesetzt zur Produktion von Gütern, die den Ländern der Dritten und Vierten Welt wirklich helfen, aufzubauen wird die rechtzeitige und sozial verträgliche Schaffung jenes Überlebenskompromisses ermöglichen, den wir bei der Auswahl des Themas für diese Konferenz »Energie für unsere Welt« als das vordringliche Ziel ansahen. Die Ergebnisse der Konferenz bestätigen uns in der Wahl des Themas. Die seit der letzten Weltenergiekonferenz in Istanbul vor drei Jahren wiederum stark gestiegenen Ölpreise haben das Interesse der Entwicklungsländer an dieser Konferenz ungemein gesteigert. Energie und Ordnung, so lehrt und, die Thermodynamik, brauchen wir, um Lebensfähigkeit zu ermöglichen. Kommt Menschlichkeit hinzu, so vermag sich Lebensfähigkeit zu Lebensfreundlichkeit zu steigern.

Ingenieure und Wirtschaftler hätten gegenüber der Öffentlichkeit eine Bringschuld, hat der deutsche Bundeskanzler zur Eröffnung dieser Weltenergiekonferenz gesagt. Sie hätten über die Notwendigkeit, Kernenergie einzuführen, noch intensiver aufzuklären. Dieser Kongreß hat erneut bewiesen, daß sie weltweit und einmütig dieser Aufgabe – und dies nicht erst seit heute – nachkommen.

Wir bitten erneut eindringlich Politiker, Öffentlichkeit und Presse, wirklich zuzuhören:
Beispielsweise dürften Zweifel an der Machbarkeit der Entsorgung nicht mehr bestehen, nachdem Industriestaaten wie Frankreich und Großbritannien die Entsorgung seit Jahren erfolgreich praktizieren, nachdem Staaten wie die USA und UdSSR einen hohen Entwicklungsstand auch auf diesem Gebiet der Kernenergienutzung erreicht haben. Sie dürften aber gerade deshalb in diesem Lande auch nicht bestehen, da in der Bundesrepublik bereits vor 20 Jahren die Arbeiten an der Wiederaufbereitung in Karlsruhe begonnen haben, seit 1½ Jahrzehnten Entsorgung dort praktiziert wird und seit Jahren ein Konzept für eine großtechnische Anlage vorliegt, das schon vor längerer Zeit von der Strahlenschutz- und Reaktorsicherheitskommission als machbar und sicher erklärt wurde.
Wir wissen, daß unsere Verantwortung groß ist und daß Vorsicht und Voraussicht unser Handeln bestimmen müssen.
Wir müssen aber warnen, Sektierern und Opportunisten dort Gehör zu leihen, wo rationale, auf Langfristwirkung angelegte Entscheidungen und sofortiges Handeln erforderlich sind. Die Hungernden unserer Welt spüren andere Risiken, als sie die Alpträume unserer Wohlstandsgesellschaft gebären.

Soweit Klaus Knizia. Ein gewisser Fortschritt gegenüber früheren Grundsatzreden aus Energieversorgungsunternehmen ist unverkennbar. Herausgefordert von den nicht mehr so leicht verfembaren Ökologen und Umweltschützern, beginnt man auch dort über die Gesetze der Evolution nachzudenken. Freilich darf solches Nachdenken nicht zum Abbröckeln der eigenen Machtposition führen. Schließlich will man mehr verkaufen. Dabei sollte die Aufwertung des eigenen Produkts von »Energie« zu »Exergie« dienlich sein. Der Diamantenhändler hat einen höheren Status (und meist höhere Gewinnspannen) als der Kohlehändler, obwohl beide Kohlenstoff verkaufen. Die Frage, wieviel Energie (oder Exergie) erzeugt werden soll, muß aber natürlich von den Abnehmern und allen sonst Betroffenen entschieden werden. Verkäufer, gleich welchen Ansehens, sind als Experten für Bedarfsfragen ungeeignet.

Was aber ist an den zitierten Sätzen Knizias falsch? Stimmt das denn nicht alles?

Herr Knizia benutzt das Wort »Evolution« zunächst in einem engeren Sinne als ich. Er stellt den Menschen außerhalb der Natur und meint, die menschliche Schöpfungskraft schaffe »Negentropie« auf anderem als evolutionärem Wege. Gleich anschließend allerdings will auch er den Begriff erweitern und definiert gewissermaßen die kulturelle Evolution als die »Gewinnung eines Maximums von Negentropie aus einem verfügbaren Energiestrom«. Da sind wir ja wieder bei Prigogines minimaler Entropieerzeugungsrate, und wenn all dies vielleicht auch vorerst noch etwas verschwommen bleiben muß, so wäre es doch sicher akzeptabel – wenn wir nur die rechten Maßstäbe und Meßmethoden hätten, um zu entscheiden, ob wir nun gerade mehr Entropie oder Negentropie erzeugen. Schauen wir uns den zentralen Satz Herrn Knizias noch einmal an: »Die menschliche Kreativität ist unbegrenzt, Energie können wir heute in ausreichendem Maß aus Kernenergie gewinnen, nur der dritte Faktor, die Natur, ist möglicherweise durch uns schon an die Grenzen seiner Leistungsfähigkeit und Belastung gekommen.« Mit der letzten Aussage deutet ja auch Herr Knizia an, daß die Ordnung insgesamt gefährdet ist, daß wir also offenbar zu viel tödliche Entropie erzeugt haben – denn auch Knizia wird ja wohl nicht zu jenen utopischen Spinnern zählen, die ernstlich behaupten, wir seien schon »über die Natur erhaben« und ohne sie, in einer »höheren Ordnung«, lebensfähig. Zu diesem Zerstörungsprozeß war übrigens schon das Verpuffen der »fossilen Energieträger« ausreichend; die Kernenergie soll ihren Beitrag ja erst in der Zukunft leisten. Der eigentliche Denkfehler Knizias aber steckt in der Behauptung »Die menschliche Kreativität ist unbegrenzt«. Das ist ein völlig sinnloser Satz, wenn nicht wenigstens gewisse Dimensionen angegeben werden, in denen man von Begrenztheit oder Unbegrenztheit sprechen könnte. Sowie man aber eine solche schärfere Betrachtung versucht, wird man auf die Dimensionen von Raum und Zeit, und damit auf meine »Bedingungen der Evolution« stoßen: Die menschliche Kreativität ist der Prozeß an der Front der Evolution und ist, wie jeder Evolutionsprozeß, d. h. Selektion nach Versuch und Irrtum, den Bedingungen Vielfalt und Gemächlichkeit unterworfen und insofern »begrenzt«. In planerischer Einfalt und in Eile schafft die menschliche Schöpferkraft eben nicht Negentropie, sondern Entropie, weil ihr Scheinwerte als Maßstab dienen.

Herrn Knizias optimistische Rede, diese Selbstdarstellung als Exergieverkäufer im Dienste der Evolution der Menschheit, die den in

München versammelten, reichlich bedrückten Energieverkäufern aus aller Welt neuen Mut machen sollte, müssen wir also vergessen. Schon ihr erster Grundsatz war fehlerhaft. Mag Herr Knizia auch nicht zu den Sektierern gehören, so sollten wir ihm doch angesichts seiner fehlerhaften oder zumindest unvollständigen Gedanken kein Gehör leihen, wo vernünftige, auf Langzeitwirkung angelegte Entscheidungen und sofortiges Handeln, das kann auch heißen: sofortiges Unterlassen, erforderlich sind.

23. August 81

Ich komme nun zum erwähnten zweiten Vortrag, dem von Prof. Hubert Markl, der mir verschiedentlich als »Überwindung meiner Fortschrittskritik« vorgehalten wurde. Er ist wesentlich ernster zu nehmen, denn hier spricht jemand, der nicht beruflich zum Glauben an die Rettung der Welt durch die eigene technische Branche verpflichtet ist, dessen Kreativität also nicht schon durch seinen Arbeitsvertrag Grenzen gesetzt sind, sondern jemand, der als Wissenschaftler (vor allem bei der Erforschung des Verhaltens von Insekten) tiefen Einblick in die biologische Evolution gewonnen hat. Markls Aufsatz war überschrieben: »Ökologische Grenzen und Evolutionsstrategie Forschung«. Er ist z. B. nachzulesen in Heft 3/1980 von »forschung – Mitteilungen der DFG«. Der Text sprüht von originellen und treffenden Gedanken und Formulierungen und bringt viele einleuchtende Beispiele von »ökologischen Krisen« und deren Überwindung in der Geschichte der Evolution des Lebens, also für die »biologische Alltäglichkeit ökologischer Probleme«. Er wendet sich gegen die »Populärökologie«, die das »ökologische Stabilitätsideal zu kurzsichtig« sehe: »Natürlich ist der Mensch eine Naturkatastrophe, wie viele erfolgreiche Arten vor ihm« ... »Ökologische Begrenzungsprobleme sind für Organismen nicht nur nichts Ungewöhnliches, sie entstehen geradezu zwangsläufig: Kaum eine Art kann sich stabil nahe ihrer Tragekapazität einrichten, die Charakteristika des Evolutionsprozesses selbst machen dies in der wirklichen Welt unmöglich« ... »Der Evolutionserfolg von Lebewesen beruht auf einer offensiven Innovationsstrategie unter Umweltdruck, nicht auf einer Strategie passiver Einschränkung, auf einer Risikostrategie, keiner Strategie der Risikovermeidung – Millionen ausgestorbener Arten legen Zeugnis dafür ab – ja, in gewissem Sinne sogar auf einer ›Verschwendungsstrategie‹, keiner Konservierungsstrategie«. Nach einigen sehr lesenswerten Seiten, aus denen ich hier nichts weiter herausgreifen will, kommt schließlich die »Nutzanwendung«: »Wir stehen also heute vor einer biologisch fast alltäglichen Aufgabe, die Lebewesen viele Male zu lösen hatten und die auch die Menschheit bereits mindestens einmal gemeistert hat (was uns Mut machen kann): sich an ökologische Grenzen anzupassen, ohne daß es zu Krisen kommt und ohne daß wir unsere Innovationsfähigkeit preisgeben. Menschlicher Verstand und menschliche Einsicht eröffnen uns große Möglichkeiten zur Meisterung dieser Herausforderung: die verfügbaren Strategien sind dennoch weitgehend die gleichen geblieben, die vom Leben schon immer genutzt wurden. Entdeckung, Erprobung und Bewertung neuer Wirkungsprinzipien und Handlungsmöglichkeiten: was anderes wäre Forschung? Ich habe es daher gewagt, von einer Evolutionsstrategie Forschung zu reden, nicht weil es sich um Identisches handelte, sondern weil die funktionelle Isomorphie der Strategien betont werden sollte.« Zum Abschluß verliert Markls Text zwar mehr und mehr seinen sprühenden Charakter, wird aber noch eindringlicher, predigthafter. Ich möchte den Schluß hier vollständig zitieren:

> »Eines sei aber zum Abschluß noch einmal aufgegriffen. Wir haben gesehen: Innovation ist Erzeugung des Neuen und Selektion des Brauchbaren, des vorteilhaft Anwendbaren. Selektieren heißt also bewerten, und dazu bedarf es einer Wert- oder Optimierungsfunktion. Wir kennen das Optimierungskriterium der Evolution: Es ist die Darwinsche Fitness, die Vermehrungsüberlegenheit gegenüber konkurrierenden Systemen – ob dies nun Gene oder ganze Arten sind. Wohlgemerkt: Es ist nicht die Überlebensfähigkeit, wie das oft falsch verstanden wird; die Optimierung auf Vermehrungserfolg kann daher durchaus auch einmal mit dem Ziel des Überlebens in Widerspruch geraten. Wir können auch nicht leugnen: Dies Prinzip hat sich im Lauf der Kulturevolution des Menschen weitererhalten. Die Pseudospezies menschlicher Kulturen, ihre Ideologien, Wirtschaftssysteme, behandelten sich bis in unsere Tage nicht viel anders als produktionsmaximierende konkurrierende Biospezies. Doch mag dies auch – in einem wenig erfreulichen Sinne – ›natürlich‹ scheinen, als vernünftig könnte es allemal nur so lange gelten (nicht zu reden davon, daß es etwa dadurch gerechtfertigt wäre), solange diese kulturell überformte Fitnesskonkur-

renz das höhere Ziel des Überlebens der Art nicht gefährdet. Nun nähert sich die Menschheit jedoch unaufhaltsam einer singulär neuen Lage: Sie hat nur Aussicht zu überdauern, wenn sie sich im globalen Gesamtsystem der Biosphäre, das immer stärker durch das Gesamtwirtschaftssystem der Menschheit beeinflußt wird, als langfristig ›fit‹ erweist. Dieses Gesamtsystem hat keinen Konkurrenten zu übertrumpfen. Damit wird eine Selektion von Handlungsalternativen nach dem Konkurrenzvorteil, den sie verleihen, unsinnig. Das heißt, daß das Bewertungskriterium der biologischen Evolution selbst – die Vermehrungsfitness – obsolet geworden ist und durch eine Wertfunktion abgelöst werden muß, die Handlungsalternativen danach beurteilt, ob sie das Überleben des Übersystems Menschheit in einer unbegrenzt funktionsfähigen Biosphäre ermöglicht. Die Innovationsstrategien der biologischen Evolution und die der Weiterentwicklung der Menschheit zur Lösung ökologischer Probleme mögen durchaus sehr ähnlich sein; doch an die Stelle des Darwinschen Fitnessimperativs muß eine auf Einsicht begründete und verantwortete Überlebensethik treten, die die Selektionskriterien für Anwendung und Verbreitung der Ergebnisse innovativer Forschung liefert. Der Mensch ist das erste Lebewesen, das die Fähigkeit dazu entwickelt hat und das unumgänglich auf ihre Anwendung angewiesen ist. Auf den Schultern der menschlichen Spezies, mehr noch auf ihrer Vernunft, ruht nun die Verantwortung für den Bestand des Lebens auf dieser Erde, jedenfalls in den uns vertrauten und gemäßen Formen.

Wir haben gesehen, daß auch in der Evolution die Phasen der Stabilisierung keine Phasen innovativer Stagnation sind, ganz im Gegenteil: Der Bedarf an Erfindungsreichtum zur optimalen und stabilen Nutzung begrenzt verfügbarer Ressourcen ist eher größer als kleiner als der Bedarf an expansionsorientierten Neuerungen. Die Phasen der Expansion und der Intensivierung und Stabilisierung unterscheiden sich vielmehr allein durch die Maßstäbe selektiver Bewertung neuer Handlungsalternativen. Die anzustrebende Stabilisierung wird also sicher kein Zeitalter idyllischer Gleichförmigkeit herbeiführen, sondern die Anpassung an immer weitere Veränderungen erfordern, soweit diese dem übergeordneten Ziel der Erhaltung des Ganzen nicht zuwiderlaufen.

Viele zweifeln, daß die Menschheit imstande ist, diese Umwertung aller evolutiven Werte rechtzeitig zu vollziehen. Dazu besteht kein guter Grund. Nicht nur, weil Pessimismus vor den Aufgaben der Zukunft leicht zur selbsterfüllenden Wahrsagung wird. Pessimismus kann Charakterschwäche sein, Optimismus moralische Menschenpflicht. Wozu der Steinzeitmensch nicht zu dumm und primitiv war – nämlich angesichts ökologischer Begrenzung Vernunft walten zu lassen –, das sollte auch für uns erreichbar sein. Der Hegelsche Weltgeist wird es allerdings nicht bewirken, daß das, was vernünftig ist, auch wirklich wird: Wir werden es selber wollen müssen, und wir werden selber dafür handeln müssen.«

So endete Hubert Markls Vortrag über »Ökologische Grenzen und Evolutionsstrategie Forschung«. Nachdem ich meine Kritik an der Großforschung (wieder einmal unter dem Titel »Ist die Wissenschaft eine Naturkatastrophe?«) im Kolloquium der Karlsruher Physiker vorgestellt hatte, schickte mir ein Zuhörer Ende letzten Jahres eine Kopie von Markls Vortragstext zu. Ich bekam beim Lesen Herzklopfen und war glücklich, endlich einmal wieder etwas »Umgreifendes« von einem Wissenschaftler zu entdecken. Überall in diesem Text sah ich Verwandtschaft mit meinen eigenen Einsichten und glaubte, einen Verbündeten gefunden zu haben. Beim zweiten Lesen wurde mir allerdings klar, daß zum Beispiel auch Herr Knizia diesen Eindruck gehabt haben könnte. In Markls Text werden ja keinerlei konkrete Schritte, etwa in der Forschungspolitik oder gar in der Energiefrage, empfohlen. Es bleibt alles genügend allgemein, um jedermann die Identifizierung mit dem Text zu erlauben. Einige Stellen, wie etwa die Kritik an der »Popularökologie«, lassen sich (für Leser entsprechender Interessenlage) sogar leicht als Angriff auf die ganze »grüne« Richtung der Bürgerinitiativen und Antikernkraftwerksdemonstranten verstehen. Dennoch blieb ich beeindruckt und schrieb deshalb um die Jahreswende an Herrn Markl, schickte auch meine eigene Predigt mit, und bat ihn, mir zu sagen, ob er aus seinen Einsichten auch irgendwelche Schlüsse zöge, die bei der »Förderung von Wissenschaften und Machenschaften« konkrete Folgen hätten. Ich glaube nicht, daß ich eine Indiskretion begehe, wenn ich Herrn Markls Antwortbrief hier beilege. Falls unser Briefwechsel veröffentlicht werden sollte, müßten wir natürlich versuchen, Herrn Markls Zustimmung zum Abdruck seines Briefes einzuholen. Da es sich um eine Kritik an meinem Vortrag handelt, der auch unseren Briefwechsel auslöste, dürfte dieser Brief auch andere Leser interessieren. Dasselbe gilt für zwei sich noch daran anschließende Briefe, nach denen unsere kurze Korrespondenz dann abbrach.

Ich lege nun also der Einfachheit halber leicht gekürzte Kopien dieser Briefe bei und werde mich anschließend noch weiter mit Markls Text auseinandersetzen.

Unterföhring, 19. Dezember 1980

Sehr geehrter Herr Markl,
nachdem ich neulich im Kolloquium der Karlsruher Physiker unter dem Titel »Ist die Wissenschaft eine Naturkatastrophe?« meine »Standardpredigt« vorgetragen hatte, sandte mir ein Zuhörer eine Kopie Ihres Vortragstextes »Ökologische Grenzen und Evolutionsstrategie Forschung« aus den Mitteilungen der DFG 3/80. Ich war sehr erfreut, endlich auch einmal von einem »etablierten« Biologen solche Gedanken zu hören. Wenn Sie einmal dazu kommen, in meinen beiliegenden Text hineinzusehen, werden Sie feststellen, daß wir vieles ziemlich ähnlich sehen. (Bei so simplen Wahrheiten kann das freilich auch kaum anders sein; es kommen sogar zwangsläufig manche Formulierungen ganz ähnlich heraus.)
Nun würde mich interessieren, ob Sie aus Ihren Einsichten auch irgendwelche Schlüsse ziehen, die bei der Förderung von Wissenschaften und Machenschaften konkrete Folgen hätten. Aus Ihrem Vortrag ist noch nicht zu sehen, ob meine Schlagworte »Vielfalt und Gemächlichkeit« auch *Ihre* Bewertungskriterien charakterisieren würden. (Ich argumentiere ja, wir hätten die »Singularität« schon erreicht: Sie ist gekennzeichnet durch das Zusammenfallen der »Zeitskala der Evolution« mit der Lebensdauer der Individuen an der »Front der Evolution«.)
Ich stehe seit einigen Monaten in einem Briefwechsel mit Herrn Maier-Leibnitz über Fortschrittsfragen und würde gern auch Ihren Beitrag in die Diskussion einbringen. Haben Sie noch andere Artikel in dieser Richtung geschrieben? Wenn ja, so wäre ich Ihnen für Übersendung (oder Zitatangabe) dankbar.

Mit freundlichen Grüßen
Peter Kafka

Konstanz, 7. Januar 1981

Sehr geehrter Herr Dr. Kafka,
besten Dank für Ihren Brief vom 19. 12. und Ihren Vortrag, den ich mit großem Interesse gelesen habe: gut argumentiert, blendend formuliert. In der Analyse der Probleme überzeugt er mich allerdings mehr als in manchen Schlußfolgerungen.
Zunächst teile ich Ihre Meinung gar nicht, daß Emotionen die besseren Urteilshelfer sind. In Emotionen steckt zum guten Teil »past wisdom«, d. h. Anpassungsinformation über Lebensbedingungen, unter denen sie im Evolutionsprozeß des Menschen selektiert oder in der Individualentwicklung eingeprägt worden sind. Zu viel Weisheit gegenüber neuen Herausforderungen sollte man sich also nicht von ihnen erwarten. Meine Skepsis gegenüber jedem Appell an die »gesunden Instinkte« ist aus historisch gutem Grunde *sehr* groß. Gewiß, ohne Emotionen, ohne Engagement für die Verfolgung richtig erkannter Ziele läßt sich nichts bewegen und die Bewertung von – kalkulierten – Verhaltensalternativen läßt sich ebenso gewiß nicht im zweckfreien wissenschaftlichen Gedankenspiel erreichen, sondern setzt – durchaus emotionsgeladene – Auseinandersetzung über diese Ziele und Zwecke voraus, doch kann uns auch dabei der gesunde Menschenverstand wohl meist weiter helfen als das gesunde Volksempfinden (das ist jetzt etwas unfair verzerrend, aber ich wollte das Argument doch zuspitzen).
Zum zweiten fürchte ich, daß Ihre mit geradezu biblisch-prophetischem Feuer vorgetragene Umkehr-vor-dem-Abgrund-Predigt zwar logisch konsistent, faktisch begründet und moralisch gerechtfertigt ist, daß sie aber gleichzeitig Gefahr laufen muß, wirkungslos zu verpuffen, weil sie für ihre Verwirklichung (wie so viele gutgemeinte Ratschläge an die Menschheit) eine zumindest mehrheitlich andere Menschheit voraussetzt, als wir sie vorfinden. Menschen bestehen zum Großteil aus ihren Haltungen, Gewohnheiten, Erwartungen, die sich – einmal in der Jugend erworben und im sozialen Kommunikationsgeflecht ständig bekräftigt – nur sehr schwer ändern lassen; deswegen hat ja der Club of Rome jüngst ganz zu Recht darauf hingewiesen, daß alle notwendigen Veränderungen im menschlichen Verhalten am Lernen ansetzen müssen. Nun lernen Menschen (genauso wie Tiere) neue Machenschaften (wie Sie das so schön nannten) schnell, aber neue Lebenshaltungen

sehr viel langsamer (wobei eben der soziale Konformismus nicht nur bestärkend, sondern auch retardierend wirkt). Meine Hoffnung, daß Menschen aus Untergangspredigten lernen werden, rasch genug ihre Grundeinstellungen zu ändern, um drohendem Unheil zuvorzukommen, ist sehr begrenzt. Wenn ich daran zu zweifeln beginne, sehe ich mir nur meine zigarettenrauchenden Medizinerkollegen an.

Hinzu kommt, daß Sie in Ihren Schlußfolgerungen meines Erachtens das Gewicht der schon existierenden gesellschaftlichen – Nationalstaaten ja längst übergreifenden, in wesentlichen Aspekten längst globalen – Komplexitäten in ihrer Wirksamkeit unterschätzen. Deren Dynamik ist nicht nur in den Gewinnkalkülen der Produktionstechnokratie verwurzelt, sie ist längst auch Bestandteil des haltungs- und erwartungs- (also verhaltens-)formenden Meinungskonsenses der industriellen Zivilisationsmenschheit. Zum Unterschied der von Ihnen zu Recht herausgestellten natürlichen Komplexität, die selbststabilisierende Züge haben kann, kommt hier eine andere – durchaus ebenfalls der Natur nicht fremde – Komplexitätseigenschaft dramatisch zum Durchbruch: die zur Hervorbringung ständig komplexerer Übersysteme, wobei das Verwandlungstempo allerdings nie gekannte Rasanz erreicht hat.

Meiner Meinung nach ist ein solcher Prozeß nicht dadurch »einfangbar«, daß man ihn sozusagen kraft Appell oder Befehl stoppt und auf ein vorheriges Niveau der Komplexität zurückführt, sondern nur, indem man in dem erreichten Komplexitätszustand gezielt die Entwicklung so beeinflußt, daß ein neuer Selbsterhaltungszustand erreicht wird. Da die Menschen an Haltungen (fast wie an ihren Emotionen) zäh festzu-»halten« pflegen und bekanntlich diese am ehesten durch bittere Erfahrungen zu ändern bereit sind, fürchte ich, daß der Weg zu einem neuen – partiellen – Stabilitätszustand nur unter Durchleiden vieler schmerzlicher Opfer erreicht werden wird, wie Sie sie drastisch vorhersagen. Wie so oft, kann der Prophet im voraus wenig bewirken und im nachhinein trotzdem recht behalten. Um es klar zu sagen: Ich glaube, daß die schlimmen Folgen menschlichen (ökologischen) Fehlverhaltens nur in geringem Maße durch klug voraussichtiges Handeln verhinderbar sein werden, daß vielmehr erst ihr Eintreten die Chance gibt – am Rande des Abgrunds, so ist zu hoffen –, die Haltungsänderungen zu erreichen, die aus der dynamischen Transiente in einen längerfristig halbwegs stabilen Zustand der globalen Industriekultur überführen. Diese Einschätzung ist weder zynisch noch pessimistisch, sondern realistisch, wie mir scheinen will. Sie ist, so will mir weiter scheinen, die Voraussetzung dafür, den Übergangsprozeß unter Minimierung der Opfer einigermaßen zum Positiven zu lenken (und daher sogar optimistisch), während eine Einschätzung, die nur die Wahl zwischen Totalumkehr oder Untergang erkennen zu können meint, zur einflußlosen Zuschauerrolle (allerdings mit dem köstlich rechthaberischen Gefühl alternativen guten Gewissens) verdammen kann.

Auch wenn ich die Dinge weniger global betrachte, sondern die Konkreta wirtschaftlichen und politischen Handelns ins Auge fasse, komme ich zu keinem anderen Ergebnis. Die Vollbremsung (oder auch nur die kräftige Verlangsamung) eines solchen Kolosses, wie es unser wirtschaftlich-gesellschaftliches System darstellt, müßte so viele katastrophale (vor allem soziale) Folgen haben, daß diese in der Tat in ernsthafte Güterabwägung zu den uns drohenden ökologischen Folgen zu setzen sind. Um im Bild zu bleiben: Das Beste, was mir erreichbar scheint, ist, den rasenden Koloß so in die Kurve auf richtige Zukunftsbahn zu bringen, daß er nicht entgleist und dabei zertrümmert. Dafür, so fürchte ich, wird etwas mehr als Sonnenenergie nötig sein. Dabei, so fürchte ich allerdings auch wie Sie, werden die Schäden und Kosten durchaus nicht vernachlässigbar sein. Sie werden die Rechnung dafür sein, daß diese komplexe Industriezivilisation überhaupt in Schwung gekommen ist – aber vor der Vergangenheit kann man nicht in die Idylle auswandern, und vor der zwiespältigen Wirklichkeit nicht in die (moralisch) reine Theorie.

Mit freundlichen Grüßen und allen guten Wünschen zum Jahreswechsel,

Ihr

Hubert Markl

Unterföhring, 9. Januar 1981

Lieber Herr Markl,

auf Ihren Brief vom 7. 1. möchte ich sofort antworten, denn er ist mir wichtig. Ihre Zweifel beim Lesen meines Vortragstextes zeigen

mir vor allem, wie leicht ich es dem Leser durch manche pointierte Formulierungen mache, mich mißzuverstehen.
Natürlich ist meine »Predigt« nur ein Anlauf zu dem schwierigen Diskussionsprozeß, der den Vordenkern oder Nachdenklichen noch bevorsteht; aber es eilt ja, und angesichts des trägen Trabs der öffentlichen Meinung ist die Versuchung groß, gelegentlich allzusehr die Sporen einzusetzen.
Meine Frage an Sie, ob wir aus der Analyse – in der wir uns wohl nahe sind – Schlußfolgerungen ziehen müssen und können, bleibt bestehen. Ich will zum Schluß auf sie zurückkommen. Zunächst möchte ich einige Mißverständnisse abbauen helfen, damit die gemeinsame Grundlage noch deutlicher sichtbar wird.
Meine Bemerkung über die Emotionen machte ich, obwohl ich Ihre Skepsis gegenüber dem »gesunden Volksempfinden« teile und Sie vielleicht sogar darin übertreffe. (Ich bin zwar nur fünf Jahre älter als Sie, habe aber dadurch gerade noch einiges in diesem Zusammenhang Relevante erlebt, was für Sie schon Geschichte ist.) Über das Abwägen zwischen Emotion und Kalkül kann man mit so wenigen Worten vielleicht nur Mißverständliches sagen. In der Einleitung meines Vortrages ist die positive Einschätzung der Emotion als Reaktion auf ihre polemische Verteufelung (und zugleich Ausbeutung!) durch abergläubische Wissenschaftler zu verstehen. Daß über sie unendlich viel mehr zu sagen wäre, blieb hoffentlich in meinem Text nicht völlig verborgen.
In Ihrem Brief werden gleich zu Anfang zwei wesentliche Aspekte der »Emotionen« zur Argumentation herangezogen: Sie sind gemeinsam mit dem »Hergebrachten« entwickelt worden und taugen deshalb wenig zur Beurteilung von »neuen Herausforderungen«; und sie sind (eben deshalb) fest verankert und nur langsam veränderlich. Nun – daraus folgt ja eine meiner Aussagen: Schnelle Veränderung, die zu starken Widersprüchen zwischen den alten emotionalen Wurzeln und neuen Handlungszwängen führt, ist mit an Sicherheit grenzender Wahrscheinlichkeit zerstörerisch. Da aber Einsichtsfähigkeit etwas ziemlich Neues (und sicher weiter Entwickelbares) ist, spricht wohl nichts gegen den Versuch, Einsichten zu verbreiten; zumal ja heute der Ausbreitungsprozeß so viel schneller läuft. Vielleicht nützt es ja doch etwas, den Abgrund sichtbar zu machen. Sie sind sich wohl auch nicht ganz sicher: Müssen wir erst hineinfallen oder nicht? Sehen Sie nicht die

Möglichkeit, daß wir durch »Untergangspredigten« den Abgrund (oder den »Wasserfall«) sichtbar machen und so die Suche nach vertrauenswürdigeren Wegen fördern könnten? Und weil die emotional bedingten Lebenshaltungen – zumindest was ihre ererbten Wurzeln angeht – nicht rasch veränderbar sind, müssen sie als Randbedingungen bei der Suche nach neuen Wegen akzeptiert werden. So meinte ich das mit den Emotionen: Lassen wir uns nicht die seelischen Grundlagen aller intellektuellen Tätigkeiten verstümmeln, nur weil die Computer ohne sie auskommen. Neue Wege unter Einhaltung der »emotionalen« und anderen ökologischen und sozialen Randbedingungen zu suchen, das ist dann allerdings eine gewaltige Aufgabe, die nicht durch Predigen zu lösen ist. Das habe ich aber nirgends bestritten. Ich gebe immer zu verstehen, daß meine Gedanken nicht mehr als das erste Kapitel eines dicken Buches darstellen.
Sie meinen dann weiter, ich unterschätzte das Gewicht der neuen globalen Komplexitäten und die Macht des schon so fest verwurzelten »Meinungskonsenses der industriellen Zivilisationsmenschheit«. Ich glaube nicht, daß ich hier etwas unterschätze. Nur sehe ich es als gefährliche Krankheit an, der gegenüber Resignation gleichbedeutend mit Selbstmord wäre. Ich will den Krebs aber nicht durch »Appell oder Befehl« stoppen, sondern ebenso, wie Sie es ausdrücken: durch gezieltes Beeinflussen der Entwicklung am Rande des Abgrundes.
Die »Entwicklung ständig komplexerer Übersysteme« wäre allerdings wert, genauer untersucht zu werden: Was ist hier Krebs, und was ist organische Vielfalt? Sind globale Strukturen überhaupt evolutionsfähig, oder sind sie nicht fast definitionsgemäß »einfältig«? Sie entstehen zwar zunächst nach den Prinzipien der Evolution; aber deren wichtigstes Stadium – die Bewertung nach Erprobung in Vielfalt – fällt mangels Konkurrenz (wegen der Einmaligkeit des Globus) und wegen der Eile aus. Sehen Sie das anders? Wenn nicht, dann könnten wir immerhin versuchen, von dieser Keimzelle aus unseren »Meinungskonsens« weiterzuentwickeln und weiterzuverbreiten.
Ich predige nicht »Totalumkehr oder Untergang«. Unter »Bekehrung« verstehe ich Einsicht und entsprechendes Handeln, nicht Rückwärtswendung. Und ich werde gewiß kein »köstlich rechthaberisches Gefühl« haben, falls Einsicht sich erst beim Blick über

die Kante des Wasserfalls ausbreiten sollte. (Ich brauche nur meinen Kindern ins Gesicht zu sehen, um diese Gewißheit zu finden.) Ich spüre hier in Ihrem Brief, wie auch in Ihrem Aufsatz für die DFG-Mitteilungen, eine Tendenz zur Polemik gegen die »Alternativen«. Polemisieren Sie gegen Simplifizierung der Probleme (sei sie ideologisch oder durch andere Bequemlichkeiten bedingt), dann bin ich auf Ihrer Seite; nicht aber, wenn Sie etwa im Namen des »Realismus« die Hoffnung lächerlich machen wollen. Auch Sie kennen die Ursprünge und Mechanismen unserer »Instabilität« nicht gut genug.
Da Sie auf die Gefahren bei der »Vollbremsung des Kolosses« hinweisen, lege ich Ihnen eine Kopie meiner Antwort auf Carl-Friedrich von Weizsäckers Rede im März 1978 bei. Auch dort ging es um das Abwägen der kleinen gegen die großen Instabilitäten, und aus diesen Gedanken entstand dann im Herbst 1978 meine »Predigt« zur Zwentendorfabstimmung.
Ich glaube, es lohnt sich, die letzten Sätze Ihres Briefes nochmals kritisch zu überdenken. Es ist eben *nicht* »das Beste, was erreichbar erscheint, den rasenden Koloß so in die Kurve auf richtige Zukunftsbahn zu bringen, daß er nicht entgleist und dabei zertrümmert«. Das ist sicher nicht erreichbar – natürlich »auch nicht mit Sonnenenergie«. Der »rasende Koloß« ist ja geradezu die Antithese jeder Evolution; er hätte auch bei unserem besten Willen keine Entwicklungschance. Er würde unweigerlich zertrümmern. Wir müssen also möglichst schnell weg von der Raserei, wie widersprüchlich dies auch klingen mag. Das Dilemma näher zu untersuchen sollten wir als unsere wichtigste wissenschaftliche und politische Aufgabe erkennen. Sind Sie zu dieser Einsicht bekehrbar?
Wenn ich aber »Vielfalt und Gemächlichkeit« als die Randbedingungen künftiger Evolution sehe, so bedeutet das nicht, daß ich heute in die »Idylle« oder die »reine Theorie« ausweiche. Der Kampf um neue Einsichten war nie idyllisch, und die Kämpfer kriegen auch viel Schmutz ab. (»Evolution ist ein Kampf. Und hier ist das Schlachtfeld.«) ...
Es würde mich freuen, wieder von Ihnen zu hören!

Ihr Peter Kafka

Konstanz, 26. Januar 1981

Lieber Herr Kafka,
vielen Dank für Ihren Brief vom 9. 1. und die weiteren Erläuterungen: Unsere Ansichten sind wohl im grundsätzlichen wirklich nicht sehr weit auseinander, wenngleich ich etwas zurückhaltender mit Feststellungen etwa der Art bin, daß der Fortschritt für das menschliche Verarbeitungsvermögen zu schnell sei; ein Teil Wahrheit ist daran gewiß, wie groß dieser Teil ist, darüber kann offenbar der Physiker forschere Aussagen wagen als der Biologe. Als Biologe bin ich auch mit »Krebs-Metaphern« vorsichtig, so einfach ist das alles nicht. Übrigens (und in Übereinstimmung): Wenn man den Koloß in die Kurve bringen will, muß man ihn sicher bremsen! Was die Schlußfolgerungen für das praktische Handeln angeht, so mögen wir etwas weiter auseinanderliegen. Man muß da zwischen privaten Folgerungen für einen selbst (da sehe ich keinen Dissens) und jenen für politisches, öffentliches Handeln unterscheiden. Meine Kritik an den »Grünen« oder »Alternativen« – die gewiß nicht von Dünkel herrührt, ich habe für viele Leute aus diesen Kreisen viel Respekt übrig – bezieht sich vor allem darauf, daß es das den Sozialpsychologen wohlbekannte Phänomen gibt, daß sich seiner Wirkung berauben kann, wer zu schrill alarmiert. Man darf auch nicht den Eskapismus oder Defätismus fördern, ohne es zu wollen.
Allerdings gestehe ich zu, daß hier Temperament und Taktik durchaus getrennte und unterschiedliche Vorgehensweisen nahelegen können ...
Mit freundlichen Grüßen
Ihr

Hubert Markl

Soweit also der kurze Briefwechsel mit Hubert Markl. Nach seinem letzten Brief verstummte ich resigniert. Mir war klargeworden, daß ich hier zwar einen klugen Wissenschaftler und sprachbegabten Autor mit weitem Horizont gefunden habe, nicht aber einen »Verbündeten« im Kampf um neue »Maßstäbe selektiver Bewertung neuer Handlungsalternativen«. Hier fühlt sich Herr Markl noch nicht sicher genug und sieht sich daher das Schlachtfeld lieber von erhöhter Warte aus an, sozusagen aus einem der obersten Fenster des Elfenbeinturms. Ich nehme ihm das nicht etwa übel; es ist ja ungeheuer schwer, sich da unten auf eine Seite zu schlagen; er wird noch etwas Zeit brauchen, sein Fernrohr noch etwas schärfer stellen und sich schließlich selbst in den Streit um die Selektionskriterien einmischen.

Ich hätte Herrn Markl noch antworten können, ich hätte nie gemeint, »das sei alles so einfach«, und ich hätte mich mit meinem Verdacht, der Fortschritt könne »krebsig entarten«, natürlich nicht in biologische Krebstheorien einmischen wollen. Aber das war wohl ohnehin klar. Immerhin weist er ja die Frage, »ob der Fortschritt für das menschliche Verarbeitungsvermögen zu schnell sei«, nicht einfach ab. Er will nur keine forschen Aussagen darüber machen. Gut. Wenn er doch aber diese Möglichkeit in Betracht zieht und da ihm doch offenbar klar ist, welche katastrophalen Folgen es hätte, wenn es so wäre – wie kann er da »Zurückhaltung« üben? Diese dringende und entscheidende Frage ist eben auch kein Thema speziell für Biologen oder Physiker, sondern für uns alle. Versuchen wir also die Kriterien zu finden, mit denen wir diese Frage beantworten können. Meine »Forschheit« kann hier nur ein erster Versuch sein. Aber die Krebsanalogie ist sicher angebracht; es geht zunächst um die Diagnose: Ist das, was da so offensichtlich wächst, bösartig und zerstörerisch, oder wird das lebendige System damit fertigwerden, es einbauen oder wenigstens abkapseln können? Die Möglichkeit der katastrophalen Entartung will wohl auch Herr Markl nicht mehr bestreiten – sollen wir nun also einfach erst einmal abwarten, oder sollen wir Früherkennungskriterien erforschen? Ich glaube, das letztere wäre die bessere Evolutionsstrategie!

Ich fürchte nun, Herr Markl irrte sich, als er unsere Ansichten grundsätzlich einander so nahe glaubte. Sind wir nicht an einer entscheidenden Stelle weit voneinander entfernt? Und handelt es sich hier nicht um denselben Widerspruch, den ich seinerzeit gegen Carl-Friedrich von Weizsäcker anmeldete?

Es ist, in seltsamer Verkleidung, der alte Widerspruch zwischen den Konservativen und den Progressiven, also das uralte Spiel der Evolution. Die einen vertreten das Hergebrachte – das heißt heute: den »rasenden Koloß«; sie fühlen sich im rasenden Fortschritt geborgen, der ihre gesamte Lebenserfahrung beherrschte. Die anderen sind die Fortschrittlichen, Revolutionäre, die die verkrusteten Institutionen angreifen – das heißt heute: unsere Lebensgrundlagen bewahren, die Bedingungen für evolutionären Fortschritt wiederherstellen. Und dafür genügt es nicht, »den Koloß zu bremsen«; er muß untergehen, oder wenigstens geschickt zerlegt werden! Es ist faszinierend zu sehen, wie dasselbe Bild immer wieder in den Gedanken der »führenden Leute« auftaucht: Sie stehen ja am Ruder dieses Kolosses und glauben ihn »in verantwortlicher Planung und Führung« retten zu müssen und zu können. Auch in einer Rede des SPD-Theoretikers Peter Glotz wurde neulich wieder das Bild des kolossalen Staatsschiffes beschworen, das eben nur ganz langsam zu bremsen oder in kaum merkliche Kurven zu lenken sei. Der Wert des Kolosses scheint dabei all diesen »Strukturkonservativen« (wie Erhard Eppler sie nennen würde) so unbestreitbar, daß ihnen selbst im Angesicht einer Kollision nicht die vielleicht einzige Rettungsmöglichkeit für die Passagiere in den Sinn kommt: die Rettungsboote! Nichts gegen Kapitän und Steuermann, solange der Koloß noch schwimmt und gar rast! Aber sollten sie nicht notfalls durch planvolles Fluten vor der Kollision das Schiff zum kontrollierten Sinken bringen und den geordneten Übergang in die manövrierfähigen Boote veranlassen?

Zählen Sie mich nun bitte nicht zu den »Systemzerstörern«, die erst einmal zertrümmern wollen. Ich will den Übergang durchaus so gut wie möglich kontrolliert sehen. Aber ich muß zum Meuterer gegen die Schiffsführung werden, wenn man beschließt, Mannschaft und Passagiere an den Koloß anzuketten und die Boote als Ballast abzuwerfen, um die Steuerungsfähigkeit wieder ein bißchen zu verbessern.

Ich hatte Hubert Markl geschrieben, der »rasende Koloß« sei die Antithese jeder Evolution. Und so ist es. Und es ist sowohl der Aspekt des Rasens – also des Mangels an Gemächlichkeit – wie auch der Aspekt des Kolossalen – also des Mangels an Vielfalt, was den »rasenden Koloß« prinzipiell antievolutionär, unverträglich mit weiterer Evolution macht. Es ist mir unbegreiflich, warum Herr Markl mir bei dieser Feststellung nicht weiter entgegenkommen konnte. Was ist hier denn noch mit viel Zurückhaltung zu bedenken und abzuwägen? Es ist eine Grundwahrheit, so einfach wie die Behauptung, daß zwei mal zwei gleich vier sei, und auch auf ähnliche Weise herleitbar – nämlich im Prinzip durch Abzählen, durch den Versuch des Abzählens der zu bedenkenden Möglichkeiten, die in einem Supersystem enthalten wären, und die Einsicht (und Erfahrung!), daß es zu viele sind, um mit unseren Fähigkeiten der Informationsverarbeitung alles nach Plan zum Besseren zu wenden. Herr Markl wird offenbar durch seine konservative Grundeinstellung daran gehindert, die eigenen progressiven Einsichten aus der Theorie in die Realität zu übertragen. Er hat ja selbst sehr schön formuliert, daß wegen der mangelnden Konkurrenz auf dem Koloß die früher von Steuermännern benutzten Bewertungskriterien obsolet geworden sind. Wenn er dennoch an die Möglichkeit weiterer kultureller Evolution glaubt, so schwebt ihm anscheinend die Möglichkeit vor, wir könnten auf Versuch und Irrtum in der Realität verzichten und diese statt dessen in unseren Gehirnen und Computern simulieren. Warum sollte es nicht gelingen, die nötige Vielfalt allein durch Systemanalyse und planendes Denken zu garantieren? Nun – ich habe diese Möglichkeit wegen der zu großen Komplexität des Gesamtsystems bestritten. Meiner Ansicht nach, das heißt nach meiner Einsicht und Erfahrung, brauchen wir die Vielfalt in der *wirklichen* Welt, mit *wirklichen* Menschen. Ob ein Versuch ein Irrtum war oder ein Erfolg, soll nicht von Computern oder anderem Menschenersatz entschieden werden, sondern von Menschen. Und diese Forderung bringt auch wieder die Bedingung der »Gemächlichkeit« (relativ zur menschlichen Lebensdauer) ins Spiel – jedenfalls für den nach der vielleicht etwas riskanten und eiligen Rettung in die Boote wieder anzustrebenden ruhigeren, »quasistationären« Zustand. Vielleicht sind »die Boote« nun wieder ein zu »konservatives« Bild: Ich meine nicht, daß sie uns mühelos ans sichere Ufer tragen werden. Hier bin ich ganz mit Herrn Markl und Ihnen einig: Wir brauchen ungeheuer viel Forschung, intelligente Innovation im technischen und im wirtschaftlich-gesellschaftlichen Bereich. Aber wir brauchen eben auch Auswahlkriterien. Und hier sind wir uns noch nicht einig. Sie sind nicht bereit, meiner »forschen« Behauptung zu folgen, daß die Großforschung zum Erhalt und weiteren Ausbau des Kolosses schädlich, nämlich evolutionsunverträglich sei und wir uns mehr der kleinen und mittleren, der »angepaßten« Technik (und Gesellschaft!), also in unserem Bilde: der Bootsforschung widmen sollten. Ich muß deshalb auf diese Dinge noch zurückkommen; und das hatte ich Ihnen ja auch schon lange versprochen.

Zu Herrn Markls Schlußbemerkungen über Pessimismus und Optimismus möchte ich noch etwas sagen: Seinen Briefen nach scheint er mich für einen Pessimisten zu halten, ja fast für einen Defätisten, der seiner moralischen Pflicht zum Optimismus aus Charakterschwäche nicht nachkommt. Ähnliche Reaktionen auf meine Äußerungen habe ich oft erfahren, vor allem von Technikern und Wirtschaftlern, aber gelegentlich auch von Lehrern und Schülern. Eigentümlicherweise muß ich mir aber ebenso oft, oder gar noch öfter, den Vorwurf anhören, ich sei von lächerlichem, wahrhaft kindischem Optimismus erfüllt. Das kommt besonders oft von Frauen und Ärzten – und von Technikern und Wirtschaftlern nach dem dritten Glas Bier. Nun – ich ertappe mich zwar dauernd beim Abschiednehmen von der Welt, aber ich liebe sie, und ich glaube und hoffe, sie muß sich noch nicht verabschieden. Ich bin also ein Optimist, aber vielleicht nicht lächerlich.

Was ich gegen den noch gängigen technisch-zivilisatorischen Fortschrittsbegriff vorbringe, ist nicht neu. Neu ist vielleicht, daß solche Gedanken nun optimistisch gefärbt sind, weil sie endlich gesellschaftlich wirksam werden. Dies wiederum ist möglich, weil die ökologische Krise immer deutlicher wahrzunehmen ist und immer mehr Pessimismus auslöst.

Warum wollen denn die Neuerer das Neue? Weil das Alte unter dem Druck der Umwelt oder unter dem eigenen Expansionsdruck nicht mehr lebensfähig ist. Wer das einsieht, wird deshalb nicht die Väter des technischen Fortschritts als Teufel ansehen. Wir tadeln doch auch nicht die Lebewesen, die die Photosynthese erfanden, weil sie nicht auch gleich die Intelligenz entwickelten. Wir tadeln auch nicht Sokrates, weil er noch keinen Sklavenaufstand anführte. Alles Neue hat seine Zeit. Und die Zeit für die Überwindung des Aberglaubens an Wissenschaft, Technik und Planung, für die »Neue Aufklärung«, ist nun gekommen. Zum erstenmal in der Geschichte erhebt mehr als ein verlorenes Häuflein die Stimme, um die immer weitere Aufrüstung gegen Mensch und Natur zu verindern.

27. August 81

Eben hörte ich, daß der österreichische Bundeskanzler Bruno Kreisky nun wieder die Inbetriebnahme des Atomkraftwerks Zwentendorf bei Wien fordert. (Ich hatte ja 1978 mit meinem Vortrag mitgeholfen, die hauchdünne Mehrheit dagegen bei der Volksabstimmung zu schaffen.) Und Edward Teller, der sich gerade in Wien aufhält, soll gesagt haben, die Verteufelung der Kernkraft könne zur größten Menschheitskatastrophe führen. Wie können da wohl Herr Kreisky und andere »Normalbürger« ihre Meinung bilden? Gibt es überhaupt eine Wahrheit, oder ist »alles relativ«? Ich bin ja von Beruf »Relativist«, wie man bei uns sagt; (ich soll »relativistische Astrophysik« betreiben); und es fällt mir tatsächlich schwer, nicht ständig die eigenen Ausgangspunkte mit in Frage zu stellen. Wenn allerdings Edward Teller etwas sagt, befallen mich sogar noch stärkere Zweifel als bei meinen eigenen Äußerungen. Ich will ihn nicht verteufeln – er ist ein gescheiter Mann, mit scharfem Verstand, gewandter Zunge und hervorragendem Schauspielertalent, das Emotionen schüren kann – und obendrein ist er sehr fleißig in allem, was sein Interesse weckt – alles durchaus teuflische Eigenschaften –, aber er ist dabei guten Willens. Er glaubt wirklich an die Rettung der Welt durch Wasserstoffbomben, Neutronenbomben und jede andere Art friedlicher Nutzung der Kernenergie – und überhaupt jegliche Supertechnik. Jedenfalls gelingt es dem Schauspieler Teller, den Zuschauer Teller all dies glauben zu machen. Mit ununterbrochenem Einsatz aller seiner Künste läßt er ihn nicht zur Ruhe und Besinnung kommen. Und jemand, der auf Schauspieler hereinfällt, ist doch nicht teuflisch, sondern von einer fast liebenswerten Naivität. Trotz Tellers großer Erfolge als Physiker und Berater von Politikern erlaube ich mir also, mich selbst für einen gründlicheren Denker zu halten. Er ist nämlich so leichtsinnig, an den Bau der schönen neuen Welt zu gehen, ohne die Gesetze zu studieren, nach denen ein Balken seines Bauwerks den nächsten tragen soll. Der Einsturz ist daher wahrscheinlich, ja fast sicher. Sie machten in Ihrem letzten Brief eine Bemerkung über meinen »Weg zur schönen neuen Welt«. Da klingt skeptische Ironie mit. Die ist tatsächlich angebracht gegenüber der technisch-gesellschaftlichen Einheitsutopie, die uns die technokratischen Ideologen in West und Ost als unausweichliche und erstrebenswerte Zukunft vorsetzen. Mich aber trifft der Utopie-Vorwurf nicht. Mir geht es ja nur um die ersten Schritte auf einem Weg, ja zunächst sogar nur um die Wahl der Richtung: um die »Bedingungen des Fortschritts«. Wenn wir diese Bedingungen wiederherstellen und einhalten, brauchen wir uns um den Fortschritt keine Sorgen zu machen. Dann wächst eine neue Realität heran, von der aus die heute angeblich so realistischen »Macher« als realitätsferne Spinner und ihre technokratischen Hirn- und Computergespinste als lächerliche Utopien erscheinen werden.

8. September 1981

Ich hatte gehofft, mit einer letzten Anstrengung in weiteren etwa zwanzig oder dreißig Seiten meinen Beitrag zu diesem Briefwechsel abzuschließen (es sei denn, Sie brächten noch ganz neue, interessante Gesichtspunkte ein), aber ich bin wieder unterbrochen und völlig herausgerissen worden. Diesmal durch den Tod. Ich schicke Ihnen deshalb erst einmal all dies, was ich seit dem 14. August geschrieben (bzw. gesammelt) habe, hoffe aber, schon in den nächsten Tagen weiterzuschreiben.

Mit freundlichen Grüßen
Ihr Peter Kafka

14 München, 5. Oktober 1981

Lieber Herr Kafka,

vor einigen Tagen kam Ihr nächster Brief (der große). Ich bin erschrocken, als ich die zugehörige Beilage sah, und ich will deshalb erst auf den vorigen Brief (20.–30. Juni) antworten, ehe ich den neuen lese.

Es tut mir sehr leid, daß Sie krank waren. Ich hoffe sehr, daß die Besserung bleibend ist. Ich denke oft an Sie; die Verletzlichkeit des Menschen hat etwas Verbindendes, Gemeinsames. Ich war einmal so krank, daß ich seitdem zu wissen glaube, daß das Sterben selbst nicht schlimm ist. Und später gab es eine Zeit, wo ich mir den Tod sehnlich gewünscht habe. Trotzdem kann ich Ihnen nicht zustimmen bei dem, was Sie über Gefühle beim Tod anderer schreiben. Ihre Formulierung, »außer beim Tod naher Menschen« haben Sie keine Erfahrung, klingt klug fast wie Senecas Rat, einen solchen Verlust nicht mit großem Schmerz zu empfinden. »Du hast *einen* Menschen verloren«, soll man sich sagen. Es kann aber sein, daß dieser Mensch zu einem Teil des eigenen Ichs geworden ist und daß der Verlust schlimmer ist als eine schwere Krankheit, lebensgefährlich, und daß man von da an zwei Leben hat, ein normales, vielleicht geläutertes, und ein unsichtbares in Schmerz und Verzweiflung. Sie sagen, man muß das Verwelken und Sterben annehmen. Ja, aber das heißt nicht, daß man einen Tod annehmen muß, der ein reiches Leben vorzeitig beendet und der vielleicht vermeidbar gewesen wäre. Wenn Sie da sagen: »Lebensdauer ist eins, Lebensfülle dagegen fast unendlich viel«, dann ist das richtig und wichtig, aber Sie lenken damit von etwas mir Wichtigem ab. Ähnlich ist es, wenn Sie von meinen »verlorenen Lebensjahren« auf die Hühnerhaltung kommen, die meinen »wissenschaftlichen Drang zur Vereinfachung ... als lächerlich« erweist. Sie haben um Beispiele für Demagogie gebeten. Hier, lieber Herr Kafka, ist eines. Es wäre freundlich von Ihnen, wenn Sie bei dem »Drang zur Vereinfachung« unterscheiden würden zwischen dem Versuch, die Diskussion verschiedener Probleme voneinander zu trennen (das ist, was ich, wo es geht, versuche), und der Tendenz, »von allen nicht zahlenmäßig erfaßten Werten abzusehen«, weil diese irrational sein sollen. Dieses zweite ist, was Sie mir unterstellen.

Sie wundern sich, daß ich Sie nicht kennen will. Ob das mit Berührungsangst zu tun hat, weiß ich nicht, ich gebe aber zu, daß ich weiß, was das ist. Aber sei dem, wie ihm wolle: Auf jeden Fall müssen wir versuchen, unsere Beziehung auf die Briefe zu beschränken, sonst können unsere hoffentlich künftigen Leser uns nicht folgen. Dafür müssen wir aber in den Briefen einiges über uns mitteilen. Ich bin Ihnen deshalb sehr dankbar für das, was Sie von Ihrer Jugendzeit geschrieben haben und wie Sie es geschrieben haben. Ich habe weniger Drastisches erlebt, denn ich war im Westen; aber wir Älteren müssen, im Unterschied zu Ihnen, damit leben, daß wir im handlungsfähigen Alter waren, gewiß Zuschauer und Leidende wie Sie, aber mit der wenn auch noch so geringen Möglichkeit, etwas zu tun oder nicht zu tun, und damit mit verantwortlich und, auf welchem Niveau auch immer, in Frage gestellt, vor allem vor uns selber, bis heute. Irgendwo hätte jeder von uns etwas anders, besser machen können, mehr tun, weniger furchtsam sein. Das sind unsere Erinnerungen. Unsere heutigen Ziele und unser Urteil über Handlungen von Menschen sind dadurch mit geprägt.

Ich bin gerührt darüber, daß Sie von Vertrauen sprechen, auch wenn Sie dann gleich auf die große Schublade kommen, in die Sie uns einordnen. Ohne Vertrauen geht in unserer komplexen Welt nichts. Ohne Vertrauen hätte ich auch nie diese Korrespondenz begonnen. Aber ich bestehe darauf: Wir dürfen uns nur über diese Briefe kennenlernen, sonst täuschen wir die Leser.

Sie schreiben von zerstörerischem Wahn, den Sie nicht zu dulden bereit sind. Ich glaube, wir müssen folgendes beachten: Es gibt Menschen, die nie in die Lage gekommen sind, Gewalt gegen Menschen,

Tiere oder Sachen auszuüben. Ich nehme an, daß wir beide zu diesen gehören. Aber ich weiß auch, daß das zu einem gewissen Grad ein Glücksfall war und daß wir darauf nicht einfach stolz sein können. Wenn Sie kein Vegetarier sind, müssen Sie anerkennen, daß es Metzger geben muß, und wenn Sie kein Anarchist sind, müssen Sie das Gewaltmonopol des Staates anerkennen. Wenn Sie kein Pazifist sind, wenn Sie zum Beispiel nicht widerstandslos die Gesellschaftsordnung des Ostblocks anzunehmen bereit sind, dann müssen Sie anerkennen, daß es Verteidigungsanstrengungen und Soldaten geben muß. Die Beispiele, von denen Sie schreiben, sind schrecklich. Aber zwischen diesen Beispielen und Ihrer Haltung gibt es alle Nuancen, damit müssen wir leben, und dazu noch – ich sagte es schon – mit dem Bewußtsein, daß wir selbst fehlbar und tadelwürdig sind. Das muß uns vorsichtig machen. Deshalb weiß ich nicht, ob Sie das Recht haben, zu schreiben: »Es ist schon wieder fast alles Lüge, was uns die Führer in Politik, Wirtschaft und Wissenschaft einpauken wollen.«

Große Teile Ihres Briefes beziehen sich auf das Hauptthema, über das Sie mehr schreiben wollten. Ich glaube, ich kann deshalb für jetzt schließen und den neuen Brief lesen.

Mit allen guten Wünschen
Ihr
Heinz Maier-Leibnitz

15 Unterföhring, 30. November 1981

Lieber Herr Maier-Leibnitz,

ich komme nur selten dazu, mich auf die Ihnen geschuldete knappe Darstellung meiner »Wege zur schönen neuen Welt« zu konzentrieren. Deshalb schicke ich hier vorerst nur ein Lebenszeichen als Dank für Ihren Brief vom 5. Oktober 81.

Sie fragen sich, ob ich das Recht habe zu schreiben: »Es ist schon wieder fast alles Lüge, was uns die Führer in Politik, Wirtschaft und Wissenschaft einpauken wollen.« Also entschuldige ich mich bei all jenen Anführern, auf die dieser Satz nicht zutrifft. Lüge ist tatsächlich ein zu hartes Wort für viele der falschen Behauptungen. Meistens handelt es sich schlicht um Mangel an Wissen, Phantasie oder gutem Willen. Vor allem fehlt der Überblick, der von all unserem Detailwissen zu einer tieferen Einsicht und zu kreativerem, nicht zerstörerischem Lassen und Tun führen könnte.

Aber es ist überhaupt müßig, über die Anführer zu lamentieren, denn sie repräsentieren durchaus die Mehrheit. Die Lügen der Anführer sind Ausdruck der »kollektiven Lebenslüge« der Mehrheit. Also geht es um die Bildung neuer Mehrheiten.

Meine Behauptung, es sei »fast alles Lüge«, war also nicht wohlüberlegt, sondern entsprang meinem Zorn. Ich nehme sie zurück und möchte »Lüge« durch »falsch« oder »Unwahrheit«, und »einpauken wollen« durch »wiederkäuen« ersetzen.

Andererseits will ich freilich nicht so weit gehen, die Lüge überhaupt zu leugnen. Zweifellos spielt sie in der praktischen Politik eine ganz große Rolle. Wenn z. B. die Bonner Regierung im Rahmen ihrer Sparpläne beschließt, zum 30. Juni 1982 die erhöhten Abschreibungen für energiesparende Maßnahmen auslaufen zu lassen, zugleich aber den beschleunigten Bau neuer Atomkraftwerke fördern will, dann muß wohl Lüge im Spiel gewesen sein. Anders wäre schlecht vorstellbar, daß die »Verantwortlichen« nicht wissen, wieviel billiger es käme, durch Wärmedämmung Energie einzusparen, statt Atomstrom als Ölersatz für die Gebäudeheizung bereitzustellen. (Und dies gilt sogar bei Anwendung des an sich unzulässigen, üblichen Wirtschaftlichkeitsbegriffes, der sich um die wahren Kosten für uns und unsere Nachkommen nicht schert.)

In der heutigen Ausgabe des »Spiegel« hat Klaus Traube einiges zur »Fortschreibung« der Energiepolitik des Bundes angemerkt. Es ist zum Verzweifeln. Vor allem wird mir immer zweifelhafter, ob die »Fortschreibung« auch unserer absurdesten Entwicklungen noch auf staatlicher Ebene und auf dem Wege der »parlamentarischen Demokratie« zu verhindern ist. Der ins Wuchern geratene Staat muß wohl tatsächlich erst durch dezentrale Organisation »unregierbar« gemacht werden; und dieser »Widerstand gegen die Staatsgewalt« beginnt naturgemäß dort, wo die überflüssigen, bedrohlichen oder zerstörerischen Kraftwerke, Flughäfen oder Raketenstellungen errichtet werden sollen. Alles wäre viel einfacher, wenn solcher Widerstand im frei gewählten Parlament oder schon in der von diesem bestellten Regierung entstünde – aber das ist offenbar mit den Gesetzen der Evolution nicht verträglich: Der Staat ist zu groß geworden, um die komplexen Probleme zu lösen; es bleibt ihm nur die Vereinfachung, das heißt aber die krebsige Entartung; und wo die Einfalt einmal eingekehrt ist, da hat die Lüge leichtes Spiel. Die »Bildung neuer Mehrheiten« könnte vielleicht zu einer vernünftigeren Energiepolitik führen, aber schließlich müßte wohl doch wieder die Unregierbarkeit zutage treten, die ja ein Kennzeichen des wahren Fortschritts ist. Welche politische Organisationsform aber ist mit dem Fortschritt verträglich? (Um in meiner Terminologie zu bleiben: Welche Randbedingungen politischer Organisation entsprechen den »Bedingungen des Fortschritts«?)

Verstehen Sie, warum mir die versprochene knappe Skizze meiner Fortschrittsvorstellungen noch nicht gelungen ist? Es geht ja um *alles*!

Mit freundlichen Grüßen
Ihr Peter Kafka

16 München, 29. Dezember 1981

Lieber Herr Kafka,

auch ich habe den Eindruck, daß unser Briefwechsel bald zu einem Ende kommen könnte. Darf ich deshalb heute einen Vorschlag machen: Sie schreiben noch einen Brief, und dann ich. Ihre nächste Antwort, und meine darauf, soll nicht länger sein als die Hälfte des Mittels dieser beiden Briefe. Wenn Sie wollen, können Sie noch einmal antworten, aber nicht länger als wieder die Hälfte der zweiten Serie, und ich ebenso; und so kann es weitergehen, bis jeder von uns noch ein Wort hat; aber wahrscheinlich wird einer von uns vorher aufhören wollen, und dann ist Schluß. Sind Sie damit einverstanden?

Mit dem großen Brief haben Sie mich erschreckt. Krisen, Leiden am Fortschritt, Krebsgefahr, drohender Zusammenbruch, Ihre Weisheit. Und dann die Begründung für die Wahl der Atomenergie als Thema. Zu Knizia und Markl will ich nichts sagen, da können wir es den Lesern überlassen, die Argumente abzuwägen. Aber dann kommt der rasende Koloß, den man untergehen lassen muß, und die Rettungsboote. Ich träume davon. Und davon sagen Sie, Sie seien ein Optimist und Sie wüßten die Bedingungen des Fortschritts.

In meiner Ratlosigkeit habe ich eine Liste aller Aussagen von Ihnen gemacht, die man als konkrete, begrenzte Vorschläge zum Handeln betrachten kann. Ihre so sympathische Losung »Fortschritt in Gemächlichkeit« bedarf ja nicht des apokalyptischen Donners, sie bedarf des Details. Hier ist die Liste (und ich bin der Korrektur oder Ergänzung durch Sie gegenwärtig, aber nicht der Ablehnung, denn so ähnliches haben Sie gesagt):

Versuch und Irrtum in Vielfalt und Gemächlichkeit. Keine gezielten Eingriffe, denn dabei verfehlt man das Ziel. (Allerdings auch: sofortiges Handeln, sofortiges Unterlassen.) Überwindung des Aberglaubens an Wissenschaft, Technik und Planung. Erkenntnisse nicht voreilig anwenden. Gemächlichkeit bei allen Eingriffen in die lebendige Vielfalt. Das richtige Maß zwischen Revolution und Konservatismus. Sich zum Lernen Zeit lassen. Hart arbeiten. Ehrfurcht vor dem Leben.

Keine Produktion, die Werte zerstört. Keine rationelle Massenfertigung. Nicht mehr Produktivität, sondern Kreativität. Nicht alles billig haben wollen. Nicht mehr Macht, sondern Kunst. Lebensfülle statt Lebensdauer.

Gesellschaftliche Ächtung ökonomischer und militärischer Macht. Eine friedliche Rechtsordnung schaffen, die die Entstehung militärischer, wirtschaftlicher oder sonstiger Machtzusammenballungen ausschließt.

Dezentralisierte Lebensformen der Menschheit. Unterstützung von Initiativen in Stadt- und Dorfgemeinschaften, dezentrale Nutzung der Sonnenenergie, Pflege der Landschaft und des Bodens. Kleine und mittlere Technik. Der sanfte Weg. Einfacher leben, sparen. Das Nein zu dem jetzigen Zustand muß Folgen haben, in Ihrem privaten und politischen Leben. Beispiele für Sparen: hohe Wärmedämmung, Verbrauch der Autos auf ein Drittel reduzieren, Urlaubsgeld für Verschönerung des Hauses verwenden.

Energie ist wertvernichtend. Ablehnung der großtechnischen Kernenergienutzung. Großforschung dafür abschaffen. Keine Kohle und kein Öl mehr verbrennen, wegen des Klimas. Die Abwärme kleiner, moderner Kohlekraftwerke nutzen. Bald nur noch Sonnenenergie, Treibstoffherstellung mit Sonnenenergie. Den Energieverbrauch senken, damit es uns besser geht.

Das Bevölkerungswachstum beenden. Den Wachstumswahn brechen. Weniger vom gleichen tun, wenn es uns schlecht geht.

Ich weiß, das alles gehört zu Band 2 bis 10 Ihrer Predigt, und Sie wollen jetzt keine Details. So haben es Marcuse und die APO gemacht, und so macht es gern eine Partei, wenn sie in der Opposition ist.

Aber ich meine, daß das immer zum Nachteil der so Handelnden ausschlägt. Ich möchte jedenfalls auf dieser Ebene weiterdiskutieren, nicht etwa über kleine Widersprüche in Ihren Aussagen oder über das Vorläufige daran, sondern mehr prinzipiell.

Wir nehmen an, daß Sie etwas Gutes bewirken wollen. Bewirken heißt, daß etwas angenommen wird, daß das Gute geschieht. Und dazu muß man fragen: Wer will Ihre Vorschläge annehmen? Was findet breite Resonanz? Nützen sie dem einzelnen, und glaubt (weiß) der einzelne, daß sie ihm nützen? Nützen sie im Sinne wirtschaftlicher Blüte, Wettbewerbsfähigkeit, Beschäftigung? Nützen sie dem Staat bei seiner Sorge für die Bedürftigen, für eine geordnete Verwaltung, für seine Einnahmen (die Staatsquote), den Generationenvertrag, die Zufriedenheit der Bürger mit dem Staat, für die nahe Zukunft des Gemeinwesens?

Sie sagen mehrfach, daß Sie die Menschen überzeugen wollen, nicht zwingen oder vor vollendete Tatsachen stellen. Das ist ein großer Plan. Etwas Gutes wollen und daran glauben, ist eines, Zustimmung dazu finden, ist etwas anderes, sehr Schwieriges. Das muß weitgehend Ihr Handeln bestimmen. Helmut Schmidt hat in einer Rede bei der Forschungsgemeinschaft gesagt, daß er 15 Prozent seiner Zeit darauf verwenden kann, Lösungen für Probleme zu suchen. 85 Prozent braucht er, um die anderen zu überzeugen.

Ich habe versprochen, zu Ihren Vorschlägen Stellung zu nehmen und Gegenvorschläge zu machen. Ich muß das mit großer Vorsicht tun, denn allzubald überschreite ich die Grenzen, die einem Kernphysiker gesetzt sind, auch wenn er sich bemüht, mehr zu verstehen als sein enges Fach. Ich werde mich so nah wie möglich an das halten, was ein Wissenschaftler wissen kann.

Ein Punkt ist, daß wir das hinnehmen müssen, was wir auf keinen Fall ändern können. Und da steht für mich (ebenso wie für Herrn von Weizsäcker in dem von Ihnen zitierten Aufsatz) im Vordergrund das Bevölkerungswachstum in der Welt. Es scheint Einigkeit, und zwar völlige Einigkeit, darüber zu bestehen, daß dieses Wachstum nicht so bald aufzuhalten sein wird, daß man mit 8 statt 4 Milliarden Menschen um das Jahr 2030 rechnen muß. Das sind, schwach gerechnet, 50 Millionen Menschen mehr im Jahr, unausweichlich, unabhängig von den Bedingungen, die wir für sie jetzt oder bald schaffen. Die in meinem Akademievortrag genannten Zahlen von Toten aus bewaffneten Konflikten (inzwischen sind es wohl 110 Konflikte und 14 Millionen Tote) sind demgegenüber winzig, auch wenn sie als Opfer von Gewalt vielfaches Gewicht haben. Hier ist der rasende Koloß, den Sie versenken wollen, und hier ist eine Mahnung zur Bescheidenheit bei unserer Diskussion.

Wir sagten früher, daß die seit einem Jahrhundert wachsende Bevölkerungszahl ein Hauptgrund ist für den Zustand der Umwelt, den wir jetzt vorfinden. Ich nehme an, daß Sie der ebenfalls allgemeinen Meinung zustimmen, daß schon die Ernährung dieser Menschenmengen ein großes technisches Problem ist, das größte auch wissenschaftliche Bemühung erfordert, Fortschritt zum Überleben, und dazu Fortschritt, um den Ärmsten und allen bisher Benachteiligten ein einigermaßen menschenwürdiges Dasein zu ermöglichen. Zum Glück waren wir einig, daß wenigstens die Forschung, die neues Helfen ermöglicht, nicht verlangsamt werden soll.

Das alles erfordert wirtschaftliches Wachstum in den Entwicklungsländern. Es kommt darauf an, mehr Personen dem Arbeitsprozeß zuzuführen und wahrscheinlich auch die Arbeit effektiver zu machen, also mehr pro Arbeitsstunde zu erzeugen. Bei beiden ist viel zu tun. Die Hilfe der Industrieländer kann dazu nur Anstöße geben, auch wenn sie von jetzt 0,35 auf die eigentlich vorgesehenen 0,7 Prozent ihres Bruttosozialprodukts erhöht wird.

Wir brauchen also in der Welt Wachstum und Weiterentwicklung der Technologie, wobei zum letzteren die Industrieländer mit ihrem Stand beizutragen haben. Wir brauchen auch mehr Energie für die Entwicklungsländer, wobei die Diskussion darüber, welche Energiearten wichtig und zugänglich sind, noch offen zu sein scheint. An allem diesen führt kein Weg vorbei, und ich möchte davon jetzt nicht mehr sprechen, sondern nur auf das eingehen, was bei uns möglich und wichtig ist. Also zunächst die Energiefrage. Hier haben wir ein einmaliges Beispiel von öffentlicher Aufmerksamkeit für ein Thema gehabt. Es begann mit der Furcht vor der Atombombe, die (mit Recht) ein immerwährendes Thema ist. Dann kam (in den USA) auf Grund eines Streits in der amerikanischen Atomkommission über die Sicherheit des Enrico-Fermi-Reaktors das öffentliche Mißtrauen in Regierungsentscheidungen und eine unglückselige »Aufklärungs«-Kampagne, die das Mißtrauen nur erhöhte. Als dies ernsthaft nach Deutschland übergriff (mit den Protesten bei Wyhl und Brokdorf), war schon eine politische Grundlage da seit 1958, als die Bundeswehr taktische Atomwaffen erhalten sollte und dagegen unter anderen die 18 Atomwissenschaftler (von denen ich einer bin) einen ihnen selbst unerwarteten Proteststurm auslösten. Die Atomenergie wurde zum Zugpferd der Bürgerinitiativen, die gegen Entscheidungen von Verwaltung und Politik ihren Willen durchsetzen, sich nicht durch Vorschriften, Mehrheiten oder Gesetze beherrschen zu lassen, wenn sie »wissen«, daß sie eine gute Sache vertreten. Alles, was man als »gut« bezeichnen kann und was dazu öffentliche Aufmerksamkeit und Unterstützung in den Medien verspricht, gehört seitdem zu ihren Themen (Umwelt, Urbanismus, leerstehende Häuser). »Alles« ist dabei nicht ganz richtig, etwa die Arbeitslosigkeit oder der Hunger in der Welt sind keine Themen. So direkt an Leistung für andere zu appellieren ist offenbar gefährlich.

Große Unterstützung kam von den Veröffentlichungen des Club of Rome, der die Tatsache bewußt machte, daß wir dabei sind, in wenigen Jahrzehnten die in vielen Millionen Jahren angesammelten fossilen Energievorräte aufzubrauchen. Hier wurde ein schlechtes Gewissen geweckt und eine latente Bereitschaft, etwas zu tun.

Als dann die spektakulären Ölpreiserhöhungen kamen, wurde der Bürger auch noch an seinem Geldbeutel gepackt. Das öffentliche Interesse an Energiefragen war endgültig gesichert. Aber die Diskussionen mußten jetzt in andere Richtungen gehen. Die Atomenergie war kein Hauptpunkt mehr.

Heute besteht wohl Einigkeit darüber, daß die Senkung des Ölverbrauchs Vorrang vor anderen Problemen hat. Man hält die mögliche Erpressung durch die Ölländer (und, wie erstaunlich viele glauben, durch die Multis) für unerträglich, und man spürt die Kosten. Energiesparen ist populär, weil es den Geldbeutel des einzelnen entlastet und ihm das Gefühl gibt, sich dazu noch wirtschaftspolitisch richtig zu verhalten. Sparsamere Autos, weniger fahren, sparsamer heizen, bessere Wärmedämmung, das alles ist etabliert und wird weitergehen. Der Energieverbrauch bei uns kann um 20 Prozent oder vielleicht noch mehr sinken. Der Bürger will sich, soweit er Hausbesitzer ist, das Sparen auch etwas an Investitionen kosten lassen; die Wärmepumpe darf ruhig teuer sein, wenn er später weniger Öl braucht; auch Sonnenenergie wird so vielleicht schon für Heizung angenommen werden, ehe sie nach echter Berechnung, wie sie ein Unternehmer machen müßte, wirtschaftlich ist. Dabei spricht sicher auch ein Bedürfnis nach Autarkie mit, nach Unabhängigkeit in unsicheren Zeiten. Hier wäre eine private Versorgung mit elektrischer Energie besonders attraktiv. Dazu gehören auch Bestrebungen, auf Gemeindeebene oder in noch kleineren Einheiten sich mit Energie zu versorgen, auch wenn sie teuer ist.

Außerhalb dieses kleinen privaten Sektors sieht es aber anders aus, da kann man mit Wirtschaftlichkeit nicht so großzügig umgehen. Der Primärenergieverbrauch in Deutschland entspricht etwa 4000 l Öl im Jahr pro Person. Das heißt, daß im Mittel jeder im Jahr mehrere tausend DM beisteuern muß, zum großen Teil nicht direkt, aber irgendwo unsichtbar als Teil des Preises von dem, was er kauft. Das ist ein stattlicher Teil seines Einkommens; man darf ihn also nicht ohne Not erhöhen, denn dann müßte man bei gleichen Ansprüchen mehr arbeiten, die Wettbewerbsfähigkeit des Landes müßte geringer werden. (Oder jeder müßte bei gleicher Arbeit wesentlich weniger verbrauchen, wesentlich weniger wegen des Staatsanteils, den er weiter mitbezahlen muß.) Man hat ausgerechnet, daß die Ersetzung von 20 % unseres Energiebedarfs durch Sonnenenergie den Gesamtaufwand verdoppeln würde durch Investition und Amortisation (diese Zahl ist wohl unsicher, aber nicht sehr falsch). Sonnenenergie ist schön für Gebäudeheizung und ähnliches in kleinem Umfang. Offiziell damit Beschäftigte glauben, daß sie 10, vielleicht 20 % unserer Energie so ersetzen kann. Auf die Dauer müßte man damit elektrische Energie machen, und dafür ist Forschung nötig, um die Sonnenzellen billiger zu machen und um die Energie zu speichern für Zeiten und Orte, wo keine Sonne scheint (wahrscheinlich durch Entwicklung der Wasserstofftechnologie). Was heute sonst an Forschung gemacht wird, Windräder, Sonnenspiegel, Gezeitenkraftwerke, Geothermik, Biomasse und so weiter, das kann alles nur Prozente bringen oder ist maßlos teuer. Das sind Dinge, die ein Minister macht, damit er etwas tut und dabei gut dasteht.

Dann ist da das Problem: Elektrische Energie oder andere? Schon das Ölproblem weist darauf, daß daß man möglichst viel elektrische Energie haben sollte, um es zu ersetzen. Bisher werden bei uns 14 % der Energie als Strom verbraucht; man könnte mehr als bisher die Abwärme der Kraftwerke für Fernheizung und Propanwärme nutzen; auch elektrische Wärmepumpen verbessern die bei Kraftwerken relativ schlechte Energieausbeute. Das Fazit ist, daß der oft zu hörende Wunsch, weniger elektrische Energie einzusetzen, keine ökonomische Grundlage hat, wenn nicht nur sogenannte geringwertige Wärme (unter 200 Grad) gebraucht wird. Man müßte eigentlich die elektrische Energie ausbauen, auch wenn man insgesamt Energie sparen will. (Auch hier kommt es im Einzelfall entscheidend auf die Wirtschaftlichkeit an.)

Bei Behauptungen wie der eben aufgestellten kommt es allerdings darauf an, ob der primäre Energieträger ausreichend zur Verfügung steht. Bei Kraftwerken soll das nicht Öl sein (in Deutschland wird Öl kaum mehr in Kraftwerken verwendet); bis zur elektrischen Sonnenenergie ist es noch lange hin, also bleiben Kohle und Kernkraft.

Kohle wird sicher, solange sie reicht, und das sind sicher mehr als 100 Jahre, so viel verwendet werden, wie sie gefördert werden kann und gebraucht wird. Man wird etwas tun müssen gegen die Rückstände in der Luft (Stichwort: saurer Regen). Und eine Sorge ist auch die stetige Vermehrung des Verbrennungsprodukts der Kohle, CO_2, durch das die Atmosphäre zum Treibhaus werden kann. Es bleibt die Atomenergie. Sie ist (wenn man meinen und nicht Ihren Argumenten folgt) sicher, umweltfreundlich (sie gibt nichts nach außen ab außer Wärme und Radioaktivität, von der letzteren aber weniger als Kohle!). Die Versorgung ist, wenn man Brüter einsetzt, auf 1000 und mehr Jahre gesichert. Wenn man also schließlich doch noch die Erde mit Sonnenkollektoren pflastern muß, hat man dafür jedenfalls noch lange Zeit. Oder die Energiegewinnung durch Fusion gelingt, dann sind wir aller Energiesorgen für immer ledig.

Zur Atomenergie will ich allerdings noch die möglichen Gegenpunkte nennen, die eine politische Entscheidung fordern, auch wenn man sonst von ihren Vorteilen überzeugt ist. Der erste Punkt: Viele Menschen, jedenfalls eine respektable Minderheit, fürchten sich vor der Atomenergie und wären erleichtert, wenn es sie nicht gäbe, auch (hier allerdings ist die Zahl nicht mehr so groß) wenn sie dafür mehr arbeiten oder weniger verdienen müßten. Die Frage ist: Unter welchen Umständen dürfen entscheidende Politiker solche Ängste als irrelevant oder weniger wichtig erklären als Argumente für die Kernenergie; oder umgekehrt: Wann dürfen sie solche Ängste berücksichtigen gegen den Willen einer Mehrheit, die sich von der Atomenergie Vorteile erhofft?

Der zweite Punkt: Der ganz große Reaktorunfall, sagen wir mit 10000 Toten und Evakuierung eines Gebiets von 100 km^2, kann nicht mit voller Sicherheit ausgeschlossen werden. Würde er zu einer solchen öffentlichen Aufregung in der Welt führen, daß dadurch die Zukunft der Atomenergie kompromittiert, der bisherige Aufwand für sie verloren wäre?

Beim dritten Punkt ist schwer abzuschätzen, ob er eine reale Bedeutung hat, aber im Grunde ist er der wichtigste. Die große Gefahr, die über der Welt hängt, das ist nicht die Atomenergie, sondern das sind die Atombomben, von denen es offenbar genug gibt, um die Menschheit wirklich zu vernichten. Die Drohung der Bombe ist vielleicht heute das wichtigste Mittel, um den Weltfrieden zu erhalten. Aber dazu muß die Drohung realistisch sein, und das macht sie unerträglich, erzeugt schon allein gefährliche Spannungen und Vorschläge, die aus Furcht geboren sind und andere zur Vermehrung ihrer Macht verleiten. So der Pazifismus (jedem Aggressor nachgeben); oder ein Beispiel, das sich direkt auf die Bombe bezieht: Wir sollen den Aggressor ins Land lassen und »dann, wenn er überall ist, einen Guerillakrieg beginnen«.

Es gibt Menschen, die daraus den Schluß ziehen, daß nur ein echter Verzicht der Großmächte auf Atomwaffen dieses Dilemma lösen kann. Ich habe einmal George Kennan (langjähriger US-Botschafter in Moskau und in Bonn) gefragt, warum niemand etwas dagegen tut, wenn sich mehr und mehr kleine Nationen Atombomben zulegen. Er erklärte, auch dieses Problem lasse sich nur durch einen allgemeinen Atomwaffenverzicht lösen. Biedenkopf hat neulich, wenn auch zur politischen Unzeit, etwas Ähnliches gesagt, und sie stehen nicht allein. Die Erleichterung der Menschheit, wenn es gelänge, die Gefahr der Atomwaffen zu beseitigen, ist nicht mit Worten zu beschreiben.

Man kann nicht ausschließen, daß die Großmächte irgendwann doch handeln und sich auf einen Verzicht auf Atomwaffen einigen. Das würde wahrscheinlich bedeuten, daß man auch auf Atomenergie verzichten muß: Alles Plutonium und angereicherte Uran müßte in den vorhandenen Reaktoren verbrannt werden, und nach 30 Jahren würden diese durch andere Kraftwerke ersetzt, würde der Uranbergbau und die leicht zu kontrollierende Anreicherung eingestellt. Das Atomzeitalter wäre beendet.

Eine solche Entwicklung ist nicht wahrscheinlich. Sie wäre auch kein Grund, jetzt die Atomenergie aufzugeben, denn das würde nichts nützen. Trotzdem: Eine Hoffnung bleibt; man darf uns nicht verbieten zu träumen.

Lieber Herr Kafka, Sie sehen, daß ich Ihnen nicht empfehle, Ihre

Ideen an der Abschaffung der Atomenergie oder überhaupt an einer Beschränkung der Energie aufzuhängen. Das wäre nur berechtigt, wenn Sie die Menschen durch einen Energiemangel zu einem neuen, einfachen Leben zwingen wollen. Aber zwingen, das haben Sie gesagt, wollen Sie niemand.

Was ich hier schreibe, gefällt Ihnen wahrscheinlich nicht. Bitte nennen Sie das, was ich nicht gesagt habe. Ich habe mich bemüht, nichts Wichtiges wegzulassen, aber ich kann da nicht sicher sein.

Ich möchte noch etwas ganz anderes und in einer ganz anderen Richtung sagen, nämlich über das Wachstum. Man spricht heute viel in der Absicht, das Energiewachstum vom allgemeinen Wachstum abzukoppeln, jenes geringer zu machen als dieses. Ich meine, dieses geschieht schon und wird auch weiter geschehen, wenn die Energie noch teurer wird. Es hat keinen Sinn, daraus einen besonderen Programmpunkt zu machen. Ich meine statt dessen das Wachstum selbst, also die Zunahme des Bruttosozialprodukts in unserem Land, oder statt dessen etwas, was ihm entsprechen sollte, aber oft nicht entspricht, das was die Menschen im Land pro Jahr verbrauchen. Man sollte ja auf die Dauer nicht mehr verbrauchen, als man produziert (die Leser werden mich verstehen, auch wenn ich alle hierher gehörigen Feinheiten weglasse).

Wirtschaftswachstum ist eines der erklärten Ziele der Bundesregierung, und die Ansicht, daß eine Wirtschaft ohne Wachstum nicht lebensfähig sei, hat sich ungeheuer festgesetzt, und das nicht ohne gute Gründe, für die es lange Listen gibt.

Zum Wachstum aber ist dreierlei zu sagen. Erstens verstehe ich nicht – aber leider bin ich da weit entfernt, kompetent zu sein –, daß ein Unterschied zwischen 101 und 99 Prozent so entscheidend sein soll für die Wirtschaft in einer demokratischen Gesellschaft, daß man hier einen Vorteil bei Ländern sehen muß, die jederzeit Wachstum durch Zwang ersetzen können. Ich meine, wir müßten auch ohne Wachstum leben können.

Das zweite ist, daß diese Frage nichts Unrealistisches hat. Das Wachstum in Deutschland *hat* aufgehört, allerdings noch nicht im Verbrauch (wir leben noch über unsere Verhältnisse), aber wir vermuten, daß auch das noch kommen wird. Die Stunde der Prüfung ist da. Die Aufregung allerdings ist groß, man denke nur an die Haushaltsverhandlungen oder die Entrüstung, daß die Beamten jetzt 1 Prozent weniger bekommen sollen. Aber jetzt *müssen* wir beweisen, daß es auch ohne Wachstum geht, ob wir wollen oder nicht. Und jeder Bürger ist aufgerufen, das Seine beizutragen.

Und das Dritte: Ein Wachstum um 2,5 Prozent ist in der ökologischen Wirkung nicht prinzipiell verschieden von einem Bevölkerungswachstum ähnlicher Größe. 2,5 Prozent, das ergibt eine Verdoppelung des Verbrauchs und wahrscheinlich mehr als das an Folgen in 28 Jahren. Dies ist ganz sicher etwas, was Sie nicht wollen, und hier sehe ich eine Chance für Sie und Ihre Freunde, vor allem die Wirtschaftswissenschaftler unter ihnen, etwas bei den Politikern zu bewirken.

Ich muß etwas über die Politiker sagen. Sie haben früher sehr abschätzig über sie gesprochen. Das geht nicht. Sie sind vom Volk gewählt, und sie haben andere mit der Führung der Regierung beauftragt. Sie sind für Entscheidungen in unserem Interesse zuständig, niemand sonst. Bürgerinitiativen können Anstoß nehmen an Entscheidungen von Verwaltung und Politik. Sie können ihre Stimme über die Medien erheben, und sie werden die Politiker zum Zuhören zwingen. Das muß sein, denn der Politiker ist zur dauernden Beobachtung seiner Umgebung verpflichtet. Er muß aufpassen, daß er nichts versäumt, daß er dazugehört, daß er sich nicht von seinen Wählern entfernt, daß diese sich nicht seinen politischen Gegnern zuwenden. Er muß jemand hinter sich haben, wenn er Vorschläge macht; die Vorschläge müssen seinen Parteifreunden gefallen und möglichst den anderen schaden, ohne daß diese ihm daraus einen Strick drehen können. Es müssen solche Vorschläge sein, die er öffentlich als im Interesse der Allgemeinheit liegend darstellen kann, und manchmal Vorschläge, für die er eine Mehrheit erhält. Und es könnte sein und wäre manchmal ein Vorteil, daß die Vorschläge außerdem gut sind.

Und hier ist eine Chance in der jetzigen Situation. Das Wachstum *ist* weg, bisherige Methoden greifen nicht mehr, man wartet auf neue Vorschläge, der Bürger ist erschreckt durch die heutige Unsicherheit, und er ist bereit, auf gewisse Ansprüche zu verzichten, wenn er dafür etwas ihm Wichtigeres, nämlich Sicherheit seines Daseins bekommt. Die Politiker sind vielfach gebunden durch das, was sie früher gesagt und getan haben, durch die, auf die sie sich gestützt haben. Sie aber und Ihre Freunde sind in diesen Punkten frei, Sie haben Anhänger hinter sich, und Sie haben einen ungeheuren Vorteil: Sie sind keine Interessenten, Sie wollen nichts für sich, und Sie können sich mit denen verbünden, die in Ihren Vorschlägen Vorteile, vielleicht sogar in einem höheren Sinne sehen. Und Sie werden gehört werden, auch wenn Sie eine Minderheit sind, denn die Medien wollen den Schwachen schützen. Wenn es Ihnen gelingt, zu beweisen und dabei mitzuwirken, daß eine nicht wachsende Wirtschaft blühen kann, dann haben Sie alle auf Ihrer Seite, die jetzt unter dem Nicht-Wachstum leiden und keinen Ausweg sehen, und Sie schaffen ein Vorbild für andere Länder, die in derselben Lage sind.

Niemand sagt, daß so etwas leicht ist. Man muß erreichen, daß eine große Firma Gewinne machen kann, ohne daß der Umsatz steigt und ohne daß sie Mitarbeiter entläßt. Der Staatsaufwand muß gesenkt werden, ohne daß Menschen dadurch arbeitslos werden. Und neben den großen Betrieben, die heute die Wettbewerbsfähigkeit sichern, müssen immer mehr kleine entstehen, die die Zukunft vorbereiten, auch die, an die Sie denken, mit viel Dienstleistung, mit Arbeit zur Erhaltung der Vielfalt.

Ich sagte schon, ich bin bei dem allem sehr unsicher, kein Fachmann, und vielleicht geht der gute Wille mit mir durch. Aber ich weiß nichts Besseres, und ich wünschte, Sie hätten Glück. Ich würde gern glauben, daß hinter dem, was Sie vorhaben, nicht nur eine Unzufriedenheit mit dem Vorhandenen steckt, eine Rechthaberei, sondern eine moralische Kraft, ein Wille zum eigenen Verzicht, der Wunsch zu helfen und ein Glaube an eine bessere Zukunft.

Lieber Herr Kafka, ich kann diesen Brief nicht mit so erhabenen Tönen schließen. Und so denke ich an das Satyrspiel nach der griechischen Tragödie und lege eine kleine Aufzeichnung bei, die unsere Vereinbarung, die Forschung nicht in Frage zu stellen, betrifft und die mich verletzbar macht.

Vor einiger Zeit waren wir in Brüssel im Schloß eingeladen. Die Königin (der König war unpäßlich) bekam eine Anzahl Vorträge geliefert, ganz kurz. Einer war von einem Biologen, der eine ungeheure Veränderung der biologischen Forschung aufzeigte bis hin zum Biological Engineering, zum Beispiel der Entwicklung von Getreidearten, die wie die Erbsen Stickstoff aus der Luft ziehen und also keinen Stickstoffdünger brauchen. Dann kam Sir Hermann Bondi und sprach über wissenschaftliche Ergebnisse der Raumfahrt. Mir ist in großer Erinnerung ein Diagramm, das zeigt, daß auf einer Fläche von wenigen Kilometern Durchmesser das Meer über einen Meter höher steht als in der Umgebung, und zwar dauernd, jedenfalls jedesmal, wenn der Satellit darüberflog. Solche unerwarteten und ganz unerklärten Dinge sind der Anfang großen Fortschritts.

Beim Essen am Tisch der Königin waren wir sechs aus sechs Ländern und eine von der European Community; nicht alle Nobelpreis, aber alle Experten in Forschung.

Zuerst lernte ich von meinem Nachbarn alles über Sonnenenergie, denn er ist dafür in seinem Land verantwortlich. Er bestätigte, was sein Kollege in den USA behauptet hatte: Man kann vielleicht 20% der gesamten Energie aus Sonnenenergie ziehen. Ich fragte, was das kostet, und seine Antwort war etwa folgende: In den USA braucht der Bürger im Mittel für etwa 1500 Dollar im Jahr Energie, wenn man als Preisbasis Öl nimmt. Um 20% davon durch Sonnenenergie zu ersetzen, müßte man 10–15 Jahre lang für Investitionen und Abschreibung das Doppelte davon pro Jahr aufwenden.

Inzwischen hatten die anderen angefangen, der Königin von Fortschritten der Wissenschaft zu erzählen. Bald kam die Rede auf das Kloning, die genetische Manipulation. Dies gibt es weit entwickelt für Pflanzen, es gibt wichtige Ergebnisse. Aber aufregend ist es für die Tierwelt, und der Gipfel war die Behauptung, daß man vielleicht aus einigen Zellen eines gefrorenen Mammuts ein neues lebendes Mammut machen könnte (große Beispiele sind eindrucksvolle Beispiele, auch wenn sie ein wenig absurd sind). Das ganze war etwas gespenstisch angesichts der unübersehbaren Möglichkeiten. Die Königin zuckte nicht mit einer Wimper, und ihre Beunruhigung zeigte sich nur in einer Frage: »Kann man das auch mit Menschen machen?«

Ich war auch beunruhigt, und um etwas zu tun, sprach ich von dem Wunsch mancher, meist sehr netter Leute, den wissenschaftlichen Fortschritt zu verlangsamen. Die Antwort meines anderen Nachbars war: ›Denen müssen Sie eine Flugkarte nach Indien kaufen, da werden sie sehen, wie dringend der wissenschaftliche Fortschritt gebraucht wird, um uns das Überleben, d. h. die Ernährung der unaufhaltsam wachsenden Bevölkerung zu sichern.‹ (Siehe den Weizen von oben.) Ich versuchte noch zu sagen, daß meine Freunde wahrscheinlich sagen würden, daß ohne uns die Weltbevölkerung nicht gewachsen wäre, aber damit kam ich schon nicht mehr an, und ich muß auch zugeben, daß es wenig Sinn hat, über verschüttete Milch zu streiten.

Nun wünsche ich Ihnen noch ein gutes Jahr 1982 mit Gesundheit, Schaffenskraft und Seelenruhe durch Erfolg oder durch Gemächlichkeit, was immer Ihnen lieber ist.

Herzliche Grüße
Ihr
Heinz Maier-Leibnitz

17 Krankenhaus München-Schwabing, Ostern 1982

Lieber Herr Maier-Leibnitz,

kundig und eingedenk des »Mens sana in corpore sano« wollte ich die letzten Briefe aufschieben, bis ich mich besser fühlte – aber so lange können wir nicht mehr warten. Offenbar bin ich nun an Hospitalismus erkrankt. Ich hätte ja wissen müssen, daß es den Neuerern schließlich an die Leber geht – selbst wenn die Neuerung vor allem darin bestünde, das Feuer an den Himmel zurückzutragen. Da die Adler ausgerottet sind, müssen die Götter (in Weiß) deren blutige Arbeit selbst besorgen: Man nennt das heute »Leberblindpunktion«; der Felsen ist durch den rationelleren Beton ersetzt, die Ketten durch die in der Isolierstation ausgehängten »Verhaltensmaßregeln«.

Nun also endlich zu Ihrem Brief vom 29. Dezember 81, dessen ich mich schämen sollte. Er beweist, daß Sie seit Ihrem Vortrag vom 24. November 79 in den entscheidenden Punkten nichts von mir lernen konnten, und das bedeutet wohl, daß ich nicht fähig war, einfache Wahrheiten so auszudrücken, daß sie von intelligenten Menschen als solche erkannt werden. Unser Gedankenaustausch war eben doch nicht intensiv genug, und meine Entschuldigung, daß ich fast dauernd von Krankheiten erschöpft war, ist mir wenig tröstlich.

Nun liegen also die Seiten mit Ihrer Auswahl aus meinem »Werk« vor mir und starren mich recht fremd an. Gedankenfetzen, sozusagen. Sie zu einer Anweisung zum Handeln zusammenzusetzen, erscheint Ihnen utopisch. Müßte ich dies allein schaffen, gäbe ich es vermutlich auf. Aber ich bin ja nur einer von Tausenden, bald vielleicht Millionen in der Welt, die durch Beobachten und Nachdenken zu ähnlichen Einsichten geführt wurden. Wir sind keineswegs »ratlos«, und mich wundert, wie wenig Sie unseren Rat anzunehmen bereit sind. »Finger weg von den Wurzeln«, sagen wir all den Bastlern, die so stolz auf ihre immer größeren Maschinen oder ihre immer aggressiveren Pülverchen sind. Noch sind »wir« nicht einmal jene paar Prozent, die Ihrer Meinung nach »selbständig denken« können. Trotzdem glaube ich, daß ein Umkippen der öffentlichen Meinung gar nicht so fern ist. Weltweit bilden sich mehr und mehr Gruppen mit dem Ziel ökologischen Denkens und Handelns; die Zahl der Bücher und Aufsätze zu unseren Themen wächst so rasch an, daß ich keinen Überblick mehr darüber habe. Natürlich gibt es auch auf diesem Gebiet, wie überall, viel leichtgläubigen Unsinn, eitlen Ehrgeiz oder skrupellosen Geschäftssinn, aber insgesamt scheint mir doch kaum zweifelhaft, daß die geistige Führung sehr rasch von den hergebrachten wissenschaftlichen, wirtschaftlichen und politischen Eliten auf die fast allein noch kreative »grüne« Bewegung übergeht. (Ich meine das jetzt nicht parteipolitisch; ich bin immer noch bei der sozialdemokratischen Partei.) Solche geschichtlichen Epochen des »Umkippens« verlaufen nach dem Muster des Märchens von des Kaisers neuen Kleidern. Rückschauend versteht man schwer, wie die Menschen, die doch in ihren seelisch-leiblichen Grundlagen uns glichen, jahrzehnte- oder jahrhundertelang offensichtlichen Irrsinn als »normal« ansahen. Aber dies ist eben das Wesen von Evolution. So wird hoffentlich schon bald der Aberglaube unserer tonangebenden Wissenschaftler neben den der mittelalterlichen Goldmacher gestellt werden, die ja dem gleichen naiven Gedanken zum Opfer fielen: Wenn die Natur etwas so Wertvolles zustande gebracht hat, dann müssen *wir* das erst recht können ...

In dieser Formulierung hört sich die Maxime der Macher vielleicht sogar für *Sie* absurd an. Und doch scheint sie mir noch die Grundlage Ihres Denkens und Fühlens zu sein. Sie mögen zwar einsehen, daß fast alle unsere Schwierigkeiten von uns selbst, durch unser »rationales Handeln« verursacht und ständig vergrößert werden, doch als mögliches Heilmittel sehen Sie grundsätzlich weiteres »Tun« an, und nie das »Lassen«.

Natürlich schließt jedes Lassen wieder ein alternatives Tun ein, und ich muß deshalb noch einmal den wesentlichen Unterschied zwischen unseren Betrachtungsweisen betonen: Er liegt, wie wir schon früher feststellten, in der Art des Abwägens. Auf Ihrer technisch-wirtschaftlichen Waage dienen als Gewichte grundsätzlich nur die »wissenschaftlich anerkannten Tatsachen« und das Geld. Ich habe oft genug erklärt, warum ich das zu simpel, ja kindisch finde. Bei ökologischer Betrachtung nämlich erhält schon die Vermutung einer »Wurzelschädlichkeit« erhebliches Gewicht und ist durch technische Details oder gar Willenserklärungen (man werde nach dem jeweiligen Stand der Technik so sauber wie möglich arbeiten) nicht aufzuwiegen. Sie deuteten doch seinerzeit in Ihrem Vortrag selbst an, daß es Ihnen eigentlich nicht ganz geheuer ist, daß wir plötzlich so dringend auf die Kernenergie angewiesen sein sollten, wo wir sie doch eben erst entdeckt haben. Millionen Jahre lang ist der Mensch im Gesamtsystem des irdischen Lebens großartig eingefügt und entwickelt dabei nicht nur die raffinierten Instinkte und Verhaltensweisen, sondern auch Sprache und Bewußtsein. Innerhalb weniger Jahrtausende entarten diese in einer Art Größenwahn und führen zu rasch zunehmender Zerstörung der gewachsenen Ordnung. Nun entscheidet es sich, ob wir bis zum Zusammenbruch so weitermachen oder ob wir unsere Vernunft einsetzen, um die Reste der inneren und äußeren Ordnung zu entdecken und zu bewahren und von dieser (freilich schon wackelnden) Basis aus nach den Regeln der Evolution weiterzugehen. Deshalb sind für uns alle großtechnischen Aktivitäten, die weltweit die Wurzeln des Lebens bedrohen könnten, vom »Abwägen« ausgeschlossen – es sei denn, die Bedrohung wäre bei Verzicht noch größer. Das aber behaupten wohl auch Sie nicht ernstlich – weder bei der Atomenergie noch bei der Großchemie oder dergleichen.

Ich gebe zu: Es ist immer schwerer zu sehen, daß der Mensch eigentlich wunderbar »funktioniert«. Er tut es ja fast nirgends mehr, weil er selbst die Voraussetzungen, unter denen sich diese Funktionen entfalten könnten, zerstört. Wo einst kleine Völkchen in relativ friedlichem Gleichgewicht mit der Natur und miteinander lebten und dabei »Kultur« schufen, da hausen nun entwurzelte Millionenmassen in Kasernensiedlungen oder Slums und produzieren Schund, Abfall, Zerstörung. Wie sie mit der natürlichen Umwelt umgehen könnten, ohne diese zu ruinieren, ist vergessen; wie sie miteinander umgehen könnten, ja selbst wie sie ihre Kinder aufziehen sollten, erfahren sie nicht mehr aus Instinkt und Tradition, sondern von Politikern, Pädagogen, Psychologen und anderen Wissenschaftlern und Technikern – nur ändern sich deren Meinungen und Anweisungen so rasch, daß bald jedermann täglich mit einem neuen schlechten Gewissen über sein gestriges gehorsames Verhalten leben müßte. Einziger Ausweg der gequälten Seele: noch größere Vergeßlichkeit, Kappen der letzten Verbindungen zur evolutionären Heimat.

Sie sagen, alle Wissenschaft sei gleich wichtig, und Sie vertrauen darauf, daß wir bei der Delegation des Abwägens an die jeweiligen Fachleute den optimalen, oder wenigstens einen guten Weg finden werden. Die ökologische Erleuchtung, die eigentlich jeder Wissenschaftler erleben müßte, wenn er die Ehrlichkeit des Denkens aus seiner Arbeit in die Betrachtung der gesamten Welt übertragen könnte, zerstört dieses Vertrauen vollständig. Und trotzdem werden wir nicht ratlos. Auch wir setzen auf Vertrauen – aber auf ein viel besser begründetes: Wir vertrauen darauf, daß wir in der Welt geborgen sind, wie wir uns in ihr entwickelt haben, *weil* wir uns in ihr entwickelt haben. Wir sehen in der Eroberer- und Beutemachergesinnung der Wirtschaftler und Wissenschaftler die gleichen psychologischen Mechanismen am Werk wie bei den Kriegern. Der kurzfristige evolutionäre Erfolg dieser Expansionsmechanismen während der letzten paar tausend Jahre erweist sich als Scheinerfolg, seit wir an die materiellen und raum-zeitlichen Grenzen stoßen. Diese aber rühren letztlich daher, daß die Erde rund ist und daß die Zeitskala unseres Lebens und Lernens nach Jahrzehnten, nicht aber nach Sekundenbruchteilen mißt. Lassen Sie mich dies hier nochmals zusammenfassen:

Ich wurde zum ökologischen Prediger, als ich Vorträge über Kosmologie hielt und einen Aufsatz über die künftige Entwicklung des Universums (»On the World's Ends«) schreiben sollte. Beim Übergang von der Vergangenheit zur Zukunft bemerkte ich, warum die jetzige Wachstumskrise nicht eine der »üblichen Krisen« in der Geschichte der Evolution ist, sondern eine echte »Singularität« darstellt: In jedem denkbaren endlichen System mit Evolution gibt es zwei allgemeine Tendenzen: globale Vereinheitlichung an der »Front der Evolution« und ständige Beschleunigung des Evolutionsprozesses (abgesehen von möglichen Rückschlägen). Beide Tendenzen definieren kritische Punkte in der Entwicklung. In unserem Beispiel fallen beide nahezu zusammen, und das ist wohl kein Zufall, sondern vermutlich nach statistischen Gesetzen einsehbar. Kaum ist unsere Zivilisation »global« geworden, verändert sie auch schon die Welt wesentlich innerhalb der Zeitspanne eines Menschenlebens. Diese Krise bedeutet den Zusammenbruch der Voraussetzungen von Evolution.

Auf dieses wohl kaum bestreitbare Phänomen reagieren wir beide verschieden. *Sie* sagen, wenn wir nur alle unsere Anstrengungen vergrößern und vorsichtig abwägend so weitermachen wie bisher, dann kommen wir schon durch. (Übersehen wir einmal den vielleicht unauflösbaren Widerspruch zwischen den gesteigerten Anstrengungen und dem vorsichtigeren Abwägen ...) Ich dagegen behaupte, mit diesem Verfahren müßten wir prinzipiell scheitern. Wenn es eine Lösung durch den kritischen Punkt hindurch gibt (ich rede jetzt wie von den Lösungskurven eines Differentialgleichungssystems), so läßt sie sich nicht durch Vorwärtstasten nach den alten Wegweisern finden. Das würde immer zu katastrophalen Turbulenzen oder Abstürzen führen. Der Fachmann untersucht in einem solchen Fall die Systemeigenschaften in der Umgebung des kritischen Punktes und konstruiert von dort aus eine Lösung in die Zukunft, die dennoch diesseits des kritischen Punktes für uns noch erreichbar ist.

Darauf müßten Sie einwenden: Wir kennen ja die Gesetze gar nicht, denen unser Weg folgt. Gerade angesichts der Krise ist es ganz unsinnig zu hoffen, daß es jenseits nach den alten Gesetzen weitergeht. Wir müssen die Flucht nach vorn antreten, die Gesetze, nach denen wir scheitern müßten, selbst zunichte machen – neue schaffen, autonom werden –, dann ist der ominöse Punkt gar nicht mehr kritisch – es gibt immer eine Lösung, ja sogar unendlich viele!

Hört sich das nicht großartig an und sehr plausibel? Ich komme mir vor, als schriebe ich eine Festrede für Herrn Knizia oder Herrn Lüst oder für den Forschungsminister. Endlich wieder Optimismus! Und trotzdem ist es wahr! Allerdings hat diese Wahrheit genau die Konsequenzen, von denen ich Sie überzeugen will. Die jetzt vorherrschenden Systemeigenschaften definieren den kritischen Punkt, wie vorhin beschrieben. Da gibt's kein Ausweichen oder Durchschlüpfen. Andererseits gibt es prinzipiell, nach den Regeln der Logik und Statistik (also letztlich nach dem simplen Gesetz des Zählens) keinen Weg zu Komplexerem, Wertvollerem, außer durch Evolution. Wenn also entlang dem hergebrachten Weg die Voraussetzungen der Evolution zerstört werden, so bleibt in der Tat nur der Ausweg der »Systemveränderung«. Wir brauchen nur ein paar neue Dimensionen einzubeziehen, und schon kann die Evolution auf einem ganz anderen Niveau weitergehen.

Habe ich mich also doch geirrt, als ich sagte, die gegenwärtige Krise unterscheide sich grundsätzlich von allen früheren ökologischen Krisen (wie sie etwa Herr Markl und andere Biologen untersuchen)? Nein, das bleibt wahr. Noch nie gelang es den führenden Arten, die Welt innerhalb der Lebenszeit der Individuen zu verändern. Aber man sollte meine Versuche, hier abstrakte, den Details der Evolution übergeordnete Gesichtspunkte zu formulieren, nicht übertrieben ernst nehmen. Das alles muß natürlich genauer untersucht werden. Der Begriff der »Zeitskala an der Front der Evolution« ist sicher zu unscharf. Gewisse Entwicklungen dürfen zweifellos schnell ablaufen, ohne daß der gesamte Ablauf kritisch wird; nur dürfen diese keinen wesentlichen Einfluß auf die Wurzeln des Ganzen haben. Wie ich schon früher bemerkte, ist zum Beispiel nichts zu befürchten, wenn alle Welt von einem Jahr zum anderen eine neue Operationsmethode zur Behandlung einer Krankheit einführt. Auch ist, da ja die weltweite Kommunikation nicht mehr völlig verschwinden wird, vielleicht weiterhin mit schnellen globalen Schüben in gewissen Teilen von Musik, Literatur und Mode zu rechnen und ebenso in der wissenschaftlichen Erkenntnis. Dies dürfte alles harmlos sein, weil es nur die Blüten betrifft und nicht die Wurzeln. Es wird aber wahr bleiben, daß »wirklich Wertvolles« sich im allgemeinen nur relativ langsam entwickeln kann, das heißt in kleineren und nicht zu häufigen Sprüngen. Und beim besten Willen, Ihnen noch ein wenig entgegenzukommen: Es bleibt wahr, daß das Einbringen von Millionen von Tonnen neuer Chemikalien in die Biosphäre und die Androhung ihrer langfristigen radioaktiven Verseuchung auf dem neuen Weg, den wir suchen, nichts zu suchen haben.

Also an die Arbeit! Suchen wir den Übergang von zentralistischer Macht zu vielfältiger Selbstbestimmung, von Großtechnik zu angepaßten Techniken, von Bedrohung oder Abschreckung zu Toleranz und Freundschaft, von Raserei zu Gemächlichkeit, von Besitzgier zum Verantwortungsgefühl des Treuhänders, von der Gesinnung des Eroberers und ausbeutenden Herrschers zu der des liebevoll pflegenden Gärtners.

Es gibt schon unüberschaubar viel Literatur zu Details des ökologischen Weges – ich kann hier nur zur Erinnerung oder als Anstoß zur weiteren Suche ein paar Hinweise geben. Dabei werde ich zunächst Ihrem letzten Brief folgen. Aber bevor Sie (und unsere Leser) nun weiterlesen, möchte ich Sie warnen: Machen Sie es sich nicht so leicht, das alles mit der besserwisserischen Ironie des Realisten an sich vorüberziehen zu lassen und es mit einem Anflug von Trauer über unsere Unvollkommenheit sowie mit tiefer Erleichterung darüber, daß wir nichts ändern müssen, weil wir ja doch nichts ändern können, ins Reich der religiösen und moralischen Utopien zu verweisen. Sie haben um

Details gebeten; also wird es ein langer Brief werden. Aber kommen Sie nicht gleich wieder mit der Frage, wer denn meine Vorschläge annehmen wolle. Erst muß man einmal wissen, was grob falsch oder richtig ist; dann kann man versuchen zu überzeugen. Ich werfe Ihnen (wie auch dem von Ihnen zitierten Helmut Schmidt) vor, sich nicht gründlich genug mit den vorurteilsbeladenen Aussagen der Energieverkäufer und anderer Wachstumspropheten und Wachstumsprofiteure auseinandergesetzt zu haben. Hier würde es sich wirklich lohnen, mehr als 15 % seiner Zeit darauf zu verwenden, »Lösungen für Probleme zu suchen«. Wenn Leute mit so viel Prestige 85 % ihrer Zeit darauf verwenden, andere zu überzeugen, so ist es gar nicht erstaunlich, wenn sie die Mehrheit der Bevölkerung auf ihre Seite bringen. Würden sie auch noch die 15 % einsparen, wüchse der Publikumserfolg vielleicht sogar noch weiter an. Dies werden leider die nächsten Wahlen beweisen. Für die Brauchbarkeit von »Lösungen« aber spräche das so wenig, wie die Einschaltquote beim »Grand Prix d'Eurovision« für die musikalische Qualität unserer Schlager spricht. (Was ich nicht alles im Krankenhaus über das »normale Leben« lerne!)

Sie verweisen zunächst auf die Tatsache, daß sich die Menschheit in den nächsten 50 Jahren etwa verdoppeln dürfte. Nicht nur Sie und Herr von Weizsäcker bedrohen uns »Atomkritiker« ständig mit dieser Zuchtrute; sie dient weltweit den Führungseliten als Argument für weiteres Wachstum von Großtechnik und Zentralisierung. Erst hieß es, der wachsende Energiebedarf der Entwicklungsländer werde nur mit Kernenergie zu decken sein. Angesichts der dortigen politischen Instabilität und ihres kaum verhohlenen Strebens nach Atomwaffen hört man das jetzt nicht mehr so oft. Heute heißt es, die Industriestaaten müßten die Kernenergie bei sich selbst so rasch wie möglich ausbauen, damit den armen Ländern noch ein bißchen Öl übrigbleibt. Wie heuchlerisch dies Argument von Energiepolitikern gebraucht wird, zeigt sich, wenn man ihre Entwürfe unserer Energiezukunft genauer ansieht. Das meiste, was bei uns auf diesem Gebiet als »offiziell« und überhaupt als wissenschaftlich akzeptabel gilt, kommt aus der Kernforschungsanlage Jülich. Es ist ja auch so viel einfacher für die Bonner, wenn die »Sachverständigen« für Kernenergie und sämtliche Alternativen unter gemeinsamer Leitung an einem Ort, noch dazu ganz in der Nähe, sitzen. Direktor des Ganzen ist jetzt Wolf Häfele, einer der Väter und »pusher« des deutschen Brüterprojekts. Er wirkt so seriös wie ein Pfarrer (so einer von früher natürlich

– nicht so ein Ostermarschierer!) und kann von den modernsten Computern schöne bunte Graphiken drucken lassen, die die möglichen Zukünfte unserer Welt anschaulich machen. Seitdem kann er 100% seiner Zeit darauf verwenden, die führenden Leute zu überzeugen. So haben diese schnell einsehen müssen, daß es z. B. ohne den Schnellen Brüter keine lebenswerte Zukunft gibt, und so ist sein Weiterbau beschlossene Sache.

Um etwas Mißtrauen in die fruchtbare Beziehung zwischen Bonn und Jülich zu säen, möchte ich hier auch einmal eine Anekdote einstreuen und erwähnen, daß Herr Häfele laut eigener Bekundung etwas besitzt, was der Bundeskanzler bekanntlich verabscheut und keinesfalls in sich hochkommen läßt: Angst! Nach einem Vortrag in unserem Institut fragte ein Kollege Herrn Häfele, ob er denn vor möglichen Unfällen beim Schnellen Brüter oder im Brennstoffkreislauf gar keine Angst habe. Da wurde Herr Häfele zum erstenmal ein bißchen aufgeregt und sagte: »Angst? Wieso denn? Wissen Sie, wovor *ich* Angst habe? Vor Leuten wie *dem* da!« Und dabei zeigte er auf mich, den er gar nicht kennt – aber ich hatte etwas in der Diskussion gesagt. Ich will hinzufügen, daß *ich* vor Herrn Häfele zwar keine Angst habe, ihn aber durchaus für gefährlich halte.

Worauf es hier ankommt: Auf seinen Graphiken stieg trotz des schnellstmöglichen Ausbaus der Kernenergie auch noch der Ölverbrauch in den Industrieländern kräftig weiter an. Den »Vierten Pfad« im Bericht der Enquête-Kommission des Bundestags über die Zukunft der Kernenergie, diesen vierten Pfad also, den die Befürworter der »Sanften Energien« eingebracht hatten und der ohne jede Kernenergie dennoch unseren Ölverbrauch sinken lassen sollte, erkärte man zunächst für »technisch nicht machbar«, dann für zwar technisch möglich, aber »wirtschaftlich nicht gangbar«, und schließlich für zwar möglich, aber »sozial unerwünscht«. Die allerneueste Jülicher Verteidigungsposition kenne ich wahrscheinlich noch nicht. Aber für mich steht fest: Man hat dort den Bock zum Gärtner gemacht. Das umfangreiche Werk »Energy for a Finite World« über mögliche Energieszenarien für die Welt, Ergebnis vieler Jahre Arbeit Herrn Häfeles mit IIASA, dem Internationalen Institut für Angewandte Systemanalyse in Laxenburg bei Wien, war schon veraltet, als es im vorigen Jahr erschien. Die Computer konnten nicht mehr Vernunft ausspukken, als ihnen eingegeben worden war. Wichtiger als solche Super-Planspiele für die acht Milliarden Menschen in fünfzig Jahren ist die

Untersuchung des Energieproblems für ein bestimmtes Haus, ein bestimmtes Dorf oder eine bestimmte Stadt. Das globale Problem würde dabei nämlich gleich mit gelöst.

Das katastrophale Anwachsen der Menschheit ist zwar eines der deutlichsten Symptome unseres Irrweges, aber wieso dies ein Ansporn sein sollte, auf diesem Wege weiterzugehen, vermag ich nicht einzusehen. Die Ernährung dieser Menschenmassen ist »ein großes technisches Problem«, sagen Sie – und Sie denken, das bedeutet, daß »großtechnische« Lösungen gefunden werden müssen. Tatsächlich ist das Problem aber vor allem politischer Natur, weil es meist die Macht- und Besitzverhältnisse sind, die den menschenfreundlicheren Lösungen mit »angepaßter« oder »mittlerer« Technik entgegenstehen. Ich weiß, daß es als höchst unfein gilt, das Folgende laut zu sagen oder in einem seriösen Verlag zu veröffentlichen; aber ich muß hier daran erinnern, daß der größte Teil der Welt von Verbrecherbanden regiert wird, und obendrein meist noch von dummen. (Einer der gescheitesten politischen Kommentatoren, der frühere irische UN-Vertreter Conor Cruise O'Brien, hat eben im »Observer« vom 25. April seine Glosse »Why Animal Farm Needs Clever Pigs« diesem Thema gewidmet. In England darf ein derart intelligenter, satirischer Text in einer seriösen Zeitung stehen!) Nur *ein* Beispiel: In Bangladesh leben schon neunzig Millionen auf einer Fläche, die wenig größer als die Hälfte der Bundesrepublik ist. Dennoch wäre es dort selbst heute noch allen möglich, sich mit traditionellen Anbaumethoden von dem Stückchen Erde gut zu ernähren, das auf eine Person entfiele, wenn man das ganze Land gerecht aufteilte. Zehn Personen pro Hektar fruchtbaren Ackerlandes wären gar kein Problem. (Mit Getreide und Gartenfrüchten kann man bei gleicher Fläche fünfmal so viele Menschen ernähren, wie bei überwiegend auf Fleisch aufbauender Kost.) Aber die westliche Zivilisation hat dorthin nicht nur das Bevölkerungswachstum gebracht, sondern auch unsere Eigentumsbegriffe. Also »gehört« das Land nicht mehr den Menschen, sondern nur noch einigen von ihnen. Und die können an den armen Verhungernden natürlich nicht so viel verdienen, wie an uns Reichen, die wir zum Beispiel noch mehr Futter für unsere Schweine und Rinder brauchen. Das fördert den Welthandel und den Hunger. Und sogar die Hilfsgüter für die Hungernden, die von caritativen Organisationen dorthin verschifft werden, versickern größtenteils in der korrupten Verwaltung. Entwicklungshilfe an den Staat ist hier, wie fast überall, unsinnig. Sie vergrößert fast immer nur die Macht der Ausbeuter. Es kommt also nicht etwa darauf an, diese »Hilfe« auf die vorgesehenen 0,7 % des Volkseinkommens zu erhöhen, sondern wir müssen Wege und Mittel finden, die Völker gegen ihre eigenen Machthaber zu unterstützen, statt sie von diesen und von uns noch abhängiger zu machen. Ich glaube allerdings, der aussichtsreichste Weg hierzu wird darin bestehen, daß wir Beispiele geben, wie man von unten her menschenwürdiges Leben organisiert. Das wäre zweifellos die beste Art, sich in die »inneren Angelegenheiten« anderer einzumischen.

Natürlich brauchen alle diese Länder »wirtschaftliches Wachstum« – aber eben nicht von jener Sorte, die sich ihre und unsere Anführer und Ausbeuter vorstellen, sondern vor allem für die Befriedigung der Grundbedürfnisse. Dazu gehört auch Energie, aber nicht aus Großkraftwerken, Riesenstauseen und Überlandleitungen, sondern aus kleinen Wind- und Wasserrädern, dörflichen Biogas- und Pyrolyseanlagen und Sonnenkollektoren und Speichern. Es kommt darauf an, kleine Gruppen in den Grundbedürfnissen unabhängig zu machen. Erst dadurch werden Unterdrückung und Ausbeutung verschwinden, und mit ihnen die Gefahr von Krieg und Bürgerkrieg. Das gilt auch für uns selbst, und ich will deshalb hier nichts weiter über die Entwicklungsländer schreiben (Man kann über ihren Zustand und ihre Aussichten in der Studie »Global Zweitausend« und in vielen anderen Publikationen nachlesen.) Sie täuschen sich aber, wenn Sie meinen, »die Arbeitslosigkeit oder der Hunger in der Welt« seien »keine Themen der Bürgerinitiativen«. Nur haben diese begriffen, daß man vor der eigenen Tür zu kehren anfangen muß. Dann werden die »zurückgebliebenen« Länder von uns lernen und ein großes Stück unseres bisherigen Irrweges vielleicht noch vermeiden können.

Ich muß an dieser Stelle noch eine frühere Frage von Ihnen beantworten. Sie wollten wissen, ob ich vorschlüge, das DDT nirgends mehr einzusetzen, auch wenn dadurch die Malaria wieder zunähme. Inzwischen schlägt dies meines Wissens sogar die Weltgesundheitsorganisation WHO vor. Aber die Malaria nimmt ohnehin schon wieder zu, weil die niedrigen Organismen viel anpassungsfähiger sind als wir, und DDT-Resistenz entwickeln können. Während der nächsten Jahrzehnte (bis zum natürlichen Abbau des schon in der ganzen Lebenssphäre verteilten DDT und seiner Folgeprodukte, die zum Glück nicht so langlebig sind wie das Plutonium) werden wir also vor allem uns selbst und die anderen höheren Tiere vergiften. Die Lehren aus dem DDT-Abenteuer sind: Wir dürfen nicht einen bestimmten Feind bekämpfen, indem wir wahllos alles Lebendige angreifen. Wenn die Bekämpfung wirklich notwendig ist, müssen wir ganz gezielte Mittel allein gegen ihn entwickeln und möglichst lokalisiert einsetzen. Ein gutes Beispiel hierfür ist das Züchten großer Mengen steriler, aber sexuell sehr aktiver Männchen der betreffenden Art. Läßt man diese frei, so ist die Art in der Umgebung in den nächsten Generationen stark dezimiert. Auch bei solchen Methoden darf man freilich nicht leichtsinnig werden und ökologische Zusammenhänge außer acht lassen. Aber sie erfordern sicherlich mehr detaillierte Forschung als die Masseninsektizide, also wiederum vielfältige »Kleinforschung«, nicht »Großforschung«.

Ein anderes, noch immer nicht hinreichend bekanntes Beispiel für Segnungen, die sich bald als Fluch erwiesen, ist die »Grüne Revolution«, die weltweit die heimischen Nutzarten verdrängte, vielleicht sogar schon aussterben ließ und durch einige wenige, besonders ertragreiche, aber entsprechend empfindliche Arten ersetzte. So ist die Landwirtschaft in aller Welt von der Einfuhr von Saatgut, Kunstdünger und Schädlingsbekämpfungsmitteln abhängig geworden, die Erträge gehen schon wieder zurück, wenn nicht noch mehr gedüngt wird, die Böden werden ruiniert und schließlich weggeschwemmt oder weggeblasen – aber einige Konzerne haben eine ungeheure Weltmacht aufgebaut. Auch hier führt der rechte Weg wieder fort vom Zentralismus, weg von Kunstdünger und Bioziden, weg vom hohen Energieeinsatz, hin zu den traditionellen natürlichen Gleichgewichten – aber auch hin zu der meist nicht traditionellen Befreiung der Menschen von Herrschaft und Ausbeutung, zur Selbstverantwortung für die eigenen Lebensgrundlagen.

Mit dem, was Sie in Ihrem Brief zu unserer eigenen Situation zu sagen haben, bin ich freilich ebenso unzufrieden. Sie stützen sich bei der Diskussion aller Energiefragen auf das, was »offiziell damit Beschäftigte glauben«. Wie wenig realistisch deren Glaube ist, sieht man, wenn man ihn über die letzten zehn Jahre hin verfolgt. Erst haben sie von gewaltigen jährlichen Zuwachsraten gesprochen; als diese ausblieben, hieß es, das müsse wegen des Nachholbedarfs in Kürze zu noch größeren Zuwachsraten führen; als statt dessen sogar eine Abnahme des Verbrauchs eintrat, sprach man von geringfügigen Einsparpotentialen von wenigen Prozent, die schnell ausgeschöpft sein würden; jetzt erwähnen Sie, unser Energieverbrauch könne vielleicht um zwanzig Prozent oder mehr sinken. Dafür wären Sie vor einigen Jahren noch als »Grüner Spinner« beschimpft worden (oder gar, wie ich nach meinem Angriff auf Carl-Friedrich von Weizsäcker, als Schreibtischmörder an den noch ungeborenen Opfern des Energiemangels). Aber noch immer unterschätzen Sie die Einsparmöglichkeiten gewaltig. Allerdings benutze ich das Wort »Sparen« nur gegenüber älteren Zuhörern, die darin noch eine Tugend sehen. Vor jungen Leuten muß man es »Senkung des Energieverbrauchs durch intelligentere Nutzung« nennen.

Woran liegt es nun, daß die »offiziell mit Energie Beschäftigten« sich bei ihren Prognosen dauernd irren und uns dennoch immer weiter auf diesen Irrweg führen wollen? Das ist ganz einfach zu verstehen: Mit Energiefragen haben sich bisher nie die Verbraucher beschäftigt, sondern nur die Erzeuger und Verkäufer. Und in allen Energieversorgungsunternehmen ist auch der Staat vertreten. Ein Minister im Aufsichtsrat ist also eigentlich schon vom Aktienrecht her verpflichtet, sich für den Unternehmenserfolg, das heißt für steigenden Verbrauch, einzusetzen. Und wenn er energiepolitischen Rat braucht oder einen Lehrstuhl für Energiefragen besetzen will, wendet er sich natürlich an Leute aus »seinem« Unternehmen. Sollte etwa einer von diesen einmal eine Erleuchtung und Bekehrung erleiden, gilt er gleich nicht mehr als »offiziell«, sondern als senil. So ist es Ludwig Bölkow ergangen, als er anfing, über Sonnenenergie nachzudenken, und dabei unvermeidlich auf einige einfache Wahrheiten stieß. Und so würde es natürlich auch Ihnen gehen, wenn Sie mir hier zu weit entgegenkämen.

Was die Wirtschaftlichkeit betrifft, möchte ich nochmals betonen, daß die »echte Berechnung, wie sie ein Unternehmer machen müßte« nicht die richtige Berechnung ist. Sie ist nur betriebswirtschaftlich, und ökologische oder langfristige Zusammenhänge, ja sogar die Volkswirtschaft als Ganzes, kommen darin nicht vor. Wollen Sie deren Berücksichtigung (etwa durch staatliche und kommunale Gesetze und Verordnungen sowie durch steuerliche oder direkt subventionierende Maßnahmen) als »Eingriffe in die freie Marktwirtschaft« ablehnen? Dann wären Sie wohl einer Meinung mit dem Bundeswirtschaftsminister, Graf Lambsdorff, der ja (mit anderen) dafür gesorgt hat, daß von den zweiundsechzig teilweise recht vernünftigen Sparvorschlägen der Enquête-Kommission (denen sogar Wolf Häfele zugestimmt hatte) nichts in die Politik einging.

Es ist Ihnen schon peinlich aufgefallen, daß ich so wenig Respekt vor Politikern und ihren Ideologien habe; und noch weniger vor den Privilegien und Machtstrukturen, die sie verteidigen. Es ist sicher leicht, dies als die ignorante Arroganz der Dilettanten zu deuten. Ich kenne ja das Phänomen aus eigener Erfahrung gut genug: Alle die Briefe oder selbstverlegten Bücher alternder Professoren, Ärzte oder Ingenieure, die zum Beispiel glauben, die Relativitätstheorie widerlegt und eine neue Theorie der Schwerkraft, ja ein ganz neues, umfassendes, physikalisches Weltbild entworfen zu haben; nicht etwa nur Profilierungssucht, Ehrgeiz und Altersstarrsinn, sondern durchaus auch Erkenntnisdrang, Neugier, ehrliches Bemühen, ja sogar Einsicht in echte Mängel der gängigen Theorien; und doch für den Fachmann auf den ersten Blick als falsch erkennbar, weil mit irgendeiner gesicherten Erfahrung klar im Widerspruch. So ähnlich muß die Reaktion von »Wirtschaftsfachleuten« auf meine Vorstellungen ausfallen. Und doch gibt es einen wesentlichen Unterschied: Was die richtige Art des Wirtschaftens ist, wissen wir noch gar nicht. Hier herrschen wirklich im wesentlichen »Ideologien«, während der gleiche Vorwurf der »Dilettanten« uns Physikern gegenüber nicht ganz so gut gerechtfertigt ist. Deshalb haben ja auch die Wirtschaftler Angst vor umstürzlerischen Ideen, was bei Physikern seltener vorkommt.

Lassen wir uns also nicht von angeblich wissenschaftlich gesicherten Kenntnissen über angeblich unabdingbare Voraussetzungen des Wirtschaftens den Verstand vernebeln. Slogans wie Freiheit oder Dirigismus sollten wir vermeiden. Wenn jemand einen gefährlichen Hund an die Leine nimmt, ist das Dirigismus, wenn aber die Elektrizitätswirtschaft jedermann zu ihren Bedingungen an die Leitung anschließt, so ist das Freiheit. Lassen wir das. Slogans überleben schließlich nur, wo die Diskussion stirbt (gleich, ob an Verfettung oder Unterernährung, vor Angst oder durch Erwürgen).

Weiter in Ihrem Brief. Wenn Sie von dem »kleinen privaten Sektor« sprechen, so bin ich nicht einverstanden. Sie müßten doch die Aufteilung des Energieverbrauchs zwischen Raumheizung, Verkehr, Industrie usw. kennen. Ich habe hier keine Literatur in der Isolierstation – aber ich bin sicher, daß auch heute noch auf Gebäudeheizung und privaten Verkehr weit über die Hälfte der Primärenergie entfällt. Das ist kein kleiner Sektor, aber ich will darüber nicht weiter streiten, denn letztlich ist der Grad an »Privatheit« nicht entscheidend. Man kann fast überall wesentlich vernünftiger mit der Energie umgehen.

Was Ihre »offiziell damit Beschäftigten« zur Sonnenenergie zu sagen haben, ist nicht sehr relevant. Diese sitzen ja vor allem in der Kernforschungsanlage Jülich, und wenn sie inzwischen von der Möglichkeit sprechen, zehn bis zwanzig Prozent unserer Energie aus der Sonne zu gewinnen, dann beeindruckt mich das so wenig wie die Behauptung, es würden nicht mehr als ein paar Prozent sein, die man vor ein paar Jahren aus dieser Ecke hörte. Ich habe zwar schon damals gewußt, daß wir *alles* mit der Sonne machen können und machen werden; doch jetzt wird mir immer klarer, daß es sogar noch einfacher und schneller gehen wird, als ich früher glaubte. Der Grund ist, daß inzwischen doch ein bißchen Forschung auf diesem Gebiet stattgefunden hat und daß ich jetzt mehr von den vielfältigen Möglichkeiten des Sammelns und Speicherns von Sonnenenergie weiß.

Ihre »Offiziellen« rechnen etwa so: Die Amerikaner haben einen mittleren Pro-Kopf-Verbrauch an Primärenergie von elf Kilowatt, das entspricht etwa hunderttausend Kilowattstunden oder neuntausend Litern Öl pro Kopf und Jahr. Da wir nicht ganz so reich sind, geben wir uns noch mit weniger als der Hälfte zufrieden, also etwa mit dem Energieinhalt von viertausend Litern Öl pro Kopf und Jahr. Wenn wir diesen Bedarf einst voll mit Kohle und Kernkraft decken wollen, so brauchen wir einige hundert Großkraftwerke (verbunden durch Superhochspannungsleitungen) und viele Großanlagen zur Kohlehydrierung oder für ähnliche Methoden zur Treibstoffherstellung aus Kohle. Wollten wir das gleiche durch Nutzung der Sonne erreichen, die bei uns jährlich etwa den Gegenwert von hundert Litern Öl pro Quadratmeter abliefert, so bräuchten wir bei hundertprozentiger Nutzung pro Person etwa vierzig Quadratmeter Kollektorfläche. Da aber die Umwandlung der Sonnenenergie in Elektrizität oder hochwertige Brennstoffe nur mit einem Wirkungsgrad von wenigen Prozent möglich sein wird, brauchen wir eine etwa fünfundzwanzigmal größere Fläche, also etwa tausend Quadratmeter pro Person. Das heißt: Wir müßten ein Viertel des ganzen Landes »mit Sonnenkollektoren pflastern«.

Diese noch immer in »Fachkreisen« übliche Betrachtung ist an zwei Stellen grob falsch: Erstens bei der Feststellung des Bedarfs, zweitens bei der Annahme eines so einheitlich niedrigen Wirkungsgrades. Aber diese Fehler lassen sich nicht einfach durch die Annahme zweier anderer Zahlenwerte korrigieren. Das wäre eine typisch zentralistische Betrachtungsweise. Statt dessen wird man sich jede einzelne Stelle ansehen, an der Energie eingesetzt wird, und untersuchen, ob die betreffende Aufgabe sich auch mit der Sonne erfüllen läßt. Wir brauchen ja nicht Energie, sondern eine »Energiedienstleistung«, wie Hartmut Bossel, einer unserer wenigen an einer Hochschule etablierten »alternativen« Energiefachleute es nennt. Als erstes wird man also untersuchen, wieviel Energie bei intelligentem Vorgehen für diese Dienstleistung nötig ist und in welcher Form man sie bereitstellen sollte. Wählen wir als erstes Beispiel Heizung und Warmwasser in Wohnhäusern. In einem Einfamilienhaus von hundertfünfzig Quadratmetern Wohnfläche, das nach heutiger DIN-Norm wärmeisoliert ist, werden jährlich etwa dreitausend Liter Öl verbrannt. Ist das wirklich nötig? Dazu ist zweierlei zu bedenken: Erstens ist es an sich unwirtschaftlich, Öl einfach zu verbrennen und die heißen Verbrennungsgase zu benützen, um schließlich einen kleinen Temperaturunterschied von zehn bis dreißig Grad gegenüber dem Außenraum aufrechtzuerhalten. Die Energie des Öls ist wegen der hohen Verbrennungstemperatur viel mehr wert, als der Energieinhalt (etwa elf Kilowattstunden pro Liter) angibt. Man nennt den Teil einer Energiemenge, der sich in mechanische Arbeit umwandeln läßt, heute modisch »Exergie«. Beim Öl und bei der Elektrizität ist dieser Anteil sehr hoch. Um zu heizen, das heißt um eine Energiemenge von einer tiefen Temperatur auf eine etwas höhere zu bringen, braucht man nicht diese ganze Energiemenge in Form von Exergie bereitzustellen, sondern nur einen (durch die Temperaturen bestimmten) Bruchteil. In unserem Beispiel wäre der Bedarf an Exergie theoretisch nicht einmal ein Zehntel der Verbrennungsenergie jener dreitausend Liter Öl. Es lohnt sich also sicher, nach raffinierteren Heizmethoden auszuschauen. Das wäre das Prinzip der Wärmepumpe. Hier werden noch sehr intelligente und sparsame (bei Energie *und* Geld sparsame) Methoden entwickelt werden. Zweitens (logisch natürlich erstens!) sollte man sicherlich die Häuser noch besser wärmeisolieren. In einigen Jahrzehnten können wir es schaffen, den größten Teil aller (neuen und alten) Gebäude weit besser als nach der genannten Norm zu isolieren. Dann aber wird praktisch *alles* Heizen mit der Sonne zu schaffen sein. Der Wirkungsgrad beim Sammeln von Sonnenwärme liegt über fünfzig Prozent. Es ist jetzt schon abzusehen, wie man einmal im Sommer gesammelte Wärme ohne Verluste bis zum Winter speichern wird – und zwar ohne daß der Speicher eine Wärmeisolierung bräuchte. Zum Beispiel gibt es ein sogar natürlich vorkommendes (aber auch billig und umweltfreundlich herstellbares) Mineral, den sogenannten Zeolith (das heißt »Siedestein«), das beim Trocknen sehr viel Energie aufnimmt. Gießt man auf das getrocknete Material Wasser, so erhitzt es sich bis zum Sieden (wenn man nicht zu viel Wasser nimmt). Die Speicherfähigkeit von Zeolith beträgt etwas über eine Drittel Kilowattstunde pro Liter. Das ist zwar dreißigmal weniger als beim Öl, aber immer noch eine ganze Menge. Statt also in einem (dann schon besser wärmegedämmten) Wohnbau jährlich etwa zweihundert Liter Öl pro Person zu verbrennen, könnte man auch auf einigen Quadratmetern Dachfläche (pro Person) das ganze Jahr über Sonnenwärme sammeln, zum Trocknen eines Zeolithspeichers benutzen und diesem im Winter durch Wasserzugabe wieder entnehmen. Die Größe des Wärmespeichers wäre dann etwa fünf Kubikmeter pro Person, das heißt pro Familie ein kleiner Kellerraum. Bei besser an die Sonne angepaßter Architektur (Schlagwort: »Passive Solartechnik«) und noch weiter verbesserter Wärmedämmung (Schlagwort: »Nullenergiehaus«) läßt sich auch dieser Bedarf noch weiter senken, aber es hat keinen Sinn, so etwas jetzt schon im Detail zu planen. Es muß sich entwickeln. Natürlich sind alle nötigen Techniken noch nicht reif – aber wir dürfen sicher sein, daß sie leichter zu entwickeln sind als die Technik des Schnellen Brüters, der Wiederaufarbeitung und der Endlagerung von Atommüll!

Während der Übergangszeit von mehreren Jahrzehnten müssen freilich, zunächst zunehmend und dann allmählich auslaufend, andere Techniken benutzt werden, aber hier bieten sich weiterhin Kohle, Öl und Erdgas an, die für diese Zeit noch ausreichen werden und auch bei hinreichender Schadstoffbefreiung für eine solche Zeit noch ökologisch akzeptabel sind. Hingegen wäre es unsinnig, für eine so kurze Übergangsperiode die ungeheuer aufwendige und trotzdem langfristig nicht akzeptable Kernenergie weiterzuentwickeln. Deshalb spielt das Argument der Betriebssicherheit der Kernkraftwerke und ihrer Schadstoffabgabe im Normalbetrieb für unsere Entscheidung eine ganz untergeordnete Rolle. Selbst wenn Sie mich überzeugen könnten, daß während der Übergangszeit von einigen Jahrzehnten die Wahrscheinlichkeit für einen der auch von Ihnen befürchteten schrecklichsten Unfälle verschwindend klein wäre, würde ich von der Weiterentwicklung der Kerntechnik für jede großtechnische Nutzung abraten. Alles Geld für Energieforschung, das nicht in die langfristig allein ökologisch vertretbare Sonnenenergienutzung investiert würde, wäre verschwendet. Beschließen wir also endlich die »qualifizierte Beendigung« des Abenteuers Kernenergie! (Auch die kommt noch teuer genug, denn wir haben schon viel Atommüll angesammelt.) Aufgaben für die Kraftwerksindustrie gibt es vorerst trotzdem noch genug: Vor allem die weitere Verbreitung der Fernwärmeheizung mit der Abwärme aus der Stromerzeugung.

Also zurück zur Sonnenenergie. Es gibt noch viele andere Möglichkeiten. Statt mit Sonnenkollektoren bei hohem Wirkungsgrad Energie auf niedrigem Temperaturniveau (also geringer »Exergie«) einzufangen und als Wärme zu speichern, kann man auch die hohe Exergie des Sonnenlichts nutzen, um bei geringerem Wirkungsgrad die hochexergetische Elektrizität oder gleich hochwertige Treibstoffe wie Wasserstoff, Kohlenwasserstoffe, Stickstoff-Wasserstoff-Verbindungen oder ähnliche herzustellen, die beim Verbrennen nur die Bestandteile unserer Luft und des Wassers zurückliefern – und zwar in der gleichen Menge, wie sie bei der Herstellung aus diesen entnommen wurden. Dafür sind rein physikalische Methoden denkbar (z. B. die Solarzellen aus Halbleitern), aber auch vielfältige andere, chemisch-katalytische, biologische und auch gemischte Techniken. Die Forschung ist erst vor wenigen Jahren angelaufen; bei uns wird sie jedenfalls noch zu wenig gefördert. Elektrizität aus Solarzellen wird mit über zehn Prozent Wirkungsgrad gewinnbar sein. Die Solarzellen werden aus Silizium, einem der häufigsten Elemente der Erdkruste, hergestellt werden, große Lebensdauer besitzen und bei Herstellung, Betrieb und Abbau keine Umweltbelastungen schaffen. Weltweit haben sich viele Firmen auf die Entwicklung preisgünstiger Solarzellen gestürzt, denn sie sind das größte klar voraussehbare Geschäft der näheren Zukunft. Sie werden wohl in einigen Jahren meterweise von der Rolle, oder in Form von »Dachziegeln« erhältlich sein.

Wenn man bedenkt, daß die meisten Haushaltsgeräte bei vernünftigerer Konstruktion viel weniger Strom verbrauchen würden als heute (wo man ja z. B. den Kühlschrank bei gegebenen äußeren »Normmaßen« innen so geräumig wie möglich machen will – so daß für die wärmeisolierende Wand kein Platz bleibt), so sieht man, daß auch die elektrische Haushaltsenergie auf den Dächern gewonnen und im Keller gespeichert werden könnte. Hierfür werden sich besonders solche Entwicklungen eignen, bei denen man sowohl die Wärme sammelt und speichert, als auch zusätzlich Strom erzeugt und diesen gleich chemisch weiterspeichert. Ein derartiges System, schon mit ganz beachtlichem Wirkungsgrad, wurde bereits vor über einem Jahr (ich glaube, von der Firma Texas Instruments) vorgestellt. Bei diesem kombinierten Verfahren enthielten die Wärmekollektoren zugleich lichtempfindliche Teilchen aus Halbleitermaterial, an dem im Licht Wasser elektrolysiert wird; das entstehende Gasgemisch wurde im Keller gespeichert und bei Bedarf in einer Brennstoffzelle auf elektrochemischem Weg wieder in Strom verwandelt. Ich erinnere mich nicht an die Details; ich führe das Beispiel hier nur an, um daran zu erinnern, wie vielfältig die Möglichkeiten für weitere Forschung und Entwicklung sein werden.

Wohnhäuser werden also gar keinen Netzanschluß mehr brauchen. Und die Landwirtschaft ebensowenig, denn dort gibt es nicht nur große Dächer, sondern auch noch die Energiequellen Mistwärme, Viehwärme und vor allem Biogas aus landwirtschaftlichen Abfällen und Pyrolysegas aus Holzabfällen.

So, nun haben wir schon einen großen Teil des Ölimports und der Kraftwerke in Gedanken abgeschafft, ohne viel mehr als Hausdächer zu benutzen. Was tun wir mit Verkehr und Industrie? Auch hier wird man nicht eingleisig vorgehen! Zum Individualverkehr ist zu sagen: Erstens müssen die Autos weniger Treibstoff verbrauchen, nämlich weniger als ein Drittel des heutigen Verbrauchs. Das ist ohne wesentliche Nachteile möglich. Sogar schon heute. Es lohnt sich nur angeblich noch nicht, weil Benzin immer noch zu billig ist. Zweitens aber müssen die Autos auch weniger benutzt werden als heute. Das heißt, man muß darauf achten, daß regionale und kommunale Verkehrsmittel attraktiver werden, daß Wohnen und Arbeiten wieder näher zusammenwachsen und daß trotzdem die Wohnumgebung wieder liebenswerter wird und die Menschen nicht dauernd »ins Grüne« fliehen müssen, sondern dies nahe der Haustür oder im eigenen Garten finden. Auch den verheerenden Massentourismus kann man vielleicht wieder einschränken. Ein Vorschlag: Vor der Einreise in ein fremdes Land sollte jedermann eine Prüfung in dessen Sprache ablegen müssen. Die gewaltige »Mobilität« der Menschen ist ja nicht etwa ein begrüßenswerter Fortschritt, sondern ein schweres Krankheitssymptom. Genauer: Es ist zwar schön, daß wir fort können, aber schlecht, daß wir es so oft wollen. Ich denke also nicht daran, »das Auto abzuschaffen«. Es muß aber so hergestellt werden, daß weniger Energie und Rohstoffe vergeudet werden. Das hieße auch, daß ein Auto nicht nach sechs Jahren zum Schrott geworfen wird (wie heute oft schon erzwungenermaßen üblich), sondern daß es wenigstens so lange lebt wie ein Pferd. Sicher gingen damit die meisten Arbeitsplätze in der Autoindustrie verloren – aber das ist wünschenswert, denn das Produzieren von kurzlebigem, verschwenderischem Schund ist eben nicht sinnvoll. Statt dessen entstünden dann lauter ökologisch sinnvollere Arbeitsplätze für die Pflege, Reparatur und Wiederverwertung der langlebigen Gebrauchsgüter. Damit verschwände ein großer Teil der Konzentration der produzierenden Industrie und würde durch Handwerk und Kleinindustrie in der Nähe der Wohnbereiche ersetzt.

Wieviel Individualverkehr unter diesen Umständen übrigbliebe und welchen Energiebedarf er hätte, wollen wir nicht prognostizieren. Vielmehr sollten wir auch hier nur fordern, daß auf lange Sicht als Energiequelle nur die Sonne in Frage kommt. Welcher Anteil des Treibstoffs dabei vom eigenen Dach, aus dem eigenen Treibhaus und Garten, aus kommunalen Anlagen zur Verwertung von Hausmüll und land- und forstwirtschaftlichen Abfällen oder aus »Plantagen« in sonnenreichen Ländern stammen wird, läßt sich nicht vorhersagen. Dies wird sich durch organische Entwicklung ergeben. Wichtig ist nur, daß wir die richtigen Randbedingungen vorgeben: allmähliche Verdrängung aller anderen Energiequellen durch »dirigistische Maßnahmen« aus Einsicht in die ökologischen Notwendigkeiten. Wenn eine Gesellschaft übereinkommt, Mord und Totschlag und Rauschgift zu verbieten, reden Sie doch auch nicht von »dirigistischen Maßnahmen«!

Zu den »Plantagen« noch ein paar Worte: Wenn man entlang der etwa zehntausend Kilometer messenden nordafrikanischen Siedlungsgrenze (hinter dem Küstenstreifen und beiderseits des Niltals) einen Landstreifen von dreißig Kilometer Breite bewässern und dort mit biologischen, biotechnischen oder auch rein technischen Methoden bei einem Wirkungsgrad von durchschnittlich drei Prozent Treibstoffe herstellen könnte, so erhielte man jährlich über eine Billion Liter Öl- oder Benzinersatz. Verteilt auf fünfhundert Millionen »Anlieger« in Europa und Afrika gäbe dies zweitausend Liter pro Person. Führe ein sparsames Zukunftsauto im Mittel mit vier Liter Treibstoff auf hundert Kilometer und beförderte dabei im Mittel zwei Personen, so könnte jedermann (und Frau und Kind) jährlich hunderttausend Kilometer Auto fahren. Das wäre offensichtlich bei weitem zu viel.

Mit diesem Beispiel möchte ich nur auf das überreichliche Angebot der Sonne hinweisen. Die Zahl von zwanzig Prozent des Bedarfs, die Sie immer zitieren, ist völlig aus der Luft gegriffen. (Wir sehen wieder, daß wir selbstverständlich auch allein mit der Sonne die Erde ruinieren könnten.) Mit meinen »Plantagen« rede ich nicht etwa zentralistischen Großprogrammen das Wort. Wenn Treibstoff »angebaut« wird, darf das nicht wieder zu neuem Machtgewinn kleiner Gruppen (»Kapitalgeber«) über die Menschen führen, wie das jetzt in Brasilien der Fall ist, wo Zigtausende von Kleinbauern vertrieben wurden, um Konzerne das Alkoholprogramm der Regierung durchführen zu lassen. Wenn also Plantagen sinnvoll sein sollen, so müßten sie zwar in großer Zahl, aber in kleinem Maßstab, von Siedlungsgemeinschaften und Familien betrieben werden, vermischt mit Landwirtschaft und Gartenbau für den Eigenbedarf. Dann erhielten Millionen eine stabile Lebensgrundlage und würden im Wortsinne »Kultur« in einen jetzt verwahrlosten Landstrich tragen. Glauben Sie nicht, daß dies etwa für Ägypten mit seinen vielleicht zehn Millionen Arbeitslosen ein lohnenderes Programm wäre als der ruinöse Bau des Assuan-Dammes oder der Aufbau von Kernkraftwerken und Überlandleitungen? Mit diesen stülpt man den Menschen Machtstrukturen über, verfügt von Schaltzentralen aus über ihre Lebensgrundlagen und beutet sie folglich aus. Das ist nämlich ein Grundgesetz der menschlichen Natur: Wenn Ausbeutung und Unterdrückung von der Gesellschaftsstruktur her möglich sind, so wird diese Möglichkeit auch genutzt. Sie wird nur verhindert, wenn die Menschen in kleinen Bereichen selbst über ihre Lebensgrundlagen verfügen können. Dafür ist die Sonne die ideale Energiequelle. Ihr angeblich größter Mangel, die »geringe Konzentration«, ist ihr entscheidender Vorteil.

Was von Bonn (vor allem über Jülich) an Sonnenenergietechnik gefördert wird, widerspricht dieser Einsicht oft auf geradezu groteske Weise. Da werden zum Beispiel Flächen von der Größe einer kleinen Stadt mit Hunderten von computergesteuerten Spiegeln besetzt (nein, sind es nicht Tausende?), die einen Dampfkessel auf einem zentralen Turm erhitzen sollen, wo dann eine Turbine und ein Generator zur Stromerzeugung angetrieben werden. So werden auf absurde Weise alle Vorteile dezentralen Sammelns und Speicherns verschenkt. Ich schäme mich als Wissenschaftler, wenn dann Journalisten, denen man etwas weisgemacht hat, solchen Irrsinn als hoffnungsvollen Anfang des Sonnenzeitalters anpreisen. So etwas gehört eindeutig ins Zeitalter der Großtechnik und wird deshalb absterben.

Ein anderes Beispiel: Da wird die »größte Biogasanlage der Welt« gefördert – mit so viel technischem Aufwand, daß man den Verdacht nicht los wird, hier sollte die Unwirtschaftlichkeit nachgewiesen werden. Was bei uns und in den Entwicklungsländern an solchen Anlagen gebraucht würde, sollte zunächst vor allem billig, robust und leicht zu bedienen und leicht zu reparieren sein. Dagegen sind Prozentbruchteile beim Wirkungsgrad uninteressant. Ein drittes Beispiel, wie man den großtechnischen Wahn der zentralen Energieversorger auf die Entwicklung der Sonnenenergie fortzupflanzen versucht, ist »Growian«, die große Windanlage. Ein gigantischer Turm mit dem größten Propeller aller Zeiten – ist das nicht schon fast so schön wie ein Großkraftwerk? Wer dagegen bei seinem Hof ein Windrad errichten will, um etwa eine Pumpe zu betreiben, der stößt im allgemeinen auf Widerstand der Wahrer der Ästhetik in den Landratsämtern. Die Gittertürme der Überlandleitungen, und die Schneisen, die sie in die Landschaft schlagen, sind von deren Abwägen ausgenommen, denn sie sind ja »notwendig«. Wissen Sie übrigens, wie viele solcher Gittermasten in unsrem Lande stehen, und wieviel Windenergie man mit der gleichen Zahl von einfachen Windrädern sammeln könnte? Ich habe keine Unterlagen hier, aber ich glaube, die Leistung von ein paar Großkraftwerken dürfte es bringen. (Ich will nicht etwa für diese Umrüstung plädieren; es ist dies nur ein interessantes Beispiel zur Psychologie der »Akzeptanz«.)

Warum übrigens Ihrer Meinung nach ein Minister »gut dasteht«, wenn er offensichtlichen Unfug fördert, habe ich nicht verstanden. Freilich ist noch eine Steigerung des Irrsinns möglich, wie die durchaus ernstgemeinten Diskussionen über »Sonnensatelliten« zeigen, die mit Solarzellen auf vielen Quadratkilometern Fläche außerhalb der Atmosphäre Sonnenenergie sammeln und als Mikrowellenstrahlung gebündelt zur Erde senden sollen. Dort stünden dann riesige Empfangs- und Umwandlungsanlagen zur Elektrizitätsversorgung. Es werden allen Ernstes Detailuntersuchungen zu solchen Projekten angestellt, obwohl ein Rest gesunden Menschenverstandes sofort beweist, wie unsinnig sie sind: Außerhalb der Atmosphäre kann man bestenfalls pro Quadratmeter fünfmal soviel Strahlung einfangen wie an günstigen Stellen der Erdoberfläche. Ich glaube, es ist keine Rechnung nötig, um einzusehen, daß dieser »Gewinn« den unglaublichen Aufwand an Material und raffiniertester, hochanfälliger Technik niemals lohnen könnte. Vorteile ergäben sich nur für die Bauherren und Betreiber. Für die »Verbraucher« wäre dezentrales Sammeln und chemisches Speichern – selbst bei zehnfachem Flächenaufwand – unendlich vernünftiger.

An der Publizität, die derartige Projekte erfahren, sieht man, wie stark die Anziehungskraft von Großtechnik immer noch ist und wie sehr sich der Irrglaube festgesetzt hat, zentrale Elektrizitätserzeugung und -verteilung sei das wichtigste. Das klingt ja auch aus Ihrem Brief heraus. So sind zum Beispiel auch die meisten Bürger überzeugt, die Verwandlung von Müll in Strom sei besonders fortschrittlich. Tatsächlich ist aber natürlich der Müll viel wertvoller als der daraus gewonnene Strom. Vorsortierung schon in den Haushalten und Betrieben, Rezyklierung von Papier, Glas, Metallen, Kunststoffen und Behandlung des Abfalls durch Kompostierung, Vergärung, Pyrolyse usw. (je nach Zusammensetzung) wären viel sinnvoller. Am Ende steht bei der Stromerzeugung etwa ein Drittel des reinen Brennwertes in Form von sofort zu verbrauchender Elektrizität, andernfalls aber eine Fülle von Grundstoffen, Düngemitteln und energiereichen, leicht speicherbaren Gasen und Ölen. Daß die hergebrachten Verfahren immer noch als wirtschaftlicher gelten, liegt zum Teil daran, daß sie es wirklich sind, weil selbstverständlich die Entwicklung der neuen Techniken Zeit und Geld kostet und leider gegenüber der Kerntechnik und anderen Großtechniken sträflich vernachlässig wird; zum Teil liegt es aber auch am falschen Begriff von »Wirtschaftlichkeit«; wie ich schon früher sagte: Die wahren Kosten werden auf Nachbarn und Nachkommen abgewälzt, zum großen Teil übrigens auch auf uns selbst, erscheinen aber nicht in der Bilanz und müssen nicht vom Käufer bezahlt werden. Ist das nicht Betrug?

Ich bin erschüttert, wenn auch kaum noch überrascht, daß Sie immer noch sagen, wenn erst die Fusion gelinge, werden wir »aller Energiesorgen für immer ledig« sein. Erstens stammen ja die wahren Energiesorgen vom falschen Umgang mit Energie; sie würden also bei größerem Angebot eher wachsen (etwa wie die Entropieerzeugung); und zweitens ist doch inzwischen bekannt genug, daß die Fusion eine extrem anfällige, zentralistische und keineswegs »saubere« Technik wäre. Auch hier würden große Mengen radioaktiv gemachten Materials anfallen, mit entsprechenden Freisetzungsgefahren bei Normalbetrieb, Unfällen, Transporten und Endlagerung. Ein bißchen Sonneninneres hier auf der Erde in einer extrem komplizierten

Maschine einzusperren wäre kindisch. Die Sonne wird noch einige Milliarden Jahre lang scheinen.

Ich bin also eigentlich immer noch beim Punkt »Sonnenenergie«. Aber mir scheint, ich muß aus Zeit- und Platzgründen darauf verzichten, hier auch noch Lösungen für die Energieversorgung anderer öffentlicher Einrichtungen, z. B. der Transportsysteme und der Industrie, zu skizzieren. Es dürfte schon aus dem bisher Gesagten deutlich geworden sein, daß auch hier durch intelligentere Methoden Energie gespart werden kann, daß aber vor allem die reduzierte Produktion und die längere Lebensdauer und geschickte Wiederverwendung der meisten Güter einen beträchtlichen Teil des Energieeinsatzes von vornherein erübrigen wird, zumindest im späteren Verlauf der Übergangszeit zum neuen Gleichgewichtszustand. (Bis dahin muß natürlich noch Kohle verbrannt werden, wenn auch selbstverständlich mit Abgasentschwefelung etc.) Wie gesagt, wird ja überhaupt die Industriestruktur sich grundlegend wandeln, wird ein großer Teil der Industriearbeit sich wieder in »Handwerksbetriebe« verlagern, wenn die Begriffe »Effizienz« und »Produktivität« unter ökologischen Aspekten neu durchdacht werden – und wenn es gelingt, diese Gedanken wirksam zu machen. Man wird erstaunt erkennen, wie absurd die Vorstellung war, der Staat und große Konzerne seien für »Arbeitsbeschaffung« verantwortlich, und die meisten Menschen bräuchten einen derartigen »Arbeitgeber«. Wenn die Lebensgrundlagen wieder den einzelnen und kleinen Gemeinschaften verfügbar werden, ergeben sich ganz andere Formen von Arbeit und Freizeit. Dabei wird auch die Verteilung von Kindern, Eltern und Großeltern auf drei Haftanstalten (Schulzentrum, Industriepark, Altenzentrum) verschwinden.

Als Beispiel für eine Industrie, die es nach der Übergangszeit praktisch nicht mehr geben wird, nenne ich die Bauindustrie. Es geht ja dann nicht mehr darum, Siedlungen aus dem Boden zu stampfen oder immer mehr Land mit neuen Verkehrswegen zu überziehen. Gebäude werden lange leben und immer wieder renoviert werden. Neubauten haben dann Seltenheitswert. Es ist klar, daß man dann mit örtlichem Bauhandwerk auskommen wird.

Selbstverständlich wird es nicht mehr möglich sein, Grund und Boden als Ware zu behandeln. Hier ist ja eine der Stellen, wo den Menschen zuallererst der fortschreitende Entzug der Lebensgrundlagen und die Abhängigkeit von »Machthabern« zum Bewußtsein kommt, wo die Aggressionen gegen unser System schon heute nicht mehr verborgen bleiben. Lassen Sie mich hier einen (wie man sich denken kann, ungedruckt gebliebenen) Leserbrief an die Süddeutsche Zeitung einfügen, der sich gegen den teils ratlosen, teils verharmlosenden Leitartikel des Chefredakteurs Hans Heigert zum Thema »Hausbesetzungen« wandte. Der Artikel trug die Überschrift »Verborgene Aggressionen« und erschien in der Nr. 31 vom 7. Februar 1981. Ich glaube, mein Leserbrief ist auch für Sie und unsere Leser interessant, weil er zeigt, welche Gratwanderung das Denken über gesellschaftliche Fehlentwicklungen darstellt und wie sehr man in Gefahr ist, sich plötzlich in der Gesellschaft von »raubenden, sengenden Horden« wiederzufinden oder eines Tages alte Freunde in Ausschüssen wiederzuentdecken, in denen über das Abschlagen von Köpfen befunden wird. Hier also mein Leserbrief vom 10. Februar 81:

Unterföhring, 10. Februar 1981

Sehr geehrte Damen und Herren,

ich glaube, Hans Heigerts Leitartikel »Verborgene Aggressionen« in der SZ Nr. 31 vom 7./8. Februar verdient eine Anmerkung:

»Nicht ein einziger Steinwerfer kann entschuldigt werden«, beeilen Sie sich, Herr Heigert, schon im ersten Satz zu sagen, und dennoch verfolgt Sie die Angst, Ihre Worte könnten noch immer als »Exkulpation des Rechtsbruchs oder gar als psychologisch drapierte Rechtfertigung von Gewalttätigkeit« verstanden werden. Aber ist nicht die Frage der Entschuldbarkeit ganz zweitrangig angesichts des verzweifelten Verdachts, wir könnten den Steinwerfern gar Dank schuldig sein?

»Gesetze können nur von denen geändert werden, die das Mandat dazu haben, nicht von der Barrikade«, sagen Sie. Erinnern Sie sich nicht an die Geschichte des Rechts? War es nicht eben noch rechtens, einem Mundräuber die rechte Hand abzuhacken, entflohene Sklaven grausam zu verstümmeln und überhaupt jeden Kopf abhauen zu lassen, der über das Recht der Mächtigen nachzudenken wagte? Welche endlose Reihe von Leitartikeln, in denen die Rechte von Kriegsherren, Sklavenhändlern, Besitzern von Leibeigenen hochgehalten wurden, weil es nun einmal verbriefte Rechte waren! Machen Sie doch bitte nicht die »Barrikade« herunter! Ohne diese wüßten die »Mandatsträger« meist nicht einmal, was Menschen bewegt. Sie, Herr Heigert, und all die anderen Medienherrscher sorgen ja selbst mit dafür, daß die »verborgenen Aggressionen« verborgen bleiben, bis Pflastersteine fliegen. Ohne Gewalt erlangt eine Bürgerbewegung keine öffentliche Aufmerksamkeit. Wo findet denn bei Ihnen die Auseinandersetzung mit Gier und Trägheit, unseren zwei stärksten Motiven, statt, denen immer schneller unsere ökologischen, seelischen und sozialen Grundlagen zum Opfer fallen? Glauben Sie, Ihr Streiflicht oder ein gelegentlicher banger Kommentar reichten da aus? Sollte nicht eine Zeitung wie die Süddeutsche sich als Forum zur Erörterung unserer wesentlichen Probleme verstehen? Wieviel Platz räumen Sie dem ein? Warum gibt es bei Ihnen keine Serien, in denen kontrovers und offen diskutiert wird? Warum wird die tausendste Wiederholung einer Banalität aus dem Munde eines »Mandatsträgers« oder sonstigen »Funktionärs« getreulich aufgezeichnet, jeder neue Denkansatz aber am liebsten verschwiegen oder lächerlich gemacht, solange in seinem Namen noch nicht Steine fliegen? Sie glauben vermutlich, Ihren Lesern die stetige Beruhigung schuldig zu sein, bei uns sei ja im großen und ganzen alles in bester Ordnung und es gehe nur um ein paar Ausbesserungsarbeiten. Die Ratlosigkeit der Jugend rührt aber daher, daß *fast nichts* in der Welt in Ordnung ist und daß wir überall mehr Werte zerstören, als wir schaffen. Nur dank den Steinwerfern werden nun immerhin auch in einer Bundestagsfraktion Fragen gestellt und von den Medien aufgegriffen. Wenn Sie aber meinen, es drohten uns keine schlimmeren Entladungen als die durch Pflastersteine, dann sind Sie wohl zu optimistisch. (Zumal es ja in unserem Land bald mehr Atomwaffen als Pflastersteine gibt.)

Damit dies nicht zu abstrakt bleibt, lassen Sie mich noch sagen, wo die Steinwerfer der letzten Wochen recht haben: Das Eigentum an Land und Häusern ist heute etwa so rechtmäßig wie seinerzeit das Eigentum an Sklaven. Ein Teil der Gesellschaft verfügt nach reinem Profitinteresse über die Lebensgrundlagen aller anderen. Legt das nicht den befreienden Gedanken nahe, jeder Mensch habe ein unveräußerliches Recht auf einen Anteil an der Erde, wie an der Luft zum Atmen? Doch schon um ein Dach über dem Kopf zu haben, muß man sich gewissermaßen prostituieren, sich in den zerstörerischen Kriegszug gegen Natur und Vernunft einreihen lassen. Haben Sie Angst vor der Abschaffung solcher »rechtmäßigen Sklaverei«? Oder stimmen Sie zu, daß Eigentum an Grund und Boden (jedenfalls soweit man diese nicht selbst bewohnt oder bearbeitet) unrechtmäßig ist?

Viele von uns haben dies in aller Friedfertigkeit ein Leben lang gewußt und gesagt, aber niemand hörte uns zu. Es müssen erst Pflastersteine fliegen. Sollten also wir friedlichen Bürger den Steinwerfern gar danken, daß sie das persönliche Opfer der Gewalttätigkeit bringen, um die Öffentlichkeit zu wecken, die von allen ihren Obrigkeiten und Medien in tiefem Schlaf gehalten wird, damit sie die gottgegebene Sklaverei weiterhin brav und ergeben trägt?

Mit freundlichen Grüßen
Peter Kafka

Soweit der Brief an Herrn Heigert. Ich verstehe schon, warum er nicht abgedruckt wurde. Ich bin ja auch schrecklich radikal, nicht wahr? Aber wir müssen uns darüber klar sein, daß »in diesem unserem Lande« bald nicht nur Häuser besetzt werden dürften, sondern ganze Ländereien – wenn man mit den Lebensgrundlagen weiter so umspringt wie jetzt. Da die Siedlungsstrukturen viel mit der Nutzung von Sonnenenergie zu tun haben, möchte ich hier noch ein bißchen mehr darüber sagen: Weiteres Wachstum der Ballungszentren ist schädlich. Sie müssen sogar wieder beträchtlich schrumpfen. Wieso ist denn ein Münchner stolz, daß seine Stadt »endlich« Millionenstadt ist? Warum wird Bevölkerungsabnahme als Bedrohung empfunden? (Das übliche Argument mit den Renten ist falsch! Darüber gibt es inzwischen viele Untersuchungen.) Die größte Zerstörung – größer als die durch den Krieg – ging doch vom krebsartigen Wachstum aus. Ist es dann nicht logisch, daß wir versuchen sollten, es wenigstens teilweise rückgängig zu machen? Die Städte, die durch ihre Kultur berühmt wurden, waren Klein- und Mittelstädte: das klassische Athen, die Zentren der italienischen Renaissance, Goethes Weimar. Heute gilt etwa: Alles was über hunderttausend hinausgeht, bringt den Menschen keine Vorteile. Bei Städten unterhalb dieser Größenordnung ist aber noch ein gesundes Gleichgewicht zwischen städtischem Wohnen und Naturverbundenheit möglich. Familien mit Kindern können dort größtenteils einzelne Häuser mit Gärten bewohnen, wo sie nicht nur ihre Energie, sondern auch ihr Gemüse selbst ernten können und wo auch Platz für Großeltern, Tanten und den Besuch von Freunden ist.

Besitz von mehr als ein oder zwei Häusern oder Wohnungen pro Familie muß ausgeschlossen sein; ebenso Besitz von Land, das man nicht selbst pflegt oder bearbeitet. Das klingt heute revolutionär, aber es ist so logisch und unvermeidlich wie die Abschaffung der Sklaverei.

Wer das nicht einsieht, müßte auch noch die Luft zu einem Wirtschaftsgut machen und der Spekulation unterwerfen.

Wer sich Gedanken über menschenwürdigere Siedlungsformen macht, kriegt schnell zu hören, wir dürften aber unser Land nicht weiter zersiedeln und müßten uns deshalb, so schwer es fiele, mit der »Wohnhaft« abfinden. Hier herrschen aber falsche Vorstellungen, vor allem wegen der Lage in den Ballungsgebieten. Vor der industriellen Revolution war es dort, wo Menschen lebten, meistens schön. Die Ausnahmen waren praktisch immer Folge von Unterdrückung und Ausbeutung, kaum je von Bedrohung des Menschen durch die natürliche Umwelt. Heute kann man fast sicher sein, daß neue Siedlungen häßlich, ja hassenswert sind. Aber die Ursache ist die gleiche wie bei früherer Häßlichkeit: Not, Armut, Unterdrükkung, Ausbeutung; nur haben diese Plagen heute ein anderes Gesicht angenommen, und die meisten Menschen erkennen sie nicht mehr; und das ist selbst ein Symptom der Armut. Wenn mit Land und Häusern einmal kein Geschäft mehr zu machen, also keine Macht mehr zu gewinnen ist und sie doch den Benutzern »gehören«, so werden Häuser, Städte und Dörfer wieder Individualität gewinnen und »schön« werden. Vor »Zersiedlung« brauchen wir keine Angst zu haben, wenn wir entscheiden, daß große zusammenhängende Gebiete für immer der Land- und Forstwirtschaft oder dem Naturschutz vorbehalten bleiben sollen. Heute sind, wenn ich mich recht erinnere, etwa fünfzehn Prozent unseres Landes durch Wohnhäuser, Höfe und Hausgärten, Industriegelände und Straßen bedeckt. Also scheint es nicht übertrieben, dem Wohnen (also Häusern, Höfen und Gärten) in dem langfristigen Gleichgewicht, das wir anstreben, etwa zehn Prozent der Fläche unseres Landes zur Verfügung zu stellen. Das würde bedeuten, daß selbst bei sechzig Millionen Einwohnern etwa vierhundert Quadratmeter »Wohnfläche« auf jede Person entfielen. (Wir sollten zwar auch wieder einmal weniger werden, aber davon sehe ich für diese Rechnung ab.) Größere Familien könnten sich also ein »Villengrundstück« leisten, aber das wäre kein »Luxus«, sondern gerade der richtige Lebensraum für Heranwachsende. Und damit würden Land und Städte nicht »verhunzt«, sondern schöner. Nur bei zu großer Ballung wird nämlich ein Gürtel von grünen Siedlungen mit Anbau von Gemüsen, Blumen und Energie zum unerträglichen Problem – weil dann die unbewohnte Natur in endlose Ferne rückt und auch die täglichen Verkehrswege zu lang werden.

Aber wie können wir irgend jemanden davon überzeugen, wir sollten nach »Entballung« streben? Die Entwicklung läuft doch überall genau entgegengesetzt. Das muß doch Gründe haben. Ist es nicht ein Zeichen, daß die Zusammenballung eben rationeller, effizienter und den menschlichen Bedürfnissen besser angepaßt ist, also sozusagen »marktgerechter« als die dirigistischen Dezentralisierungsträume von uns »grünen Spinnern«? Dazu fällt mir nur ein: Dies klingt so, als bewunderten ein Patient und sein Arzt gemeinsam das wundersame Wachstum einer Krebsgeschwulst, weil diese sich eben auch in einem gewissen Sinne rationell, effizient und marktgerecht verhält.

Um Mißverständnissen vorzubeugen, muß ich noch anmerken, daß auch in der künftigen stetigen Lebens- und Wirtschaftsform das Wohnen »etwas kosten« wird, nämlich vor allem die Erhaltungskosten. Nur dient es eben nicht der Vermehrung von Besitz und Macht einer Minderheit und dem ununterbrochenen Wachstum des anonymen »Finanzkapitals«. Wie sich das Geldwesen einmal organisieren wird, können wir wohl jetzt nicht vernünftigerweise vorhersehen oder planen. Das ist ein zu komplexes Problem. Es gibt zwar schon Ansätze zu ökologischen Wirtschaftstheorien, aber wir sollten hier, wie überall, bescheiden sein und erst einmal die Randbedingungen formulieren, statt gleich Wege zu konstruieren. Eine wesentliche Bedingung lautet: Es soll keine Machtzusammenballungen geben. Angewandt aufs Geld bedeutet dies: Entweder muß die Ansammlung großer Geldmengen (oder die Verfügung darüber) beschränkt werden, oder viel Geld darf einfach nicht viel wert sein. Das zweite hört sich für uns widersprüchlich an. Aber wenn die wesentlichen Lebensgrundlagen der Menschen nicht mehr käuflich sind, geht die Macht des Geldes zweifellos zurück. (Vielleicht wird die Minimalisierung des Volkseinkommens gar zum erstrebenswerten Ziel? Wird nicht überhaupt fast jeder zahlenmäßige Indikator, der in einer stabilen Wirtschaft als »Wohlstandsmaß« geeignet wäre, seinen optimalen Wert bei Null haben?)

Ich bin also wieder bei der Kernfrage angelangt: Wie können wir Macht abschaffen oder beschränken? Was ist denn das überhaupt: Macht? Vielleicht hilft eine Definition weiter: Einzelne oder Gruppen haben Macht über andere, wenn sie einen Teil von deren Lebensgrundlagen kontrollieren. Einleuchtende Beispiele: Sklaverei, Leibeigenschaft, Landbesitz, industrielle Monopole und Kartelle, Energieversorgungsunternehmen, Großmedien ... Aber auch in der Familie haben in diesem Sinne natürlich die Eltern Macht über die Kinder. Offensichtlich ist also nicht *alle* Macht »abschaffbar«. Eine gängige Vorstellung ist, daß bei immer weiter fortschreitender Arbeitsteilung schließlich jeder Macht über alle anderen gewänne und das Problem auf diese Art verschwände, wie bei einem Organismus, wo es ja wenig Sinn hätte zu fragen, ob etwa Hirn, Herz, Leber, Niere oder Zirbeldrüse mehr Macht über die jeweils anderen haben. Tatsächlich entstehen ja auch in der Gesellschaft auf diese Weise viele verschiedene, zusammenwirkende und einander widerstreitende Mächte, doch bleibt der größte Teil der einzelnen, ja auch riesige Gruppen (wie die Entwicklungsländer) unterdrückt. Warum wollen wir das nicht akzeptieren?

Da antworte ich einmal zutiefst emotional und einmal höchst abstrakt: Wir fühlen, daß die eigenen seelischen und geistigen Entwicklungsmöglichkeiten und die Fähigkeiten zu persönlichen Bindungen in kleinen Gruppen bei weitem nicht ausgeschöpft sind. Gerade die Sensiblen und Schöpferischen werden von den gesellschaftlichen Strukturen heute nicht etwa begünstigt, sondern mehr und mehr benachteiligt, ja ausgestoßen. Wenn aber die übergeordneten Entwicklungen fundamentale Werte vernichten, ist es offenbar falsch, sie als übergeordnet anzuerkennen. Soweit die emotionale Wahrnehmung. Der abstrakte Gesichtspunkt führt zur gleichen Einsicht: Weil die Erde rund ist und weil evolutionäre Wertschöpfung Vielfalt voraussetzt, sind größere Überstrukturen und Machtzusammenballungen nicht mehr evolutionsfähig, sondern entarten. Es muß also »optimale Skalen« geben. Ob eine informationstheoretische, systemtheoretische Untersuchung heute schon viel zur Frage beitragen könnte, wo diese liegen, bezweifle ich. Ich verlasse mich da lieber auf meine Intuition, das heißt die Summe meiner Erfahrungen. (Und das schließt nicht nur die individuellen Erfahrungen ein, sondern auch die »vorgeburtlichen«, im Laufe der Evolution von meinen Vorfahren gesammelten.) Die Intuition sagt mir, daß die optimalen Skalen der Organisation und Arbeitsteilung ziemlich weit »unten« liegen, das heißt im Individuum und in relativ kleinen Gruppierungen. Dabei müssen letztere nicht unbedingt alle lokalisiert sein; gerade in den Wissenschaften sieht man ja, wie eine weltweit verstreute Gemeinde von Spezialisten fruchtbar miteinander kommunizieren kann. Aber auch hier stößt man bei Expansion sehr schnell an Grenzen. Ein anderes Negativbeispiel sind die modernen Superuniversitäten, an denen die Studienbedingungen und das Klima (inklusive Klimaanlage) unerträglich schlecht sind, wenn man sie mit den früheren Kleinstadtuniversitäten vergleicht. Aber noch immer gibt es Leute, die stolz sind, an der »größten Universität« zu lehren oder zu studieren. Warum hat man statt dessen nicht viele kleine Universitäten in vielen verschiedenen Städten geschaffen? Ohne die entsetzlichen Betonklötze, vielmehr eingegliedert in das normale Leben von Stadt und Umland? (Entschuldigung, jetzt bin ich wirklich unrealistisch. Sie sind ja eingegliedert. So ist ja nun auch das normale Leben.) Warum können wir es nicht wenigstens von nun an besser machen? Aber noch immer glauben die Funktionäre an die Zukunft des Großen, der Konzentration und der Vereinheitlichung.

Zurück zum Thema Macht und zu Ihrem Brief. Was Sie zum Atomkrieg und zu Krieg und Frieden überhaupt sagen, klingt wiederum recht ratlos. Ich weiß, wie leicht es lächerlich zu machen ist, wenn ich auch hier Rat anbiete, wo doch sogar die »Offiziellen« ratlos geworden sind; aber meine Gedanken hierzu (die ich schon vor zwanzig Jahren einmal vergeblich zu veröffentlichen suchte) sind so einfach, daß es sich vielleicht lohnt, sie den Lesern vorzustellen. Die Frage ist, ähnlich wie bei den ökologischen Problemen: Wie kommen wir vom weltweiten »Gleichgewicht des Schreckens« zu einem Zustand, in dem kleine regionale Gruppen auf der ganzen Erde friedlich koexistieren und zusammenarbeiten? Klarerweise kann eine internationale Rechtsgemeinschaft nicht gefunden und durchgesetzt werden, wenn einzelne Mitglieder stärker sind als die anderen zusammen. Das heißt: Die Großmächte und die Blöcke müssen sich wieder in relativ unabhängige Regionen auflösen. Das ist leichter gesagt als getan, aber wir können etwas tun, um diesen Prozeß in Gang zu setzen: Wir müssen uns von den Machtblöcken lösen. Hier wird sofort gefragt: Sind wir dann nicht Überfällen oder Erpressungen wehrlos ausgeliefert? Die Antwort ist: Nein. Zunächst verzichten wir auf jegliche Art von Angriffswaffen, also selbstverständlich auch auf alle neuen oder alten Atomraketen, gleich welcher Reichweite oder Zielgenauigkeit. (Angesichts der derzeitigen, auch bei den Russen vorhandenen »Overkill«-Kapazität könnten wir diese Waffen den Russen sogar noch hinzuschenken, ohne die eigene Bedrohung zu vergrößern.) Statt dessen müßten wir zunächst große Mengen von Verteidigungswaffen gegen eine Eroberung anschaffen. Das bedeutet heute im wesentlichen: moderne, kleine, selbstlenkende Abwehrwaffen gegen Panzer und Flugzeuge, die von einzelnen und kleinen

Gruppen bedient werden. Die militärische Organisation würde dabei immer mehr vom Prinzip der klassischen »Armee« abweichen und sich mehr dem Konzept der »Guerilla« nähern. (Ähnliche Vorstellungen sind seit vielen Jahren vor allem von Herrn Afheldt im früheren Starnberger Institut Herrn von Weizsäckers entwickelt worden.) Wenn wir das Geld, das wir jetzt in eigene Panzer, Flugzeuge und Atomwaffen stecken, für solche viel billigeren, reinen Abwehrwaffen verwendeten und die umorganisierte Bundeswehr (oder sogar größere Teile der Bevölkerung) hieran ausbildeten, dann könnten wir jeden Eroberungsversuch abweisen und deshalb jeden möglichen Angreifer schon durch den hohen Eintrittspreis, den er zahlen müßte, vom Eindringen abschrecken. Bliebe noch die Möglichkeit einer »atomaren Erpressung«: »Wenn ihr nicht tut, was wir sagen, werden wir eine Atombombe auf Köln werfen.« Wenn wir nach reiflicher Überlegung zu dem Schluß kommen sollten, daß eine solche Bedrohung real ist, gäbe es auch hiergegen ein Mittel. Wir, oder wir Europäer, müßten eigene Atomwaffen auf Unterseebooten stationieren, die zu »Vergeltungsschlägen« fähig wären. Wenn wir für eine Übergangszeit diese seit dreißig Jahren praktizierte Idee der Abschrekkung beibehielten, so nur, um weiter auf dem Wege voranzukommen, auf dem auch sie schließlich überflüssig wird. Es wäre aber selbstmörderisch, Abschreckungswaffen auf dem eigenen Territorium zu stationieren, wo ein Gegner hoffen könnte, sie mit gut zielenden Raketen zu vernichten. Das würde die Bedrohung in Zeiten politischer Spannung und beiderseitigen Kriegsgeschreis, wie wir es gerade zwischen England und Argentinien erleben, so sehr steigern, daß jeder versucht wäre, zu einem »Erstschlag« als dem letzten Rettungsmittel zu greifen. Die heute bei uns von Regierung und Opposition einmütig vertretene Meinung, wir müßten die Russen zu Abrüstungsverhandlungen zwingen und könnten das nur, wenn wir mit der »Nachrüstung«, also der Aufstellung der Pershing- und Cruise-Missile-Waffen drohen (die obendrein noch extrem zielgenaue Angriffswaffen sind), ist unsinnig. Wir sollten die Russen gar nicht zu solchen Verhandlungen zwingen wollen – denn bei diesen käme ohnehin nur heraus, daß schließlich auf beiden Seiten etwas mehr Waffen dastehen als ein Jahr zuvor, wenn auch vielleicht ein bißchen weniger, als voriges Jahr für dieses Jahr geplant waren. Auf diesem Wege ist Abrüstung nicht möglich. Deshalb wollen wir den anderen zeigen, daß sie von uns nicht bedroht sind, daß es sich aber auch nicht lohnt, uns zu bedrohen. Wir haben keine fanatisierten Nachbarn, die an uns Gebietsansprüche stellen oder gar unser Existenzrecht bestreiten. Hier und jetzt ist die richtige Gelegenheit, einen ersten Schritt zum Frieden zu tun. Und dieser Schritt ist notwendig einseitig. Was glauben Sie, welche Wirkung dieses Beispiel haben könnte?

Der hochgerüstete Zustand bliebe sicherlich nur für eine Übergangszeit erhalten. Wenn später die ganze Welt wieder in kleine Länder aufgeteilt ist, die eine wirkungsvolle »UNO-Polizei« unterhalten und lokale Aufrüstungsanfälle von Verbrecherbanden oder ganzen verführten Völkern stets rechtzeitig unterbinden können, dann gehören Kriege der Vergangenheit an, wie heute schon Fehden oder Beutezüge zwischen deutschen Städten und Ländern.

Das ist nicht Utopie, sondern die Skizze eines Weges von hier nach dort. Die jetzt in Europa und Amerika erwachsende sogenannte »Friedensbewegung« wird diese und verwandte Gedanken endlich weiter verbreiten und vielleicht politisch wirksam machen. Es ist kein Zufall, daß die Friedensbewegung in weiten Teilen mit der ökologischen Bewegung Hand in Hand geht oder gar identisch ist. Zum Beispiel verbreitet demnächst die Gruppe ECOROPA, die vor zwei Jahren eine Kampagne gegen die friedliche Nutzung der Kernenergie unternahm (die deutsche Fassung des entsprechenden Flugblatts kennen Sie aus einem meiner Briefe), in einer ähnlichen Kampagne einen Text über die europäische Bedrohung durch Atomkrieg. Sie sagen, ich solle »meine Ideen nicht an einer Abschaffung der Atomenergie aufhängen«. Aber es ist nun einmal Erfahrungstatsache, daß ökologische Gedankengänge der Bevölkerung bisher vor allem im Zusammenhang mit dem Atom (ob kriegerisch oder friedlich genutzt) nahezubringen sind. Am Thema Atom wird am deutlichsten, welche Macht die Wissenschaftler den Machern in die Hand gegeben haben. Das heißt nicht, daß andere Bedrohungen, etwa durch friedliche oder kriegerische Chemie oder Biotechnik weniger ernst zu nehmen wären. Sie könnten sich sogar als noch gefährlicher erweisen. Doch wenn man einen schwindelnden Kletterer vor einem unsicheren Griff warnen will, zeigt man ihm zweckmäßigerweise nicht all die vielen anderen lockeren Steine, sondern den nächsten tragfähigen Felsen.

Dem, was Sie über das Wachstum sagen, habe ich nichts Neues hinzuzufügen. Das Bruttosozialprodukt als Wachstumsmaß war schon immer unsinnig, auch als es noch wuchs. Es ist Ihnen beim Lesen dieses schrecklich lang geratenen und auch für mich sehr anstrengenden Briefes sicher klar geworden, daß ich für ganz ungeheures Wachstum plädiere. Nur soll eben nicht irgendeine Zahl wachsen, sondern ein lebensfähiges, weiterhin evolutionsfähiges System aus menschlichen Gesellschaften und ihrer Umwelt.

Die Rolle der Energie in diesem Prozeß beurteilen wir offenbar weiterhin verschieden. Sie sehen mehr Exergie-, ich mehr Entropieerzeugung. Da Sie einen großen Teil Ihres Lebenswerks der friedlichen Nutzung von Kernenergie gewidmet haben, ist es nicht erstaunlich, daß Sie hier zur Verharmlosung neigen. Aber mir fällt bei Ihrer Haltung doch wieder die Geschichte der Kohleverbrennung ein: Seit Jahrzehnten haben vereinzelte Leute gewarnt, man dürfe nicht so viel Schwefeloxide in die Luft entlassen, weil diese langfristig Schaden in der Biosphäre (und auch an unseren eigenen Werken) anrichten müßten. Dem wurde von den »Fachleuten«, nämlich den Kohleverbrennern (und Ölverbrennern), immer mit verharmlosenden Gutachten widersprochen, so daß die ganze Gesellschaft sich bis heute einreden ließ, eine Entschwefelung der Kraftwerks- und Industrieabgase käme, gemessen an den vernachlässigbaren Schäden, viel zu teuer. (Sie würde die Strompreise um zwei bis drei Prozent erhöhen.) Selbst heute, wo wohl endlich »die Leiche auf dem Tisch« ist und zum Beispiel schon ein Drittel der bayerischen Tannen im Sterben steht, wagt uns der bayerische Landwirtschaftsminister Eisenmann (sicher nach Beratung durch die Elektrizitätsversorgungsunternehmen und die Industrie, die zusammen achtzig Prozent des Schwefelausstoßes liefern) die folgende Erklärung vorzusetzen: »Beim Waldsterben handelt es sich um einen komplexen Vorgang; es fehlt noch der wissenschaftliche Nachweis für Schwefeldioxid als Ursache.« Und deshalb sei natürlich die Forderung nach niedrigeren Emissionsgrenzen verfrüht. Falls nicht die Journalisten seine Worte völlig entstellt haben, kann ich hier nur noch Schwachsinn konstatieren. Sicher wird sich herausstellen, daß der saure Regen nur *ein* Schritt in einem komplexen Prozeß ist – Komplexität bedeutet, daß vieles miteinander verflochten ist –, aber eben deshalb ist es Unfug, im gleichen Satz von »Ursache« zu sprechen. Hat der Minister Angst, das »Verursacherprinzip« könnte sich durchsetzen, und man werde seine Freunde für Millionen toter Bäume haftbar machen? Dann möchte ich sogar für Strafbarkeit von »Beihilfe« plädieren und für ein »Beihelferprinzip« bei Schäden an komplexen Systemen. Um dieses Prinzip in der Praxis wirksam zu machen, wäre es nützlich, eine Liste der Beihelfer zu führen, solange die Beweislage noch günstig ist, solange also ihre Worte und Taten noch leicht belegbar sind. Ich empfehle daher, eine Art »Who's Who in Destruction of the World« herauszugeben und ständig auf dem laufenden zu halten, in dem nicht nur die klar erkennbaren »Verursacher«, sondern auch die Verharmloser und anderen Beihelfer mit ihren eindrucksvollsten Zitaten aufgeführt werden sollten. Ein solcher periodisch erscheinender »Who is Who in Umweltzerstörung und ihrer Verharmlosung?« würde nicht nur die Suche nach den Hauptschuldigen und Mitläufern erleichtern, wenn eines Tages die schrecklichen und vielleicht irreparablen Folgen von großtechnischen Aktivitäten sichtbar werden und die Leute sich plötzlich (mittels »Spruchkammern«) fragen, wie solcher Irrsinn eigentlich möglich war; er würde auch vorbeugende Wirkung haben, denn so mancher würde vermutlich doch nicht so gern darin zitiert sein. Bayerische Minister aber haben vor nichts Angst. Sie benutzen jetzt das Waldsterben als Argument für schnelleren Ausbau der Atomkraftwerke. Es ist gut für neue Machenschaften wie für alte Unterlassungssünden. Gegen den Schwefelausstoß brauchen wir ja nichts mehr zu unternehmen, denn wir bauen jetzt etwas viel Besseres, und bis das fertig ist, wird der Nachweis der Alleinschuld des Schwefels ohnehin nicht gelingen ... (Andererseits nimmt in den Fortschreibungen des bayerischen Energieprogramms die Kohlenutzung noch jahrzehntelang nicht ab, wenn ich mich recht erinnere. Es soll immer mehr Energie gebraucht werden, und deshalb kann auch der schnellstmögliche Ausbau der Kernenergie nicht Schritt halten.) Ob wohl einer dieser Minister noch am Leben oder gar im Amt ist, wenn schließlich die noch heimtückischeren Schäden durch Atomkraftwerke allmählich oder grauenhaft plötzlich sichtbar werden? Ich hoffe, nicht. Nicht weil ich ihnen etwas Schlechtes wünsche, sondern weil wir den Ausbau der Atomenergie verhindern werden, und es deshalb hoffentlich nichts Derartiges zu sehen geben wird.

Nun nähere ich mich endlich dem Ende dieses Briefes, der Ihnen einige der erbetenen Details meiner »Schönen neuen Welt« vorstellen sollte, wie Sie es unpassenderweise einmal nannten. Unpassend, weil Huxleys Satire gegen die Utopien der technokratischen Macher gerichtet war und nicht gegen die Versuche, die Welt vor diesen zu retten. Ich habe aus Mangel an Konzentrationsfähigkeit drei Dinge nicht immer hinreichend auseinandergehalten: erstens, die Randbedingungen, die ich als Voraussetzungen eines künftigen, im großen quasistationären, doch dabei entwicklungsfähigen Zustandes betrachte; zweitens, die ahnende Beschreibung dieses künftigen Zustandes; drittens, die Skizze eines Weges von hier nach dort. Daß ich dies alles vermischt habe, macht aber nichts. Zu viel Ordnung in meinen Gedanken ist mir auf einem so weiten Feld gar nicht lieb. Im Stadium der Problemdefinition soll man ruhig den Blick noch planlos schweifen lassen. – Zum dritten Punkt habe ich aber noch zu wenig gesagt. Sie können immer noch glauben, meine Vorstellungen seien völlig weltfremd; es gebe gar keine Möglichkeit, ihnen in unserer Welt zu Wirksamkeit zu verhelfen, selbst wenn es auch Ihnen wünschenswert erschiene. Da sind wir bei den Fragen der Politik.

Zunächst noch eine »Ahnung«. Das politische System wird im angestrebten Zustand recht verschieden vom jetzigen sein. Alle politischen Entscheidungen werden »so weit unten wie möglich« getroffen werden. Die Organe gesellschaftlicher Willensbildung und -ausführung werden stufenweise aufgebaut sein: etwa in der Reihenfolge Gemeinde, Kreis, Bezirk, Land, Großregion, Welt. Direkte Wahlen wird es nur auf der untersten Stufe geben (also zum Gemeinderat). Daher werden wohl Parteien den Sinn verlieren und absterben. Die Organe der höheren Stufen werden von der jeweils darunterliegenden Stufe aus gebildet werden. So wird von jedem Gemeinderat ein gewählter Vertreter in den »Kreisrat« entsandt werden, und zwar nur, wenn man sich mit großer Mehrheit (sagen wir vier Fünftel) auf einen Vertreter einigen kann. Nach dem gleichen Prinzip entsteht aus Kreisräten der »Bezirksrat«, daraus ein »Landesrat« usw. Die Großstädte (oder besser Mittelstädte) bestünden dabei aus vielen Gemeinden (Stadtteilen). Auf jeder Stufe werden Regierungen und Verwaltungen gebildet, aber die höheren haben nach unten sehr beschränkte Weisungsgefugnis; sie sind nur für Dinge zuständig, die klarerweise (nämlich nach Meinung der Organe der darunterliegenden Stufe) die größere Gemeinschaft betreffen. Auf jeder Stufe gibt es auch Rechtsprechung und Polizei. – Ich glaube, jedermann kann sich diese extrem föderalistische Weltverfassung in weiteren Details ausmalen und in »Gedankenexperimenten« ihre Stabilität (oder Resilienz) gegenüber angenommenen Störungen testen. Dabei soll man natürlich von der bekannten Verteilung der »menschlichen Eigenschaften« ausgehen, obwohl denkbar ist, daß deren Häufigkeitsverteilung sich in einer solchen Gesellschaft allmählich verschieben würde. (»Am Anfang war Erziehung.« Haben Sie Alice Millers Bücher gelesen?)

Ich bin bei solchen Gedankenexperimenten beinahe optimistisch geworden. Es scheint mir nicht ausgeschlossen, daß man die Entstehung von Macht konstitutionell verhindern könnte! Dabei ist mir noch aufgefallen, daß es sinnvoll sein dürfte, auf jeder Stufe neben Legislative, Exekutive und Judikative auch noch eine »vierte Gewalt«, die »Informative«, zu installieren, um möglichst objektive Unterrichtung aller Bürger und offene Diskussion aller anstehenden Fragen zu sichern.

Sie sehen, wie in einem solchen System die »Unregierbarkeit«, ja sogar die »antidemokratischen Aktionen der Bürgerinitiativen«, die unsere Politiker so beklagen, fast zum Organisationsprinzip erhoben sind. Hier kann man nicht so leicht durch einen Mehrheitsbeschluß irgendwo die Lebensgrundlagen zubetonieren. Und ich glaube, auch mit der Freiheit steht es nicht so schlecht – jedenfalls was die Freiheit von Macht betrifft. Schlechter steht es nur für die Freiheit, Macht zu erlangen.

Aber nun genug der »Ahnungen« und endlich zum Schluß: Was können wir tun, um allmählich dorthin zu kommen? Vieles habe ich schon angedeutet. Die ersten Schritte, die wir tun können, sind: weltpolitisch neutral werden, einseitig auf reine Abwehrwaffen umrüsten; Welthandel reduzieren, eigene und fremde Unabhängigkeit fördern; Großforschung abschaffen, vielfältige Detailforschung fördern; Energie- und Rohstoffverschwendung einschränken, Entwicklung der Sonnenenergietechnik begünstigen, zentrale Energieversorgung allmählich abbauen; Umweltschutzmaßnahmen in Industrie und Landwirtschaft erzwingen bzw. begünstigen, ökologische Bildung fördern; Entballung fördern, Bodenrecht ändern; Föderalismus stärken, nicht nur im Bund gegenüber den Ländern, sondern auch innerhalb der Länder gegenüber Kreisen und Gemeinden; Finanzen entsprechend neu verteilen; Arbeitsbeschaffungsprogramme möglichst weit nach unten verschieben, Handwerk und mittlere Industrie mit angepaßten Techniken gegenüber der Großindustrie begünstigen; politische Programme nicht auf wenige Jahre planen, sondern ein fernes »höheres« Ziel ins Auge fassen und immer im Auge behalten.

Was langfristiges Planen eigentlich bedeutet, scheint mir kaum einer unserer Politiker verstanden zu haben. Wenn jemand etwas als richtig erkannt zu haben glaubt, möchte er es möglichst sofort durch ein neues Gesetz oder eine Verordnung erzwingen. Dabei liegt das eigentliche Problem von Neuerungen fast immer in der Frage, welche

Sprünge, und in welcher zeitlichen Folge, die Gesellschaft ohne Absturz in Instabilitäten verkraften kann. Selbst wenn sich alle auf die Richtigkeit eines Details einigen können, ist seine gesellschaftliche oder gar ökologische Verträglichkeit noch nicht erwiesen. Weil wir bisher nicht fähig waren, die Randbedingungen zu formulieren, die uns erlauben, das Fernziel einer friedlichen, stabilen Weltgesellschaft vorsichtig, aber stetig anzusteuern, haben wir mit unsicherem Kurs nur an Symptomen herumkuriert: ständige Aufrüstung, Energiekrise, Außenhandelsdefizit, Exportabhängigkeit, Staatsverschuldung, Inflation, Arbeitslosigkeit ... Wer weiß Rat? Besinnen wir uns also endlich auf die Fernziele!

Daß dies wegen der Macht der Gewohnheit erst jetzt zu verwirklichen sein wird, weil jetzt die Wachstumseuphorie am Ende ist, haben Sie richtig bemerkt. Zwei verschiedene Aufbruchsstimmungen vertragen sich nicht. Die alte ist ja noch nicht einmal ganz erloschen, und es ist leider wahrscheinlich, daß erst auch die »Christdemokraten« noch einmal beweisen müssen, wie wenig besser sie uns mit ihrem Struktur- und Privilegienkonservativismus vor weiterem zerstörerischem Abstieg bewahren können. Also wird vielleicht auch die Atomindustrie noch einmal ein Zwischenhoch erleben. Wie Ihr amerikanischer Kollege Alvin Weinberg es ausdrückte: Es ist viel leichter, einige Konzerne zu größerem Energieangebot zu veranlassen als hundert Millionen Bürger zu besserem Umgang mit der Energie. Wie wahr! Aber bergab geht's nun einmal leichter als bergauf.

Wie also kriegen wir die Mehrheit bergauf? Genügt es, ihr von dem paradiesischen Plateau zu erzählen, das wir erreichen wollen? Wird man das nicht für ein Märchen halten? Versprechungen haben schon viele gemacht! Ja, und deshalb bin ich sicher, daß schon auf dem Wege gewisse die Zuversicht stärkende Belohnungen ausgeteilt werden müssen. Sonst würde die Kraft fehlen oder schnell erlahmen. Ein bißchen »Umverteilung« des Besitzes und Verfügungsrechtes an unseren Lebensgrundlagen wird wohl schon vorweg und unterwegs nötig sein. Aber natürlich nicht so, wie im »realen Sozialismus«, in dem die Macht nur auf eine andere Clique verschoben wurde. Vielmehr im Sinne einer Erziehung zur Freiheit in treuhänderischer Verantwortung.

Der Fortschritt muß in kleinen Schritten erfolgen. Während in einer rein evolutionären Phase sich die Richtung von selbst ergibt, müssen wir in der langen, uns bevorstehenden Übergangsphase ständig darauf achten, daß die Richtung stimmt – nämlich fort vom Abgrund.

Wie man dazu in der praktischen Politik vorgehen könnte, soll ein Beispiel zeigen. Angenommen, wir einigen uns darüber, daß wir »entballen« und andere Siedlungs- und Arbeitsstrukturen fördern wollen; zum Beispiel soll das Fernpendeln eingeschränkt werden. Dann ist es nicht richtig, die Fernpendler plötzlich mit extremen Kostensteigerungen zu belasten. Dies führte zu krassen Ungerechtigkeiten, ja zur »Existenzvernichtung«. Man muß vielmehr einen anfänglich kaum merkbaren, doch voraussehbar ansteigenden Druck auf Betriebe und Beschäftigte ausüben, näher zueinander zu ziehen, jedoch nicht in die Ballungsgebiete. Dafür käme etwa folgende Strategie bei der Steuergesetzgebung in Frage: Wir setzen (beispielsweise) fest, daß in dreißig Jahren dreißig Prozent des gesamten Steueraufkommens je zur Hälfte von »Arbeitgebern« und »Arbeitnehmern« nach einem zunächst seltsam erscheinenden Schlüssel zu entrichten sind. Der gesamte zu leistende Betrag wird nämlich innerhalb der Gruppe der Beschäftigten so aufgeteilt, daß der Beitrag des einzelnen proportional der Entfernung zwischen Wohnung und Arbeitsplatz, der Größe des Siedlungsgebietes und der Größe der Firma ist. Der Beitrag der Firma wird dem der Beschäftigten gleichgesetzt oder nach weiteren Kriterien modifiziert. Statt der Proportionalität wird man selbstverständlich unter Berücksichtigung weiterer Details auch kompliziertere Zuordnungen wählen können. Und nun der entscheidende Zusatz: Vom nächsten Jahr an (nach Inkrafttreten des Gesetzes) soll dreißig Jahre lang der so erhobene Bruchteil des Steueraufkommens, bei einem Prozent beginnend, jährlich um ein Prozent erhöht werden, bis er bei dreißig Prozent angekommen ist. In den ersten paar Jahren hätte dies überhaupt keine Belastungen zur Folge, könnte auch nicht als Ungerechtigkeit empfunden werden. Aber dann würden allmählich jede Neuansiedlung von Betrieben, jeder Hausbau und jede Wohnungssuche unter den neuen, erwünschten Gesichtspunkten kalkuliert. Ganz entsprechend müßten wir bei der Entwicklung des Energiesystems vorgehen. Nach meinen Ausführungen über zentrale und dezentrale Energieversorgung können Sie sich wohl denken, wie meine Steuerstrategie hier etwa aussehen würde.

Nehmen Sie mich bitte nicht beim Wort. Dies Beispiel ist sicherlich noch nicht genügend durchdacht. Erst müßte die Verflechtung mit vielen anderen Problemen untersucht werden. Und doch können Sie vielleicht sehen, worauf ich hinaus will. Ich möchte zeigen, daß es langsam, aber stetig wirkende Mittel gibt, um langfristig Entwicklungsprozesse anzustoßen und zu steuern. Was dabei besonders wichtig ist: Wir könnten bei solchem Vorgehen ständig die Wirkungen unserer Einflußnahme beobachten und unterwegs Korrekturen an den verschiedensten Parametern vornehmen. Wenn die Zielvorstellungen richtig waren (also auf ökologische Gleichgewichte im weitesten Sinne zielten), so werden diese Korrekturen aber nicht häufiger und größer, sondern immer seltener und geringfügiger werden.

Dieses Prinzip »langfristigen politischen Dirigismus« möchte ich hier als Abschluß meines vielleicht entmutigend vielfältigen Überblicks vorstellen. Solange das Orchester derart groß ist, muß dirigiert werden! Erst wenn wir wieder mehr Kammermusik machen, wird dieser Zwang allmählich wegfallen. Ist dies Bild nicht versöhnlicher, als das des untergehenden Kolosses, von dem wir uns in die Boote retten müßten?

Nun hoffe ich, Sie haben gerade noch genug Zeit, um auch noch einen abschließenden Überblick zu geben. Und dann hat wohl schon der Verleger das Wort, und wir können höchstens noch ein »Nachwort« anhängen.

Mit freundlichen Grüßen
Ihr Peter Kafka

(Inzwischen ist es der 1. Mai, und ich werde vielleicht bald frei.)

18 Allensbach, 9. Mai 1982

Lieber Herr Kafka,

haben Sie vielen Dank für Ihren langen Brief, der uns dem Abschluß unseres Unternehmens entscheidend nähergebracht hat. Ich will nun auch sofort antworten (ich fand Ihren Brief vor wenigen Tagen in München vor), aber ich möchte vor allem sagen, wie leid es mir tut, daß Sie wieder im Krankenhaus sind (hoffentlich waren) und mit so etwas Gefährlichem wie einer Hepatitis. Bitte schonen Sie sich sehr und fürchten Sie die Nachwirkungen, Sie können da nicht vorsichtig genug sein. Es tut mir leid, daß Sie gerade in dieser Zeit den Brief geschrieben haben. Unsere Briefe sind ja kein Vergnügen für den jeweiligen Schreiber. Ich habe mich beim Lesen immer gefreut, wenn ich sah, daß einer Ihrer Vorschläge Ihnen selbst

Spaß machte. So soll es ja sein. Was einen selbst freut, wird meistens besser.

Ihr Brief könnte der Anfang eines neuen Buches sein, wenn wir nämlich alle Ihre Behauptungen und Vorschläge ausführlich diskutieren wollten. Dabei aber käme mindestens ich sehr oft in die Lage, Dinge diskutieren zu müssen, für die ich kein Fachmann bin, und wir müßten die große Literatur zu diesen Problemen durchackern und würden uns wahrscheinlich in den meisten Fragen doch nicht einig. Deshalb möchte ich Ihre Vorschläge nicht im Detail analysieren oder in Frage stellen, sondern ich möchte sie als Illustrationen zu Ihrer Gesamthaltung betrachten. Ich nehme an, daß das in Ihrem Sinne ist; denn sollte etwas Wirklichkeit werden, dann würde es überall Änderungen in den Details geben, und überhaupt werden dauernd Lernprozesse stattfinden mit großen Folgen.

Bei den Details machen wir uns ja sicher beide immer Sorgen, ob wir das Richtige klar genug gesagt haben. Ich selbst habe nach dem letzten Brief kalte Füße bekommen in zwei Punkten: Bei der Abschaffung der Atombomben habe ich nicht gesagt, welche schwierige Rolle dabei die zu schaffende internationale Polizei zu spielen hätte und welch strenge Sanktionen für den Fall schon leichter Verletzungen des internationalen Inspektionsrechtes durchgesetzt werden müßten. Und ich habe nicht gesprochen von der dann größer werdenden Gefahr eines großen konventionellen Krieges. Bei dem Wachstumsproblem habe ich nicht gesagt, daß es Probleme gibt wie etwa das der Arbeitslosigkeit, wo eine Lösung mindestens ein begrenztes Wachstum verlangen oder erzeugen würde.

Ich beginne mit einem Minipunkt. Sie schreiben, ich unterschätze den privaten Anteil des Energieverbrauchs; ich meinte aber nur den Bruchteil von ihm, für den Privatleute bereit sind, nicht wirtschaftlich rentable Ausgaben zu machen.

Ich mag nicht ernst nehmen, daß Sie nicht besonders nett zu mir sind. Sie schämen sich meiner Briefe (Ihr Selbstvorwurf in diesem Zusammenhang klingt nicht echt); Sie nennen meine Art des Abwägens kindisch, und Sie sind erschüttert über mich. Aber Sie gehen entschieden zu weit bei Ihrem negativen Urteil über die Politiker, auch wenn man die wirklich unqualifizierbare Äußerung von den dummen Verbrecherbanden einmal wegläßt. Ihr Unverständnis für die Notwendigkeiten der Politik wird Ihnen noch viele Schwierigkeiten machen.

Nun zu den Hauptpunkten: Ich stimme mit Ihnen überein, daß in unserer Zeit zum erstenmal die Veränderung unserer Lebensumstände so rasch geworden ist, daß sie oft schon in einem Menschenalter abläuft. Ich stimme Ihnen auch, allerdings nicht ganz so emphatisch, zu, wenn Sie sagen, daß diese Veränderungen sich meist rasch über die ganze Welt ausbreiten, daß also Schäden wie die Ausrottung der Tierarten wirklich irreversibel werden.

Ich glaube (vielleicht müßte ich sagen: hoffe), daß den hieraus entstehenden Gefahren im Rahmen unseres heutigen Gesellschaftssystems begegnet werden kann durch Anstrengungen im Rahmen von Politik, Wirtschaft und Forschung, ohne umstürzende Veränderungen. Diesen Glauben teile ich, wie Sie wissen, mit vielen anderen. Die bisher aufgestellten Szenarien für unsere Zukunft, etwa die des Club of Rome, der wohl als erster klar auf die Gefahren hingewiesen hat, überzeugen uns, daß etwas getan werden muß, aber auch, daß etwas getan werden kann, um die Zukunft zu sichern. Wir wissen, daß ohne solches Tun große Schäden entstehen würden, und wir wissen auch, daß es nicht leicht ist, die richtigen Maßnahmen zu finden, und vor allem, sie durchzusetzen. Aber nachdem wir jetzt erleben, daß diese Probleme die öffentliche Aufmerksamkeit gefunden haben, glauben wir das Recht zum Optimismus zu haben. Es wird kein glatter Weg sein; so leicht lernen die Menschen nicht. Wahrscheinlich werden wir, so wie kürzlich bei der Ölpreisentwicklung, noch öfter das erleben, was der Club of Rome »learning by shock« nennt, das Lernen aus Ansätzen von Katastrophen, was nicht schön ist, aber auch nicht zu irreversiblen Schäden führen muß.

Sie und Ihre Freunde stimmen dem nicht zu und verlangen einschneidendere Maßnahmen. Dafür haben Sie in Ihrem Brief wichtige Beispiele angegeben. Ihnen ist gemeinsam, daß es sich zugleich um Maßnahmen für ein besseres, schöneres Leben für alle handelt, wobei Sie definieren, was gut und schön ist. Sie beginnen mit dem, was der einzelne tun kann: Energie sparen, Sonnenhaus, weniger Konsum von Massengütern, mehr Kultur, Vielfalt in Gemächlichkeit. Sie hoffen auf ein Umkippen der öffentlichen Meinung im Sinn Ihrer Freunde und nehmen an, daß auf sie die geistige Führung im Lande übergeht. Sie erhoffen davon eine vernünftigere Planung (»nicht für acht Milliarden Menschen, sondern für eine Stadt«). Sie wollen »Beispiele geben, wie man von unten her ein menschenwürdiges Leben organisiert«, Sie wollen »kleine Gruppen in den Grundbedürfnissen unabhängig machen«.

Natürlich kann es nicht bei dem bleiben, was der einzelne oder kleine Gruppe allein bewirken können. Dazu gehört vielleicht noch die Produktion langlebiger Produkte statt der heutigen auf häufigen Neuerwerb konstruierten. Aber für vieles muß die neue geistige Führung tätig werden, so etwa für den »Fortschritt in kleinen Schritten« bei dem Näherbringen von Wohn- und Arbeitsplätzen.

Nun geht es Schlag auf Schlag. Natürlich wird die Atomenergie abgeschafft, denn »alle großtechnischen Aktivitäten, die weltweit die Wurzeln des Lebens bedrohen könnten, sind vom Abwägen ausgeschlossen – es sei denn, die Bedrohung wäre bei Verzicht noch größer«. Das letztere kommt für Sie bei der Atomenergie keinesfalls in Frage, wohl aber für mich, weil ich glaube, daß alles, was wir bei uns unnötig an Mehr von Arbeitskraft für Energie, etwa Sonnenenergie, aufwenden, von anderem abgeht, etwa von der Hilfe für die dritte Welt.

Ähnlich lehnen Sie die Großchemie und offensichtlich Großtechnik ab (»... gehört zur Großtechnik und wird deshalb absterben«).

Damit sind wir schon ganz weit mit der neuen Gesellschaft. Jetzt brauchen wir nur noch »den Übergang von zentralistischer Macht zu vielfältiger Selbstbestimmung«. Damit sind wir bei der Kernfrage. »Wie können wir Macht abschaffen oder beschränken?« »Alle politischen Entscheidungen werden soweit unten wie möglich getroffen werden.« »Selbstverständlich wird es nicht mehr möglich sein, Grund und Boden als Ware zu behandeln.« Das alles kann natürlich nicht nur mit sanften Mitteln erreicht werden, schon heute nicht. »Sollten wir friedlichen Bürger den (Pflaster-)Steinwerfern gar danken, daß sie das persönliche Opfer der Gewalttätigkeit bringen ...?«

Lieber Herr Kafka, jetzt werden Sie ganz schön wütend sein, weil ich überzeichnet habe. Zitate aus dem Zusammenhang zu reißen ist immer unfreundlich. Aber der Leser findet den Zusammenhang in Ihrem Brief, das mag mich entschuldigen. Viele Ihrer Vorschläge sind schön und sympathisch. Aber sie unterschätzen mehrere wichtige Dinge. Sie wollen die Menschen nicht zwingen. Aber Sie denken nicht genug an den Aufwand an Arbeit und die Veränderung bisher angenehmer Lebensbedingungen, die Ihr System brächte. Sie sagen, vielleicht mit Recht, daß Ihr System zum Besten der Menschheit wäre, aber ich glaube nicht, daß Sie es mit Mehrheitsbeschlüssen durchsetzen könnten. Sie und Ihre Freunde würden wohl nicht ohne Gewalt auskommen und im Interesse der guten Sache nicht davor zurückschrecken. Ich fürchte mich vor Ihnen wie Herr Häfele. Ich hätte mich auch vor Platon gefürchtet, als er (in der Politeia) vorschlug, die Bürger der Stadt aufs Land zu schicken und dann die Kinder in seinem Sinne zu erziehen. Seitdem hat es unzählige Beispiele zum Fürchten gegeben. Das letzte ist Pol Pot.

Ich hätte Ihnen gern etwas Freundlicheres zum Schluß gesagt, denn ich glaube, daß Sie ein ganz freundlicher Mensch sind. Auf jeden Fall wünsche ich Ihnen alles Gute, vor allem für Ihre Gesundheit.

Ihr
Heinz Maier-Leibnitz

19 Unterföhring, 15. Mai 1982

Lieber Herr Maier-Leibnitz,

vielen Dank für die rasche Antwort und die guten Wünsche, die mich schon wieder im häuslichen Bett erreichen. Sie haben viel zur Belebung meines Kreislaufs getan. Mit Platon und Pol Pot in einem Topf, das prickelt.

Sie haben wirklich einen entscheidenden Punkt angerührt, und ich bin Ihnen kein bißchen böse, wenn Sie hier nach Art aller guten Demagogen Ängste mobilisieren und so Pluspunkte beim Publikum sammeln. Nur muß ich nun auch noch einmal kurz antworten.

Sie machen es sich mit der »Gewalt« viel einfacher als ich: Staatsgewalt ist recht, Widerstand ist unrecht. Deshalb nennen Sie auch meine Äußerung über die Verbrecherbanden in der Welt »unqualifizierbar«, obwohl sie doch wahrhaftig jeder Beobachter der Weltpolitik sogleich mit vielen Beispielen »qualifizieren« könnte. Darauf muß ich nun aber aus Platzmangel (wegen unserer Abmachung) verzichten. Ich glaube aber, jeder König hätte seine Freude an Ihnen gehabt. Es gab ja auch viele gute Könige. Trotzdem mußten sie aus der Geschichte abtreten. Selten identifiziere ich mich mit Königsmördern, denn sie waren oft noch größere Vereinfacher als die Tyrannen; dennoch bohrt in mir die Frage, ob wir einigen von ihnen nicht dankbar sein müssen – wie vielleicht auch manchen Pflastersteinwerfern.

Wir suchen nach Gesellschaften, die »so gewaltfrei wie möglich« leben. Von solchen Zuständen sind wir weit entfernt, und deshalb ist zu fürchten, daß auch der Weg dorthin zunächst nicht viel friedlicher aussehen wird als unsere Geschichte. Jede Macht wird sich gegen ihre Abschaffung wehren; mit aller Gewalt, deren sie fähig ist. Trotzdem hoffe ich, daß wir ohne katastrophale Kämpfe, ohne Krieg und Bürgerkrieg vorankommen können; und diese Hoffnung ist wohl *deshalb* nicht ganz weltfremd, weil eben unsere Gesellschaft doch schon ein Stück des Weges geschafft hat, weil sie etwas besser informiert ist, weil das Denken sogar in die Schulen einsickert, weil Denker und Informanten nicht mehr hingerichtet werden. Oder ist letzteres gar kein Grund zum Optimismus? Bedeutet es etwa nur, daß die Mächtigen heute noch mächtiger sind? Ging vielleicht früher vom Denken eine größere Bedrohung der Macht aus, weil die Menschen noch nahe der Verfügung über ihre Lebensgrundlagen waren und deshalb Herrschaft leichter abschütteln konnten – freilich stets, um eine neue anzunehmen? Ist der moderne Machthaber, die »Megamaschine« der technischen Zivilisation, bereits unbesiegbar? Dürfen die Technokraten uns Aufrührer unbesorgt reden lassen, weil wir in der Freiheit wirksamer gebunden sind als in Kerkern? Wir werden sehen. Ich kann jedenfalls im Hinweis auf den Willen der Mehrheit nicht mehr als eine Tautologie sehen. Die Aufgabe ist doch gerade, den Willen der Mehrheit zu ändern, auf freundlichere, zukunftsträchtigere Pfade zu lenken. Wessen Aufgabe? Und von wem gestellt? Glauben Sie, schon hierüber sollte die Mehrheit entscheiden? Das wäre ein groteskes Mißverständnis von Demokratie. Das Nachdenken und Streiten über Wege und Ziele müssen wir schon erst einmal als einzelne im eigenen Auftrag besorgen. Und zur Diskussion darüber, was eigentlich erstrebenswert sei, leisten wir beide hier einen Beitrag. Sich zur Demokratie zu bekennen bedeutet nicht, die eigenen Einsichten den »Trends« der Massen und ihrer Medien unterzuordnen, denen es zur Abwälzung aller Verantwortung genügt, ständig herunterzuleiern: »... in unserer schnellebigen Zeit ...«, »... in unserem wissenschaftlich-technischem Zeitalter ...«, »... in unserer Massengesellschaft ...«; es bedeutet: sich wirklich aufs Argumentieren einlassen, nicht Propaganda machen, sondern gemeinsam lernen. Da dies nur in relativ kleinen Bereichen möglich ist, kann eben wirkliche Demokratie nicht als »Massendemokratie« organisiert werden.

Hatten Sie wirklich den Eindruck, ich wolle »definieren, was gut und schön ist«? Habe ich nicht vor allem zeigen wollen, was schlecht und häßlich ist? Nämlich alles, was die Grundlagen des irdischen Lebens oder die Voraussetzungen lebendiger, seelischer und kultureller Evolution zerstört? »Das Gute und das Schöne« kenne ich auch nicht, wenn ich mich auch glücklicherweise an einiges Bessere erinnere.

Sie machen uns (»mir und meinen Freunden«) implizit immer wieder denselben Vorwurf: Wir wählen ein paar offensichtliche oder eingebildete Mißstände, erspinnen in unserem schwärmerischen Denken ein Gegenbild und wollen dies allen anderen Menschen aufdrängen – und sind sie nicht willig, so brauchen wir Gewalt ... Sehen Sie gar nicht, daß dieser Vorwurf sich mit ebenso gutem Recht gegen »Sie und Ihre Freunde« erheben läßt? Nein, sogar mit viel mehr Recht; denn »Sie« haben nun wirklich nichts als Flickwerk an einigen Symptomen vor, wollen Gier durch schnelleren Nachschub bekämpfen und das Platzen durch einen immer dickeren Berstschutz; wenn eine Strömung uns erfaßt, und sichtbar wird, daß unsere Verflechtung mit den Ufern beim Zerreißen schmerzhafte Verletzungen auf beiden Seiten bewirkt und unserer Raserei entgegensteht, so suchen »Sie« nicht nach ruhigeren Gewässern, wo wir ankern könnten, um uns auf die weitere Reise zu besinnen, sondern »Sie« wollen die Verflechtungen durchhauen, Komplexität durch Vereinfachung ersetzen; und wenn es uns schließlich über den Rand des Wasserfalls reißt und wir in freien Fall übergehen, dann werden »Sie« noch versuchen, Stromlinienform anzunehmen, und die Mitreisenden, die einen Fallschirm öffnen möchten, wegen des Rucks, den das bewirken müßte, als Gewalttäter denunzieren.

»Sie« wollen »den Gefahren im Rahmen unseres heutigen Gesellschaftssystems begegnen«, »ohne umstürzende Veränderungen« – dabei ist doch das Hauptmerkmal unseres gesellschaftlichen Systems die umstürzende Veränderung! »Wir« dagegen haben etwas sorgfältiger zu verstehen versucht, auf welche Weise unser Gesellschaftssystem diese Gefahren herbeigeführt hat – und das können Sie schließlich nicht bestreiten: Die Gefahren brechen nicht aus der unmenschlichen Natur über uns unschuldige Opfer herein, sondern wir selbst schaffen sie, unser gesellschaftliches System erweist sich als Naturkatastrophe! Also versuchen wir, es zu ändern! Ganz recht: »durch Anstrengung in Politik, Wirtschaft und Forschung«. Sie sagen es, und auch ich teile Ihren Glauben und Ihre Hoffnung, daß es uns gelingen könnte.

Warum sagen Sie, »das geht nicht friedlich«? Das hört sich an wie eine Drohung. Und wenn *Sie* es auch nicht so meinen, viele Ihrer Freunde meinen es so. Die Betontürme der Wirtschaftsriesen, die Panzerkasernen und die Raketensilos sind Trutzburgen, von denen aus Herrschaft ausgeübt wird. Werden sie sich gewaltlos schleifen lassen? Können wir uns einen Verlauf der Geschichte vorstellen, in dem Bürger und Bauern den Raubrittern und Zwingherren durch gesellschaftliche Übereinkunft die Macht abnehmen? Warum nicht? Die Bauern, die mit Dreschflegeln und Mistgabeln gegen Unrecht und Unordnung aufstanden, blieben erfolglos, und doch fallen heute ihre Nachfahren in Reisebussen in den Schlössern ein, deren Herren ihnen als Fremdenführer dienen. Hat also nicht unser gesellschaftliches System vorzüglich – ohne Umstürze – funktioniert? Nun ja, gewaltlos ging es dennoch nicht gerade zu, und die Macht im Lande und in der Welt hat auch nicht dabei abgenommen. Deshalb dürfen wir der Analogie nicht zu weit trauen. Aber ich verspreche Ihnen, daß »ich und meine Freunde« uns noch nicht auf das Notwehrrecht berufen (das wir sicher in Anspruch nehmen müßten, wenn es beim Fallschirmaufspannen zu einem Handgemenge käme), sondern daß wir für Gewaltlosigkeit eintreten und durch vernünftiges Argumentieren bessere Mehrheitsbeschlüsse herbeiführen wollen. »Die Veränderung bisher angenehmer Lebensbedingungen«, die Sie befürchten, erhoffen wir. Eben diese Lebensbedingungen sollen besser werden. Ihr Argument mit der »Mehrarbeit« auf unserem Wege ist, milde gesagt, wenig überzeugend. Nicht nur gibt es in der »dritten Welt«, der auch Sie helfen möchten, Hunderte von Millionen Arbeitslose, sondern nun haben wir sogar hier bei uns zwei Millionen davon. Manche Ihrer Freunde empfehlen dagegen die Schaffung neuer Arbeitsplätze in der Massenproduktion von Wegwerfwaren oder Waffen und die Bereitstellung von mehr Energie zu diesem Zweck. Wir dagegen raten den Menschen, sich auf die wesentlichen materiellen, seelischen und sozialen Grundlagen zu besinnen und an deren Verbesserung oder Wiedergewinnung zu arbeiten. Das gibt genug sinnvolle, befriedigende, wohlstandschaffende Arbeit für alle. Und ich glaube (oder hoffe), deshalb werden wir fast alle überzeugen können. Dies betrachte *ich* als »Notwendigkeiten der Politik«. Nur so wird sich die Not abwenden lassen.

Die einzigen Verlierer auf unserem Wege werden die wirtschaftlichen und militärischen Machthaber sein. Gegen sie ist »Dirigismus«

notwendig, aber das wußten wohl schon Erzliberale des vorigen Jahrhunderts. Die Zwangsmaßnahmen in Platons Staat entsprachen der Künstlichkeit seines Entwurfs. Platon hatte zweieinhalb Jahrtausende weniger Erfahrung, und es fällt mir deshalb leicht, ihm diesen Fehler zu verzeihen; aber genaugenommen beginnt schon damals die Reihe der wissenschaftlichen Machenschaften, die uns heute Wohltaten wie den Schnellen Brüter bescheren sollen. Platon war hier auf dem Weg in Huxleys technokratische »Schöne neue Welt«, nicht auf dem »sanften Weg«. Männer wie Platon sind so selten, daß wir kaum Angst vor ihrem Auftreten haben müssen. Männer wie Pol Pot wird es freilich immer wieder geben, unter Roten, Grünen, Braunen oder Schwarzen. Aber auch ihn würde ich mehr dem »harten« als dem »sanften« Weg zuordnen. Also fürchten Sie sich bitte nicht vor mir.

Mit herzlichen Grüßen
Ihr Peter Kafka

20 München, 18. Mai 1982

Lieber Herr Kafka,

wieder will ich schnell antworten, und kurz; ich glaube, wir kommen zu einem natürlichen Ende unseres Briefwechsels. Ich möchte noch einmal das stützen, was man etwas provozierend das »Gewaltmonopol des Staates« nennt: Gewaltanwendung ist verboten; wenn es aber Gesetzbrecher gibt, muß etwas gegen sie getan werden, und das muß der Staat tun. Nur wenn die Regierung selbst verbrecherisch handelt, gibt es ein Widerstandsrecht der Bürger.

Die These, daß ohne Gewalt von unten nichts Gutes zustande kommt, hat etwas Verführerisches, aber sie scheint mir nicht zwingend. Ich möchte jedenfalls, solange es geht, an die Möglichkeiten der Demokratie glauben. So schlecht ist sie nicht. Der derzeitige Erfolg der Grünen scheint mir dafür ein Beispiel zu sein. Ich glaube sogar, daß sie ihre Chancen vergeben werden, wenn sie auf Gewaltanwendung oder auf von Minderheiten ausgeübtem Zwang bestehen, und daß sie Chancen haben, manches durchzusetzen, wenn sie das im Rahmen der demokratischen Ordnung tun.

Die beste Chance aber scheint mir darin zu liegen, daß Sie (und bei manchem würde ich gern »wir« sagen) selbst zeigen, wie man mit einem einfacheren Leben glücklich sein kann, wie man mit mehr individuell gearbeiteten Produkten, mit mehr Dienstleistungen, ohne Vernichtung der Industrie oder Energieversorgung, ohne Zwang, mit Menschlichkeit und Hilfsbereitschaft und ohne Gleichmacherei Arbeit für alle schaffen kann. Ich meine, daß es auf die Dauer wichtiger ist, das anzustreben, was »gut und schön« ist, statt nur zu bekämpfen, was »schlecht und häßlich« ist (Ihr letzter Brief). Das letztere und auch der Schutz gegen Interessen und »verbrecherische Machenschaften« kann dann Gegenstand einer demokratischen Auseinandersetzung sein.

Sie werden sagen, ich sei zu optimistisch, und das ist vielleicht wahr. Aber wenn ich im Geist die Menschen aus Politik und Wirtschaft, die ich gekannt habe, Revue passieren lasse, dann meine ich, daß sie zumeist empfindlich und empfänglich sind für Strömungen der öffentlichen Meinung und daß sie sich selbst Gedanken machen, was man ohne Verletzung der Gerechtigkeit besser machen könnte. Und die prinzipiellen Hindernisse dagegen sind niedriger als je. Rüstung, Nationalismus, Klassenkampf sind weniger Selbstzweck als je. Wir leben, gerade in Deutschland, mit einem größeren Maß von innerer und äußerer Freiheit als je zuvor in unserer Geschichte. Das gilt es auszunützen.

Wenn es Ihnen recht ist, könnte dies mein letzter Brief sein. Ich grüße Sie zum Abschied sehr herzlich,

Ihr
Heinz Maier-Leibnitz

21 Unterföhring, 20. Mai 1982

Lieber Herr Maier-Leibnitz,

ja, es ist mir recht: Hören wir auf! Ich hoffe, ich habe deutlich genug gemacht, wie friedlich ich gesinnt bin, wie sehr ich empfehle, nach dem »Guten und Schönen« zu streben, wie einleuchtend es aber auch ist, daß das »Schlechte und Häßliche« diesem entgegensteht und deshalb durch »Politik« behindert werden muß. Der Kern meiner »Botschaft« an Sie und die Leser war: Suchen wir die Bedingungen zu verstehen, unter denen das Bessere wachsen kann und das Schlechtere abstirbt, so stoßen wir auf die Erkenntnis, daß wir das Gute gar nicht anders definieren können als dadurch, daß wir es wachsen lassen. Nur muß eben dieses Wachstum die Bedingungen aller evolutionären Wertschöpfung erfüllen, die ich in den Schlagworten »Vielfalt und Gemächlichkeit« zusammenfaßte.

Ich habe Sie nicht überzeugen können, daß alle rasch entwickelte »Großtechnik«, also auch die Kernenergienutzung, diesen Bedingungen widerspricht. Sie haben mich ebensowenig vom Gegenteil überzeugt. Trotzdem war unser Unternehmen wohl nicht wertlos, und ich danke Ihnen noch einmal dafür, daß Sie es mit Ihrem Brief vom 29. Februar 1980 in Gang setzten.

Mit herzlichem Gruß
Ihr
Peter Kafka

Heinz Maier-Leibnitz
Nachwort*

Wir beenden unseren Briefwechsel mit gemischten Gefühlen. Ich bin mehr als vorher überzeugt: Die Wissenschaftler können die Welt nicht lenken, und ihre Verantwortung kann nicht groß sein. Sie wollen und sollen forschen, und damit sind sie zu beschäftigt, als daß sie noch einen vollen Beruf als Politiker ausüben könnten.

Das heißt nicht, daß sie nicht auch Bürger sind und wie diese Wünsche und Träume haben oder daß sie sich nicht auch konkret Gedanken machen, was geschehen könnte, und versuchen etwas durchzusetzen. Dazu ist ein Weg der Versuch der wissenschaftlich-technischen Politikberatung, oder eigentlich mehr, nämlich die Pflicht dazu, denn ohne die Auskünfte, die nur wir geben können, geht es nicht.

Der andere Weg ist der der Bürgerinitiativen. Hier ist ein Punkt, wo wir uns in den Briefen nicht geeinigt haben. Ich meine, wir müssen die Politiker verstehen, wie sie sind, und erwarten, daß sie auf Grund unserer Auskünfte und auf Grund ihrer Einschätzung der Bedürfnisse und der Wünsche der gesellschaftlichen Kräfte das politisch Mögliche tun. Herr Kafka mit seinen Freunden sieht darin keine Möglichkeit. Er scheint zu glauben, daß die Veränderung von einer gutwilligen und erleuchteten Minderheit ausgehen muß, zu der er sich und seine Freunde zählt.

Bei den Zielen gibt es ein gewisses Maß von Übereinstimmung zwischen uns. Ich gestehe meine Sympathie für weniger Wachstum und den »Fortschritt in Gemächlichkeit«. Aber über die möglichen Wege sind wir so verschiedener Meinung – und »wir« heißt nicht wir beide, sondern zwei große Gruppen –, daß keiner von uns ganz recht haben kann, jedenfalls nicht, was die Vorhersage für die künftige Entwicklung betrifft, denn darauf werden beide Gruppen und noch viele andere Einfluß haben. Deshalb müssen wir miteinander reden, auch wenn es uns nicht besonders freut.

München, 11. Juli 1982

* Die Autoren haben ihre Nachworte unabhängig voneinander und ohne Kenntnis des jeweils anderen Textes geschrieben.

Peter Kafka
Nachwort

Nun darf ich noch ein Wort zu Ihnen, den Lesern, sagen. Jene, die sich schon anfangs kopfschüttelnd fragten, warum denn ein seriöser Fachmann sich überhaupt mit einem derart naiven alternativen Schwätzer eingelassen habe, sind nicht mehr dabei; ich nehme also an, Sie alle wollten etwas hinzulernen, um die in immer schnellerer Folge von uns geforderten Entscheidungen über Wege in die Zukunft mit mehr vernünftiger Zuversicht und weniger leichtsinniger Risikofreude anzugehen. Hoffte aber jemand, nach einer solchen Diskussion stünden ein paar einfache Wahrheiten für beide Streiter und alle Leser fest, so ist er nun enttäuscht. Wir haben anscheinend kaum etwas voneinander lernen können. Vielmehr haben wir oft aneinander vorbei zu *Ihnen* gesprochen, um Sie von eigenen Einsichten zu überzeugen oder für Vorurteile einzunehmen. Das Ergebnis ist also nicht viel anders, als hätten Sie je ein Buch von beiden Seiten gelesen. Aber auch das ist ja schon etwas wert.

Über eines allerdings waren wir uns wohl einig: Ob wir die großtechnische Nutzung der Kernenergie weiter ausbauen oder wieder einstellen, ist eine gesellschaftliche Frage, nicht etwa eine technische.

Wer heute über mögliche Leitlinien gesellschaftlicher Entwicklung nachdenkt, den schimpft man einen Ideologen. Wenn Sie wollen, nennen Sie also Herrn Maier-Leibnitz einen ideologischen Kernenergiebefürworter und mich einen ideologischen Kernenergiegegner. Herr Maier-Leibnitz hängt, wenn auch durch Erfahrung leicht verunsichert, der ›Ideologie des großtechnischen Optimismus‹ an, die ich so zusammenfassen möchte: *Die Menschheit steht vor gewaltigen Problemen. Mögen diese auch größtenteils erst durch menschliches Handeln entstanden sein – der Mensch läßt sich leider nicht ändern, und deshalb liegt der einzige Ausweg in weiterem, ja beschleunigtem und besser gezieltem, rationalem Handeln von Sachverständigen und verantwortlichen Regierungen. Beschleunigung und zielgerichtete Planung sind aber am besten in Großforschung und Großtechnik gewährleistet.* Demgegenüber vertrete ich eine vorsichtigere Ideologie, die heute kurz »grün« genannt wird: *Das System von Leben und menschlicher Gesellschaft ist so komplex, daß jedes auf vordergründige Ziele gerichtete, zentral gesteuerte Handeln fast mit Sicherheit zerstörerisch ist. Aus eben solchem Handeln stammen ja auch all die gewaltigen Probleme. Der einzige Ausweg liegt daher im Wachsen angepaßter Technik und dezentraler gesellschaftlicher Institutionen, die militärische und technokratische Einfalt und Raserei beschränken und statt dessen Vielfalt und Gemächlichkeit, die Bedingungen weiterer Evolution, begünstigen.*

Offensichtlich muß eine der beiden Ideologien mehr Wahrheitsgehalt haben als die andere, aber welche nun die künftige Entwicklung bestimmen wird, hängt von Ihnen, den Bürgern, ab. Sie müssen fähig werden, aus Einsicht zu entscheiden; sonst entscheiden »naturgemäß« die wirtschaftlichen Machthaber im eigenen Interesse.

Wie aber erlangt man Einsichten, wenn ringsum raffinierte Prospekte alles verstellen? Keine Angst! Mit viel Geld kann man zwar viel buntbedrucktes Papier frei Haus liefern, aber wenn Sie ein bißchen darin stochern, kommt der Durchblick! Sie müssen nämlich nicht etwa beurteilen, ob z. B. die Erbauer des Schnellen Brüters die Wahrscheinlichkeit für die Explosion des Reaktorkerns bei Unfällen oder Betriebsstörungen aller Art zuverlässig abschätzen können. Stochern Sie ruhig erst einmal an den allgemeinverständlichen Äußerungen unserer führenden Wissenschaftler! Da gibt es schon genügend schwache Stellen! Vielleicht finden Sie einige in unseren Streitbriefen. Ich möchte aber auch noch ein Beispiel aus einem anderen Gebiet anführen, damit Sie nicht vergessen, was außer der Kernenergie sonst noch alles auf uns zukommt. Vielleicht erscheint es als unfair, daß ich wieder Manfred Eigen zitiere, der sich hier nicht wehren kann. Aber der Nobelpreis bringt es eben mit sich, daß man öfter in den Zeitungen steht. In der »Zeit« vom 30. April 82 antwortet Eigen auf die Frage nach dem Risiko seiner Forschungsarbeiten über künstliche biologische Evolution: *»Einem bewußten Mißbrauch kann man niemals mit einem Erkenntnisverzicht begegnen. Einen bewußten Mißbrauch kann nur der unter Kontrolle halten, der mehr weiß als jemand, der mißbrauchen will.«* Dürfen sich führende Wissenschaftler weiterhin so oberflächlich und mit gespielter Naivität um diese Fragen herumdrücken? Welche Mittel haben wir denn, oder welche können wir entwickeln, um bewußten Mißbrauch unter Kontrolle zu halten? Und ist etwa der noch häufigere unbewußte Mißbrauch gar nicht der Rede wert? Auf das Thema Kernenergie angewandt wäre Manfred Eigens Antwort etwa folgendermaßen zu übersetzen: »Um die Anwendung von Atombomben zu verhindern, muß man mehr von Kernphysik verstehen als die Bombenbauer. Und der Schaden, den gutwillige Kernenergienutzung anrichten könnte, ist nicht erwähnenswert, denn bei gutem Willen kann der Mensch keinen Schaden anrichten ...«

Hier mag Herr Maier-Leibnitz mit seinem Fragen schon ein bißchen weiter sein – aber konkrete Antworten gibt er nicht. Kein Wunder! Er möchte ja am liebsten nur als Fachmann sprechen. Das Problem des Mißbrauchs wissenschaftlicher Erkenntnisse läßt sich aber prinzipiell nicht durch Erkenntnis innerhalb des Wissenschaftsbetriebs – etwa durch ein »Institut für Technikfolgenabschätzung« – lösen. Es ist zu eng verknüpft mit allen anderen Problemen der gesellschaftlichen Organisation.

In seinem Buch »Das Spiel« (mit Ruthild Winkler als Co-Autorin) hat Manfred Eigen formuliert, daß Macht autokatalytisch sei und daß wir deshalb nach Begrenzungsmechanismen suchen müßten. Wer aber sucht nach diesen? Gewiß nicht die Mächtigen! Die Hoffnung, Macht würde im freien Spiel der Mächte von selbst begrenzt, ist trügerisch. Die Macht kleiner Gruppen wächst unaufhörlich, und heute schneller denn je. Sie führt in den Untergang und läßt uns nur die Wahl zwischen militärischen und ökologischen Katastrophen.

Besinnen wir uns also auf unsere wesentlichen Bedürfnisse und wahren Lebensgrundlagen, entziehen wir den mächtigen Machern unser Vertrauen, nehmen wir die Wirtschaft und all das »Eigentum« in kleineren Bereichen selbst in die Hand, lassen wir nicht all unsere hergebrachten Fähigkeiten verkümmern, um größenwahnsinnig an den Wurzeln des Lebendigen herumzupfuschen. *Dort* können wir die Evolution *nicht* verbessern, selbst wenn wir alle Naturgesetze ergründet haben. In den Sprachen der Kernphysik, der Chemie oder des genetischen Codes wird seit Milliarden von Jahren diskutiert. Es ist schön, daß wir sie nun verstehen, aber das heißt doch nicht, daß wir hier in Eile einen Fortschritt bewirken könnten! Wenn es uns schlecht geht, so liegt das an der Vernachlässigung unserer eigentlichen Aufgaben und Fähigkeiten. Lernen wir also endlich in der eigenen Sprache sprechen!

Unterföhring, 4. Juli 1982

Nach Tschernobyl:
Die Auseinandersetzung geht weiter

Peter Kafka

Keine akute Gefahr?

Anmerkungen zur Rationalität moderner Technik *

Was ist eigentlich geschehen? Ein mittelschwerer Unfall in einem Atomreaktor hat deutlich gemacht, daß die Kritiker der großtechnischen Kernenergienutzung (und anderer Großtechniken?) mit ihren jahrzehntelangen Warnungen vor dem langfristigen Risiko wohl doch nicht so unrecht hatten. Warum konnten sie den Lauf der Dinge nicht aufhalten?

Sagen wir es in einem Bild: Einer Gruppe von Abenteurern war es gelungen (»mit erheblicher krimineller Energie«, möchte man sagen), die beiden Hauptantriebe des Menschen, Gier und Angst, auszubeuten und so uns alle in Unternehmungen zu verstricken, die späteren Betrachtern geradezu unwirklich und absurd werden erscheinen müssen. Der Vorgang ist nicht neu in der Geschichte. Fast alle Kriege und Eroberungszüge entstehen auf diese Weise. Die Angst vor Mangel und die Gier auf Beute lassen es kaum zu, vor einem Krieg das eigene Risiko rational abzuwägen. Ist nur unser Mut genügend groß, so trägt das Risiko allein der Feind. Wer daran zweifelt, ist ein Defätist, ein Wehrkraftzersetzer.

Nun ist eine Schlacht verloren gegangen. Die Generalstäbe der Experten tagen. Angeblich haben sie die nötige Übersicht. Aber bedenken wir, was das heißt: Sie müssen das Wesentliche übersehen. Nutzen wir also, bevor der bis zu uns vorgedrungene Pulverdampf sich verzogen hat, die Gelegenheit! Prüfen wir endlich, ob der Raubkrieg gegen die Natur sich lohnt. Ja, können wir überhaupt noch heil aus ihm herauskommen?

Der Wind in Tschernobyl stand günstig. Die freigesetzten Spaltprodukte wurden großenteils weggeweht und über ganz Europa verteilt. Bei schwachem Nordwind und rasch einsetzendem Regen hätte alles auf die drei Millionen Bewohner der ukrainischen Hauptstadt Kiew

* Geschrieben am 15.5.1986, abgedruckt in der Süddeutschen Zeitung vom 24./25.5.1986

niedergehen können. Wer die westeuropäische Presse las, konnte den Eindruck gewinnen, viele bei uns hätten solche Winde lieber gehabt. (Auch die Anziehungskraft von Menschen scheint ja mit dem umgekehrten Quadrat des Abstandes abzunehmen.) Aber es war eine höhere Gerechtigkeit am Werk. Schließlich waren Deutsche und andere Europäer an der wissenschaftlichen und politischen Vorgeschichte der Problematik nicht unbeteiligt. Und kaum aus dem einen Expansionswahn erlöst, wurde unser Volk von einem neuen befallen: Wir setzten uns mit an die Spitze des Feldzuges zur Eroberung der Atomkraft. Scham wäre nun angemessener als ein gutes Gewissen. Liegt nicht die Verantwortung bei allen, die die Nutzung der Atomenergie befürwortet oder gleichgültig zugelassen haben?

Zu Klagen, wir hätten ganz unschuldig etwas abbekommen, ist also kein Anlaß. Die russische Bevölkerung hatte viel weniger Möglichkeiten, sich mit den Risiken auseinanderzusetzen oder sie gar politisch zu bekämpfen. Und die russischen Experten? Sind sie weniger qualifiziert oder gar verantwortungsloser als die unseren? Wohl kaum. Der verunglückte Reaktortyp hatte in der westlichen Fachliteratur recht gute Noten erhalten. Atomwirtschaftler waren oft sogar neidisch auf ihre sowjetischen Kollegen, die nicht durch die »von fanatischen Kernenergiegegnern aufgeputschten Ängste in der Bevölkerung« und durch eine relativ unabhängige Rechtsprechung zu »übertriebenen« Sicherheitsvorkehrungen gezwungen wurden. Was wir nicht vergessen sollten: Wenige Tage vor dem Harrisburg-Unfall erschien in der Zeitschrift »atomwirtschaft« ein Artikel aus dem Hause, das den Reaktor auf Three-Mile-Island gebaut hatte und bei uns einen ähnlichen in Mühlheim-Kärlich errichtete. Dort wurde argumentiert, die deutschen Sicherheitsbestimmungen seien zu streng und führten durch die Komplexität der zu ihrer Einhaltung erforderlichen Technik gar nicht mehr zu größerer Sicherheit, sondern verringerten diese sogar schon wieder. Die geringeren amerikanischen Anforderungen stellten das Optimum dar. Aus verständlichen Gründen hörten wir solche Argumente lange nicht mehr. Erst vor einigen Monaten begannen sie wieder in der Diskussion aufzutauchen. Ein Jahrsiebt ist offenbar die Zeitspanne, nach der selbst schwere Schockerlebnisse in der Erinnerung verblassen. (So lange dauerte es, bis man bei uns die Wiederbewaffnung beschließen konnte. Benn hatte gesagt: »Die Kontinuität der Persönlichkeit wird gewahrt von den Anzügen, die bei gutem Stoff zehn Jahre halten«. Auch hier ist der Fortschritt schneller geworden.)

Versäumnisse der Russen sollen nicht entschuldigt werden. Hätte der beschädigte Reaktor, wie bei uns üblich, einen dichten Mantel gehabt, wäre vielleicht nicht viel entwichen. Andererseits kann bei einem schweren Unfall auch ein solcher Mantel brechen oder undicht werden – und möglicherweise haben andere Konstruktionsmerkmale jenes Reaktors, die ihn positiv von anderen unterscheiden, dazu beigetragen, daß es längst nicht zum Schlimmsten kam (und hoffentlich auch nicht mehr kommt). Günstig wirkte sich wohl auch aus, daß der Reaktor seit einiger Zeit nicht mit voller Leistung betrieben worden war. Wir alle – in Ost und West – haben großes Glück gehabt, daß offenbar nur ein Teil der Brennstäbe schmolz oder jedenfalls nicht die höchsten denkbaren Temperaturen erreicht wurden. So ist nur ein kleiner Teil des Inhalts der Brennstäbe entwichen, nämlich einige Gramm Jod, ein paar Pfund Caesium und einige Gramm anderer leicht flüchtiger Spaltprodukte des Urans, während z. B. das schwerer flüchtige, besonders bedrohliche Strontium-90 nur in geringerem Maße verdampfte und das aus dem Uran »erbrütete« Plutonium mit seinen Verwandten fast völlig an Ort und Stelle blieb. Strontium-90 ist in den Brennelementen etwa halb so stark konzentriert wie Caesium-137 und hat wie dieses eine Halbwertszeit von etwa 30 Jahren, aber wegen seiner stärkeren Aufnahme über Pflanzenwurzeln und wegen seines stärkeren Einbaus in die Knochensubstanz ist es erheblich gefährlicher für Mensch und Tier. Heute (am 15. 5.) wird vermutet, daß dank dem Glücksfall, daß die geschmolzenen Brennelemente nicht heißer wurden, und deshalb viel weniger Strontium als Caesium entweichen ließen, unsere künftige Gesundheitsbelastung durch Strontium-90 nur etwa der durch das Caesium-137 entsprechen wird. Danken wir also für das Glück im Unglück! Die Menge gefährlicher radioaktiver Stoffe im Reaktorkern zählt nämlich nicht nach Gramm, sondern nach hunderten von Kilogramm oder dem Inhalt von über tausend Hiroshimabomben!

Es wird einem schwindelig. Kann etwa bei anderen »Verkettungen unglücklicher Umstände« ein viel größerer Teil des heimtückischen Inhalts der Brennelemente durch Verdampfung oder Explosion entweichen und über die Umgebung oder einen ganzen Kontinent verteilt werden? Ja – so wenig annehmbar der Unfall von Tschernobyl erscheint, man muß leider annehmen, daß uns, wenn wir uns weiterhin den Umgang mit solchem Vernichtungspotential zutrauen, viel schrecklichere Unfälle noch bevorstehen – Katastrophen mit Massen sterbender und dahinsiechender Menschen, entvölkerten Städten, auf Generationen unbewohnbaren Landstrichen, ja mit Millionen von Spätschäden an der Gesundheit von Bewohnern der ganzen Erde und an den Erbanlagen ihrer Kinder und Kindeskinder.

Betreibe ich hier irrationale Panikmache? Gibt es nicht seit langem Risikostudien der Fachleute für Reaktorsicherheit? Den Eintritt eines Unfalls mit Kernschmelze haben sie z. B. etwa einmal in zehntausend Reaktor-Betriebsjahren erwartet. Alle Reaktoren der Welt haben nun zusammen etwa dreitausend Jahre Dienst getan. Also lagen doch die Experten gar nicht so falsch. Können wir ihnen dann nicht auch bei der Aussage vertrauen, solche »Horror-Szenarien« seien praktisch ausgeschlossen? Ich möchte von solchem Vertrauen dringend abraten. Gerade der Rationalitätsbegriff der Fachleute ist ihre schwächste Stelle! Sie glauben, daß Wissenschaft darin besteht, etwas auszurechnen. Rechnen kann man natürlich nur dort etwas, wo schon am Ausgangspunkt der Betrachtung Zahlen bekannt sind. Illustrieren wir das Problem mit einem krassen Beispiel: Nehmen wir an, der Betriebsleiter eines Reaktors, oder gar einer Wiederaufbereitungsanlage (wo der Inhalt der Brennelemente vieler Reaktoren in Säuren aufgelöst und chemisch verarbeitet wird...) – nehmen wir an, der Betriebsleiter hatte schon lange Kummer mit seiner Frau, und jetzt hat sie ihm gesagt, er sei impotent, und er läuft aus dem Haus, hat die wichtigsten Schlüssel seines Werks bei sich, und alle Schlüsselwörter im Kopf, und in diesem Kopf beginnt der Gedanke zu kreisen: »Ich werd's euch zeigen, ich werd's euch zeigen«. Offensichtlich ein Horrorszenario. Man wird von der Auswahl psychisch extrem stabiler (also beinahe debiler) Verantwortungsträger, bis zum Einbau immer raffinierterer Zugriffssperren alle denkbaren Sicherungen vorsehen. Dann kann man sagen, die Wahrscheinlichkeit eines Unglücks dieser Art sei praktisch gleich Null.

Gut. Aber in dem hochkomplexen System aus Maschinen, Steuerungsautomaten und menschlichem Verhalten im Betrieb und seiner ganzen Umgebung gibt es fast unendlich viele »Szenarien« von Ereignisabläufen, die sich niemand ausdenken kann, die alle verschwindend geringe Wahrscheinlichkeit haben, und die dennoch wegen ihrer unübersehbar großen Zahl einen wesentlichen Beitrag zur gesamten Unfallswahrscheinlichkeit liefern könnten. Wie groß ist dieser Beitrag? Das fragten sich natürlich auch die Fachleute. Erinnern wir uns an die »Deutsche Risikostudie«: Zunächst wird dort klar eingestanden, daß die Menge der berücksichtigten Ereignisketten, die zu Unfällen führen, »unvollständig« ist. Man kann ja nicht alles voraussehen. Aber ein braver Wissenschaftler darf nun einmal nur über das sprechen, wozu er Rechnungen vorlegen kann. Auf den nächsten paar tausend Seiten einer Risikostudie taucht das Problem daher zunächst nicht mehr auf. Es wird mit jenen Ereignisketten gerechnet, die einem eingefallen sind und die sich mit Zahlen bewerten ließen. Schließlich kommt die Zusammenfassung – das einzige, was Politiker und Öffentlichkeit zur Kenntnis nehmen. Dort steht dann: »Die verfügbaren Methoden und Daten bedingen, daß Risikoanalysen noch mit erheblichen Unsicherheiten behaftet sind. Soweit eine brauchbare Basis dafür besteht, wurde versucht, die Aussagesicherheiten zu quantifizieren. Die nicht quantifizierbaren Unsicherheiten werden durch die pessimistische Vorgehensweise abgedeckt. Das führt dazu, daß das Risiko eher über- als unterschätzt wird.« Aha. Haben Sie auch ein Aha-Erlebnis? Wie soll eigentlich die optimale Nutzung der Kenntnisse in einem Teilbereich die Unkenntnis in anderen wesentlichen Bereichen wiedergutmachen? Das mag sich ein Laie fragen – aber genau dieses Mißverständnis von »wissenschaftlicher Qualität« findet sich bei den meisten Anführern in Forschung und Technik: Wenn man nur das, was man versteht, richtig macht, dann ist es schon gut. Was man nicht versteht, läßt sich ja nicht mit Zahlen belegen und ist daher irrelevant. Ahnen Sie etwas? Hier liegt die Wurzel der Zerstörung der Welt durch unsere »Rationalität«! – Noch gibt es Wissenschaften, mindestens außerhalb der »Großforschung«, in denen man bei solchem Vorgehen einfach ausgelacht würde; es sind vor allem jene, in denen auch die lächerlichste Fehleinschätzung keinen ernstlichen Schaden anrichten könnte. Hier aber, wo langfristig das irdische Leben auf dem Spiel steht, muß einem das Lachen vergehen. Die Rationalität der Wissenschaft entartet unter dem Druck der »Sachzwänge« (und der »Machenschaften«) zu einer Art Schwachsinn. Gesunder Menschenverstand, der dies erkennt, aber es wegen der Natur der Sache nicht »quantifizieren«, also mit Zahlen belegen kann, wird von den Wissenschaftspolitikern als Ideologie oder Emotion disqualifiziert.

Was folgt denn aus dieser »emotionalen Betrachtungsweise«? Hoffnung! Wir Nichtfachleute sollten fähig sein, die Nutzung der Atomenergie zu einem baldigen Ende zu bringen. Selbst wenn einige Jahrhunderte lang in einer von Kernenergie lebenden Menschheit nur solche »kleinen« Unfälle eintreten sollten, wie wir eben einen erlebt haben, wäre der Schaden unermeßlich. Eine Garantie für das Ausbleiben von Katastrophen zu übernehmen, wäre größenwahnsinnig. Es gibt also nur eine einzige vernünftige Konsequenz: Aus Einsicht in die Gefahr muß jede großtechnische Nutzung der Atomenergie weltweit für alle Zeiten tabu werden.

Wie ist es möglich, daß sofort nach dem Unfall in Tschernobyl schon wieder die Parole umgeht, wir müßten und könnten solche Schäden in Kauf nehmen, weil sonst die Kilowattstunde ein paar Pfennig teurer werden könnte? Wenn doch niemand beziffern kann, welche Hypothek den Nachkommen hinterlassen wird! Wie ist es erklärbar, daß auch längst verlorene Kriege weitergeführt werden? Womöglich bis zum bitteren Ende? Sollen wir auf eine Wunderwaffe hoffen, die eine Wende herbeiführt? Man wird uns jetzt erzählen, das Risiko sei wegen der neu gewonnenen Kenntnisse noch viel geringer geworden. (Unsere Strahlenschutzkommission verkündet: »Nach bisherigem Wissensstand sind keine Langzeitschäden zu befürchten.« Will man uns auch noch verhöhnen? In der Tat – das Wissen über Langzeitschäden wird sich erst nach langer Zeit einstellen!) Sollte der Widerstand gegen die bestehenden und weiter geplanten Anlagen zu groß werden, wird man uns erzählen, es gebe ja Arten der Kernenergienutzung (wie z. B. den Hochtemperaturreaktor oder die Fusion), die weitaus sicherer seien. Aber man sollte sich nichts weismachen lassen. Großtechnische Nutzung radioaktiver Substanzen darf nicht erlaubt werden. Das Vernichtungspotential bleibt auch nach allen denkbaren Verbesserungen immer zu groß – und sei es nur aus dem Grund, der den Physiker und Philosophen Carl Friedrich von Weizsäcker nach jahrelangem »Einerseits-Andererseits« endlich (noch vor Tschernobyl!) klar aussprechen ließ: Die Kernenergienutzung sollte eingestellt werden, denn in einer unfriedlichen Menschheit ist sie selbst bei perfekter Technik zu gefährlich. Es bleibt hinzuzufügen, daß es nie eine perfekte Technik ohne Wechselwirkung mit Menschen geben kann, und daß der Entwurf eines absolut sicheren »Weltfriedenssystems«, das dann wieder die Kernenergienutzung zulassen könnte, einen noch absurderen Größenwahn darstellen müßte. Geben wir es endlich zu: Wir müssen kapitulieren! Das wäre kein Zeichen von Feigheit, sondern von Vernunft. Unser Beispiel könnte schnell Schule machen. Ich glaube, die Definition von Vernunft schließt ein, daß sie bei hinreichender Bemühung überzeugend wirkt.

Muß nun wieder über »die Arbeitsplätze« gesprochen werden? Hier wird merkwürdig zweigleisig argumentiert. Einmal heißt es, ohne mehr Energie könnte die Menschheit nicht menschenwürdig leben oder müßte gar zugrunde gehen. Dann wieder heißt es, ohne mehr Energie gäbe es nicht genug für alle zu tun. Spricht dann nicht alles dafür, daß wir mehr an der Lösung des Problems arbeiten, wie wir unseren Energiebedarf zunächst einmal durch intelligenteren Umgang mit Energie senken und dann den echten Bedarf ohne selbstmörderische Aktivitäten decken könnten? Ich weiß: Wer in diesem Zusammenhang das Wort »Sonnenenergie« ausspricht, wird noch immer von den sogenannten Fachleuten mit mitleidigem Lächeln bedacht. Aber eine ganz simple Tatsache, die sich sogar in Zahlen ausdrücken läßt und damit einen gewissen wissenschaftlichen Charakter annimmt, könnte das schnell ändern – wenn sie einmal durch Politik und Medien der Bevölkerung so sehr eingeschärft würde, wie bisher die Atompropaganda: Die Sonne liefert auch hierzulande, trotz unseres Breitengrades und unserer Wetterbedingungen, jährlich auf jedem Quadratmeter Boden so viel Energie ab, wie in hundert Litern Öl enthalten ist! Das entspricht einer Ölschicht von zehn Zentimetern Dicke über das ganze Land. Kann es wahr sein, daß dies nicht genug ist? Sollte der Mensch, mit all seinem Ehrgeiz und seiner Intelligenz, nicht fähig sein, von diesem großzügigen Angebot ohne Zerstörung seiner Umwelt so viel abzuzweigen, daß jeder vernünftige Bedarf zu decken wäre? Natürlich ist das so. Hierüber braucht man gar nicht zu diskutieren. Die Frage ist nur: Welche Methoden der Sonnenenergienutzung sind der jeweiligen Aufgabe und dem jeweiligen Ort am besten angemessen? Simple oder raffiniertere Wärmekollektoren, Stromerzeugung mit Solarzellen, biologische, biotechnische und photoelektrochemische Prozesse zur Gewinnung speicherbarer Brennstoffe – es gibt hier so viele Möglichkeiten –, und die meisten werden eine Entwicklung begünstigen, wie sie mehr und mehr Menschen sich wünschen, weil sie die Gefahren der einfältigen, immer größeren und immer instabileren technischen und gesellschaftlichen Apparate sehen und am eigenen Leibe spüren. Die Sonne nämlich kommt überall hin. Es wird nicht mehr so leicht sein, von mächtigen Zentralen aus alle Menschen an die Leine zu nehmen – durch Drähte, Rohre, Kabel oder auch Glasfasern. Wenn sich endlich mehr Menschen Gedanken machen, welche ihrer Bedürfnisse eigentlich wieviel Energie erfordern, und wie sich diese im eigenen Dach und Keller, in der eigenen Gemeinde oder Stadt (natürlich auch in Zusammenarbeit und Solidarität mit nahen und fernen

Nachbarn) auf menschen- und naturfreundliche Art gewinnen und speichern ließe – ja, dann wird endlich die Wissenschaft und Technik der Sonnenenergiegewinnung den Respekt in der Bevölkerung und das Ansehen unter Kollegen und den entsprechenden Anteil an Universitätslehrstühlen einheimsen, der ihr längst zustünde.

Und die Wirtschaft? Könnte sie denn eine solche Kapitulation verkraften? Die vielbeschworene »wirtschaftliche Konkurrenzfähigkeit« ist tödlich, wenn der Wettbewerb ein Wettlauf zum Abgrund ist. Wer aufhört mitzulaufen, muß »schwierige Strukturveränderungen« bewältigen. Aber das lohnt sich! Denken Sie daran, wie schnell sich Länder nach verlorenen Kriegen wieder erholen konnten, wenn es nur endlich Raum für Hoffnung gab! So würde die Entwicklung energiesparender Maßnahmen und dezentraler Energietechniken zweifellos neue »Wachstumsindustrien« aufblühen lassen. Nicht, daß wir uns über das Wachstum an sich freuen sollten! Aber hier dürfte eben einmal etwas Gesundes, Entwicklungsfähiges wachsen, und die Menschen könnten vielleicht doch noch zu den Bedingungen zurückfinden, die ich »Voraussetzungen von Wertschöpfung« genannt habe: Zu »Vielfalt und Gemächlichkeit« – im Gegensatz zu der Einfalt und Raserei, die uns weltweit immer schneller im Namen der Rationalität von einer Innovation zur nächsten taumeln läßt und alles, was an gewachsenen Werten im irdischen Leben und in der menschlichen Kultur noch vorhanden ist, vernichtet und durch eilig geplanten Schund ersetzt.

So steht am Ende dieser Gedanken über das Unglück von Tschernobyl doch wieder die Hoffnung auf das Glück – neben Gier und Angst ein weiterer Antrieb des Menschen, und wohl ein wesentlicherer. Wenn wir in Kinderaugen schauen, durch Frühlingsblumen wandern, ein Gedicht sprechen, alte Musik hören, dann füllt sich das Herz mit dem Wissen: Wir können noch immer leben! Was wir mit den eigenen Händen vollbringen, und was wir in uns schaffen können, ist so viel schöner und wichtiger als all die großtechnischen Künste, die uns immer abhängiger – und eigentlich immer ärmer – machen. Heilen wir uns von dem Wahn, wir könnten in Eile die Welt verbessern. Vertrauen wir auf das Ererbte, und auf die Erde und ihre Lebenswelt, die uns hervorgebracht hat. Bemühen wir uns, dies zu bewahren. Die Trauer über all das Untergegangene, das unserem Fortschritt schon zum Opfer gefallen ist, und weiter zum Opfer fallen wird, weil so viele von den Folgen unseres Handelns nicht mehr rückgängig zu machen sind – diese Trauer soll fruchtbar werden.

Heinz Maier-Leibnitz
Lehren aus Tschernobyl *

Als ich anfing, mich mit der Neuauflage unseres Buchs zu beschäftigen, war gerade Karl-Heinz Beckurts ermordet worden. Wir haben ihn seit seiner Promotion gekannt. Er war ein Spezialist auf Weltniveau für Neutronenphysik und hat uns in Grenoble bei der Konstruktion des Höchstflußreaktors sehr geholfen. Seine Autorität beruhte auf der Sorgfalt und Gründlichkeit bei allem, was er anging, und dazu seiner Freundlichkeit und Hilfsbereitschaft. Als er Chef des Kernforschungszentrums in Jülich wurde, haben wir uns viel über die Probleme der Förderung der Forschung und der Forscher unterhalten. Er hat dann gemeint, daß er vielleicht bei der Industrie mehr leisten kann als bei einer mehr verwaltenden Tätigkeit, und ich habe gehört, daß er dort, obwohl er seiner ganzen Natur nach Wissenschaftler war, großen Erfolg hatte. Ich war entsetzt, als ich in einer Zeitung las, daß diesmal die Terroristen jemand getroffen hatten, der genau das verkörperte, was sie bekämpfen; und ich hatte Verständnis für die Aussage (in einer anderen Zeitung), daß es Schreibtischtäter geben muß, die solche Meinungen schaffen.

In unserem Buch (mein Brief vom 9.5.1982) habe ich versucht, Herrn Kafka davon zu überzeugen, daß es sich bei den Politikern nicht um dumme Verbrecherbanden handelt. Jetzt, nach Tschernobyl, schreibt er in der Süddeutschen Zeitung: »Einer Gruppe von Abenteurern war es gelungen (›mit erheblicher krimineller Energie‹, möchte man sagen), die beiden Hauptantriebe der Menschen, Gier und Angst, auszubeuten und so uns alle in Unternehmungen zu verstricken, die späteren Betrachtern geradezu unwirklich und absurd werden erscheinen müssen.« Ich rechne mich dieser Gruppe zu, aber ich erkenne mich in keinem Wort von dem, was er sagt, wieder. Es scheint, wir sind weiter voneinander entfernt als je, vielleicht nicht in der Wirklichkeit, aber im Ton der Diskussion. Herr Kafka ist da bei-

* Abgeschlossen am 1.12.1986

leibe nicht allein oder herausragend. Ich vermute, daß der aggressive Ton den Urhebern eher schadet. Wenn etwa die Grünen den Bundesinnenminister Friedrich Zimmermann wiederholt als notorischen Lügner bezeichnen und ihn der Fälschung bezichtigen, dann müßte das eigentlich Folgen haben. Ein Minister, der vor dem Parlament nachweislich gelogen hat, ist, man denke etwa an Beispiele in England, schwer kompromittiert. Wenn aber der Vorwurf der Lüge nicht sticht, fällt er auf die Urheber zurück.

Lassen Sie mich noch einige Punkte erwähnen, wo ich die Meinung von Herrn Kafka nicht teile, Punkte, die zwar ihre Wurzeln in grundsätzlichen Einstellungen haben, wobei man aber doch über den Sachgehalt sich einigen können müßte.

Gleich am Anfang des genannten Artikels in der Süddeutschen Zeitung steht: »Ein mittelschwerer Unfall in einem Atomreaktor ...«, gemeint ist Tschernobyl. Dies konnte man an vielen Stellen bei den Gegnern der Atomenergie lesen, und es ist vielleicht verständlich, wenn man ihre früheren (und zum Teil auch heutigen) Aussagen über die Schwere eines Reaktorunfalls liest. Verglichen damit ist allerdings Tschernobyl allenfalls mittelschwer. Aber wie ist es wirklich? Hätte der Reaktor viel mehr zerstört werden, viel mehr Radioaktivität abgeben können? Hätte die Strahlung bei mehr Menschen akute Strahlenkrankheit und Tod oder später mehr Krebs und Erbschäden hervorrufen können? Und schließlich: Muß man erwarten, daß es einen größeren Unfall (so daß Tschernobyl mit Recht mittelschwer genannt werden könnte) je geben kann?

Inzwischen hat die russische Seite in Wien ausführliche Angaben über den Unfall und die freigesetzte Radioaktivität gemacht. Der Unfall ist bei einem Versuch entstanden, durch den sich offenbar die Beteiligten ein rotes Röckchen verdienen wollten. Der Versuch hatte wohl die Verbesserung der Effektivität zum Ziel, vielleicht der beim Brennelementwechsel, der ja oft stattfinden muß, wenn man Waffenplutonium gewinnen will. Dabei wurde der Reaktor mit 20 Prozent der Nennleistung betrieben. Unglückseligerweise ist das ein gefährlicher Zustand wegen eines Konstruktionsmangels, den andere Reaktoren nicht haben: Wenn ein Reaktor »kritisch« wird, beginnt der Betrieb, bei dem die Kettenreaktion sich selbst erhält; es werden mehr Neutronen erzeugt, als im Uran und seiner Umgebung eingefangen werden; die Leistung steigt. Das geht jedoch langsam, denn ein Teil der Neutronen entsteht nicht sofort bei jedem Spaltungsprozeß, sondern etwas später beim Zerfall gewisser Radioisotope, die bei der Spaltung entstehen. Durch den Leistungsanstieg wird der Reaktor heiß, und wenn man die Kühlung abgestellt hat, kann Wasser verdampfen. Dadurch, und das ist der Geburtsfehler des Reaktortyps von Tschernobyl, werden weniger Neutronen absorbiert als vorher, die Leistung steigt schneller. Normalerweise wird dann der Reaktor automatisch abgeschaltet, aber durch eine Serie von Fehlern der Versuchsplanung ging das nicht, sondern es wurde etwas ganz Unglaubliches erreicht: Die Leistung stieg so schnell weiter an, daß es bald auf die verzögerten Neutronen nicht mehr ankam. Der Reaktor war »prompt kritisch«, die Leistung stieg in vier Sekunden auf das Hundertfache der Nennleistung. Das führte zu einem Zerbröseln der Brennelemente, zur Zerstörung der schwachen Hülle und dann zu einem wochenlangen Graphitbrand. Mit dem Rauch traten 3 bis 4 Prozent der radioaktiven Stoffe aus, etwa 50 Millionen Curie (1 Curie bedeutet 37 Milliarden Becquerel; 1 Becquerel ist ein radioaktiver Zerfall pro Sekunde), darunter alle Edelgase und 10 bis 20 Prozent der relativ flüchtigen Elemente Jod und Cäsium. Viel mehr geht nicht; wenn bei hundertfacher Leistung und bei fast voller radioaktiver Ladung (durch den kurzen Betrieb bei 20 Prozent der Volleistung waren nur die kurzlebigsten Isotope ausgefallen) der Kern nicht mehr zerstört wird, dann muß man das als Grenze akzeptieren.

Mit der Ausbreitung der Radioaktivität und ihrer Wirkung auf Menschen ist es anders. Wenn man die gesamte oben genannte Radioaktivität, die aus dem Reaktor ausgetreten ist, mit dem Kaffeelöffel allen Menschen auf der Welt einfüllen könnte und wenn sie dann für immer in diesen Menschen oder in ihren Nachkommen bliebe, dann würde jeder von ihnen genug Strahlung bekommen, um an Krebs zu sterben. Dies ist natürlich nicht realistisch, obwohl viele, ich nenne sie die Kaffeelöffelvergifter, so argumentieren. Die Radioaktivität verteilt sich in Luft, Wasser, Boden, Pflanzen und Menschen. In Kiew, wie in jeder großen Stadt, ist die Bevölkerungsdichte hoch. Wenn dorthin viel von der Radioaktivität gegangen wäre, wären die Gesundheitsschäden größer gewesen, als man jetzt erwartet, es hätte vielleicht dort auch akute Strahlenkrankheit gegeben, und man hätte an Evakuierung denken müssen. Insoweit also ist der Unfall nicht der denkbar größte.

Die russischen Wissenschaftler haben Zahlen angegeben, nach denen man im europäischen Teil der UdSSR, wo der Großteil der gesamten Radioaktivität niedergegangen ist, im Verlauf der nächsten 50 oder 70 Jahre mit insgesamt 24000 Krebstoten über die natürliche Rate hinaus rechnen muß. Solche Rechnungen enthalten viele Unsicherheiten. Die europäischen Kollegen kommen auf kleinere Zahlen und wundern sich. Man wird deshalb vielleicht annehmen können, daß weltweit die Zahl nicht größer sein wird. Die Todesfälle werden sich zwar über 70 Jahre erstrecken, aber doch nur über 20 Jahre konzentriert auftreten. So kommt man weltweit auf etwas mehr als 1000 Krebstote im Jahr durch Tschernobyl, 20 Jahre lang ein Hunderttausendstel der Todesfälle in der Welt.

Die Frage, ob sich ein Unfall dieser Art und Größe wiederholen wird, ist nicht leicht allgemein zu beantworten. In der UdSSR wird man sicher nicht noch einmal dieselben Fehler machen, und man wird Verbesserungen bei den Reaktoren, bei der Organisation des Betriebs und bei der Ausbildung des Personals vornehmen. Trotzdem: Der Reaktortyp ist nicht gut und nicht sicher. Herr Kafka schreibt, daß er in Deutschland in einer Zeitschrift gelobt worden sei, sagt aber nicht, daß das Lob von einem sowjetischen Funktionär kam; und er sagt, die Industrie wünschte sich wohl einen solchen Reaktor mit wenig Sicherheitsvorkehrungen, weil er billiger sei und sie mehr daran verdiene. Dies sind Vorwürfe, die man häufig hört. Ich glaube, daß die Industrie genau weiß, wieviel gerade ihr ein Unfall schaden würde, und daß sie sich deshalb gegen keine begründbaren Sicherheitsmaßnahmen wehren wird. Was die Reaktoren vom Typ Tschernobyl betrifft: An sich müßte der Reaktortyp aufgegeben werden, aber wir müssen annehmen, daß das nicht so schnell gehen wird. Ich möchte also über die russischen Reaktoren keine Voraussagen machen.

Ganz sicher aber ist, daß ein Unfall dieser Art und dieses Umfangs bei den bei uns üblichen Reaktoren nicht denkbar ist. Der entscheidende Unterschied ist, daß diese einen druckfesten Schutzbehälter haben. Wenn man dann noch annimmt, daß eine Leistungsexkursion bis zum Prompt-Kritischwerden nicht infrage kommt, dann ist ein sehr rascher Druckanstieg nur über eine Wasserstoffexplosion denkbar. Darüber aber hat man in Harrisburg und durch Untersuchungen seitdem so viel gelernt, daß man diese Gefahr ausschließen kann. Es bleibt ein langsamer Druckanstieg, wie er in den Sicherheitsberichten diskutiert wird. Hier scheint es, ob das nun wirklich wichtig ist oder nicht, einen Fortschritt insofern zu geben, als das Überdruckventil, das ich in dem Vortrag am Anfang dieses Buchs vor sieben Jahren moniert habe, nun vielleicht kommen wird. Es soll zum erstenmal in

Brokdorf eingebaut werden. Ich glaube, daß nach allem, was man weiß, gelernt und diskutiert hat, ein Unfall sehr viel kleiner sein muß als in Tschernobyl, ja daß eine erhebliche Gefährdung der Umgebung wirklich nicht zu erwarten ist. Wenn ich sage »ich glaube«, dann sind wir bei dem rätselhaften Begriff des Restrisikos, der heute in der Öffentlichkeit fast als Garantie betrachtet wird, daß es Unfälle geben wird; ich erinnere an die öffentlichen Aussagen des Kardinals Höffner.

Das Wort Restrisiko ist durch die Reaktorsicherheitsdiskussion populär geworden, aber ist nichts Neues. Wenn eine Brücke einstürzt, wenn ein Staudamm bricht, dann geschieht das, obwohl alle Regeln der Kunst beachtet wurden, obwohl keine Lücke in der Sicherheitsbetrachtung gefunden wurde, obwohl von allen Prüfern und Interessenten niemand mehr einen gültigen Einwand vorzutragen wußte. Das ist Restrisiko. Das Wort Restrisiko darf erst dann gebraucht werden, wenn man bei der Entwicklung und bei der Sicherheitsanalyse alles getan hat, um Schwachstellen zu finden und auszumerzen; wenn man alle Erfahrungen ausgewertet hat, die es in der Welt dazu gibt; wenn man alle Einwände angehört und selbst gesucht hat; wenn man sie mit anderen diskutiert hat, um weitere Einwände zu finden; wenn man schließlich keinen Punkt mehr hat, der darauf hindeutet, daß der Reaktor oder die Anlage unsicher sein könnte. Dann kann man sich zurücklehnen und sein Projekt mit Überzeugung vertreten. Aber es bleibt ein Rest, der einfach heißt: Nichts Menschliches ist vollkommen oder sicher. Das ist das Restrisiko. Die Ehrlichkeit, zu der ein Wissenschaftler verpflichtet ist, verlangt, daß man das ausspricht. Mit wachsender Erfahrung wird das Restrisiko kleiner, weil man doch immer wieder etwas Neues lernt und so zu Verbesserungen kommt. Das ist bei allen technischen Prozessen so. Aber wenn man zu irgendeinem gegebenen Zeitpunkt jedes Restrisiko vermeiden will, dann kann das nur dadurch geschehen, daß man auf die Entscheidung verzichtet. Das ist ja das, was die Gegner der Kernenergie vorschlagen.

Dabei aber muß man daran denken, daß auch ein Verzicht oder eine andere Entscheidung, etwa für andere Energieformen, Folgen hat, zu Schäden führen kann, die man vorhersagen kann oder nicht. In dem ersten Teil des Buchs habe ich vergeblich versucht, Herrn Kafka davon zu überzeugen, daß Abwägen immer notwendig ist, auch wenn man Mühe hat, die richtige Waage und die richtigen Gewichte zu finden. Jetzt, nach Tschernobyl, wissen wir darüber mehr als vorher, und ich meine, daß wir jetzt zu besseren Entscheidungen kommen können. Ein neuer Prozeß des Abwägens ist im Gange. Wir müssen darauf zurückkommen.

Um Risiko, das man nicht als Restrisiko bezeichnen darf, handelt es sich, wenn man sagt: »Jetzt müssen die Sicherheitsmaßnahmen reichen. Es gibt wohl noch schwache Punkte, aber das wird schon gutgehen.« Man geht ein Risiko ein, auch wenn man sich das vielleicht selbst nicht ganz klarmacht.

In Tschernobyl ging es nicht um ein Restrisiko. Die Reaktormannschaft wollte einen Versuch machen, wohl mit dem Ziel, einen rationelleren Betrieb des Reaktors in bezug auf ein leichteres Auswechseln der Brennelemente zu erreichen. Dabei wurden ganz bewußt Sicherheitseinrichtungen außer Betrieb genommen, obwohl bekannt war, daß der Reaktor bei bestimmter Leistung einen positiven Reaktivitätskoeffizienten hat, das heißt unkontrolliert seine Leistung zu erhöhen imstande ist. Man hat gedacht: Das wird schon gutgehen, genau das also, was man »ein Risiko eingehen« nennen muß.

Aber auch bei der Entwicklung des Reaktors muß ein Risiko eingegangen worden sein. Natürlich war bekannt, daß die Reaktivität positiv werden kann. Das ist eine der ernstesten Gefahren bei einem Reaktor. Wenn man so etwas schon zuläßt, was eigentlich nicht in Ordnung ist, dann muß man alles tun, damit Unfälle mit solcher Ursache vermieden werden. Daß nichts vorgesehen wurde, um die Ausschaltung von Sicherheitsvorkehrungen durch die Betriebsmannschaft unmöglich zu machen, ist unverzeihlich. Mit Restrisiko hat das nichts zu tun.

Ich hoffe, daß es mir im Vorstehenden gelungen ist, den Unterschied klarzumachen, der zwischen Risiko und Restrisiko besteht. Wenn man diesen Unterschied nicht beachtet, kann jeder leichtfertig verfahren und dann sagen: Restrisiko. Und umgekehrt darf jeder jeden Zweifel an der Sicherheit von Reaktoren und anderen Anlagen äußern, indem er sagt: Es gibt immer ein Restrisiko, also müssen wir auf die Kernenergie verzichten. Das Wort »also« ist ein Lieblingswort derer, die irreführende Rhetorik betreiben.

Ich will nun auf etwas kommen, was vielleicht mehr ärgerlich als wichtig ist. Es betrifft die Reaktionen bei uns, als die Strahlung von Tschernobyl auch hierher kam. Es ist klar und verständlich, daß das eigene Betroffensein Unsicherheit und Ängste auslöste, und ich bedaure es, daß die Ängste manchmal geschürt wurden. Aber ich will über die Reaktionen gegenüber denen reden, die in der neuen Situation handeln mußten, Ratschläge zu geben oder Vorschriften zu erlassen hatten, also ganz allgemein die Obrigkeit. Es ist heute Mode, der Obrigkeit zu mißtrauen, und jeder darf sie angreifen. Aber dabei sollte man sagen und begründen können, was man selbst besser machen würde.

Aus der Sowjetunion kamen keine rechtzeitigen Warnungen oder Meßwerte über die zu erwartende Strahlung. Aber das hatte kaum Einfluß auf die zu treffenden Entscheidungen. Als Grundlage mußten drei frühere Entscheidungen auf Bundesebene dienen.

– Die von Kernanlagen im Normalbetrieb ausgehende Strahlung darf an keinem Ort außerhalb der Anlage mehr als 0,3 Milli-Sievert (30 millirem) pro Jahr erzeugen.

– Nach einem Reaktorunfall sind keine besonderen Maßnahmen vorgeschrieben, wenn die Dosis in einem Jahr nicht die für in Strahlenbetrieben Beschäftigte erlaubte, nämlich 50 Milli-Sievert (5000 millirem), überschreitet.

– Außerdem aber gilt, daß im Rahmen des vom Aufwand und den Folgen her Vertretbaren Maßnahmen getroffen werden sollen, die die Strahlenbelastung der Bevölkerung minimieren.

Der Wert für den Normalbetrieb wurde deshalb gewählt, weil er gleich dem Mittelwert der Mehrdosis ist, die jemand erhält, wenn er im Land an einen Ort zieht, wo die unvermeidliche natürliche Strahlenbelastung größer ist als an seinem bisherigen Heimatort. Man ging also davon aus, daß niemand aus Strahlengründen Bedenken hat, an einen anderen Ort zu ziehen, und erwartete, daß man dann auch eine ähnliche Belastung von den Kernkraftwerken in Kauf zu nehmen bereit wäre.

Diese Maßnahme scheint uns notwendig und vernünftig zu sein, denn wenn man überhaupt mit Strahlung umgeht, kann man nicht vermeiden, daß etwas davon, und sei es noch so wenig, auf Menschen trifft. Man muß eine Grenze festlegen, unterhalb derer jeder das Recht hat, zu sagen, die Strahlung sei unbedenklich. Oder wenn man sich ganz korrekt ausdrücken will, dann muß man sagen: »Die Strahlung ist unbedenklich im Sinn der Strahlenschutzverordnung.« Aber zu glauben, daß so etwas von allen angenommen werden würde, war ein Irrtum, und der Grund dafür liegt tief. Wenn man, wie früher besprochen, annimmt, daß die lineare Beziehung zwischen Dosis und Schadenswahrscheinlichkeit gilt, dann kann jede noch so geringe Dosis, wenn auch sehr selten, Krebs erzeugen; es gibt keine absolute Sicherheit unterhalb eines Grenz- oder Richtwerts, wie dieser auch festgelegt sein möge. Grenzwerte kann man nur mit Hilfe des Abwägens von möglichem Schaden und nötigem Aufwand zu seiner Vermeidung festsetzen, und das scheint der allgemeinen Meinung zu widersprechen, daß menschliches Leben und Gesundheit wichtiger sei als alle materiellen Gesichtspunkte. Zwar wird in anderen Lebensbereichen, etwa beim Autofahren, keineswegs nach so hehren Prinzipien gehandelt, aber bei der Kernenergie werden die höchsten Maßstäbe angelegt. Und vor allem: Man muß an die alternativen Entscheidungen denken, die übrigbleiben, wenn wegen einer geringen Strahlengefahr eine Entscheidung durch eine andere ersetzt wird. Wir werden auf das Problem zurückkommen müssen, denn auch wir haben Bedenken, menschliches Leben nicht über alles andere zu stellen. Jedenfalls konnte nach diesem Prinzip jeder Politiker als Lügner angegriffen werden, der die Atomenergie als sicher oder Strahlung von Tschernobyl in einem Einzelfall als unbedenklich bezeichnete; und das ist dann in reichem Maß geschehen.

Ein anderer, weniger wichtiger, aber auffälliger Punkt betrifft die Organisation der Maßnahmen. Dafür sind die Länder zuständig, und deshalb waren die Maßnahmen überall anders. Das ist unvermeidlich, denn das Maß von Kompetenz in den Ministerien ist nicht überall gleich, und außerdem ist es nicht einfach und eindeutig, aus einer Aktivitätsmessung in Becquerel über einer Wiese auf die Dosis zu schließen, die ein Mensch davon nach dem Weg über die Kuh durch die Milch bekommt. Man konnte auch am Anfang nicht wissen, was an Radioaktivität noch nachkommen würde. Alles dieses ist eigentlich unvermeidlich, konnte nicht anders sein, aber es wurde mit allen Mitteln ausgenützt, nicht nur von den Atomgegnern und in Leserbriefen, sondern auch von maßgebenden Politikern, um Mißtrauen gegen die Regierung und die Behörden zu säen. Inzwischen befaßte sich die Strahlenschutzkommission beim Bundesinnenministerium mit dem Problem und machte vernünftige Vorschläge, aber das Kind war schon in den Brunnen gefallen. Man kann jetzt lange darüber streiten, ob die Maßnahmen, etwa Einschränkungen beim Verkauf von Milch oder Gemüse, damals, als sie getroffen wurden, zu streng oder zu wenig streng waren. Heute wissen wir, daß die gesamte Dosis, die ein Mensch in Deutschland über mehr als zwanzig Jahre durch Tschernobyl bekommen wird, kleiner ist als die für die Gesamtbevölkerung im Normalbetrieb der Kernenergie als unbedenklich erklärte.

Vor Maßnahmen sind Messungen nötig, und hier schäme ich mich als Experimentalphysiker für meine Kollegen. Die Meßmethoden sind bekannt und standardisiert, aber die Meßwerte aus verschiedenen Quellen waren ungeheuer verschieden. Mein Vorwurf ist, daß das jeder hätte wissen müssen. Wenn im Wald das Regenwasser von einem Baum bevorzugt auf eine Stelle rieselt, dort verdampft und die Radioaktivität zurückläßt, kann diese hundertmal größer sein als dicht daneben; ebenso große Unterschiede wird es zwischen Stadt und Land geben, für Milch verschiedener Herkunft, für Sand auf Spielplätzen. Aber, und das ist mein zweiter Vorwurf, ich finde es merkwürdig, daß von bestimmten Gruppen immer besonders hohe Werte gemeldet werden und dann gegen die offiziellen Stellen der Vorwurf des Betrugs erhoben wird. Die offiziellen Messungen haben viele Mitwisser; es ist weder leicht, sie zu fälschen, noch sehe ich einen Grund für solche Fälschungen. Ich sehe nur Gründe für solche Angriffe aus dem Wunsch, Mißtrauen zu erzeugen. Daß die anderen hohe Werte angeben, ist vielleicht eher verständlich. Es gibt, wie gesagt, viele Stellen mit hoher Aktivität, und die Vorstellung, daß der recht hat, der die ungünstigsten Werte mißt, ist weit verbreitet, wenn auch unkorrekt. Unerfreulich ist das Ganze schon, und ich meine, auch Herr Kafka, der darüber in seinem Artikel geschrieben hat, müßte sich am Kopf kratzen.

Wir kommen wieder zu wichtigeren Fragen. Tschernobyl zwingt uns, uns ernstere Gedanken über unsere Haltung zur Kernenergie zu machen. Als Kernphysiker habe ich bisher ein Unbehagen gehabt (Carl Friedrich von Weizsäcker nennt das eine Verantwortung wie die, die man gegenüber der Existenz seiner Kinder empfindet), weil durch die Arbeit von Leuten wie mir die Atombombe möglich wurde. Muß ich jetzt ebenso über die Kernenergie nachdenken? Ist sie ein Fluch oder ein Segen für die Menschheit? Ich will gleich sagen, daß ich sie für einen Segen halte oder jedenfalls für etwas, was wir in fünfzig Jahren dringend brauchen werden, zusätzlich zu allen anderen Energieformen. Aber das bedarf einer längeren Begründung, und ich will als erstes ein potentiell viel ernsteres Bedenken gegen die Kernenergie nennen, das noch weiter diskutiert werden muß.

Carl Friedrich v. Weizsäcker hat vor einiger Zeit etwas gesagt, was als Absage an die Kernenergie verstanden worden ist. An sich glaubt er nicht, daß sie eine der größeren Gefahren für die Menschheit bedeute, aber er macht eine Ausnahme, nämlich die Zerstörung der

Kernkraftwerke im Fall eines Krieges. Und dann sagt er, daß er von ihm verläßlich erscheinender Seite belehrt worden sei, daß die Ausnützung der Sonnenenergie sehr viel aussichtsreicher sei, als man bisher meist glaube. Wenn das wahr sei, solle man wegen der Gefahren im Krieg die Kernenergie aufgeben.

Ich selbst habe mich von militärischen Problemen ferngehalten und will nicht öffentlich darüber reden. Aber deshalb kann ich v. Weizsäckers Bedenken nicht wegschieben. Wir haben neulich in Lüneburg im Beisein des Bundespräsidenten darüber diskutiert, und ich bin der Meinung, es sei dringend, daß diejenigen, die mit solchen Dingen befaßt sind, sich äußern. Alles, was man verschweigt, kann irgendwann unerfreuliche Folgen haben. Inzwischen allerdings neige ich zu der Ansicht, die ein Experte mir gegenüber geäußert hat, daß nämlich derjenige, der absichtlich Kernkraftwerke zerstört, um über die Radioaktivität Schaden anzurichten, mit diesem Angriff einen Atomkrieg beginnt und sich vorher überlegen muß, was er damit tut.

Zur Begründung, warum ich meine, daß wir die Atomenergie nicht aufgeben sollen, muß ich etwas ausholen. Was sind die größten Gefahren? Fast alle, auch v. Weizsäcker, werden Krieg und vor allem den großen Atomkrieg nennen. Für den Fall eines großen Atomkriegs hat Jonathan Schell in seinem apokalyptischen Buch »Das Schicksal der Erde« den Untergang der Menschheit vorhergesagt. Carl Friedrich v. Weizsäcker glaubt das nicht, und ich würde auch eher vermuten, daß es vielleicht 1 Milliarde Tote geben könnte, wobei allerdings die übrigen erschwerte Lebensbedingungen vorfinden würden (dies sind bloße Vermutungen; ich überschreite damit meine Kompetenz).

Es gibt noch eine Gefahr, von der merkwürdig wenig gesprochen wird; besonders die Atomgegner und die Anhänger von »Small is beautiful« reagieren allergisch, wenn man davon anfängt; anscheinend stört das ihre eigene Apokalypse. Es handelt sich um das Bevölkerungswachstum. Ich bin auch hier wieder kein Fachmann, aber es scheint festzustehen, daß ein Wachstum der Weltbevölkerung (jetzt 5 Milliarden Menschen) auf 10 Milliarden nicht mehr aufzuhalten ist, und daß es vor allem in den Entwicklungsländern stattfinden wird. Für das weitere Wachstum werden Zahlen bis 50 Milliarden genannt, und als Grund gilt die Armut und die fehlende soziale Sicherung in vielen Ländern, die dazu zwingt, viele Kinder als Sicherung für das eigene Alter anzustreben. Auf ein Ende des Bevölkerungswachstums kann man anscheinend nur hoffen, wenn es gelingt, in den Entwicklungsländern ähnliche soziale Verhältnisse und vergleichbaren Wohlstand zu erreichen, wie wir es gewohnt sind.

Es ist nicht sicher, ob das eine wirkliche Gefahr ist oder sein wird. Die Ernährung scheint für die jetzigen 5 Milliarden im Prinzip gesichert zu sein. Der Hunger in der Welt hat lokale Gründe der Wirtschaftsstruktur und politische Gründe weltweit. Die Experten sind auch zuversichtlich, daß man 10 Milliarden wird ernähren können, allerdings mit erheblichen Innovationsanstrengungen, an denen sich auch die Wissenschaft beteiligen muß. Aber die Bemühung um eine internationale Anpassung des Lebensstandards an den der entwickelten Länder, ohne die eine Auflösung der Spannungen nicht denkbar ist, wird größere Anstrengungen erfordern. Wenn sie nicht gelingt, wenn dann etwa ein Ansteigen der Weltbevölkerung von 10 auf 12 Milliarden durch Konflikte oder durch Hungersnöte verhindert wird, dann ist das vielleicht so schlimm wie ein Atomkrieg oder noch schlimmer. Es gibt noch etwas, das man fürchten muß: Klimaänderungen durch Kohlensäure oder Schadstoffe, die die Ozonschicht angreifen. Dies gilt allerdings nur, wenn die bisherige wissenschaftliche Kenntnis sich als korrekt und als im Wesentlichen vollständig erweist. Aber hier ist wieder ein Fall, wo die Schäden, wenn einmal eine gewisse Schwelle überschritten ist, unaufhaltsam, wenn auch erst nach Jahrzehnten, eintreten werden. Der Ausfall großer Gebiete im Süden für die Landwirtschaft oder die Überschwemmung tiefliegender Länder, das sind wirkliche und große Katastrophen. Wenn diese Befürchtungen sich als realistisch erweisen sollten, wäre es eine Hilfe, wenn man viel elektrische Energie anstrebte und davon viel mit Atomenergie erzeugte. Das Argument, daß man sparsam mit den Rohstoffen umgehen und die bei der Elektrizitätserzeugung auftretenden Verluste vermeiden sollte, zieht nicht mehr, wenn man Brüter hat und damit der Rohstoff sehr, sehr lange reicht.

Angesichts der entsetzlichen Gefahr eines Atomkriegs spricht man vielleicht zu wenig von der sehr viel wahrscheinlicheren Gefahr eines großen Krieges mit konventionellen Waffen. Der letzte Weltkrieg hat 40 Millionen Tote gefordert, es ist also nicht unrealistisch, in einem neuen mit 100 Millionen zu rechnen, und mit Schäden und menschlichem Unglück, wie wir sie von damals kennen. Aber auch ohne den großen Krieg gibt es jedes Jahr viel solches Unglück und viele Tote. Wenn die Zählung, die ich kenne, nicht schon überholt ist, sind seit 1945 in nationalen und übernationalen Konflikten 12 Millionen ums Leben gekommen.

Das sind die großen Gefahren, vor denen die Menschheit steht, Gefahren, die uns zum großen Teil nicht sehr bewußt sind, die nicht geeignet sind für aktuelle Nachrichten und Schlagzeilen, und die zumeist die ganze Welt betreffen, nicht sichtbar uns heute. Die Gleichgültigkeit gegenüber Gefahren, die uns selbst heute nicht wehtun, ist vielleicht verständlich. Aber warum die Gefahren, die heute in aller Munde sind, nur von der Atombombe und der Atomenergie herrühren, das bedarf bei der Atombombe keiner Erklärung, wohl aber bei der friedlichen Atomenergie. Ich muß den Leser bitten, sich selbst Gedanken darüber zu machen, ob das berechtigt ist.

Wir sind wieder bei der Energie. Fortschritt der Zivilisation erfordert Energie und wieder Energie. Nicht umsonst greifen die »Small is beautiful«-Leute die Atomenergie bei uns an; weniger Energie bremst die Art von Fortschritt, die sie bekämpfen. Aber gegenüber den Entwicklungsländern dürfen sie diese Position nicht vertreten. Dort ist noch ein weiter Weg zurückzulegen, bis wenigstens das Niveau des einfachen Lebens erreicht ist, das den Idealisten vorschwebt.

Jetzt können wir eine Rechnung für den künftigen Energiebedarf der Welt aufstellen, die, so ungenau sie ist, sagt, was notwendig auf uns zukommt. Nehmen wir einmal an, daß im industrialisierten Westen (USA plus Westeuropa, 20 Prozent der Weltbevölkerung) kein Energiewachstum stattfindet. Das ist nicht wahrscheinlich, aber nicht unmöglich, es ist sogar denkbar, daß durch die recht populären Energiesparprogramme, besonders dann, wenn Öl wieder teurer wird, eine geringe Abnahme stattfindet, wobei mehr als 20 Prozent kaum denkbar sind. Nehmen wir ferner an, daß der Energieverbrauch in den übrigen Ländern der Welt so steigen sollte, daß sie halb soviel pro Kopf verbrauchen wie die genannten Industrieländer, um unserem Lebensstandard nahezukommen. Das bedeutet, daß die Weltenergieerzeugung sich etwa verdoppeln müßte, selbst wenn keinerlei Bevölkerungswachstum stattfände. Dieses wird aber stattfinden; wir werden, spätestens in 50 Jahren, fast viermal soviel Energie brauchen wie heute. Wer das nicht glaubt, kann die Hälfte nehmen, das ist immer noch viel. Und dabei ist ein allgemeines Energiewachstum, wie es bisher immer stattfand, nicht angenommen.

Die Vermutung, die wir daraus ableiten wollen, ist: Wir brauchen, jedenfalls in der Zukunft, sagen wir in fünfzig Jahren, alle Energie, die wir machen können. Wir können es uns nicht leisten, auf eine Energieart wie die Kernenergie zu verzichten, deren Technologie bekannt ist, die mit der Zeit immer sicherer werden wird, die umweltfreundlich und billig ist, und die für Tausende von Jahren reicht, wenn man Brüter und Wiederaufarbeitung (oder vielleicht sogar die Fusion) mit einschließt. Wir glauben, daß die Verwendung von Kohle nicht mehr sehr gesteigert werden sollte wegen der Schadstoffabgabe, wobei vielleicht die unvermeidliche Vermehrung von CO_2 das ernsteste Problem darstellt. Und wir glauben, daß die Sonnenenergie zwar für Heizzwecke und Warmwasser gut ist und mehr verwendet werden sollte, daß aber die Erzeugung von elektrischer Energie, bei der man zur Speicherung wohl die Wasserstofftechnologie braucht, mit großen Problemen behaftet ist und kaum mehr als einen kleinen Bruchteil des Bedarfs an elektrischer Energie wird decken können.

Was wir hier aufstellen, ist im Grunde eine moralische Forderung: Wir können die dritte Welt nicht auf dem jetzigen niedrigen Zivilisationsstand im Stich lassen. Das andere folgt, soweit ich sehe, zwingend aus dieser Forderung. Wo dann schließlich jede Energieart eingesetzt wird, ob es also in den Entwicklungsländern Kernenergie geben muß, das ist eine Frage, die man nicht heute entscheiden muß.

Ich gehöre nicht zu denen, die behaupten, daß wir heute bei uns nicht ohne Kernenergie leben könnten. Das hätte Nachteile, besonders wegen des Verlusts von Konkurrenzfähigkeit, aber das könnte man kompensieren, indem man mehr arbeitet und weniger verbraucht. Aber ich sehe nicht ein, warum wir ausgerechnet hier bei uns, und nur bei uns, die Kernenergie abschaffen sollten. Und ich fände es schade, wenn wir die bei uns besonders fortgeschrittene Sicherheitstechnologie abbrechen würden. Durch Erfahrung im Betrieb wird diese Technologie immer sicherer; auch wer heute noch Bedenken hat, braucht sie in zwanzig Jahren kaum mehr zu haben.

Ich muß noch ein Wort zur Sicherheit weltweit sagen. Weiter oben konstatierte ich, daß man von Tschernobyl, wenn man annimmt, daß die lineare Beziehung zwischen Dosis und Schadenswahrscheinlichkeit gilt, etwa 25000 Tote weltweit innerhalb von 50 Jahren durch von der Strahlung verursachten zusätzlichen Krebs erwartet. Das ist keine Gefährdung der Menschheit, denn im Jahr sterben etwa 100 Millionen Menschen. Die Gefährdung der Menschheit konvergiert nicht gegen eins, wie das Herr Kafka früher im Buch behauptet hat, sie konvergiert nicht einmal gegen ein Zehntausendstel, wie ich zu bedenken gegeben habe. Dies gilt auch für genetische Schäden, vor denen sich anscheinend viele, die sonst nicht leicht Angst haben, fürchten.

Trotzdem: Es handelt sich um möglicherweise 25 000 Tote, und es ist kein Trost, daß man 24 900 von ihnen nie kennen wird, daß man nie wissen wird, ob der Krebs, an dem sie sterben, von Strahlen verursacht ist oder nicht, ob überhaupt bei niedrigen Strahlungsdosen Krebs durch Strahlung entsteht. Und da sind die Folgen im näheren Umkreis von Tschernobyl, mit der Aufregung und der Furcht vor den Auswirkungen einer noch unbekannten, aber sehr hohen Strahlung, mit Kontamination und Angst vor dem Einatmen von Staub, mit dem Verlust der Heimat, des Viehs und des mühselig bebauten Bodens, mit dem unsicheren Beginn des Aufbaus eines neuen Lebens und der Gewöhnung an neue Arbeit in der Fremde. Tschernobyl in der Nähe, das ist nicht zu vergleichen mit dem, was wir bei uns davon erleben, und die dort Betroffenen werden mit Bitterkeit an die Aufregung um fast nichts denken, die sich bei uns ausgebreitet hat – und das meist ohne Mitgefühl für die wirklich Betroffenen. Wenn ich die Kernenergie befürworte, so nehme ich auch in Kauf, daß es, vielleicht und eher in einem anderen Land als bei uns, wieder einen solchen Unfall geben kann mit Toten und mit allen Beschwernissen einer großen Evakuierung. Und es kann nicht ausbleiben, daß ich daran zweifle, ob ich das darf, ob die Vorteile der Kernenergie, die ich zu kennen glaube, es rechtfertigen, daß ich für sie votiere. Ich meine, daß sie weltweit nötig sein wird und daß sie helfen wird, Mißstände und Not in der Welt zu lindern, die heute Hunderttausende Menschen in der Welt unglücklich machen. Ich stimme mit Kardinal Höffner überein, der sagt, daß die Erfindung der Treppe viel mehr Menschen das Leben kostet als die Atomenergie. Aber er sagt trotzdem, wir müssen von ihr loskommen, wenn es gelingt, die dringenden Energieprobleme der Menschheit auf andere Weise zu lösen. Ich sage, daß viel mehr Menschen unglücklich sein oder sterben werden, wenn wir auf die Kernenergie verzichten, als wenn wir sie weiter ausbreiten. Ich glaube, daß das richtig ist, aber ich weiß auch, daß die Menschen, die vielleicht nach einem großen Unfall umkommen, nicht dieselben sind, die anderswo von ihr profitieren. Darf ich verantworten, daß vielleicht Menschen an einem Ort, sagen wir nahe Cattenom, sterben, weil dafür an anderen Orten und zu anderen Zeiten Menschen leben und glücklich sein können? Spiele ich, der Mensch, damit nicht unerlaubt Schicksal, ungezielt und ohne es zu wollen, aber in Wirklichkeit doch? Darf man die Zukunft verbessern und dabei heute, wenn auch vielleicht nicht viel, Schaden in Kauf nehmen?

Das sind schwierige Fragen, und mir scheint, daß Kardinal Höffner sie zum Teil mit nein beantwortet, wobei er allerdings sehr an die Größe und die unvorhersehbaren Schäden eines großen Unfalls denkt. So wie er denken sehr viele, und das, was ich sage, stößt bei sehr achtenswerten Menschen auf entschiedene Ablehnung. Aber ich meine, daß ich nicht anders denken darf, denn jede Entscheidung hat Folgen, auch eine Entscheidung, nichts zu tun, etwa die Kernenergie abzuschaffen. Ich glaube, daß derjenige, der so entscheidet, eine größere Verantwortung auf sich nimmt, als ich es vorschlage, aber das ändert nichts daran, daß mein Entscheidungsvorschlag mich bedrückt, wenn auch weniger als die Alternativen, die andere vorschlagen. Wer Entscheidungen treffen muß, der muß abwägen, Nachteile hier in Kauf zu nehmen, um andere, größere Nachteile dort zu vermeiden. Er kann nicht seine Hände in Unschuld waschen. Das gilt auch für den, der Entscheidungen vorschlägt und sich dabei bemüht, an alle Folgen zu denken.

*

Unterföhring, 2. Dezember 1986

Lieber Herr Maier-Leibnitz,

in »Keine akute Gefahr?« versuchte ich, drei Wochen nach seinem Beginn, das Geschehen von Tschernobyl einzuordnen. Gleichzeitig verfaßten Sie Ihren Aufsatz »Erste Lehren aus dem Unfall von Tschernobyl«. (Abgedruckt u. a. in Naturwissenschaftliche Rundschau, Band 39, Heft 7, S. 302–306, 1986) Weitere drei Wochen später schrieb ich meine »Anleitung zum Volkszorn« (in: Peter Kafka, Jürgen König, Wolfgang Limmer, »Tschernobyl – Die Informationslüge – Anleitung zum Volkszorn«, Schneekluth-Verlag, München 1986), und vom Mai bis heute mußte ich an die fünfzigmal vor Zuhörern aller Couleur (von durchsichtigem Schwarz über Lila, Rot und Grün bis zu undurchsichtiger Farblosigkeit) über Tschernobyl und die Folgen vortragen und diskutieren, obwohl ich doch gar kein »Fachmann« bin. Auch Sie waren fleißig für Ihre Sache tätig, nahmen z. B. am 15. Juli in der Technischen Universität München an der denkwürdigen Lehrveranstaltung über die »Glaubwürdigkeit der Wissenschaft« teil und lieferten kurz darauf das Manuskript Ihres Büchleins »Lernschock Tschernobyl« ab. (Zürich 1986)

Was von alledem verdient in die mir hier verbleibenden Seiten einzugehen? Ganz sicher vor allem die Frage der Glaubwürdigkeit. Wie kommt es, daß der eine lieber Ihnen glaubt, und der andere lieber mir? Sie betonen seit einigen Jahren immer stärker die unvermeidliche Rolle der »Rhetorik«. Auf der Veranstaltung (zitiert im Buch) sagten Sie, »das Ziel der Argumentation« könne nur sein, »zu überzeugen und die Zustimmung zu einer vorgeschlagenen Entscheidung zu schaffen«. Besonders wichtig sei dabei der »Dialog mit sich selbst, das Abwägen von Argumenten und Gründen«, und man müsse hier versuchen, sich nicht selbst zu betrügen. Der Wissenschaftler »muß selbst nach Argumenten suchen, die seine Ergebnisse widerlegen könnten, er muß auf jeden Widerspruch eingehen, er darf nichts verschweigen«. Und weiter: »Ich setze voraus, daß ein Wissenschaftler seine Bindung an die akademische Ethik auch auf die öffentliche Diskussion projiziert, daß er es also vermeiden wird, wissentlich durch Verschweigen oder Verbiegen von Argumenten Erfolge anzustreben«. Schließlich teilen Sie dann noch Ihren Eindruck mit, »Wissenschaftler, die von der akademischen Ethik abweichen«, seien »vor allem diejenigen, die sich als Gegner der etablierten Wissenschaft empfinden«.

Es ist in der Tat ein beliebter rhetorischer Trick, vor dem Publikum sich selbst zu fragen, ob es etwa vorstellbar sei, daß man lügt. Natürlich können es nur die anderen sein! Dabei liegt die Unredlichkeit darin, daß man das komplexe Problem der Meinungsbildung zu undurchschauten Fragen überhaupt auf die »Ethik« oder gar auf eine Standesethik reduzieren will.

Da saßen also neben Ihnen der langjährige Kultusminister Hans Maier, sein partieller Nachfolger Wolfgang Wild (damals als Präsident der Technischen Universität), der Leiter des Instituts für Reaktorsicherheit und der Reaktorsicherheitskommission, Adolf Birkhofer, der Direktor des bayerischen TÜV, Herr K. E. Becker, als Moderator Herr K. Reumann von der Frankfurter Allgemeinen Zeitung, und dann auch noch (ganz links als Außenseiter) Frederick Vester. In dieser Veranstaltung wurden sicher nicht viele bewußte Unwahrheiten gesagt, aber sie war dennoch eine groteske Demonstration von Unglaubwürdigkeit, weil deutlich wurde, daß man sich über das wirkliche Problem durch Wiederholung banaler Richtigkeiten und Betonung der Einigkeit (durch ständiges gegenseitiges lobendes Zitieren) hinwegschwindelte.

Hans Maier meinte, die Gegner des Fortschritts nähmen eine ideologische Position ein. Der Staat müsse wirkliche Experten finden, die eine objektive Haltung und Unvoreingenommenheit garantierten. Als Kriterium für Glaubwürdigkeit zitierte er eine Liste des Kollegen Wild, die ich hier sinngemäß wiedergeben möchte:

1. Erkunde die internationale Reputation des Experten.
2. Prüfe, ob die Aussage das Gebiet betrifft, auf dem er kompetent ist.
3. Mißtraue der Rhetorik. Glanz ist nicht Tugend, sondern Untugend. Technische Aussagen sind richtig oder falsch. Objektive Richtigkeit bedarf nicht der Rhetorik.
4. Prüfe durch Stichproben, ob mit Fakten redlich umgegangen wurde. Manipulation von Fakten ist auch dem erkennbar, der die Fakten nicht im Detail versteht.
5. Nimm nur Expertisen ernst, die offen, ohne Rücksicht auf taktische Gesichtspunkte, die eigenen Fehlermöglichkeiten angeben.
6. Suche nach Anzeichen für Unabhängigkeit.

Alles richtig und sinnvoll – und trotzdem schon wieder Selbstbetrug und Verschweigen, und all das, was Sie lieber bei den »Gegnern der etablierten Wissenschaft« aufgehoben sähen.

1: Die »Reputation« kann täuschen, wenn sie nur noch auf der Solidarität in kleinen Spezialistenclubs beruht, die von starken Interessengruppen abhängen und geeignete Fortpflanzungsmechanismen entwickeln.

2: Die »Kompetenz« besteht immer nur für ein enges Spezialgebiet. Die wesentlichen offenen Fragen betreffen aber fast immer Wechselwirkungen zwischen vielen solchen Spezialbereichen.

3: Deshalb gibt es gerade für die wichtigsten Fragen keine nachprüfbare Kompetenz. Diese muß durch »Glaubwürdigkeit« ersetzt werden – also letztlich durch »Rhetorik«.

4: Wenn mit bekannten Fakten falsch umgegangen wird, ist das in der Tat oft auch dem Laien erkennbar. Schwieriger ist die Situation, wenn wesentliche Fakten hinter »Glaubenstatsachen« verborgen sind und auch von den Experten gar nicht diskutiert werden (naturgemäß wieder vor allem solche, die mit dem Zusammenwirken vieler Details zu tun haben). Dann bleibt es dem Zufall (oder dem Unfall) überlassen, wann sie überhaupt bekannt werden.

5: Auch hier gilt leider, daß wesentliche Fehlermöglichkeiten in jenen Zusammenhängen verborgen sind, die dem Expertenwissen nicht oder noch nicht zugänglich sind.

6: Die Menge möglicher Abhängigkeiten ist unendlich. Letzten Endes ist auch die Darstellung von Unabhängigkeit wieder nur ein *rhetorisches* Problem. (Ich verstehe Ihr Interesse an der Rhetorik sehr gut!)

Wie gesagt, nichts gegen diese Liste. Viele meiner eigenen Urteile über Expertenaussagen sind auch mit Hilfe derartiger Denkmuster zustande gekommen. Aber es ist eben alles noch viel schwieriger. Wolfgang Wild hätte nun anschließend gleich Gelegenheit gehabt, ein wenig auf solche Schwierigkeiten einzugehen. Aber nein, er trug die gleiche Liste ein zweites Mal vor. Warum wohl? Vermutlich spürte er selbst Zweifel, ob die Frage tief genug reichte, und ob die Methode zu ihrer Beantwortung hinreichend wirksam wäre. Da er die Zweifel nicht durch wissenschaftliche Untersuchung ausräumen konnte, war er auf »Glaubhaftmachung« angewiesen. Es *mußten* ja Antworten gegeben werden, sonst hätte man sich nicht zu dieser öffentlichen Runde getroffen. Wenn aber mehrere Professoren dasselbe sagen, wirkt das sogar auf ihre eigenen Zweifel sehr beruhigend.

Hier spiegelt sich das Verfahren wider, das der Rechtsstaat anwendet, wenn er gewisse Techniken genehmigen will und dazu gesetzliche Grundlagen braucht. Wieviele Menschen darf man übergeordneten Interessen opfern? Wie selten muß eine Stadt oder ein Landesteil unbewohnbar werden können, damit man es genehmigen darf? Wieviel Schadstoffe einer bestimmten Art dürfen den Mitarbeitern und Anwohnern einer Industrieanlage oder den »Verbrauchern« von Wasser und Luft, oder den Patienten und dem Personal einer Klinik zugemutet werden? Solche Fragen müssen rechtsverbindlich beantwortet werden! Was tun, wenn die Wissenschaft noch keine Einigung über die Risiken der Freisetzung, die Ausbreitungswege oder die Wirkung der betreffenden Stoffe erreicht hat? Ganz einfach: Der Staat muß den Einigungsprozeß beschleunigen! Das geht auf zweierlei Weise. Erstens fördert man die Forschung über die offenen Fragen, zweitens bildet man eine Kommission aus den geförderten Forschern und beauftragt sie, sich eine gemeinsame Meinung zu bilden. Logisch gedacht, gut gemeint – aber je komplexer die offenen Fragen sind, umso unwahrscheinlicher wird es, daß diese Einigung durch gesicherte wissenschaftliche Einsichten zustande kommt. Wahrscheinlich ist sie vielmehr nur durch gezieltes Verdrängen vernünftiger Zweifel zu erreichen. Die Auswahl der schließlich als »Fakten« akzeptierten und verkündeten Punkte ist selbstverständlich durch die Zielvorstellungen beeinflußt, und diese sind im allgemeinen schon von der »Berufung« der Kommission her einheitlich genug. Sonst würde ja auch die Einigung nicht erzielt.

Ich habe diesen Vorgang »die Gewinnung wissenschaftlicher Erkenntnisse auf dem Verordnungsweg« genannt. Nach Tschernobyl gab es einige besonders drastische Beispiele hierfür. Um mehr Aufmerksamkeit darauf zu lenken, habe ich z. B. Strafanzeige gegen die Strahlenschutzkommission erstatten lassen – vor allem, weil sie bei der Festsetzung des Grenzwertes von 500 Bq Jod-131 pro Liter Milch erklärt hatte, »unter den gegebenen Umständen« sei eine Strahlenbelastung von 3 rem für eine Kleinkinderschilddrüse »angemessen«. Ich ging nämlich der Begründung dieser Aussage nach und mußte feststellen, daß sie durch gezielt einseitige Auswahl aus der wissenschaftlichen Literatur zustande gekommen war. Mögliche Wirkungen einer solchen Belastung, obendrein in Kombination mit anderen, sind wissenschaftlich nicht hinreichend geklärt. Da es einfache verwaltungstechnische Mittel gegeben hätte, kleinen Kindern geringer belastete Milch zukommen zu lassen, schien mir hier Verdacht auf fahrlässige oder versuchte Körperverletzung vorzuliegen. (Bei gemeinschaftlichem Handeln mehrerer Täter ist ja auch der Versuch strafbar!) Die Staatsanwaltschaft teilte aber nur in einem kurzen Schreiben mit, sie habe »keinen Anlaß für strafprozessuale Maßnahmen gesehen«. (Dafür habe ich Verständnis. Wer müßte sonst nicht womöglich alles eingesperrt werden!) Insbesondere, so heißt es weiter, haben sich »keine Anhaltspunkte für *bewußt* falsches« Handeln oder Unterlassen ergeben. Zugegeben, auch ich habe oft Zweifel am Bewußtsein von »Verantwortlichen«.

Die gleiche Methode gezielter Auswahl von Teilergebnissen und teils schlampiger, teils bewußt manipulierender Vermischung von Wissenschaft und »Glauben« findet sich in besonders beispielhafter Weise in Broschüren, die sich das bayerische Umweltministerium von Wissenschaftlern der Kernforschungsanlage Jülich verfassen ließ. Nachlesen läßt sich Ähnliches auch in einer Serie von drei Artikeln über biologische Strahlenwirkungen, die Alfred Feldmann in der Zeitschrift »Physik in unserer Zeit« (Hefte 3/4/5, 1986) veröffentlichte. Arbeiten, die Hinweise auf entdeckbare Effekte niedriger Dosen liefern, werden nicht erwähnt oder kritisch diskutiert, solche dagegen, die seinen Glauben oder seine Hoffnungen und Vorlieben stützen, zitiert er kritiklos, selbst wenn sie schon vom Ansatz her unsinnig sind.

Widerspricht das nicht dem, was Sie als »akademische Ethik« bezeichneten? Nun ja, es ist doch ganz normale Rechtsanwaltstaktik, und auch Anwälte sind Akademiker. Zwar finden sich auch einige grob falsche Aussagen in diesen Artikeln, aber gerade diese sind vermutlich nicht »bewußt« falsch, sondern Folge besonders gut gelungener Selbsttäuschung. Viel bedenklicher ist die grundsätzlich falsch gesehene Frage der »Beweislast«. In Zweifeln an ihrem Optimismus, die von vielen ernsthaften Wissenschaftlern geäußert werden, sehen solche Experten einfach »Unterstellungen«, für die »bisher keinerlei Beweis vorliegt«. Stellen sich später Beweise ein, vielleicht auf so schreckliche Weise wie bei der Thorotrast-Katastrophe, so wäscht man seine Hände in Unschuld und sagt: Nach dem damaligen Stand der Wissenschaft war mit schädlichen Folgen nicht zu rechnen!

Wendet man die Kriterien der Expertologen Maier und Wild auf solche Expertisen an, so stolpert man fast bei jedem Satz. Trotzdem werden unsere Politiker sich auch weiterhin auf diese Art von Experten stützen müssen, denn anders wäre keine Einigung über wirtschaftlich akzeptabel erscheinende Grenzwerte erreichbar. Warum aber lassen auch *Sie* sich so etwas gefallen? Warum zum Beispiel haben Sie in der Veranstaltung in der TU nicht widersprochen, als Herr Becker sagte, es sei eine »naturwissenschaftliche Aussage, daß der Ausstieg aus der Kernenergie jetzt unmöglich« sei, und daß »keine Alternative« existiere? Mag sein, daß bei ihm nicht Selbstbetrug oder bewußtes Verschweigen anzunehmen sind, sondern ganz naive geistige Trägheit. »Nach Argumenten zu suchen, die seine Ergebnisse widerlegen könnten« ist nämlich anstrengend, besonders wenn es sich gar nicht um »Ergebnisse« handelt, sondern um reine Behauptungen. Aber war auch *Ihnen* die kontroverse Diskussion über mögliche Entwicklungen der Energiepolitik einfach unbekannt?

Nun muß ich Ihre Kriterien auch noch kurz auf einige Ihrer eigenen Aussagen anwenden. Besonders enttäuschend fand ich, daß gerade dort, wo Sie einigermaßen Fachmann sind, Taktik sichtbar wird. In Ihrem Aufsatz »Erste Lehren aus Tschernobyl« haben Sie Tatsachen, Vermutungen und Hoffnungen so undeutlich voneinander getrennt, daß man von Manipulation sprechen muß. Es beginnt schon im zweiten Satz damit, daß Sie sagen, es sei der »größte mögliche Unfall eingetreten«. Im nächsten Abschnitt wird dann eingeschränkt »soweit es den Reaktor betrifft«, und noch einen Abschnitt weiter wird zugegeben, daß bei Nordwind und Regen eine Katastrophe für Kiew möglich gewesen wäre. »Wie sag ich's meinem Kinde?«, dachten Sie sich wohl. Aber noch ärgerlicher finde ich, daß auch Ihre eingeschränkte Aussage bei näherem Hinsehen keine andere Stütze hatte, als ein »man darf annehmen, daß auch bei einem künftigen Unfall nicht sehr viel mehr frei werden kann«. Das Jonglieren mit dem Wort »annehmen« (das ja auch im »GAU« auf so schillernde Weise erscheint) ist ein beliebter Trick in Experten- und Verkäuferkreisen, wenn man etwas nicht ehrlich plausibel machen kann, aber doch ganz ehrlich daran glauben möchte – und auch das Käufer- oder Wählervolk dran glauben machen will. Zählen Sie bitte einmal, wie oft auch bei Ihnen Wendungen stehen wie »ist es vielleicht berechtigt«, »müssen wir annehmen«, »können wir annehmen«, »dürfen wir annehmen«, »ist kaum bestreitbar«, »darf man wohl glauben« usw.! Beispiel: »Krebs ragt doch so heraus, daß es vielleicht berechtigt ist, nur von ihm zu sprechen.« Widerspruch! Es ist leider zu befürchten, daß die Gesundheitsfolgen bei den Nachkommen durch rezessiv und vor allem irregulär (»polygenisch«) vererbte Mutationen eine wichtige Rolle spielen werden.

Aber dann kommt wohl echter Selbstbetrug: »Was wäre, wenn der größte Unfall in Deutschland stattfände?«, fragen Sie. Ihre Antworten sind, an Ihren eigenen Glaubwürdigkeitskriterien gemessen, unerträglich. Sie stützen sich auf Herrn Birkhofer (»Die Deutsche Risikostudie war pessimistischer, als man heute annehmen kann« – schon wieder eine neue Nuance im »Annehmen«! Wie wird's morgen sein?). Vermutlich wußten Sie bei der Niederschrift noch nicht, was eben in Schleswig-Holstein durch das lange verschlossene Gutachten über unsere Siedewasserreaktoren bekannt wurde, aber Sie sollten doch z. B. mindestens wissen, daß die Möglichkeit von Dampfexplosionen bei einer Kernschmelze in den USA noch in der Expertendiskussion ist. Eine schnelle Zerstörung des Sicherheitsbehälters ist also leider noch nicht »wissenschaftlich ausgeschlossen« (schon gar nicht durch die jetzt vorgeschlagenen Entlastungsventile zur gezielten Freisetzung bei langsamem Druckanstieg, die »Wallmann-Ventile«). Wie wahrscheinlich sie ist, läßt sich nicht zuverlässig sagen. Hier gilt immer noch meine im vorstehenden Aufsatz zitierte Kritik an den probabilistischen Risikostudien. Sie selbst bringen die Unwägbarkeit des Risikos in dem Wörtchen »kaum« unter, indem Sie Ihre eigenen hoffnungsvollen Aussagen als »kaum bestreitbar« bezeichnen. (Ist das die in Herrn Wilds Liste geforderte Fehlerabschätzung?)

Sie kennen sicher auch die von russischen Wissenschaftlern im August bei der Wiener Konferenz genannten Schätzungen der Freisetzungen aus Tschernobyl, ihrer Ausbreitung und der Strahlenbelastung. Als besonders interessant fiel mir auf, daß die Freisetzung der schwerer flüchtigen Nuklide größtenteils erst in den Tagen nach dem Unfall erfolgte. Auch vom Reaktorgeschehen her ist also Ihre Hoffnung, es könnte nichts viel Schlimmeres passieren, nicht genügend abgesichert. Wenn z. B. Strontium und die Alphastrahler schon in der Explosionsphase freigeworden wären, und dann etwa noch mehr als die jetzt geschätzten 3 Prozent des Inventars, wären die Folgen noch viel schrecklicher. Ich begreife nicht, mit welchen rhetorischen Tricks Sie sich selbst haben einreden können, daß Sie oder Ihre Freunde genügend Überblick haben, um einen sogar noch schwereren Unfall in Deutschland auszuschließen. – Da müßte schon der Teufel seine Hand im Spiel haben? Leider ist nicht einmal das auszuschließen! Es fiele bei den Sicherheitsexperten unter den Begriff »zivilisatorisch bedingte äußere Einwirkungen«.

Aus unserem alten Briefwechsel wissen Sie, daß meine Ablehnung der großtechnischen Atomenergienutzung sich nicht nur auf die direkten Folgen solcher Unfälle bezieht. Aber der Augenblick nach Tschernobyl rechtfertigt wohl die folgende Zuspitzung der Kontroverse. Bitte, erklären Sie: Wie unwahrscheinlich ist es, daß bei einem unserer Reaktoren (durch »Verkettung unglücklicher Umstände«, Schlamperei, Dummheit oder Böswilligkeit) eine Kernschmelze mit schneller Zerstörung des Sicherheitsbehälters eintritt, und durch eine Explosion nicht nur die Edelgase, Jod, Cäsium und ein paar andere leicht flüchtige Nuklide freigesetzt, sondern auch große Mengen der schwerer flüchtigen auf eine benachbarte Großstadt verteilt werden?

Herr Holzer vom Vorstand der Bayernwerke antwortete einfach: »Kernenergie ist in der Bundesrepublik voll verantwortbar.« Also eine Beschwörungsformel statt einer Antwort. Psychologisch begreiflich. Darf ich *Sie* um eine Antwort bitten? Ich ahne sie freilich schon. Sie können ja nun nicht sagen: »wenn wir annehmen«, »anscheinend«, »vielleicht«. – In Ihrem Buch heißt es: *Wer nicht glaubt, daß er auch ein Anhänger der Kernenergie bleiben würde, wenn er unter den Betroffenen in Tschernobyl wäre, ja wer das nicht glaubt für den Fall, daß ein ähnlicher Unfall bei uns sich ereignet, ... der hat nicht das Recht, von anderen zu erwarten, daß sie die Atomenergie bejahen.* Ich fürchte also, Sie sind im Prinzip bereit, für den Endsieg des Fortschritts nicht nur sich selbst, sondern auch viele andere, und gelegentlich auch einmal eine ganze Großstadt, zu opfern. Sie glauben, Sie haben aufgrund Ihrer Einsichten das Recht, das auch von anderen zu erwarten. Ich vermute aber, Ihre rhetorischen Künste werden nicht ausreichen, die Mehrheit der Bevölkerung auf Ihrer Seite zu halten. Ganz sicher nicht nach dem ersten schweren Unfall in Westeuropa. Was Sie oder ich glauben, darauf kommt es freilich nicht so sehr an. Wichtig ist, wovon wir andere überzeugen werden. *Glauben heißt Zweifel ertragen können*, hat ein kluger Theologe gesagt. Wo es aber um viel mehr geht als mich, nämlich sogar um unsere fernsten Nachkommen und um unseren Umgang mit der ganzen lebenden Welt, da sehe ich keinen Sinn im Ertragen des Zweifels an möglicherweise zerstörerischem Handeln. Hier muß man etwas bleibenlassen können. Sie wissen, daß ich damit nicht nur die Atomtechnik meine. Ich werde also weiter versuchen, Menschen von der Berechtigung meiner Zweifel an Experten und anderen Gläubigen zu überzeugen.

Mit freundlichen Grüßen
Ihr Peter Kafka

*

Unterföhring, 22. Dezember 1986

Lieber Herr Maier-Leibnitz,

dies ist nun wohl der endgültige Abschluß unserer »Streitbriefe«. Ihr jüngster Beitrag (vom 1.12.86) macht noch einmal klar, wie Sie mit den eigenen vernünftigen Zweifeln umgehen: Wie die Russen mit ihrem »havarierten« Reaktor. Einbetonieren! Weitermachen! »Darf man die Zukunft verbessern?«, fragen Sie immer noch. Zwei Jahre lang hatte ich in unserem Briefwechsel zu klären versucht, welche Bedingungen erfüllt sein müßten, damit bessere Zukünfte wachsen könnten. Unser Buch hat Ihre Blickrichtung nicht zu ändern vermocht. Sie starren noch immer auf die gegenwärtigen Tendenzen, also letztlich auf die Vergangenheit, wenn Sie Zukunft sagen. »Die Weltverbesserer« wird mein nächstes Buch heißen müssen. Ich weiß, Bücher können selten etwas bewirken. Aber auch die Ereignisse haben an Ihren Ansichten nichts geändert. Ich wünsche Ihnen, der Sie ja nicht nur »Schreibtischtäter« waren, daß Sie jene schlimmen Ereignisse nicht mehr erleben, die wohl nötig sein werden, damit die Menschen sich endlich vom Götzen des sogenannten Wohlstandes abwenden, dem sie in der Materialschlacht des technischen Fortschritts nicht nur das eigene Wohl, sondern zum Beispiel auch etwa stündlich eine lebendige Art als Schlachtopfer darbringen. Nach jedem Opfer werden die Hohenpriester verkünden: »Mit wachsender Erfahrung wird das Restrisiko kleiner.«

In der Tat: Auch mit Tschernobyl ist ein Teil des unbekannten Restrisikos zu erkanntem Risiko geworden. Letzteres ist also gewachsen – sonst würden jetzt auch nicht weitere Sicherheitsmaßnahmen diskutiert. Um wieviel kleiner durch sie das Restrisiko würde, kann man abschätzen. Aber wie groß es dann ist, wissen wir dennoch nicht. Um im etwas lächerlichen Bild der berechenbaren Risiken zu bleiben: Wir haben dann von einer großen unbekannten Zahl eine kleinere abgezogen. Jetzt hofft der eine, wir seien nahe bei Null gelandet, der andere fürchtet, wir seien nach wie vor nahe bei »Unendlich«. Die Hoffnung verleitet schon wieder zum Selbstbetrug: Wenn, so meinen Sie, ein Vierteljahrhundert lang jeder hunderttausendste Todesfall eines Menschen auf unserer Erde durch den Unfall in Tschernobyl mitbestimmt würde, dann wäre das vernachlässigbar. Lasse auch ich mich noch einmal aufs »Totezählen« ein, so muß ich wegen der unsicheren wissenschaftlichen Grundlagen befürchten, es könnte auch jeder dreißigtausendste werden, oder gar ein noch größerer Teil. Wenn Sie auch andere als tödliche Krankheiten berücksichtigen, wird es noch schlimmer, vor allem wenn Sie an die Erbschäden denken, die erst nach Generationen durch das Zusammentreffen mehrerer veränderter Gene im unendlich komplexen System der »Gesundheit« manifest werden.

Nun sollte aber die ganze, noch lange weiter wachsende Menschheit fast ihren gesamten Energiebedarf künftig mit Kernenergie decken! Dann hätten unsere Urenkel und noch fernere Nachkommen über hundertmal mehr Reaktoren auf der Erde als wir heute – ganz zu schweigen von den ausgedienten oder nach Pannen und Unfällen stillgelegten, den Wiederaufarbeitungsanlagen und Endlagern und den vielen Transporteinrichtungen für radioaktive Stoffe. Betrachte ich die »Nach uns die Sintflut«-Mentalität unserer Mehrheit, so mildert nichts meine Befürchtung, daß dann jede Generation sogar auf »friedliche« Weise hundertmal mehr langlebige Radioaktivität freisetzen könnte als wir. Wann also nähert sich dann die Wahrscheinlichkeit einer Schädigung allen Lebens dem Wert Eins? Wollen Sie das experimentell erforschen lassen?

Der Reaktor in Tschernobyl hat von seinen über 300 Kilogramm Plutonium immerhin etwa 10 kg auf die nähere Umgebung verteilt, dazu noch je 1 kg Strontium-90 und Cer-144 und allerlei andere schwerer flüchtige Nuklide, von denen auch »nur« etwa je 3 % des Inventars frei wurden. (In jener Gegend dürften Ihre »Kaffeelöffelvergifter« ihren Kindern nicht einmal einen Löffel Erde geben!) Auch von dem leicht flüchtigen Jod ist nur etwa ein Fünftel entwichen. Etwa 100 g Jod-131, 7 kg Cäsium-137, 1 kg Ruthenium-106 und andere wurden über Europa und noch weiter verteilt. In manchen Gegenden Bayerns ist mit den Gewitterregen eine Cäsium-Aktivität von sechzigtausend Becquerel pro Quadratmeter niedergegangen und wird dort die nächsten Generationen belasten. Das ist immerhin etwa fünfzehnmal soviel wie seinerzeit alle atmosphärischen Atomwaffenversuche bei uns hinterließen. Das weiß man nicht aus amtlichen Verlautbarungen, sondern durch Messungen Ihrer Kollegen Experimentalphysiker, derer Sie sich wirklich nicht schämen sollten! Nur unabhängige Forscher (z. B. angestellte Physiker in ihrer Freizeit, oder eigens gegründete Vereine, wie z. B. das »Umweltinstitut München«) haben offenbar überhaupt vernünftige Ansätze unternommen, nachträglich eine Kartierung der lokalen Belastungen zu erstellen. Hier geht es nicht, wie Sie polemisch unterstellen, um besonders belastete Stellen in ausgetrockneten Pfützen oder unter einer Traufe, sondern um die großräumigen Schwankungen aufgrund verschieden starker Regenfälle aus mehr oder weniger hochreichenden Wolken. Sie meinen, auch ich solle mich »am Kopf kratzen«, weil ich Mißtrauen gegen behördliche Meßwerte erzeugt habe. (Übrigens nicht in meinem Zeitungsartikel, sondern in der »Anleitung zum Volkszorn«.) Ich staune nur, daß *Sie* sich keine Gründe für amtliches Verniedlichen vorstellen können! Darf ich einen Grund vorschlagen? Kinder in den höchstbelasteten Gegenden Bayerns könnten aus Tschernobyl wesentlich höhere Dosen erhalten haben, als sich aus den offiziellen Mittelwerten ergibt und als sie nach dem 30-millirem-Konzept während ihrer ganzen Lebenszeit aus dem Betrieb atomarer Anlagen höchstens erhalten dürften. Dadurch könnten Eltern auf den Gedanken kommen, es sei nun genug – vor allem, wenn sie hören, daß in der Wissenschaft (außerhalb der amtlich für allein glaubwürdig erklärten Kommissionen) auch die natürliche Radioaktivität wieder als eine wesentliche Ursache kindlicher Krebsfälle im Gespräch ist – und wenn sie sehen, daß führende Leute wie Sie so leichtfüßig über diese Probleme hinweggehen. (»Heute wissen wir« ... »ein Mensch in Deutschland« ...)

Nun ja, Sie möchten also die Freisetzungen von Tschernobyl »als

Grenze akzeptieren«, und Sie gehen davon aus, daß Schwere und Häufigkeit von Unfällen künftig ständig abnehmen müßten, weil man aus Fehlern lernt. »Wer heute noch Bedenken hat, braucht sie in zwanzig Jahren kaum mehr zu haben«, sagen Sie. Aber die Expansion der Kernenergie würde rascher vorangehen als der Lernprozeß, und auch Ihre »Grenze« ist leider nicht ausreichend begründet – ein Reaktorkern kann sehr schnell vollständig schmelzen (und bei unseren Reaktortypen würde er dabei vermutlich heißer als der in Tschernobyl!), und der Sicherheitsbehälter und das umgebende Gebäude können ebenso schnell vollständig zerstört werden – zumal, wenn Sie außer technischen Tücken und Dummheit oder Bequemlichkeit von Bedienungspersonal auch noch Haß und Bosheit unterdrückter Menschen in Betracht ziehen. Diese könnten ja sogar eines Tages ein Atomkraftwerk oder eine Wiederaufarbeitungsanlage erobern und mit Lastwagen voller Sprengstoff den Inhalt von Abklingbecken oder das ganze Eingangslager in die Luft jagen. Der dadurch bedingte Untergang eines ganzen Landes wäre dann nicht ein bedauerlicher, leider unvorhersehbarer Zwischenfall, sondern eine durchaus logische Konsequenz des Ausbaus der Kernenergienutzung.

Es tut mir leid, wieder »aggressive Töne« anschlagen zu müssen, aber es muß gesagt werden: Selbstbeschwichtigung kann hier zum schwersten Verbrechen werden! Wer Kernenergie befürwortet, »muß sich überlegen, was er damit tut«. Er ermöglicht zum Beispiel auch den Atomkrieg kleiner Gruppen von Desperados gegen eine ganze Gesellschaft. Sie verschweigen das bei der Auswahl Ihrer Argumente zum Kriegsrisiko. Wenn Sie sich etwa damit beruhigen sollten, daß Terroristen ja bisher noch nichts Größeres in die Luft gesprengt hätten als etwa ein Botschaftsgebäude, obwohl sie doch auch ein großes Chemikalienlager sabotieren könnten, dann muß ich fragen: Wollen Sie das abwarten? Auch bei der Chemie lernen ja jetzt endlich mehr Menschen einzusehen, daß die Produktion riesiger Mengen lebensunverträglicher Stoffe dumm war, und daß die Fortsetzung dieser Dummheit mit wachsender Einsicht zum Verbrechen wird – nicht nur wegen denkbarer Unfälle oder Anschläge, sondern auch im »Normalbetrieb«, der ja das weltweite Verstreuen dieser Stoffe ausdrücklich als Beitrag zu unserem Wohlstand vorsieht.

Bei der Kerntechnik liegt das Verhältnis der Risiken im Normalbetrieb und bei der Zerstörung von Anlagen anders. Man bemüht sich hier, die radioaktiven Stoffe so weit wie möglich aus der Lebenssphäre herauszuhalten – aber man kann eben weder technisch noch gesellschaftlich garantieren, daß dies gelingen wird – schon gar nicht auf hunderttausend Jahre. Sehen Sie nicht, welche ungeheuerliche Einengung Sie aller künftigen Entwicklung menschlicher Freiheit auferlegen würden, wenn Sie diese Garantie erzwingen wollten? Daß unsere *christlich-soziale* Regierung ihr *CS*-Gas, das nach der Genfer Konvention nicht gegen feindliche Soldaten eingesetzt werden dürfte, übers eigene Volk sprüht, ist nur der Anfang. Mensch und Gesellschaft wären im »Atomstaat« schon ohne atomare Katastrophen zum geistigen Absterben verurteilt – und doch kämen auch diese irgendwann noch obendrein. Deshalb gibt es nur einen Schluß: Mit einem derart großen und langfristig wirksamen Vernichtungspotential, wie es die Radioaktivität nicht nur für menschliches, sondern für *alles* Leben darstellt, dürfen Menschen nicht ausgerüstet werden. Deshalb die Forderung nach »Tabuisierung« ihrer großtechnischen Nutzung. Da gibt es überhaupt nichts mehr abzuwägen.

Ihre Versuche, sich dieser Einsicht zu entziehen und doch immer wieder ins Abwägen einzusteigen, erinnern an das Plädoyer des Pflichtanwalts in einem Kriegsverbrecherprozeß. Ich weiß, wie verletzend die Schärfe meiner Bilder auf Sie wirkt. Sie »erkennen sich in keinem Wort von dem«, was ich sage. Ist es also noch immer zu unscharf? Oder drängt sich zu vieles in einem zu kleinen Bilde zusammen? Dann will ich Ihnen zum Schluß noch einen Ausschnitt herausvergrößern. Nur – wie merkwürdig – dabei wird es noch schärfer werden!

Das Abwägen verbieten? Tabus aufstellen? Das kennen wir doch nur zu gut aus der Geschichte! Stets wird der Wille zur Macht in ideologische Systeme eingebaut. Der Mensch will ja gut sein und rechttun. Der Kampf um Vorherrschaft dient dem Sieg über das Schlechtere, letztlich das Böse. Um die eigene Gefolgschaft einzuschwören, muß das Feindbild verabsolutiert werden. Die andere Seite muß vom Teufel sein! – Allein der aufgeklärten Wissenschaft ist es gelungen, sich aus diesen archaischen Verhaltensmustern zu lösen, und das Prinzip des rationalen Abwägens in jeder Phase der Auseinandersetzung hochzuhalten. Nicht wahr? So sehen Sie Ihre Rolle in der Weltgeschichte.

Wie jede andere lebende Art hat der Mensch all seine Mittel eingesetzt, um die Grenzen des Wachstums weiter hinauszuschieben. Die Entwicklung von Wissenschaft und Technik hat diese Mittel im Verlauf weniger Generationen so großartig anwachsen lassen, daß sich die Zahl der Menschen sogar schneller als exponentiell vervielfachen konnte. Noch heute sieht jeder brave Wissenschaftler diese rasche Ausweitung der Mittel mit Stolz. Nur seltsam – warum erfüllt uns dann die Ankündigung des schon unvermeidlichen Zuwachses um die nächsten paar Milliarden nicht mit Stolz und Freude, sondern mit Schrekken und Sorge? Haben wir beim Abwägen etwa doch allzu lange eine falsche Waage benutzt? Nein, das würden Sie nie zugeben! Und ich übrigens auch nicht, wie ich schon in meinen Briefen erklärte. Es hat keinen Sinn, den Anführern der letzten paar Jahrzehnte oder Jahrhunderte Vorwürfe zu machen. Sie verstanden noch nicht, daß sie auf eine globale Instabilität zusteuern mußten. Der wenigen, die es verstanden oder ahnten, konnte man mit einem Schierlingsbecher, ein paar Scheiterhaufen, einem Erschießungskommando Herr werden, ohne sich von Zweifeln ankränkeln zu lassen. Auch unsere Anführer wissen es meist noch nicht besser, aber unsere Generation, Ihre und meine, hat die Chance, mit der Anstrengung des eigenen Denkens, auf der Grundlage des seit der Aufklärung wissenschaftlich Erarbeiteten, das Wesen der Wachstumskrise zu begreifen und diese Einsicht auch politisch wirksam zu machen. Bei einem solchen »Recycling der Aufklärung«, wie ich es nannte, kommt ihr wertvollster Rohstoff zum Vorschein – nämlich jenes bescheidene Staunen vor der Welt und vor uns selbst, das so schnell von dem Größenwahn überwuchert wurde, wir könnten ja alles besser machen, wenn wir nur die Grundgesetze der Natur verstünden.

Was haben wir besser gemacht? Das Leben der Erde ist schwer angeschlagen, ihre empfindliche Atmosphäre vielleicht schon unrettbar aus dem Gleichgewicht, wir selbst sind auch ziemlich kaputt – nur mehr und mehr sind wir geworden. Und noch immer können die aufgeklärten Anführer unter Rationalität nicht viel anderes verstehen als das Zählen ... Auch Sie haben kaum hingehört, wenn ich Ihnen erklären wollte, daß die »Regeln der Wertschöpfung« rein logischer Natur sind und noch vor den Naturgesetzen stehen. Sie empfanden es bei *mir* als Größenwahn, daß ich Sie über Dinge belehren will, die viel einfacher sind als die von Generationen genialer und fleißiger Forscher ergründeten Strukturgesetze des Seins. Die Frage nach dem Wesen des Fortschritts, nach den Bedingungen des Werdens von Besserem, hat Sie nicht wirklich angerührt. Deshalb blieb unsere Begegnung ziemlich unfruchtbar. Aber wenn ich sie nun zum alten Eisen lege, ist das nicht wegwerfend gemeint. Nur der Wahn, die Problemlösung werde die ihr davongelaufene Problemerzeugung schon wieder einholen, wenn wir nur erst in festere Geleise kämen und mehr Dampf machten – nehmen Sie's mir nicht übel, dieser Teil von Ihnen kommt trotz Recycling ins Endlager, zum hochgiftigen Sondermüll. Wo Sie mit *dieser* Droge handeln, oder jedenfalls für die Glaubwürdigkeit ihrer Dealer Propaganda machen, da scheinen Sie mir nun gefährlicher als vor fünf Jahren – wie ja auch ich Ihnen nun gefährlicher erscheine. Gegen »meine Freunde« werden Gasgranaten verschossen, und einer von Ihren Freunden, den ich auch kannte, ein genauso freundlicher Mensch wie Sie, wurde von einer noch bösartigeren Clique verrückter Weltverbesserer ermordet. Das endgültige Urteil über den Grad der Bösartigkeit wird allerdings die Geschichte fällen, falls es sie dann noch gibt. Auf die durch die Aktivitäten Ihrer Freunde zu Krankheit und Tod Kommenden wird man nicht mit dem Finger zeigen können. Deshalb darf man ruhigen Gewissens sagen: Die mittlere Belastung der Bevölkerung war minimal. Bei den Opfern der brutalen Terroristen, für die diese Aussage statistisch gesehen natürlich noch viel eher zuträfe, fiele sie wohl keinem Staatsanwalt ein.

Verstehen Sie, warum mir immer wieder das Bild von Kriegen und Eroberungszügen in den Sinn kommt, wenn ich die technisch-wirtschaftliche Weltbeherrschung charakterisieren will? Auch die Vorbereitung von Angriffskriegen zielte stets auf die Verbesserung der Zukunft der Überlebenden. Die Reflexionen alter Generäle über Verantwortung und Entscheidungszwang klangen meist recht ähnlich wie die Ihren. Nur war diese Haltung damals plausibler. Heute steht *alles* auf dem Spiel. *Unsere* Generation (Ihre und meine, habe ich gesagt) hat die Chance und die Pflicht, durch mehr geistige Anstrengung dem Absturz im Raum der Entwicklungsmöglichkeiten entgegenzuarbeiten. Der Aberglaube, dazu bedürfe es vor allem wissenschaftlich-technischer Anstrengungen und ihrer raschen Ausdehnung auf die »Dritte Welt«, beschleunigt nur den Gleichschritt der Weltgesellschaft, steigert also die Instabilität des Fortschritts durch noch schnellere Zerstörung der Voraussetzungen jeder Evolution. Das war der Inhalt fast aller meiner Briefe an Sie, und auch des meisten anderen, was ich seither geschrieben habe, um die Konsequenzen für politisches Denken etwas zu konkretisieren.

Gegenüber der Energie und den Antriebskräften Ihrer Freunde ist die von den »Chaoten« verursachte Reibung noch fast vernachlässigbar. Eben hat der greise Günter Anders, fast zehn Jahre älter als Sie, in einem Interview in der Zeitschrift *natur* (Dezember 86) gesagt, Hoffnung sei in der heutigen Situation Feigheit; nur Gewalt könne noch den Weg in den Abgrund sperren. Ich fürchte, er hat recht. Wissenschaft, Technik, Wirtschaft und Politik sind sich sogar schon über die Vorbereitung weiterer Angriffskriege gegen Natur und Vernunft einig. Nach wie vor gilt dort der Glaube, es handle sich angesichts des eigenen Wertes und der Minderwertigkeit des Feindes um gerechte Kriege. Es wird also bald alles noch düsterer werden, und eine Wende ist ohne größere Katastrophen oder Gewaltanwendung durch Hoffnungslose nicht in Sicht. Dennoch bleibt uns eben deshalb die Aufgabe, die Eskalation der Gewalt und Gegengewalt so weit wie möglich zu verhindern, indem wir Kräfte suchen und verstärken, die den Antriebskräften der Wachstumskrise entgegenwirken, aber zugleich helfen, die jetzt oft nur zerstörerischen Widerstände in den Aufbau gewaltfreier, vielfältiger, entwicklungsfähiger, kleinerer Strukturen umzulenken. Die Atomkraft gehört mit Sicherheit nicht dazu.

Weil dies so viele einsehen oder spüren, und weil sie erkennen, daß wir uns gerade von *ihr* noch befreien können, bevor sie uns total im Griff hat, deshalb sind ihre Gefahren »heute in aller Munde« – was Sie so »unberechtigt« finden. All die anderen Gefahren, die uns schon fester im Griff haben, und aus denen deshalb der »Ausstieg« noch schwieriger werden wird, sind aber keineswegs verdrängt. Auch in den »Medien«, die die Stimmungen der »Massen« vermitteln, ist (sogar kurz vor Wahlen!) noch von Umweltkatastrophen aller Art die Rede. Die ganze Wirtschaft kommt womöglich allmählich ins rechte Licht – nämlich in schlechtes. Aber bevor die Mehrheit ihre Freiheit erkennen wird, die Wirtschaft wieder im eigenen Umkreis zu wahrer Wertschöpfung zu nutzen (statt zur Erhöhung des Bruttosozialprodukts), werden ihr wohl die noch immer positiv gezählten zerstörerischen Beiträge im Sozialprodukt noch deutlicher an den Kragen und unter die Haut gehen müssen. Ich bin enttäuscht, daß bei so vielen die Sensibilisierung durch die Ereignisse von Tschernobyl und deren amtliche Behandlung so schnell verflog (oder in den Griff des Über-Ich kam) – sobald man ihnen nämlich erzählt hatte, daß die eigene Chance, an Krebs zu sterben, sich vielleicht kaum um ein Zehntelprozent erhöht hat. Da waren die meisten sofort wieder bereit, alle Verantwortung für Entscheidungen auf jene abzuwälzen, die angeblich die nötige Übersicht haben. Erinnern Sie sich, wie ich Übersicht zu definieren pflege: Sie bedeutet das Übersehen des Wesentlichen!

Besonders niederdrückend war für mich die erstaunlich unverhohlene geistige Trägheit vieler, die von der Last der Verantwortung bedrückt zu sein vorgeben, sie aber keinesfalls teilen wollen. Oft nehmen sie nicht einmal simple Fakten zur Kenntnis. Es ist verblüffend, wie wenig sie auch nur in die von ihnen selbst vergebenen Gutachten und Forschungsarbeiten hineinsehen. (Ich denke hier nicht nur an meine Kontroverse mit dem bayerischen Umweltministerium über die kindlichen Fehlbildungen!) Von dem, was in der Wissenschaft außerhalb der von ihnen berufenen Kommissionen vorgeht, haben sie keine Ahnung. Sie wollen auch gar nichts davon wissen, weil ihnen klar ist, daß es nur stören könnte. Sie halten sich selbst und die ganze von ihnen gegängelte Gesellschaft in einem Phrasengespinst gefangen. »Wenn aber der Vorwurf der Lüge nicht sticht, fällt er auf die Urheber zurück«, sagen *Sie* dazu. Ein faszinierender Gedanke. Wie stellen Sie sich dieses »Stechen« vor? Müßte der Lügner vom Blitz getroffen umfallen? – in München vielleicht (weil so viele Blitze mit Sonnenenergie kaum zu schaffen wären) vom Hagel erschlagen werden? – oder in Erwartung eines solchen Gottesurteils sofort reumütig zurücktreten? Ihre Treue zu Königen und zum Erbadel läßt Sie zuweilen groteske Argumente finden!

Ja, warum dauert es immer so lange, bis absurde oder sogar verbrecherische Systeme abgeschüttelt werden? Wenn es wieder so lange dauert, wie die Geschichte lehrt, kann es doch zu spät sein. Es ist zum Verzweifeln. Und doch stimmt mich hoffnungsvoll (nicht feige!), daß ich sogar in kleinen Orten noch stets einige Menschen treffe (meist mehr Frauen als Männer!), die verstanden haben, daß sie etwas von ihrer »Freizeit« opfern müssen, um an der wesentlichen Aufgabe unserer Zeit zu arbeiten: endlich menschliche Freiheit zu verwirklichen, Freiheit von technischen, bürokratischen und militärischen Sachzwängen! Diese Zwänge sind tatsächlich vom Teufel! Sehen Sie den Unterschied zu anderen verabsolutierenden Feindbildern?

Am Ende unseres Briefwechsels schrieb ich: »Lernen wir endlich in der eigenen Sprache sprechen.« Ich meinte: Wie aus Materie und Energie immer komplexere, schönere, reichere Gestalten in Raum und Zeit entstehen, das hat uns die Welt in unserer Erschaffung vorgemacht. Zum Nachmachen? Nein. Zum Weitermachen? Ja, natürlich – aber nach den Regeln der evolutionären Wertschöpfung: in Vielfalt und Gemächlichkeit. Wer sie nicht beachtet, schafft nur Chimären, körperliche und seelische Krüppel, Materieklumpen, Informationsmüll, Zerfall. Er schafft nichts besseres Neues, wirft aber das gute Alte durcheinander. Das »Durcheinanderwerfen« definiert den »diabolus«. Auch er wollte übrigens von Gott die Herrschaft übernehmen, sicherlich eine bessere Welt bauen, und stürzte in die Hölle. Ich werde also weiterhin Sie und Ihre Freunde, lauter liebenswerte, väterliche Menschen, verteufeln müssen. Die Erneuerung der Aufklärung fordert es. Es ist wirklich keine Kleinigkeit, in der »wir weiter voneinander entfernt sind als je«, und schon gar nicht nur »der Ton der Diskussion«. Ich will dazu beitragen, gegen Ihre aufrichtig weltverbesserisch gemeinten Ziele so bald wie möglich dauerhafte Tabus aufrichten zu lassen. Zuerst steht die Rettung der Welt und ihres Menschen an – wenigstens dessen, was noch übrig ist. Mit um so mehr Blut und Tränen, je länger wir zögern. Die »Verbesserung« wird langsam folgen – ganz anders, als Sie sie sich jetzt vorstellen, recht bescheiden, und auf vielfältigen neuen Wegen.

Ich danke Ihnen noch einmal und bleibe
mit herzlichen Grüßen und besten Wünschen
Ihr Peter Kafka

Heinz Maier-Leibnitz

Naturwissenschaft und Rhetorik *

Niemand von uns weiß allein genug von den Dingen, die wir in diesem Buch diskutieren. Ich kann denen nicht genug dankbar sein, die ich fragen darf und dabei sicher sein kann, daß ich ganz ehrliche Antworten ohne Hintergedanken bekomme. Und – wenn ich etwa etwas über Reaktorsicherheit wissen will – ich bekomme noch mehr: Ich bekomme Auskünfte, die auf jahrelanger Beschäftigung mit dem Gebiet beruhen, mit voller Kenntnis aller Einwände, die je gemacht wurden, und mit allen Maßnahmen, die getroffen worden sind von denen, die die Verantwortung dafür tragen.

Ein Beispiel: Herr Kafka schreibt in seinem Artikel von dem Reaktorchef, der nach einem Zerwürfnis mit seiner Frau großes Unheil anrichten will. Herr Kafka unterstellt, daß ihm dies gelingen würde. Eine solche Behauptung ist für die Reaktorsicherheitsleute ein Anlaß, zu prüfen, was es für einen solchen Fall an Sicherheitsmaßnahmen gibt. Ich habe sie also gefragt und nach wenigen Tagen einen langen Brief bekommen mit einer Aufzählung der jetzt schon bestehenden Vorschriften, die dem Reaktorchef sein Vorhaben unmöglich machen würden. Daß man sich Situationen ausdenkt, die für einen Reaktor Gefahren bringen könnten, ist legitim und muß denen erwünscht sein, die für die Sicherheit verantwortlich sind und wissen, daß man nie an wirklich alles gedacht haben kann. Nicht in Ordnung ist es, wenn jemand ohne Rückfrage behauptet, eine solche Situation sei wirklich gefährlich. Nicht so gut ist es auch, wenn dieser jemand die anderen vorher so beschimpft hat, daß kein Gespräch mehr stattfindet.

Noch ein Beispiel: Herr Kafka und ich sind uneinig über die mögliche Größe eines Reaktorunfalls bei uns. Einer seiner Vorwürfe ist, ich hätte nicht genügend berücksichtigt, daß die Möglichkeit von Dampfexplosionen bei einer Kernschmelze in den USA noch in der Expertendiskussion sei. Also habe ich wieder meine Freunde gefragt,

* Abgeschlossen am 14. 1. 1987

und in der Tat, es ist so. Sowohl Dampfexplosionen wie Wasserstoffexplosionen wären beim jetzigen Stand des Wissens nicht ganz auszuschließen, wenn ein wirklich großes Kernschmelzen wie in Tschernobyl stattfände. Dieses aber ist wohl auszuschließen, wenn man nicht einen Weg findet, wie dort eine riesige Erhöhung der Leistung (in Tschernobyl auf das Hundertfache der Volleistung) zu erreichen. Es kann sogar sein, daß man trotzdem, wegen der Unsicherheit über die möglichen Ausbreitungswege von Wasserstoff, daran denken könnte, den Sauerstoff in der Halle zum Teil durch Stickstoff zu ersetzen. Aber man muß wissen, daß wir uns hier im Bereich einer nicht mehr begründeten pessimistischen Phantasie bewegen.

Mit dem von mir in dem Vortrag am Anfang des Buches monierten Ventil, das Herrn Kafka anscheinend nicht gefällt, hat das Problem nichts zu tun. Dieses wird jetzt verwirklicht, weil man nicht tagelang hilflos zuschauen will, daß der Druck im Innern ansteigt. Wenn man einen schnelleren Anstieg erwartet (nicht im Sinn einer großen Explosion), könnte man noch an eine Sollbruchstelle denken, die man nachher wieder schließt. Wenn ein Problem erkannt ist, und wenn es ein Problem ist, gibt es immer Möglichkeiten, etwas zu tun. Damit mag es genug sein mit dem Streit über die Sicherheit unserer Reaktoren.

Herr Kafka moniert meine vorsichtige Ausdrucksweise. Vielleicht war ich zu lange in England. Aber wir sollten vielleicht darin einig sein, daß man fast nie etwas ganz, ganz sicher weiß. Vielleicht sind wir da nicht einig. Mir scheint, daß Herr Kafka fast alles sicher weiß. Zweifel sind nicht seine Sache. Ich habe mich schon früher im Buch über seine selbsterklärte Weisheit (Weißheit?) gewundert. Vielleicht würden wir uns besser verstehen, wenn er nicht alles so sicher wüßte. Wer meint, daß er weiß, ist nicht so gut dran wie der, der weiß, daß er meint.

Daß fast alle unsere Entscheidungen auf Grund unvollständiger Kenntnis getroffen werden, weil wir nicht genug wissen, weil es nicht-rationale Entscheidungsgründe gibt, die oft wichtiger sind als die, mit denen man etwas beweisen zu können glaubt, und daß man den Entscheidungen trotzdem nicht ausweichen kann, weil nichts zu tun ebenso eine Entscheidung ist, oft eine sehr folgenschwere: Das alles ist mir in den letzten Jahren vielfach vorgeführt worden, und es war eine harte Lehre für einen Physiker, der in seinem Beruf daran gewöhnt ist, daß das, was man behauptet, entweder richtig oder falsch ist.

Wenn man mit all diesen Schwierigkeiten einigermaßen fertigwerden will, dann muß man das, was man nachprüfen kann, also den rationalen Teil der Diskussion, sehr ernst nehmen, sonst schwebt man für den anderen Teil in der Luft. Hier nun ist der Wissenschaftler im Vorteil: Er ist von seiner eigenen Tätigkeit gewöhnt, sich an die wissenschaftliche Ethik zu halten, die ihm vorschreibt, alles, was er sagt, selbst nachzuprüfen, selbst als erster Zweifel zu haben, Einwände zu suchen, Lücken in seiner Kenntnis zu füllen, zuzuhören, wenn ein anderer etwas sagt. Absichtlich etwas zu verschweigen, weil es dem Gegner nützen könnte, ist ebenso schlimm wie eine Sache zu vertreten, deren Schwächen man kennt, ohne sie zu nennen. Ich würde zwei Dinge glauben: Erstens, daß das Publikum, ja auch die Kontrahenten einer Diskussion, eine solche Haltung mindestens ansatzweise anerkennen und daß dadurch die Diskussion verbessert wird; und zweitens, daß ihnen eine Zuwiderhandlung auffällt und sie danach ihr Urteil über Vertrauenswürdigkeit fällen können. Das mag eine Utopie sein, und alle, die bisher mit anderen Mitteln Erfolg gehabt haben, werden mir im Geist widersprechen und mich vielleicht für naiv halten.

Was ich hier schreibe, hat natürlich mit Rhetorik zu tun, und zwar mit der ehrlichen Argumentationslehre oder »Neuen Rhetorik«, die man braucht, um auch dann zu optimalen Entscheidungen zu kommen, wenn die rationalen Gründe, wie fast immer, nicht ausreichen, wenn man also sich selbst und das Publikum nicht nur belehren, sondern überzeugen muß. Den Naturwissenschaftlern liegt die Rhetorik fern, aber das darf nicht so bleiben, denn sie stehen heute in einer Auseinandersetzung, in der nur sie sich noch einbilden, daß rationale Gründe genügen. Es steht zu hoffen, daß ihre Beschäftigung mit der Rhetorik für die Diskussionen nützlich sein und einen Stil befördern wird, der weit entfernt ist von dem, den man oft und nicht nur in der Politik beobachtet: daß man nämlich überall so nah wie möglich an die Grenzen der Wahrheit herangeht, was Mißverständnisse, Täuschungen und Erregung von Emotionen zur Folge hat.

Eine meiner Hoffnungen ist, daß so groteske Unterschiede von Aussagen nicht mehr stehenbleiben werden wie der, den ich schon früher, etwas anders, formuliert habe: Herr Kafka schreibt in seinem letzten Artikel wieder: »Selbst wenn einige Jahrhunderte lang in einer von Kernenergie lebenden Menschheit nur solche ›kleinen‹ Unfälle eintreten sollten, wie wir eben einen erlebt haben, wäre der Schaden unermeßlich.« (Er meint wohl nicht unermeßlich, sondern sehr groß, denn das Ausmaß kann man, nach allem, was wir behandelt haben, sehr wohl einigermaßen angeben.) Ich sage dagegen: Ich nehme an, daß Herr Kafka Auto fährt. Er weiß, so nehme ich ferner an, daß die Wahrscheinlichkeit, daß ein Autofahrer in seinem Leben einen anderen Menschen unschuldig zu Tode bringt, nicht viel kleiner als 1 Prozent ist. Ferner nehme ich an (zwecks Mittelwertbildung über die ganze Welt), daß Herr Kafka ein Kosmopolit sei, daß er überall in der Welt Auto fährt. Dann ist die Chance, daß derjenige, den er vielleicht überfährt, sonst Krebs wegen Tschernobyl bekäme, 100- bis 1000mal kleiner als 1 Prozent. Ich habe schon früher (in diesem Buch) geschrieben, daß solche Diskrepanzen für mich ein Anlaß waren, mich mit der Kernenergiediskussion zu beschäftigen. Ich hoffe sehr, daß hier die Rhetorik eine Hilfe sein kann.

Natürlich hoffe ich auch, daß diejenigen, die sich an die akademische Ethik halten, wieder Glaubwürdigkeit gewinnen. Wie sehr die Kampagne gegen die Glaubwürdigkeit der Wissenschaftler schon Erfolg gehabt hat, zeigt folgende Meldung (nach: Süddeutsche Zeitung, 4.12.1986): Die Batteriefabrik Sonnenschein hat einen Prozeß gegen den Wasserwissenschaftler Günter Axt verloren. Axt hatte erklärt, wer einen halben Liter Wasser von einem Kinderspielplatz in der Nähe des Werks trinke, müsse sterben. Das Gericht erklärte, Axt könne sich bei seinen Äußerungen auf das im Grundgesetz garantierte Wissenschaftsprivileg berufen. Unabhängig davon, ob seine Behauptungen zuträfen, könne er seine Wissenschaftsfreiheit in Anspruch nehmen. Das Gericht erklärt also, ein Wissenschaftler könne lügen, soviel er will. Das sei Wissenschaftsfreiheit.

Wir brauchen die Hoffnung auf die Rhetorik nicht zu übertreiben, es gibt auch andere, wenn auch nicht sehr helle Lichtblicke, die hoffen lassen, daß die gegenwärtige Polarisation nicht notwendig ewig dauern wird. Herr Kafka hat mir anderthalb Jahre nach dem ersten Erscheinen des Buches geschrieben, daß ihm jetzt das, was ich damals sagte, besser gefalle; ich war gerührt. Und jetzt, nach Tschernobyl und nach vielen Anklagen und Verdächtigungen, denen dann mehr und mehr Argumente hin und her folgten, glaube ich, daß es etwas weniger Angst gibt und daß mehr und mehr Leute beide Seiten sehen. Ich meine, man sieht auch, daß das bei der Atomenergiediskussion, die hier eine Vorreiterrolle spielte, gewachsene Sicherheitsbewußtsein jetzt positive Wirkungen bei der neuen Auseinandersetzung über die Chemieunfälle hat.

Gewiß, noch immer genießt die Atomenergie besondere öffentliche Aufmerksamkeit, und die neuerdings häufigeren Versuche, eine Kopplung zwischen ihr und der Gefahr einer Proliferation der Atomwaffen herzustellen, tragen nicht zur Verminderung von Ängsten und Ablehnung bei. Aber vielleicht kann man doch sagen, daß die Atomenergie nicht mehr so gut geeignet scheint zur Durchsetzung anderer Ziele, etwa bei Wahlen, wie es noch vor kurzem schien. Man hört jetzt mehr über das Abwägen von Vor- und Nachteilen, und ich habe den Eindruck, daß manche jetzt schon zwischen wahrscheinlichen und unwahrscheinlichen Ereignissen unterscheiden. Umfragen zeigen, daß wieder eine Mehrheit der Bevölkerung bei uns die Kernenergie nicht unbedingt abschaffen will, und daß deshalb möglicherweise die Zeit, in der die Bundesrepublik (mit Österreich) im internationalen Konzert eine merkwürdige Sonderrolle gespielt hat, zu Ende geht. Das Problem ist ja vielleicht nicht so sehr eines der nächsten Jahre. Ich selbst bin ja ein Befürworter vor allem deshalb, weil ich meine, daß wir in einer relativ fernen Zukunft alle Energiearten brauchen werden, um großes Unglück von der wachsenden Menschheit abzuwenden.

Und was das einfachere Leben, den Fortschritt in Gemächlichkeit betrifft, also das, was Herrn Kafkas Ausgangspunkt bei seinen Bestrebungen ist: Da möchte ich meine früher ausgedrückte Sympathie erneuern. Ich möchte nicht weniger Wissenschaft haben; es gibt viele dringende Probleme, wo Leiden, Not und Ungerechtigkeit gelindert werden müssen. Es gibt noch viel mehr, wo wir lernen sollten, bessere Menschen zu sein und bessere Staatswesen zu schaffen. Aber wir machen uns mit vielem das Leben selbst schwer. Wenn ich in die Stadt komme, wo ich vor siebzig Jahren aufgewachsen bin, freue ich mich über vieles zeitlos Schöne, das es damals schon gab, aber nicht über das Gedränge und die Hektik, denen die Menschen heute ausgesetzt sind. Hier hilft nicht Befehlen und Einschränken, nicht Beherrschung, es hilft nur, wenn Menschen freiwillig und für sich selbst ein friedlicheres Leben suchen, ohne deshalb ihr Wirken für die Allgemeinheit aufzugeben. Wenn Herr Kafka auf diesem Weg viele Freunde findet, wünsche ich ihm von Herzen Glück.